현대 **살인백과**

현대 **살인백과**

Colin Henry Wilson(외)

B 범우

범죄의 심리

강력범죄라고 할 때 우리들은 누군가 몸을 다치거나 죽는 것을 생각한다. 하지만 그것은 범죄의 결과다. 영화에서는 살인을 즐기는 연쇄살인범이 항상 등장하지만, 실제에서는 처음부터 상대방을 죽여야지 하고 작정을 하고 범죄를 저지르는 이는 그다지 많지 않다. 하다 보니 사람을 다치게 하고, 하다 보니 사람을 죽이게 되는 경우가 많다. 살인 자체가 목적인 경우보다는 범죄를 목격하고 증언할 피해자를 없애기 위해 죽이는 경우가 가장 많은 살인의 이유다.

왜 범죄를 저지르는가? 거기에는 한 가지 이유가 있는 것이 아니다. 우선 다음 가지 이유가 먼저 생각난다. 1) 상습적인 범죄자들은 피해자의 고통에 공감을 하지 않는다. 2) 가해자인 자신을 오히려 피해자의 위치에 놓으면서 범죄를 합리화한다. 3) 들키지 않고 성공할 수 있다고 생각한다. 4) 불안하고 지루한 마음이 범죄로 이어진다. 5) 범죄가 아닌 다른 해결방법을 생각하지 못한다. 위의 다섯 가지 이유를 한 범죄자가 꼭 다 가지는 것은 아니다. 다만 대부분 반복적으로 강력범죄를 저지르는 이는 이러한 다섯 가지 특성 중 최소한도 한두 가지는 지니게 된다. 그러면 범죄와 관련이 되어서 위의 다섯 가지를 한 가지씩 살펴보겠다.

우선 성폭력을 반복적으로 행사하는 이들은 동성이건 여성이건 간에 상대방이 관계를 가지기를 원하는지 아닌지를 중요시하지 않는다. 상대방의 동의를 얻어서 섹스를 하기 위해서는 내가 나름 매력을 가지고 있어야 한다. 만약에 매력이 모자라다면 상대방이 좋아하는 것을 해야 한다. 그것은 돈일 수도 있고, 선물일 수도 있고, 칭찬일 수도 있고, 집 안에서 허드렛일을 도와주는 것일 수도 있다. 섹스를 할 때 상대방이 즐거워하지 않고 괴로워하면 내 쾌감도 감소한다. 그런데 성범죄자들은 상대방이 아파하건, 싫어하건 상관하지 않는다. 나만 좋으면 된다.

살다 보면 본의 아니게 죄를 짓게 될 때가 있다. 흔히들 죄와 벌이라고 한다. 하지만 많은 경우 벌을 받기 전까지는 그것이 죄라는 것을 인식하지 않는다. 어떤 경우에는 순간의 실수로 범죄를 저지르기도 한다. 특히 술과 마약을 동반한 범죄가 그러하다. 그러나 그렇게 범죄를 저지르고 형벌을 받게 되면 다시는 그러지 말아야겠다고 생각을 한다. 하지만 범죄를 저지르고 벌을 받고, 범죄를 저지르고 벌을 받고를 반복하는 이들을 보게 되면 범죄를 합리화한다. 자신이 사람을 죽여놓고는 자기의 말만 잘 따랐으면 죽지 않는 것인데 말을 안 들어서 죽게 되었다고 한다. 겁에 질린 피해자가 적극적으로 반항을 하지 못한 경우 처음부터 아니라고 했으면 안 했을 것이라고 하면서 핑계를 대는 이도 있다. 자신이 범죄를 저지르면서 경제사회적으로 괴로운 사정에 처하도록 스스로 자초한 것인데, 세상이 자신을 이해해 주지 않고 차별하다 보니 스트레스를 받아서 범죄를 저지르게 되었다고 변명을 하기도 한다.

범죄자들은 실패의 가능성에 대해서 낮게 평가한다. 우리는 흔히 범죄자들의 범죄 성공률이 거의 100%에 달한다고 생각을 한다. 하지만 예상치 않은 상황 때문에 범죄에 실패하는 경우도 적지않다. 피해자가 반항을 하는 경우도 있다. 범죄를 저지르려던 차에 현장에 예상치 못한 사람이 등장해서 시도 자체가 이루어지지 못하는 경우도 있다. 대체적으로 그렇게 들킬 뻔한 일로 그 다음에는 손을 떼게 된다. 하지만 범죄자들은 들킬 뻔했다고 받아들이기보다는 운이 좋았다고 생각을 한다. 그러면서 그런 행운을 기대하면서 다시 범죄를 시도한다. 어떤 점에서 합리적인 판단력이 결여된 것이다.

지루한 삶은 어떤 점에서 죽어 있는 삶이다. 내가 살아 있다는 느낌이 결여된 순간이 바로 지루한 순간이다. 그럴 때 인간은 무엇인가 해야만 한다. 그래서 사람들은 각자 지루할 때 하는 일이 있다. 누구는 텔레비전을 본다. 하지만 어느 순간 TV 채널을 아무리 돌려도 재미있는 것이 하나도 없다. 누구는 전자오락을 한다. 하지만 뜻대로 경기가 풀리지 않으면 짜증이 더한다. 한번 범죄를 저지른 사람은 이 순간에 범죄를 저지른다. "그냥 아무 생각 없이 그랬다", "나도 모르게 그랬다"는 범죄자들의 말에도 어떤 점에서는 진실이 담겨 있다. 그리고 아무리 전력이 화려한 범죄자라도 항상 붙잡힐까 불안하다. 불안하면 범죄를 멈춰야 하는데 그러지 못한다. 불안하기 때문에 범죄를 저지르는 악순

환이 벌어진다. 지루함, 불안함에 대해 인내하는 힘이 약한 것도 범죄자들의 특성이다.

우선 성범죄자들에 대해 얘기해 보면, 사람들이 성범죄자들에 대해서 흔히 하는 말이 있다. 하루 일해서 일당을 번 후 그 돈으로 성매수를 하면 되는데 왜 꼭 성범죄를 저지르냐는 것이다. 그래서 성범죄는 섹스가 아닌 폭력이라는 측면을 강조하는 이도 있다. 하지만 성범죄자의 목적이 폭력 그 자체가 아닌 섹스인 것도 사실이다. 그런데 성범죄자들은 한번 섹스를 해야겠다고 생각을 하면 낯선 여자를 상대로 강제로라도 성행위를 하는 것밖에 머리에 떠오르지 않는다. 그리고 한번 충동이 일게 되면 피해자를 탐색하게 된다. 피해자가 취약한 상황에 놓이면 범죄를 시도해 보게 된다. 그런데 이것은 꼭 성범죄에만 해당되는 것이 아니다. 돈이 없으면 무료로 식사를 제공해 주는 곳에 가서 무료급식을 받을 수 있다. 기초생활수급 지원을 신청할 수도 있다. 하지만 막상 상황에 몰리게 되면 도둑질이 떠오르는 것이다. 그래서 분유 한통을 훔치다 들켜 파출소에 가는 이도 생기고, 잔돈 몇 푼을 훔치다 걸려서 교도소에 가는 이들도 생긴다. 상황에 몰리게 되면 생각의 폭이 지극히 좁아지면서 범죄만이 유일한 해결방법같이 여겨지게 되는 것이다.

따라서 범죄자들이 극도의 즐거움과 쾌락을 위해서 범죄를 저지른다는 것은 영화나 드라마가 만든 상상 속 이미지인 경우가 많다. TV 광고에서는 말할 수 없이 좋아 보여 물건을 샀는데 막상 내 방에 갖다 놓으면 평범한 가전제품이 된다. 영화나 드라마 속에서는 요정같이 나오던

이도 막상 앞에서 보면 아름답기는 하지만 사람이기는 사람이다. 비슷하게 영화나 드라마에 나오는 것같이 범죄자들이 극도의 희열을 즐기는 것은 아니다. 아울러 범죄자들이 치밀하고 머리가 좋은 냉혈한인 것도 아니다. 모두 다는 아니더라도 일부 범죄자들은 모르고 그 사람을 본다면 이 사람이 범죄자라는 것이 상상이 안 갈 정도로 평범해 보이는 경우도 있다. 아울러 범죄자들은 잘못된 환경에서 자라서 가치관이 글러먹었기 때문에 범죄를 일으킨다는 생각도 꼭 사실과 일치하는 것만도 아니다.

범죄는 영화, 드라마, 소설 등 도처에 등장한다. 그렇게 범죄가 많이 다루어진다는 것은 사람들이 관심을 가지기 때문에 가능하다. 그리고 영화, 드라마, 소설 속에서 범죄 장면은 자극적으로 다루어진다. 하지만 그렇게 범죄 영상이나 소설에 노출된 이들 중 범죄를 저지르는 자는 극소수다. 설혹 충동이 있더라도 억제되기 때문이다. 하지만 범죄자들은 어떤 점에서 그렇지 않게 태어난 것이다. 그리고 그렇게 자라버린 것이다. 따라서 아무리 심한 형벌을 준다고 해서 그것이 해결책이 될 수는 없다. 죄가 아무리 무서워도 타고난 성향을 그들이 바꾸기는 쉽지 않을 것이다. 그들이 교도소에서 나오면 또다시 범죄를 저지를 가능성은 매우 높다. 사회를 보호하기 위해서는 그들을 가급적 오래 교도소에 머무르게 하면서 다시 범죄를 저지를 기회를 차단하는 것이 바람직하다. 그러나 그들 모두가 우리가 상상하듯이 치밀한 냉혈동물은 아닐 수도 있다. 오히려 그들 중에는 판단력과 이해력이 떨어져서 섹스라고 할 때 낯선 여자와 억지로 하는 것 이외에는 다른 방법을 생각하지 못하는 이도 있을 수 있다.

　콜린 윌슨의 이 책은 여러 가지 살인에 관한 범죄를 장르별로 기술하고 있다. 이 책이 발간될 당시에는 마치 범죄수사기록을 잘 요약한 듯한 이 책은 상당히 센세이션했다. 하지만 이 책에 나오는 범죄자들은 아주 극단적인 한 부류라는 것은 읽는 이들이 감안했으면 한다. 앞서 기술했듯이 이 책에 나오는 유형의 범죄자는 전체 범죄자 중에서도 특별한 경우다. 이 책이 나왔을 때에는 범죄라는 소재가 아직은 조심스럽게 다루어지던 시대다. 따라서 이 책의 내용은 당시에 처음 이 글을 접했던 이들에게는 읽는 것만으로도 충분히 자극적이었다. 하지만 CSI나 Law & Order 범죄 전담반 등의 프로그램을 통해서 이 책에 기술된 범죄보다도 더 잔인한 사건을 자주 접한 신세대의 입장에서는 그 강도가 약하게 느껴질 수도 있다. 하지만 인쇄매체의 경우 글을 읽으면서 "왜?" 그리고 "어떻게?"라는 문제의식과 질문을 던지면서 소재를 접할 수 있다는 것이 장점이다. "왜 사람들은 점점 더 많이 범죄에 대한 영화, 드라마, 소설을 접하고자 하는지?", "어떻게 해야 범죄를 줄일 수 있는지?"와 같은 문제의식을 가지고 이 책의 내용을 접한다면 영화나 드라마를 통해서 범죄를 대할 때와는 또 다른 의미를 가지게 될 것이다.

정신과 전문의/부여 다사랑병원 원장
최명기

제5장

성과 살인 · 385

1 살인의 시대

現代殺人百科

이 책의 전판前版에 해당하는《살인백과》가 1960년에 출판된 후, 문명세계에서 일어나고 있는 폭력의 패턴에도 두드러진 변화가 나타났다. 동기 없는 광포狂暴함을 특징으로 하는 범죄가 점점 증가하는 경향을 보이고 있다. 이해를 초월한 등골이 오싹해지는 변화다. 1982년 10월, 한 사람의 정신이상자가 시카고의 약국에 들어가 타이레놀이라는 진통제병에 청산가리가 들어 있는 캡슐을 넣고 어디론가 사라졌다. 최초의 희생자는 12세의 여자아이였다. 그후 며칠 사이에 죽은 사람이 일곱 명이나 되었다. 1주일이 지나 한 중년 남자가 콜로라도주 그랜드 잭슨에서 안약을 사서 눈에 떨어뜨리기가 무섭게 괴로워하며 몸부림쳤다. 누가 염산과 약의 내용물을 바꿔치기했던 것이다. 최초의 사건으로부터 몇 주일 이내에 이와 비슷한 사건이 미국 전역에 걸쳐 100건 이상이나 발생했다. 그러나 미국 각주의 치안·보건당국은 할로윈데이에 "과자를 주지 않으면 울어버릴 테야"라는 놀이(할로윈의 전야제에서 어린이들이 이렇게 말하면서 이웃집을 돌아다니며 과자를 달라고 한다)를 하지 못하도록 어린이들에게 예전보다 더욱 강도 높은 경고를 했다. 그러나 이 1년 사이에도 이상한 사람이 과자에 독을 섞거나 사과 속에 침이나 면도날을 꽂아 사건을 일으키고 있으므로 항상 조심해야 했다. 처절하게도 이 경고는 그대로 적중하였다. 위험한 첨가물이 들어간 과자를 먹고 병원으로 실려가는 어린이는 기록적인 숫자에 이르고 있다.

물론 '동기 없는' 위해危害는 결코 처음 있는 일이 아니다. 1951년에도 뉴욕에서는 공공장소에서 일련의 폭발소동이 일어났으나 다행히도 사망자는 없었다. 이 '미치광이 폭발범'은 에디슨 회사 때문에 자기가 결핵에 걸렸다며 에디슨사를 규탄하는 편지를 경찰에 발송하는 바람에 꼬리가 잡혔다. 조지 메테스키라는 남자였다. 1931년 결핵에 걸려 에디슨사를 그만둔 메테스키는 정신이상이란 진단을 받고 정신병원에 입원하게 되었다.

그러나 광기든, 망상중이든 간에 그것만으로는 상상을 초월한 폭력범죄를 적절히 설명할 수 없다. 권태의 원인이라고 생각되는 새디슴 sadism의 요소가 많은 것이 최근의 경향이다. 1980년 11월, 두 명의 10대 소년이 총을 들고 로스앤젤레스 거리에 나타나 20분도 안 되는 사이에 닥치는 대로 네 사람을 사살했다. 3일 후에 교통신호를 기다리며 서 있는 차에 세 명의 젊은 남자가 다가와서 운전사인 데이비드 루드닉의 머리에 총을 쏘고 낄낄거리며 도망쳤다. 도로시 아킬라르의 집에 도둑질하러 들어간 남자는 그녀와 침대 속에 누워 있는 아기를 죽였다. 로스앤젤레스의 베니스 다리에서는 레스토랑 밖에서 두 사람의 젊은 강도가 어떤 여성과 함께 있는 남자에게 손을 들라고 하고는 돈을 빼앗았다. 그리고 이유도 없이 세라 루비코프라는 여성을 총으로 쏘았다. 세 사람의 남자들이 로스앤젤레스 교외의 조용한 거리를 차를 몰고 지나가다 그 중의 한 사람이 차창에서 상반신을 내밀고, 한 번도 본 적 없는 조이스 하프라는 어린이를 산탄총으로 쏘아 죽였다. 1978년 15세인 메리 빈센트는 캘리포니아주의 산 라파엘 부근에서 어떤 낯선 사람이 차에 태워주겠다고 하자 차에 올라탔다. 그런데 운전사는 소녀의 목을 졸라 기절시키고 폭행했다. 그리고 소녀의 양쪽 팔꿈치를 두들겨서 분질러버렸다. 범인은 곧 체포되었다. 51세의 라리 싱글턴이라는 남자였는데 싱글턴에게는 술을 마신 것 이외에는 동기가 없었다.

심리학적으로 동기 없는 범죄란 있을 수 없다. 메테스키에게는 동기가 있었다. 앞에 예로 든 그 밖의 살인자들도 마찬가지다. 조이스 하프의 사살을 경찰에서는 '스릴을 목적으로 한 살해, 사슴 사냥이나 뇌조 사냥과 같은 것'이라고 단정했다. 그런데 종래에는 범죄자는 그 범죄에 의해 어떤 '이득'을 보는 것이 일반적이었다. 우리가 무동기無動機로 보는 것은, 그 범죄에 의해 아무도 이득을 볼 수 없는 경우다. 1960년 이전에는 이런 범죄는 드물어 극히 소수의 경우에만 일어나고 있을 뿐이었다.

1958년 7월, 노먼 푸스라는 남자가 뉴멕시코주의 쿠바에서 어머니의 옆에 서 있는 두 어린이를 사살했다. 이 남자는 나중에 자기는 인구폭발에 대해 뭔가 하고 싶었다며 자기가 저지른 일에 대해 설명하고 있다. 페니 볼클랜드라는 여자는 조금 아는 사이인 남자와 드라이브를 하다가 그를 연발 권총으로 사살했다. 그녀는 동기를 이렇게 설명하고 있다. "나는 사람을 죽이면 양심의 가책을 느끼지 않을 수 없는지 어떤지 시험해 보고 싶었어요."

그러나 1960년대 중엽부터는 이런 범죄가 점차 그리고 두드러지게 증가하기 시작했다. 1960년 11월 애리조나주 메사의 미용실에 18세의 로버트 스미스가 뚜벅뚜벅 걸어들어와서 다섯 명의 여성과 두 어린이에게 바닥에 엎드리라고 명령했다. 그러고는 모든 사람의 뒤통수를 쏘았다. 이 소년은 "나는 유명해지고 싶었어요. 남들에게 널리 알려지기를 바랐어요"라고 말했다. 교사는 그 소년을 가리켜 모범생이며, 남을 해치려는 적의敵意를 가질 만한 기미가 전혀 없었다고 증언했다. 본질적으로 이와 비슷한 경우를 독자들은 이 책에서 많이 보게 될 것이다.

인간이 휘두른 폭력의 역사를 과거로 거슬러올라가서 살펴보기로 하자. 우리는 거기서 이런 범죄의 선례先例를 분명히 찾아볼 수 있다. 그러나 그것을 범한 것은 폭군이나 거부巨富였다. 그리스의 폭군 파라리스(시실리의 왕, 기원전 6세기)는 사람을 산 채로 불에 태워버린 것으로 이름을 남기고 있다. 페레이의 알렉산더왕(현재의 그리스 테살리아 지방의 왕, B.C. 4세기)은 사냥개의 무리에게 사람을 던져 물어뜯게 하고 흥겨워했다. 카리큘라(로마황제, A.D. 12~41년)는 베니아만에다 배로 다리를 만들고 그 위를 건너가면서 사람을 손에 잡히는 대로 바다에 빠뜨렸다고 한다. 지르 드 레(프랑스의 유아대학살로 유명한 후작, 1404~1440년), 이반 대제(러시아의 초대 황제, 1530년~84년), 우라디미르(드라큘라 백작의 모델이라고 하는 루마니아의 국왕, 1430~76년)의 범죄는 설명할 필요도 없을 정도로 널리 알려져 있다.

여기서 문제가 되는 것은 이 폭군들은 신하들을 살리고 죽이는 권한이 그의 손에 쥐어져 있으므로 그 권력을 적이나 명령을 거역하는 사람들에게 마구 휘둘렀다는 것이다. 그것도 마치 코라도 푸는 듯한 가벼운 마음으로 살인을 행하고 있다. 1861년에 아프리카의 탐험가 스피크는 우간다의 무텟사왕에게 총을 선물했다. 그러자 왕은 이 새로운 무기가 얼마나 위력을 발휘하는가를 알아보기 위해 자기 근처에 있는 어떤 사람을 쏘아보라고 시종에게 명하였다. 스피크는 공포에 떨었다. 시종은 명령에 따라 그곳에 있던 시종 한 사람을 사살했다. 왕은 만족해하며 껄껄 웃었다.

과거에는 새디스틱한 흉악행위로 유명한 도적이나 산적들도 있었다. 전통적인 도적의 두목인 알리바바가 그런 예다. 16세기 말에 저술을 남긴 독일의 뉴른베르크의 교수형 집행인 한스 슈미트는 이와 유사한 경우를 몇 가지 예시하고 있다. 물레방앗간에 쳐들어가 남편을 죽이고 아내와 하녀를 범하고, 남편의 시체를 식탁으로 삼아 계란구이를 먹을 것을 아내에게 강요한 산적 일당의 이야기가 그것이다.

그러나 이런 범죄는 드문 편이다. 범죄자의 대부분은 새디스트가 아니었다. 그들의 범죄는 자기를 지키기 위해 필요한 수단에 지나지 않았다. 오랜 역사를 통하여 인간은 인생이라는 무거운 짐을 지고 산을 오르는 중에 있다고 생각해 왔다. 위험, 천재지변, 식량의 고갈 등을 어떻게 해서든지 이겨내야만 했다. 그런데 일반적으로 안전하게 살 수 있기 이전의 인간의 생활은 어떠했을까? 현재의 시점에서는 거의 상상하기도 어려운 일이다. 예컨대 19세기에 아일랜드에서 감자 기근(1845~6년의 기근. 인구의 5분의 1이 굶어죽고, 약 100만이 미국으로 이주)이 일어나 무수한 가족이 굶어죽었는데 그런 광경은 어떠했을까? 문명이 발달됨에 따라 일반적으로 안전하게 살 수 있는 여건이 향상되어 많은 사람들에게 고대사회에서는 생각도 못 할 안전이 약속되기에 이르렀다. 수백만의 사람들이 그리스의 폭군이나 로마의 황제까지도 부러워할 여가와 안락을 즐길 수 있게 되었다. 그러나 문제는 그 여가와 안락도 권태의 원인이 될 수 있다는 것이다. 자극을 바라는 마음 때문이다. 카리큘라나 지르 드레처럼 행동하는 범죄자의 증가는 이것으로 설명할 수 있을 것이다.

　이 책에서는 로마 황제들의 이러한 특징을 많은 실례를 통해 볼 수 있다. 메르빈 리스, 노만 콜린스, 린 코루르, 테프 반리, 웨인 게시 등의 경우가 그러하다. 실제로는 이 책에 나온 이들에게만 한정되어 있는 것이 아니다. 너무 흔한 일이라 이 책에 수록하지 않은 예도 헤아릴 수 없이 많다. 예컨대 1966년 5월의 캘리포니아주 산 베르날린스에서의 두 10대의 살해. 희생자는 클리스 바비라는 남자아이와 여자친구인 린다 보스테러다. 경찰은 검시檢屍 결과에 충격을 받았다. 몇 달 동안 밤낮없는 수색을 통해 다섯 명의 청년들을 가까스로 체포했다. 이들의 자백에서 다음과 같은 범행 사실이 밝혀졌다. 그들 다섯 명은 술을 병째 들이마시면서 목적도 없이 드라이브를 하곤 했다. 어느 날 버스 정류장 근처에서 두 명의 10대를 발견하고는 그들을 차에 타도록 유인했다. 교외의 한적한 곳에서 젊은이들은 소녀의 옷을 찢어 발가벗겨 버렸다. 그러자 소녀의 남자친구가 청년 중 한 사람을 차서 쓰러뜨렸다. 청년들도 화가 나서 "진짜 강간이 뭔지 보여주마" 하고 소리쳤다. 소년은 자기가 결혼하려는 소녀가 세 남자에게 동시에 성폭행당하는 장면을 보아야만 했다. 세 사내는 소녀의 입과 항문과 성기에 한꺼번에 삽입했다. 그 짓이 끝나자 두 남녀는 살해되었다. 이것은 로마의 황제 네로, 콘스탄티노플의 유스티아누스 1세(동로마제국의 황제, 483~564년) 그리고 볼드박스라고 불린 일부 사회계층이 성폭행과 시체 절단을 예사로이 저지른 18세기의 범죄와 같다. 다른 점이라고는 캘리포니아의 냉혈한들은 부유하지 않고 다만 권태로울 뿐이었다.

　그런데 이 새디스트적인 흉악 행위의 급증을 우리는 어떻게 이해해야 할까? 생리학에서 최근에 충분한 연구가 이루어진 분야로 '스트레스'라는 인간의 정신현상이 있다. 스트레스로 상황의 일부를 설명할 수 있다고 생각해도 좋을 것이다. 스트레스의 원인은 '과잉 혼잡'이며 과잉 혼잡의 영향은 동물에 따라 여러 가지다. 미국 동해안의 체서피크만에 사는 사슴은 번식도가 1에이커(약 4천 평방미터)에 한 마리가 넘으면 과잉 혼잡을 느껴 간장의 지방변성脂肪變性과 아드레날린의 분비과잉으로 사망하는 숫자가 늘기 시작한다. 레밍(쥐의 일종)은 번식이 극도에 달하면 집단으로 물에 빠져 죽는 것으로 알려지고 있다. 한편 메릴랜드주의 국립정신치료연구소의 J. B. 카르혼씨가 행한 실험에서 쥐는 과잉 혼잡에 대해 상당히 사납게 반응하는 것이 관찰되었다. 과잉 혼잡의 상태에 이르면 쥐는 갱단을 조직하여 암컷을 범하고 새끼를 마구 잡아먹는다. 이것은 자연의 균형 상태에서는 볼 수 없는 행위다.

흉악한 행위의 원천은 뇌 속에 있는 작은 편도핵扁桃核으로서 다음과 같은 실험결과가 나와 있다. 실험실에서 얌전한 할머니의 편도핵을 전류로 자극하자 할머니는 욕지거리를 퍼부으면서 공격적인 태도를 보였다. 전류를 차단하자 죄송하다고 사람들에게 사과했다. 그러나 다시 전류를 통하게 했더니 할머니는 그 반응을 통제하지 못했다. 이런 작용을 알코올에 의해 영향 받는 사람도 있다. 예컨대 강간한 후에 희생자의 양쪽 팔을 절단한 라리 싱글턴의 경우다. 이 경우는 이것으로 거의 설명할 수 있다고 생각한다. 텍사스주 한 대학의 탑 위에서 18명을 사살한 찰스 호이트만이 자기의 감정을 억제하지 못한 것에 대해 두려움을 느낀 것과 그의 사체를 해부하자 뇌종양이 발견된 것은 모두 흥미있는 사실이다. 시카고에서 여덟 명의 간호사를 살해한 리처드 스펙은, 유년 시절에 그네에 머리를 강하게 부딪쳐 의식을 잃은 적이 있었다. 살인자의 대부분은 머리에 어떤 타격을 경험하고 있다. 미국의 케니스 모이어는 최초로 이 분야에 대한 우리의 지식에 많은 공헌을 하고 있다.

그러나 이상과 같은 생리학상의 요인은 범죄의 일부를 설명하는 데 도움이 될 뿐이다. 대량살인범의 대다수가 뇌에 이상이 있었다는 증거는 아무 데도 없다. 이상異常은 인격의 영역이다. 미용실에서 여자들을 사살한 로버트 스미스는 호이트만과 스펙에게서 영향을 받았다고 자백했다. 어째서 그가 비정상적인 두 사람의 살인자를 동경하게 되었는가를 알려면, 그의 인격 속의 어느 부분이 대량살인이라는 생각에 반응했는가를 알 필요가 있다. 그러나 여기서 일반적인 이해에서 벗어나 있다고 생각되는 것은 사람을 죽이는 행위의 '돌발성'이다. 결국 살인자들은 희생자의 목숨과 마찬가지로 자기의 목숨도 문자 그대로 내던지고 있다.

나는 일찍이 《인류의 범죄사》에서 앙드레 지드가 그의 소설 《교황청의 지하도》에서 1914년에 이미 이런 타입의 범죄를 예견하고 있었던 것을 지적했다. 지드의 작품에서는 젊은 유미주의자가 이렇다 할 만한 이유도 없이 동행한 여행자를 열차에서 밖으로 밀어 떨어뜨리려고 결심한다. 지드는 이것을 '무상無償의 행위'라고 부르고 있다. 옥스퍼드판 프랑스 문학 안내서에는 이것을 "아마도 스릴의 욕망을 만족시키기 위해 저지른 지각 없는 행위"라고 정의하고 있다. 그러나 이런 종류의 정의를 내렸다고 해도, 과연 인간이 이런 몰상식한 행위를 할 수 있을까 하는 심리학적인 수수께끼는 여전히 풀리지 않고 있다.

또 하나의 흥미있는 열쇠는 '동기 없는' 살인범들의 대부분은 지적

수준이 평균 또는 평균 이상이었다는 것이다. 그들의 범죄가 무분별했기 때문에 대체로 그렇게 보이지 않지만, 그래도 여전히 흥미로운 일이 아닐 수 없다. 여기에 해당되는 사람은 찰스 맨슨, 이안 블레이디, 멜빈 리스, 존 프레이저, 해리 란햄, 테드 반리 등이다. 이 책에는 이들 외에도 이런 범인이 많이 등장했다. 그들에게서 볼 수 있는 공통된 요인은 누구도 자신들의 지성을 적극적으로 활용하지 않았다는 점이다. 그들은 사회가 "자기를 부당하게 과소평가하고 있다"고 느끼고 있는 것 같다. 자기의 마이너스 이미지다. 이것이 그들을 되풀이하여 동기 없는 분노로 몰고 갔다. 이들이 사회적으로 성공한 자와 마찬가지로 자기를 지적이라고 생각하는 것은 정당하다. 자기에게 재능을 발휘할 기회를 주지 않는 사회는 어딘가 부패해 있다고 생각한다. 범죄는 이런 분노에서부터 구체적인 형태를 취하기 시작한다.

'동기 없는' 범죄의 핵심에 겨우 접근한 것 같다. 이 책에 등장하는 대부분의 경우에서도 이 분노의 감정을 찾아볼 수 있다. "이것을 누구에겐가 알려줘야 한다." 이 테마를 전개하고 있는 작가로는 영국의 브라이언 마리너가 있다. 마리너는 강도짓을 하여 교도소 신세를 진 경험이 있는 작가며, 그의 발언의 핵심은 이러하다. 대부분의 인류역사를 통하여 평균적인 인간은 온순한 순응주의자였다. 그들은 비를 맞으면서 조용히 서 있는 소와 같이 불행과 재난을 참아왔다. 그러나 교육과 생활수준의 향상이 이 모든 것을 완전히 변화시켰다. 개인으로서 정당한 평가를 받아야 하고, 자기도 어느 정도 사회적으로 대우를 받아야 한다고 생각하기 시작했다. 교도소 안에서도 자기에게 일정한 권리가 있다는 것을 알아차리게 되었다. 이 반세기 동안 일어난 가장 격심한 교도소 폭동의 몇몇은 이 권리의 침해가 원인이었다. 종래의 평균적인 인간은 수동적이었으나 현대의 평균적인 인간은 '능동적'이다. 마리너는 횡포성과 '동기 없는' 범죄의 증가는 이것으로 대부분 설명할 수 있음을 시사하고 있다.

　그러므로 이것이 진실하다는 것은 의심할 여지가 없다. 그러나 '능동적인 인간'의 범죄가 반드시 정당화되지 않는 것도 알아둘 필요가 있다. 1976년에 캘리포니아주의 초티라라는 작은 마을에서 세 남자들이 스쿨버스를 가로막고 그 버스에 올라타서는 운전사에게 160킬로미터로 달리라고 명령했다. 인질이 된 것은 26명의 어린이와 운전사였다. 목적지에는 이삿짐을 옮기는 화물 운반차가 지하에 묻혀 있었다. 일종의 지하 감옥이었다. 그들은 인질들에게 그 속으로 들어가라고 명령하였다. 그러나 인질들은 간신히 탈출하는 데 성공하여 500만 달러의 몸값을 지불하지 않아도 되었다. 세 사람의 범인은 부잣집 청년들이었다. 그들 중의 한 사람은 마디라군郡의 다른 작은 거리에서 "복수할 이유가 있었다"고 자백했다. 그런데 초티라의 어린이들을 태운 스쿨버스를 가로챈 것이 어찌하여 다른 거리의 주민을 '벌하는' 것이 되는가. 로마제국의 황제 테오도시우스 시대에 로마군의 수비대가 그리스에서 참살을 당한 사건이 있었다. 테오도시우스 황제는 사건이 일어난 거리의 주민을 모두 축제에 초대하여 이들을 몰살시켜 복수했다. 이것은 처참한 일이지만 의미가 없는 것은 아니다. 그러나 스쿨버스 한 대 분의 어린이의 유괴에 의미가 있다고는 전혀 생각되지 않는다. 광기의 횡포일 뿐이다. 그러나 유괴자들은 결코 미치지 않았다. 여기서 연상되는 것은 사르트르가 말한 '마술적 사고思考'로서, 즉 모래에 목을 처박으려고 몸부림치는 칠면조처럼 그 목적을 달성하리라고는 도저히 생각할 수 없는 전혀 비논리적인 사고라는 것이다. 이 마술적인 사고야말로 범죄 심리의 결정적인 열쇠가 될 것 같다.

옛말에 이런 것이 있다. 맑게 개인 사하라 사막에서 아랍인이 우산을 갖고 있었다. 이 아랍인에게 다른 아랍인이 그 이유를 물었다. 대답은 이러했다. "나는 이 우산을 영국에서 샀는데 이건 마법의 힘을 갖고 있어. 비가 오기를 바랄 때에는 이것을 들고 나와야 하네." 1959년 버밍검의 YWCA에서 소녀를 살해하여 토막을 낸 패트릭 번즈라는 남자에게서도 이 마술적인 사고를 볼 수 있다. 이 남자는 말했다. "나는 여자를 보면 섹스를 하고 싶어 긴장하게 돼. 그래서 보복으로 그 짓을 했어."

수단과 목적에는 아무런 논리적인 연결도 없다. 그러나 마술적인 사고는 반드시 지적 수준이 낮은 인간이나 범죄자의 전매특허는 아니다. 1982년 8월의 신문에 보면, 노벨상 수상자 엘리어스 카네더는 다음과 같이 말하고 있다. "요새 집필한 나의 새 원고로 회고록을 내려고 하지만, 이건 영국에서는 출판하지 않을 겁니다. 내가 써낸 책을 영국인들은 전혀 인정해 주지 않으니까요."

이것이 사실이라 해도 누구를 탓할 수 있겠는가. 받을 인세가 줄어들 뿐이다. 그렇게 해서 어떻게 복수의 목적을 달성할 수 있겠는가?

마술적 사고의 작용은 흔히 '능동적' 범죄에서도 분명히 찾아볼 수 있다. 찰스 맨슨은 부르주아 '돼지', 즉 자기에게 적합한 성공을 하려고 하지 않는 사람들에게 마음속으로 심한 분노를 느끼고 있었다. 맨슨 일가가 저지른 살인의 배후에 있는 '동기'는 흑인과 백인 사이에서 인종전쟁을 일으키고야 말겠다는 신념이었다. 맨슨의 네오파시스트의 모든 신화는 순수한 마술적인 사고였다는 것을 지금에 와서는 분명히 알 수 있다. 그는 '확고한 목표가 없는' 울적한 분노를 터뜨리면서 회초리를 휘둘렀다. 1973년에서 74년에 걸쳐서, 5인의 흑인으로 된 전투적인 멤버의 조직이 샌프란시스코에서 '제브와 살인'이라는 것을 저질렀는데, 이것도 마술적인 사고가 빚어낸 일이었다. 23명의 희생자는 닥치는 대로 살해되었다. 5인의 멤버로 구성된 '저승사자'에게는 규정이 있었다. 네 명의 백인 어린이와 다섯 명의 여자 또는 아홉 명의 남자를 죽이기 전에는 정식 멤버가 되지 못한다는 것이었다. 이 저승사자들은 인종전쟁을 하고 있었으므로 이 규정은 마술적인 사고가 될 수 없다는 의견도 있을 것이다. 확실히 일반 전쟁에는 목적이 있고, 군대는 그 목적의 달성을 위해 싸운다. 그러나 '히트 앤 런' 식의 살인 따위에 달성해야 할 목적 같은 것이 있을 리가 없다. 이런 종류의 범죄에서 마술적인 사고의 작용을 이해하려면, '능동적 인간'이 무엇에 대적하고 있는가를 알아야 한다. 이에 관한 대답은 자명하다고 생각한다. 그것은 권력이다. 그러나 자명하지 않은 부분은 권력이나 체제와 같은 것의 구체적인 내용이 환영幻影에 지나지 않는다는 것이다. 맨슨과 그의 희생자 사이에는 생각할 수 있는 관련이 거의 없었다. 고양이에게 돌을 던져서 분노를 나타내는 쪽이 그에게는 훨씬 논리적이었다.

최면 책에 다음과 같은 글이 쓰여 있다. 정신병원에서 인턴으로 있는 의사가 여성 환자에게 최면을 걸어 주임 의사에게 키스하라고 명령했다. 이 명령을 취소하는 것은 전혀 불가능한 상태가 되었다. 최면을 풀어도 말이다. 이 환자를 깨게 하려면 먼저 주임 의사가 그녀의 포옹에 몸을 맡겨야 하는 이상한 상태가 되었던 것이다. '능동적 인간'이 권력이나 체제에 대해 분노를 느끼는 과정에는 이 최면술과 비슷한 요소가 있는 것이 분명하다.

폭력이나 범죄에 이르는 사고과정의 성격을 관찰할 때 반드시 목격하게 되는 것은 주위를 두리번거리면서 '탓해야 할 대상'을 찾는 심리의 움직임이다. 이것은 칼 마르크스와 찰스 맨슨에게 모두 공통된 심리다. 인류의 고뇌와 자신의 개인적인 불운을 다른 사람에게 책임 전가하는 사고방식인 것이다. 자기 자신에게도 책임의 일부가 있을지도 모른다는 생각은 그들의 머리에 결코 떠오르지 않았다. 따라서 자기의 문제에 대한 해결은 외부세계에 있었다. 즉 자본가나 '돼지'와 같은 꼬리표가 붙은 자들의 그룹 속에 있었던 것이다.

그렇다면 마술적인 사고가 어떻게 그 울타리에서 벗어나 20세기 후반의 범죄 세계에까지 확대되었는가? 이 현상을 이해하려면 범죄의 성격은 주변 사회의 변화에 따라 달라지는 경향이 있다는 것을 분명히 인식할 필요가 있다. 사회는 개개인과 마찬가지로 가치관과 '필요도의 수준'에 의해 변한다. 인간을 포함한 동물의 동태動態는 '필요도의 수준'에 의해 지배된다고 주장한 것은 미국의 심리학자인 에이브러햄 매슬로우였다. 가장 기본적으로 필요한 것은 먹을 것과 마실 것이다. 이것이 충족되기까지 다른 것은 거의 문제가 되지 않는다. 먹을 것이 계속해서 손에 들어오게 되자 인간은 안전이 보장된 환경에 대해 생각하기 시작했다. 예컨대 머리 위의 지붕이다. 집을 소유한 적이 없는 부랑자라면, 시골의 통나무 오두막에서라도 살 수 있다면 얼마나 좋을까 하고 생각할 것이다. 그러나 현실에는 다음 '수준'의 욕망이 반드시 모습을 드러낸다. 사랑, 섹스, 좀더 친밀한 인간관계 등이 그것이다. 이 수준의 욕망이 충족되면, 다음에 문제가 되는 것은 자존심이다. 지역사회로부터 호감을 얻고 싶다거나 존경을 받고 싶다거나 인정을 받고 싶게된다. 매슬로우에 의하면 이 수준의 욕망도 채워지면 인간은 창조적 활동에 대한 욕망을 충족시키려고 한다는 것이다. 매슬로우는 이것을 '자기 활성화'라고 부르고 있다. 창조적 충동을 어떤 형태로 표현하고자 하는 욕망이다.

불과 200년 전까지만 해도 범죄의 대부분은 기본적인 필요와 관련된것이었다. 그것은 먹을 것과 마실 것이다. 인간은 자기가 살아가기 위해 훔치기도 하고 남을 죽이기도 했다. 성범죄는 사실상 찾아볼 수 없었다. 그런데 19세기 중엽에 이르자, 유럽과 아메리카에는 변화가 생겼다. 대다수의 사람들이 먹을 것을 손에 넣는 것과 머리 위의 지붕에 대해서는 걱정하지 않아도 되는 사회가 출현하였다. 여기서는 성범죄가두드러진 사회현상으로 등장했다. 20세기 중엽으로 오면서 범죄의 가장 기본적인 타입, 즉 자기가 살아가기 위해서만 저지르는 범죄는 적어졌다. 대부분이 문명국으로 복지국가며, 그곳에는 인간이 굶어죽을 염려는 사실상 소멸되었기 때문이다. 그 대신 일반화된 것이 성범죄다.

1950년대의 동기 없는 범죄의 출현은 매슬로우가 말하는 '자존심' 수준의 출현이었다. 로버트 스미스는 '유명해지기' 위해 사람을 죽였다. 여기서 사회는 지능지수가 높은 범죄자와 갑자기 만나게 되었다. 찰스 맨슨은 로버트 하인라인이 쓴 《미지의 나와 미지의 남자》라는 슈퍼맨이 등장하는 공상과학소설에서 힌트를 얻었다. 그후 100년이 지나면서 살인범의 전형은 자기를 '생각하는 인간'이라고 보여주고픈 자다. 여기서 문제가 되는 것은 그 인간의 사고가 마술적인 사고로 기울어지기

쉽다는 것이다. 그는 그런 사고에 따라 책임을 전가하는 대상을 선택한다. 그 속죄양의 대상은 집단인 경우도 있고 개인인 경우도 있다. 이안 블레이디에게는 인간성 자체가 모멸의 대상이었으며 이것을 살인의 논리적인 근거로 삼았다. 맨슨 일가와 '저승사자'들은 인종 그룹을 대상으로 택하였다. 단독범이라는 다른 타입의 살인자는 로마 교황이나 대통령이나 저명한 팝송가수 등 유명 인사를 택하였다. 이런 대상을 살해함으로써 그는 유명하지 못한 자기와 유명한 상대 사이의 불균형을 조정하려고 했다. 이상의 세 타입은 모두가 자존심을 지탱하기 위한 수단으로 마술적인 사고를 사용했다.

현대사회가 퇴폐와 몰락으로 치닫고 있다는 조급한 결론을 내리기 전에 이런 종류의 무자비성은 적어도 과거 3천 년의 인류의 특질이었다는 것도 생각해 둘 필요가 있을 것이다. 기원전 13세기 초부터 7세기 초까지 500년 동안에 걸쳐서 중동을 지배했던 시리아인은, 여아를 포함한 모든 다른 나라 백성을 살육한 것을 찬양하는 기념비를 세워 자랑스럽게 여기고 있었다. 징기즈칸과 티무르는 더욱 잔인무도했다. 네덜란드의 신교도에게 불火과 검으로 개종을 강요한 스페인의 카톨릭 수사도 무자비함에 있어서는 이에 못지않았다. 인간의 악惡은 예나 지금이나 별반 다르지 않다고 보는 것이 아마도 옳을 것이다. 그러나 옛날에 비하며 이타주의, 관용, 사회적인 구제의 손길이 많은 것도 사실이다. 문제는 현대 사회가 특정한 개인들에 대해 특수한 스트레스를 강요하고 있는 점이다. 예컨대 앞에서 열거한 혐오스러운 범죄의 대부분이 캘리포니아주에서 일어났다는 게 결코 우연한 일이 아니다. 미국의 주州 중에서 가장 인구가 많고 꾸준히 증가하고 있는 곳이 캘리포니아다.

끊임없는 인구폭발의 과정에 있는 지역이 앞에서 J. B. 카르혼이 말하는 '동태動態의 시궁창'이 되는 것은 당연한 일이다.

이런 종류의 '범죄에 의한 보복'이 일어나고 있는 것은 자연이 그 무자비하고 가혹한 방법으로 문제해결을 계속하고 있음을 보여주는 것이기도 하다. 래밍은 혼잡이 지나치면 집단자살을 한다. 사슴은 혼잡이 지나치면 스트레스로 죽는다. 스트레스에 대한 인간의 반응은 폭력이다. 폭력을 줄이는 분명한 방법은 스트레스를 줄이는 것이다. 그러나 현대의 복잡한 문명사회에서는 이것이 불가능한 일이다. 그 대신 강요되는 것은 소극적인 해결책이다. 이에 대해 사회의 어디선가는 반드시 반대의 소리가 들린다. 총포류銃砲類의 개인소유를 금지하면 미국에서 일어나는 범죄의 숫자에는 극적인 변화가 생길 것이다.

그러나 범죄율이 상승하면 대부분의 미국인은 호신책으로 총을 소유할 필요를 점점 통감하게 된다. 따라서 금지의 기회는 점점 멀어진다. 텔레비전 화면에 나오는 폭력은 범죄와 연결된다. 예컨대 노먼 스미스의 경우가 그러하다. 이 남자는 〈저격자〉라는 텔레비전 프로를 보고 나서 여성을 사살했다. 그러나 텔레비전 프로듀서측은 사회의 폭력에 대해 동화가 아니라 사실을 제공하는 것이 자기들의 일이라고 주장한다. 이것도 악의 공전空轉이다. 포르노도 같은 종류의 윤리상의 딜레마다. 포르노에서 성범죄가 유발된 예는 적지않다. 예컨대 테드 반디의 경우다. 그러나 빅토리아조 말기 이후에, 사회는 성을 자연스럽게 표현하는 방향으로 일관하여 움직이고 있다. 이에 대한 억압과 검열이 장기간에 걸친 해결책이 된다고는 보기 어렵다. 그리고 법률을 엄하게 만든다고 해서 범죄가 어느 정도 감소될 것이라고 안이하게 예측하기는 어렵다.

보통사람들은 범죄에 대한 재판의 판결을 너무 가볍다고 생각하는 경향이 있다. 1981년에 해머로 아홉 명의 소녀들을 살해한 독일의 살인 폭행범은 20년 후에 석방되더라도 반드시 똑같은 범죄를 저지르겠다고 법정에서 공언했다. 서독의 법률에서 '종신형'은 7년을 의미한다. 1970년에는 성범죄에 대해 중형을 선고하는 것이 일반적이었다. 이 때문에 범죄율은 급격히 감소되었다. 그리고 상습범에 대한 긴 형기의 선고(세번째의 부녀 폭행과 주거침입은 최고가 종신형)도 마찬가지로 효과적이라는 것을 알게 되었다. 재판관측은 다음과 같이 지적했다. 상습범의 대부분은 1년에 수십 번, 경우에 따라서는 수백 번이나 범죄를 되풀이한다. 따라서 그들을 교도소 안에 한평생 격리해 두는 것은 사회 전체의 이익에 부합된다. 그러나 한 인간을 한평생 교도소 안에 갇혀 있게 한다는 것은 사형 부활의 논의와 마찬가지로 윤리적으로 의문을 내포하고 있다. 긴 안목으로 보면 편의주의를 위해 정의를 희생하고 잘 운영되는 사회는 없다. 정의가 이루어지지 않으면 사회에서 조성되는 분노는 그만큼 커진다. 따라서 범죄는 그만큼 늘게 된다.

사회의 어느 계층에서도 반대가 일어나지 않는 실제적인 해결방법의 하나는 지역사회 전체가 범죄 방지에 참가하는 것이다. 미국의 몇몇 도시에서는 시민으로 구성된 순찰로 주거침입의 범죄율이 크게 줄고 있다. 이웃간에 조직한 '감시' 운동도 같은 효과를 올리고 있다. 이 운동에서는 모든 사람들이 거리에서 일어나고 있는 일을 주시하고, 미심쩍은 일이 있으면 경찰에 통보하기로 되어 있다. 이 지역사회의 여러 가지 방범운동이 거두고 있는 성공은 중요한 점을 시사하고 있다. 범죄 문제의 일부에는 시민의 태도가 큰 비중을 차지하고 있다는 것이다.

1950년대의 중엽에 〈라이프〉는 다음과 같은 사진 특집을 실었다. 뉴욕의 한복판의 보도에 어떤 남자가 쓰러져 피를 흘리고 있었다. 이때 시민들의 반응을 보니 직장에 출퇴근하는 사람들은 먼발치로 피해서 걸어가거나 일부러 아래를 보지 않고 지나갔다. 1964년에 기티 제노베제가 살해되었을 때에는 시민이 37명이나 옆에서 목격했지만 아무도 범행을 저지하지 않고, 또 범인을 잡으려고도 하지 않았다. 사건에 관여하고 싶지 않았다고 후에 근처의 행인들이 자기의 태도를 해명했다. 즉 전원이 살인방조죄를 범한 셈이다. '시민의 감시' 운동은 범죄를 방지할 뿐 아니라 범죄를 가능하게 하는 시민의 소극적인 태도에도 변혁을 요구한다.

그러나 실질적인 효과는 인정하더라도 이상의 해결법에는 어딘가 초점이 벗어난 느낌을 주는 것은 부정할 수 없다. 코루르나 맨슨이나 블레이디의 사건을 살펴보면, 그들은 사회적인 압력을 받기만 해도 폭행을 자행하게 되는 실험실의 쥐가 아닌가 하는 느낌이 든다. 그들은 어떤 사고의 과정에서 사람을 죽이기로 결의한 자유로운 개인이다. 이 사고과정이 마술적이었기 때문에 그리고 그 사고과정에는 착각이 있었기 때문에 그들은 살인자가 되었다. 앞에서도 말한 바와 같이 마술적인 사고에서는 되도록 자기 억제의 노력을 피하려고 한다. 응석받이로 자란 어린이처럼, 자기는 자유롭게 행동할 권리가 있다고 생각하며 자기의 욕망을 곧 충족시키고 싶어한다.

이상의 모든 것은, 1960년 이후 대두된 동기 없는 범죄의 증가는 마술적인 사고방식이 만연되어 있기 때문이라는 것을 보여주고 있다. 따라서 장기적인 문제해결을 위해 이 마술적 사고의 성격을 이해하는 것이 특히 필요하다 하겠다.

현재의 뿌리는 과거에 있다. 역사가 루이스 맨포드는 다음과 같이 말하고 있다. "인류에게 불행한 일이지만, 인류는 핵에너지의 해방 이전에 더욱 파멸적인 성격의 해방을 경험하고 있다. 인류가 이것을 쌓아올리는 데 3, 4천 년이 필요했던 도덕적인 억지력과 건전한 육체 보존을 위한 금기의 해방이 그것이다." 이 파멸적 해방은 현실적으로는 1762년으로 거슬러올라간다고 생각해도 무방할 것이다. 1762년은 루소가 《사회 계약론》을 세상에 낸 해였다. 이 책은 다음과 같은 유명한 문구로 시작된다. "인간은 자유인으로 태어났다. 그런데 인간은 어디서나 사슬에 매어 있다." 시대가 다음 세기로 나아가 기독교의 가르침이 그 구속력을 점점 잃기 시작하자 도덕의 지배적인 자리에 앉게 된 것이 "인간은 자유인으로 태어났다"는 사상이었다. 이 사상은 여러 가지 악의를 지닌 권력이 공모하고 개입하여 자기의 자유를 박탈당하고 있으며, 따라서 자신은 "자유인이 아니다"는 생각을 갖게 한다. 피에르 조세프 프루동은 다음과 같은 유명한 말을 하여, 혁명의 진로에 박차를 가하게 했다. "재산이란 도둑질한 것이다." 19세기 말에 와서 루소의 자유론은 그 이전의 종교철학을 거의 완전히 압도했다.

종교철학이 루소에게 크게 패배한 것은 어느 의미에서 당연한 일이었다. 종교철학은 교의敎義와 권위 위에 세워진 것으로 두려운 억압이 그 본질이었다. 그러나 이것은 인간성의 본질에 대한 현실적인 해석에 의거한 것이기도 했다. 그리고 그것은 또 인간을 불행과 질병의 덩어리로 보았다. 거기서는 육체적인 문제와 정서적인 문제가 서로 갈등을 일으킨다. 인간은 태어난 순간부터 문제를 안고 있다. 인간의 원초적인 문제는 욕망(교회에서 즐겨 사용하는 말로는 '유혹')이다. 이것은 왕에게나 거지에게도 한결같이 해당된다. 인간은 어느 정도의 자기 인식과 자기 수련을 달성하지 못하면 행복을 손에 잡을 수 없다. 이것이 기독교 철학의 근본이다.

한편 "인간은 자유인으로 태어났다"는 루소의 명제는 가장 단순한 의미에서 진실이 아니다. 정치적인 의미에서 혹시 자유라 하더라도, 스스로 자유롭다고 느끼는 사람은 극히 드물다. 이것이 냉엄한 현실이다. 돈과 충분한 여가가 있어 자유를 만끽할 수 있을 텐데도, 언제나 자기를 비참하다고 생각하고 조바심 내는 사람이 있다. 한편 가난하고 오랫동안 노동을 강요당해 비참할 수밖에 없는 사람이 놀랄 만큼 쾌활하게 생활을 즐기는 모습을 목격하게 된다. 자유의 본질은 역설逆說인 것 같다.

루소는 자기 자신이 병약하고 신경질적이었기 때문에 이 역설을 무시하고 그 책임을 전가할 대상을 재빨리 찾으려고 했다. 그는 권력을 증오했다. 그것이 그를 극단적으로 단순하게 했다. 자유란, 권력을 타도하여 자기를 묶어놓고 있는 사슬을 풀어버리는 것이다. 그가 사람들에게 믿게 하려고 한 도그마는 이것이다. 지금 지구의 거의 절반을 지배하고 있는 그의 철학에 의하면, 기본적으로 허위인 종교철학은 존재하지 않는다는 의미에서 근본적으로 잘못되어 있다. 절반만이 진실인 것은 완전히 거짓말인 것보다 질이 나쁘다. 우리 중 어느 누구도 스스로 자유롭다고 느끼지 않고 있다. 그러므로 자유를 모든 사람의 타고난 권리라고 보는 루소의 명제는 사람들에게 호소력이 있다. 따라서 자기의 자유를 속박하고 있는 대상의 발견에 열의를 보이게 된다. 그런데 이것은 모든 사자는 나면서부터 아침 먹이로 안테로프(아프리카의 평원에서 살고 있는 사슴과 비슷한 동물)를 먹는다고 단정하는 것과 비슷하다. 진실은 이러하다. 사자가 아침에 먹이로 안테로프를 먹을 수 있는 것은, 잡을 수 있는 안테로프가 가까이 있고, 사자가 수고를 마다하지 않고 그것을 잡기 위해 일어났을 경우뿐이다. 여기에는 권리라는 요소가 들어갈 여지가 없다.

이것은 정치적 자유가 중요하지 않다는 의미가 아니다. 다만 이 정치적 자유는 당치 않은 분노가 아니라, 노력과 현실적인 사고에 의해서만 달성할 수 있는 성질의 것이다. 그런데 불행하게도 루소의 반反권력주의는 지금 우리가 호흡하고 있는 공기 속에도 가득차 있다. 권리에 민감한 젊은 세대는 모두 반反보수주의자며, 사회주의에 강한 공감을 느끼는 게 당연하다고 생각한다. 그들이 저항운동에 동참하고 권력의 편에 서지 않는 것은 당연하며 대부분의 사람들이 경찰을 싫어하는 것도 당연하다. 그리고 우리 조상이 천국과 지옥이라는 사고를 받아들인 것처럼, 우리는 "인간은 자유인으로 태어났다"는 명제를 정당한 가르침으로 어느새 받아들이고 있다.

이것이 현실적으로 의미하는 것은 다음과 같은 상황이다. 인간은 모두 자유를 누려야 한다는 사상에 길들여졌다. 그래서 그렇지 못한 것에 대한 막연한 우울감이 사회에 쌓인다. 자기가 자유롭지 못하다면, 누군가에게 그 책임을 지운다. 인간은 당연히 일상생활에서는 모두가 현실주의자일 수밖에 없다. 생계를 위해 일하며 원하는 것을 손에 넣기 위해 노력한다. 그러나 이런 활동이 여의치 않으면 곧 자기연민에 빠지게 된다. 주위에서 자기를 대신할 속죄양을 찾는다. 정치가나 경찰이나 체제 자체에 주목하게 되며 그것에다 몽땅 책임을 전가한다.

대개의 경우에 이런 마술적인 사고는 그다지 해롭지 않다. 정부에 반대하는 투표를 하고 청원서에 서명을 하고, 술집에서 마주 앉은 사람들에게 불평하는 것으로 화풀이를 하면 된다. 그러나 이성적인 사람은 이렇게 해도 직성이 풀리지 않는 경우가 있다. 철학자 윌리엄 제임스는 지하철 속에서 이런 경험을 한 적이 있었다. 옆의 어린이가 떠들어서 그는 마음이 언짢았다. 그는 아이의 어머니에게 "당신의 아이가 승객들에게 방해가 되고 있다는 것을 모르시나요?" 하고 물었다. 그러자 한 남자 승객이 말했다.

"당신, 남의 부인에게 그런 실례의 말을 해도 되는 거요?"

철학자는 화가 나서 "뭐가 어째? 또다시 그 따위 말을 하면 주먹으로 후려갈길 거야" 하고 위협했다. 그 남자는 힘주어 그의 말을 되풀이했다. 철학자 제임스는 방금 자기가 가한 위협을 실행에 옮겨야 했다. 승객들이 일제히 일어났다. 그들은 그 남자가 고발하겠다면, 그를 위해 증인이 되어주겠다고 이구동성으로 말했다. 소동은 그럭저럭 가라앉았다. 철학자는 우울한 심정으로 앉아 있었다. 자기가 주위 사람들에게 혐오의 대상이 되고 있다는 것을 피부로 느끼면서 말이다. 그는 자기를 동정해 줄 것 같은 부인을 찾아내어 말을 걸었다.

"당신은 내 심정을 이해하시지요, 부인……?" 그러나 그녀는 화를 내면서 그의 말을 가로막았다.

"무슨 염치로 나한테 그런 말을 하는 거예요. 짐승만도 못한 사람 같으니……."

철학자가 훼방에 대한 유일한 반응이 폭력이라는 입장에 놓이게 되면, 아래의 범인들의 심정을 쉽사리 이해할 수 있을 것이다. 겔리 길모어나 폴 노레스와 같은 사람이 사회는 때려부술 만하다고 생각하여 닥치는 대로 이를 실천한 심정 그리고 로버트 스미스와 같은 학생이 아무도 자기에게 주목하지 않고 있다는 생각에 사로잡혀 화풀이를 위해 헛된 폭력을 휘둘러 '유명해지려고 했던' 심정, 메르빈 리스나 딘 코루르, 테드 반디 등의 새디스틱한 성폭행을 통해 인생으로부터 어느 정도 '자기 몫'을 얻어내려고 했던 심정 등이다. 그들은 모두 루소의 마술적인 사고를 현실의 사회철학으로서 받아들인 사회에서 자란 사람들이다.

이런 상태, 즉 마술적 사고의 굴복에 대해 루소(혹은 프루동이나 마르크스)를 탓해도 무의미한 일이다. 루소가 없어도 다른 누군가가 《사회 계약론》을 썼을 것이다. 이것은 그때까지의 10세기 이상에 걸친 기독교의 가르침에 대한 피할 수 없는 반작용이었다. 이 글을 쓰는 목적은 루소의 애매한 반권력주의가 사회에 대한 울분의 진원지며, 이것이 이 책에 등장하는 많은 살인범을 탄생시키는 폭력적 풍토가 되었다는 것을 지적하는 데 있다. 루소의 '병아리'들이 20세기 후반에 와서 둥우리에 들어가기 시작했다. 그들의 범죄는 단순한 것이 특징이며, 안이한 길을 택하고 책임에서 벗어나려고 한다. 미국의 범죄자에 관한 고전적인 명저 《범죄자의 성격》을 공저한 사뮤엘 요켈슨과 스탠튼 셰나우는 다음과 같이 지적하고 있다. "상습범의 대부분은 사회적인 불공평이나 생활고 때문에 범죄를 저지른 하류층의 가난한 사람들이 아니다. 기본적으로 '책임회피자'다. 최종적으로는 아무도 공짜로는 무엇이고 손에 넣을 수 없다는 것을 인식하기에는 지성이 모자라거나 또는 자기 기만에 빠지기 쉬운 인간들이다."

문제의 성격이 어느 정도 모습을 드러낸 것 같다. 그러나 문제는 해결 방법이다. 미국의 법률가 맥갈트는 이 해결을 위한 하나의 흥미있는 시도를 하고 있다. 조사의 대상은 조지아 주립교도소의 증세가 심한 정신질환자다. 맥갈트는 스스로 보이지 않고 들리지 않는 체하는 일종의 마술적인 사고에, 범죄자가 영향을 받고 있다는 주장을 그전에도 발표한 학자다. 그가 이 문제에 흥미를 느끼게 된 것은 하버드 대학에서 행한 실험의 보고서를 읽었을 때였다. 그 실험은 고양이의 청각신경에 오실로스코프를 접속시켜 고양이의 귓속에 벨이 울리면 오실로스코프가 움직이게 했다. 그런데 생쥐를 넣은 우리를 고양이 앞에 놓으면 오실로스코프의 바늘이 벨의 소리에 반응하지 않았다. 고양이는 고막 자체의 진동을 차단하는 것이었다. 즉 고양이는 '듣기를 거부한' 것이다. 맥갈트는 범죄자도 울분으로 말미암아 같은 상태가 되지 않을까 생각했다. 즉 거부와 범행에 대한 집중도가 높아 세상의 선한 것에 눈길을 돌리지 못하는 상태 말이다. 맥갈트는 여러 가지 심리학적 기법과 종교적 방법을 사용하고, 특히 범죄자의 지성에 호소하여 그 중증의 정신질환자들에게 그들 자신이 귀를 막고 눈에 색안경을 쓰고 있었던 것을 알게 하는 데 성공했다. 범죄자들은 그런 정신적인 태도 때문에 가장 피해를 많이 입는 것이 자기 자신이라는 것을 알게 되자, 자기 파멸적인 태도를 버리고, 범죄에서 멀어지게 되었다고 한다.

맥갈트가 발견한 것은 인간정신의 가장 기본적이고 중요한 원리의 하나였다. 나는 일찍이 이 원리를 우화의 형태로 정리한 적이 있다. 그것은 다음과 같다.

안개가 자욱한 어느 11월 아침에 셜록 홈즈와 왓슨 박사가 베이커가의 집 난로 앞에 마주보고 앉아 있다. 왓슨은 신문을 구석구석까지 다 읽고 나서 권태로워서 하품을 하기 시작한다. 일을 벌이는 것도 귀찮은 듯이 그는 말한다.

"반크로프트경卿이 이 세상을 떠난 모양인데, 홈즈, 그 사람을 전에 만난 적이 있나?"

홈즈가 대답했다.

"응, 만난 적이 있어, 왓슨, 그분을 만난 것이 내 탐정생활에서 가장 괴상한 사건의 하나가 시작된 계기가 되었네. 이 사건에 대한 얘기를 자네에게 한 적이 있던가?"

이때 왓슨은 갑자기 눈을 크게 뜬다.

무엇 때문이었을까? 처음에 이 대답은 홈즈의 의사처럼 생각된다. 그러나 그렇지 않다. 왓슨이 홈즈의 말에 반응한 것은 사실이다. 그러나 열의를 가지고 기대한다는 태도를 그 몸에 집중하고 있는 것은 '그'였다. 자기의 감각을 자극하는 일종의 내부의 단추를 누른 것은 왓슨 자신이다. 이론적으로는 홈즈의 대답이 없어도 그는 그렇게 할 가능성이 있었던 것이다.

무슨 일이 일어났는지에 대해 생각할 때 인간은 그와 관련된 메커니즘을 찾아보려고 한다. 마음속의 제어용 단추를 '기대' 쪽에 맞춘다. 어떤 매력적인 경험을 기대할 수 있을 것으로 생각될 경우에는, 만족스런 미소를 머금고 기대를 가지고 그것을 받아들이려 마음을 연다.

그러나 일어나는 것이 권태라고 미리 알게 되었을 때나 또는 고려의 대상에 대해 흥미가 사라졌을 때 인간은 주먹을 쥐듯이 마음을 닫는다. 마음이 일단 이런 상태가 된 것을 다시 열게 하려면 엄청난 사건과 쇼크가 필요하게 된다. 맥갈트의 정신병환자들은 이런 상태에 빠져 있었다. 실험대상인 고양이도 그러했다. 소설 〈크리스마스 캐롤〉의 서문에서 디킨스는 이와 같은 정신상태의 주인공 스크루지를 독자에게 제시한다. 그러나 말레의 유령이 나온 후에는 스크루지의 마음은 점차 누그러져 마음을 열고 인생을 그대로 받아들이는 길을 걷기 시작한다. 범죄자에게 문제가 되는 것은 세상에 대해 부정적인 태도를 취하고 있다는 점이다. 따라서 그들에게는 마음의 문을 열 이유가 없다. 동물이나 어린아이마저 권태에 사로잡히는 경우가 있다. 그러나 적어도 마음만은 열려 있다. 그러므로 조금이라도 흥미를 느낄 수 있는 대상이 나타나면 그들의 마음은 곧 민감하게 반응하여 기대를 갖게 된다.

여기서 찾아볼 수 있는 것은 '잠재의식의 재구성'이라고 할 수 있는 정신의 행위다. 장래를 권태의 예감으로 바라보면, 잠재의식은 부정적으로 반응하고 인간에게 생명적인 에너지를 제공하려고 하지 않는다. 인생의 장래는 매력으로 가득차 있다고 '자기 자신에게 타이르면', 잠재의식은 생명적 에너지로 가득차서 그 인생은 매력이 넘치게 된다. 인간의 태도와 인간의 기대가 그 사람의 잠재의식을 재구성하기 때문이다.

이렇게 생각하면 여기서 논하고 있는 것은 단지 범죄의 문제가 아니라, 인간 진화의 문제임을 알 수 있다. 범죄는 인간의 의식을 닫는 데서 발생한다. 터널에 들어가 있는 것으로 비유할 수도 있다. 그러나 인간 진화의 현단계에서 이것은 모든 인간에게 해당된다.

진화라는 의미의 과정에서 인간은 아직 아기와 같다고 보아야 한다. 아기는 유모차 앞에 매달려 있는 번쩍거리는 것에 손을 뻗을 수 있지만 근육의 힘을 집중하여 그것을 잡을 수는 없다. 인간은 도달할 수 있다고 생각하는 정신상태를 향해 손을 뻗을 수는 있지만 그것을 손으로 잡는 방법은 아직 배우지 못하고 있다. 그런데 아이러니컬하게도 그것을 잡는 연습만은 충분히 하고 있다.

모든 동물은 원하는 것을 얻어서 살아가고 있다. 인간은 이 기능이 상대적으로 뛰어나기 때문에, 다른 동물들을 제압하면서 오늘에 이르렀다. 대부분의 동물은 원하는 것에 상당히 오랫동안 주의를 집중할 수 있다. 예컨대 고양이는 쥐구멍을 몇 시간이나 노리고 있다. 그러나 인간은 이와 비할 바가 아니다. 원하는 것이라면 며칠, 몇 주일, 몇 달이라도 마음을 집중시킬 수 있다. 그리하여 자기 마음을 고도로 집중시키는 것이 인간 성공의 비밀이기도 하고 동시에 실패의 비밀이기도 하다. 우리가 이 과대망상증의 폐단을 목격하게 되는 것은 수전노나 범죄자에게서다. 그들은 비뚤어진 자기 파멸의 가치관만을 고집하고 있다.

진화의 현단계에서 인간에게 가장 필요한 것은 이 과대망상증의 억제다. 이것은 욕망의 대상에서 그 대상이 이끄는 정신 상태로 주의를 돌려야 비로소 달성된다. 카사노바는 무엇 때문에 수많은 여자들 사이를 전전하면서 생애를 보냈는가? 그 대답은 분명하다. 성을 즐기기 위해서였다. 그럼 그가 성에서 즐긴 것은 무엇인가? 한 여자에게서 다른 여자에게로 전전하며 목적의 충족감이 주는 그 순간의 광휘다. 보통때에는 여러 가지 대상으로 분산되는 주의력을 그는 한군데로 집중시킨다. 이 '집중'이 그를 충족감으로 유도한다.

이 문제를 여기서는 '장소에 어울리지 않는 충족감의 허망'이라고 부르기로 하자. 카사노바는 충족감이 여자 자체에 있다고 생각하여 성을 경험하였지만 본질을 파악하는 데에는 실패를 거듭했다. 개는 전에 토끼를 발견한 굴에 자주 들르지만 토끼를 잡지 못한다. 카사노바도 마찬가지다. 같은 경험을 되풀이하지만 그는 새로 여자를 유혹할 때마다 권태에 빠지고 공허감에 시달렸다. 그래도 그는 처음부터 다시 시작했다. 범죄에는 이와 같은 자기 파멸적인 요소가 있다. 어울리지 않는 장소에서 충족감을 맛보려는 것은 너무 허망할 거라는 것은 이미 예견되어 있다.

지금까지 5천 년 이상이나 종교계의 성인들은 인간에게 다음과 같이 가르치려고 노력해 왔다. "외적인 목적의 추구는 잘못이다. 자기 마음을 바로잡기 위해 노력해야 한다." 석가는 이렇게 말했다. "화살깃을 만드는 기술자가 화살을 죄는 것처럼 현명한 사람은 마음을 다잡는다."

그러나 위대한 종교가의 가르침도 이윽고 딱딱한 교의로 모습을 바꾸게 된다. 즉 인간은 종교를 마음을 바로잡는 것으로 인식하지 않고 추구해야 하는 대상으로 생각한다. 한편 최근에 와서 종교적이지 않은 수많은 사람들이 비로소 마음의 상태에 관심을 갖기 시작했다. 심원한 명상에서 무도武道에 이르기까지 여러 가지 형태의 마음을 조절하는 방법이 많은 사람들의 관심을 끌고 있다. 이런 현상은 마치 아기가 손을 뻗어 물건을 잡는 것들을 겨우 익히기 시작한 상태라고 생각해도 무방할 것이다.

한편 범죄문제의 해결을 위해 우리는 어떤 방법을 강구할 수 있을까? 미국에서는 캘리포니아의 토머스 제퍼슨 연구재단에서 이 문제에 대해 오랫동안 연구하고 있다. 이 재단은, '자유의 대가는 책임'이며 범죄의 온상은 주로 교육에 있다는 기본 이념에서 활동을 계속하고 있다. 19세기에 미국의 대다수는 신교도의 윤리에 의해 근면한 노동과 책임의 가치에 대한 가르침을 받아왔다. 그러나 현대의 미국에서는 이런 풍조는 사라진 지 오래다. 그 결과 '책임'이라는 말을 권위와 결부시켜 이것을 될 수 있는 대로 회피해야 한다고 생각하는 세대가 출현하게 되었다. 이 재단은, 범죄의 진정한 현실적인 해결방안은 학교가 다시 종교적 윤리와 책임의 가치에 대해 가르치는 것이라고 생각하고 있다.

이와 같은 사고방식에 많은 진실이 깃들어 있는 것은 분명하지만 말하기는 쉽고 행동하기는 어려운 법이다.

서부개척시대에는 '상장'이 아니라 '회초리'로 책임을 가르쳤다. 어린이는 주일학교에 나가고 교회활동에 참가하고 양배추밭을 갈아야만 했다. 학교의 경영자측이 이런 봉사를 바람직하게 생각해도 이것을 오늘날의 상황에서 실천에 옮기는 것은 어려운 일이다.

토머스 제퍼슨 연구재단은 이것을 사상의 싸움이라고 믿고 있는데 올바른 태도라고 하겠다. 자유는 책임과 규율이 없이도 존재할 수 있다는 사상을 널리 확산시킨 사람은 루소이므로, 이 문제의 책임의 태반은 루소에게 있다. 1951년 알베르 카뮈는 그의 책 《반항적 인간》에서, 새디스트에서 칼 마르크스나 레닌에 이르는 모든 저항철학은 압정과 자유의 파괴를 초래했다고 선언했다. 이것은 좌파에 분노의 소용돌이를 일으켰지만 카뮈가 죽은 후에 그의 견해가 정당하다는 것이 실제로 입증되었다.

자유의 철학은 국제적 테러리즘을 정당화하는 근거가 되었다. 이탈리아의 테러리스트가 대학의 강의실에 몰래 숨어들어 교수의 다리를 총으로 쏘자 이 교수는 기본적으로 비도덕적인 사회에 적응할 것을 학생에게 고취한 죄라고 중얼거렸다. 찰스 맨슨은 자기의 추종자들은 '형제애' 때문에 살인을 했다고 법정에서 공언했다. 이것이 자유 철학의 귀결이다. 즉 자유의 철학이 광기로 치달은 예다.

폭력이 밀물처럼 범람하고 있다. 언제나 자유 운운하면서 그 정당성을 요구하고 있다. 이와 같은 풍조를 두고 볼 때, 우리는 오류를 범한 것은 루소고 정당한 것은 카뮈라고 생각하지 않을 수 없다. 루소의 시대에는 변혁을 요구하는 강한 필연성이 있었으므로 루소의 사상을 인정해야 한다면, 같은 근거에서 지금은 카뮈를 인정해야 한다. 현대의 교육제도에 '윤리적 책임'을 가르칠 능력이 있는지 없는지는 알 수 없다. 그러나 사회의 저변에서 날뛰고 있는 이 완강하고 사리에 어두운 자유의 철학을 부정할 능력은 있을 것이다. 이 태동에 변혁을 요구하는 것이 우리 사회를 변혁시키는 열쇠다.

2 정치와 살인

테러리즘
— 세계에서 가장 불길한 성장 산업

　1981년은 테러의 해로서 그야말로 브레이크가 고장났다고 할 수밖에 없는 상태였다. 시작은 1월 1일 나이로비 노포크 호텔의 폭파사건이다. 16명이 목숨을 잃었으나 이 사건은 오늘에 이르기까지 해결을 보지 못하고 있다. 분명한 동기도 알지 못하고 범행의 설명도 없으므로 다만 의혹만 남아 있을 뿐이다. 호텔 주인은 유태인이었다. 폭파 직전에 독일어를 하는 부인과 그 일행(말타의 여권으로 여행)이 호텔에서 나온 것으로 확인되었다. 그러나 그후의 종적은 알려져 있지 않다. 이 사건은 아랍과 서독 테러리스트의 공동작전일 가능성이 있다고 추정될 뿐이다.

　테헤란에서는 실각한 바니사돌 전 대통령을 지지하는 '반혁명' 테러리스트 집단이 시한폭탄을 설치했다. 6월에 있었던 일이다. 90명이 죽었으며, 정권을 잡고 있던 이슬람 공화당은 이 사건으로 사실상 붕괴되었다. 8월에는 제2의 '반혁명' 시한폭탄이 수상 집무실에 설치되었는데 이때 수상과 새 대통령은 즉사했다. IRA가 런던에 대규모 습격을 감행한 10월에는 '외국인의 레바논해방전선'이라는 잘 알려지지 않은 테러 집단이 베이루트에서 PLO의 사무실에다 자동 폭탄을 장치했다. 100여 명의 귀중한 생명이 벌레처럼 죽어갔다. 그러나 1981년에 일어난 테러 중에서 가장 허망한 행위는 5월 13일에 있었던 요한 로마교황의 암살 미수사건이다.

교황은 거의 손이 닿는 거리에서 다섯 발의 총탄을 맞았으나 목숨은 건졌다. 테러와 관련된 이외의 암살미수사건은 이 책에 수록하지 않았다. 그러나 이 사건을 뉴스로 접하게 된 세계의 거의 모든 사람들은 종교와는 관계없이 고개를 갸우뚱했다. 가장 선한 분을 살해하려고 했던 자는 누구일까? 그 동기는 무엇인가? 진실은 하나도 밝혀지지 않고 있다. 그러나 매스컴에서 흘러나오는 정보에 의하면 방아쇠를 잡아당긴 메이메트 알리아구카는 '잿빛 늑대'라는 터키의 테러리스트 집단에 속한 남자로 불가리아 비밀경찰의 지령에 의해서 교황 암살을 시도했다는데, 불가리아 비밀경찰은 말할 것도 없이 소련의 KGB와 직접 연결되어 있으며 그 내막은 이렇다. 폴란드 출신 교황의 출현으로 공산주의 국가 중에서 가장 약한 폴란드에 서방세계의 거점인 카톨릭교회가 큰 영향력을 갖게 되었다. 그러므로 교황을 죽여 그 세력을 약화시켜야만 했다. 다만 이런 정보를 소련과 불가리아측은 완강히 부인하고 있다.

1981년의 어느 호에서 〈타임〉은 '가장 불길한 성장 산업'이라는 큰 제목 아래 세계의 테러리스트의 활동상을 특집으로 다루었는데, 살인을 부산물로 하는 이 '산업'에 상당히 많은 페이지를 할애하여 설명하지 않으면 이《현대살인백과》도 정의상 불완전하다는 비난을 받게 될 것이다. 1970년대에는 2,600건이 넘는 폭파사건이 있었으며, 방화, 유괴, 항공기 납치도 700건을 훨씬 웃돌았다.

그런데 이런 불길한 고도의 성장률은 선택적 암살 분야에서 많은 기록이 수립되었다. 1971년에는 17건이었던 것이 1980년에는 1,169건으로 큰 폭으로 늘어났다. 이 책에서는 지면 관계상 특정한 항목을 두어 상세히 설명한 것은 극히 일부에 지나지 않는다. 그러나 서방세계에서는 테러리스트에 의한 암살 뉴스가 없는 날이 없다는 것 또한 엄연한 현실이지만, 한편으로는 소련과 그 위성국가들에서는 테러활동이 있어도 공식적으로는 상세히 알려져 있지 않다.

북아일랜드에서는 테러리스트의 공격으로 사람이 죽거나 불구가 되는 것은, 아기가 태어나는 것과 마찬가지로 일상적인 일이 되었다. 입원해 있는 환자도 예외는 아니다. 영국 본토에서도 마찬가지로 아일랜드의 정치정세에는 아무 영향력도 행사하지 못하며 정치에는 별로 관심이 없는 사람들이라도 옥스퍼드 거리를 돌아다니면서 쇼핑을 하거나, 버밍엄의 술집에서 맥주를 마시거나 또는 맑게 갠 오후에 리전트 공원에서 밴드의 연주에 귀를 기울이고 있다가 뜻밖의 재난을 당하기도 한다.

유럽의 다른 나라에서도 테러리스트의 총탄이나 폭탄에 의한 죽음은 실로 예고 없이 찾아온다. 희생자에게 대항할 틈도 전혀 주지 않는다. 예컨대 볼로냐역에서 기차를 기다리고 있던 이탈리아인 가족, 프랑스의 유태교회에서 기도를 올리던 유태인 가족, 아테네 공항(아랍의 테러리스트가 자주 이용하는 곳)에서 비행기를 갈아타기 위해 기다리고 있는 여행객, 스페인에서 순찰 근무중인 모든 경관 등이 그 예다.

그리고 엘살바도르, 과테말라, 니카라과 등의 중남미 여러 나라, 잠비아, 앙골라, 짐바브웨 등의 아프리카 여러 나라들에서는 다른 지역에 사는 사람들보다 테러리스트(또는 반테러리스트의 활동)에 의해 죽음을 당할 확률이 매우 크다. 어떤 주의·주장을 내세우기 위해 활동하고 있는 테러리스트 집단은 거의 전세계를 뒤덮고 있다. 모로코, 필리핀, 서독, 남미 그리고 아르헨티나에서 캐나다까지의 전아메리카 대륙이 예외가 없다.

1977년에 뉴욕 시경의 테러전문 담당인 프랑크 볼트 형사부장은 전 세계에는 현재 140개의 '명확히 지목할 수 있는' 테러 집단이 활동중이라고 밝힌 바 있다. 이 수는 계속 늘어나고 있으며, 과격파 조직 사이에서는 서로 협조도 이루어지고 있는 실정이다.

일본 적군赤軍파의 테러리스트가 아랍의 PFLP(팔레스타인 인민해방전선)를 위해 1972년에 로드 공항을 습격한 것은 외인부대에 의한 일시적인 현상으로만 볼 수는 없다. 긴밀한 국제적 협력관계에서 몇 달을 계획하여 실천에 옮긴 사건이다. 관련된 세 명의 일본인은 중동 및 극동, 유럽에서의 활동에 필요한 특수 훈련을 레바논과 요르단의 아랍 게릴라 캠프에서 받고 있다. 그리하여 실천단계에서는 베이루트를 경유하여 로마로 날아가고 이곳에서 다른 테러 그룹을 만났다. 이 그룹은 세 명의 일본인을 위해 호텔의 숙박을 알선하고 소련제 자동소총과 수류탄을 넘겨주고 아마도 위조 여권과 텔아비브까지의 항공권도 제공한 것으로 보인다. 무기는 여행용 가방에 넣어 수하물로 실었으므로 세 사람의 습격자는 일반 테스트를 쉽사리 통과했다. 로드 국제공항에서 그들이 해야 할 사명은 자기들이 도착한 다음 10분 후에 도착할 예정인 이스라엘 항공기의 승객에게 발포하여 '되도록 많은 이스라엘인을 죽이는' 것이었다. 그러나 실제로는 일본인 습격자가 이 지시를 무시했거나 오해한 것으로 생각되는 면이 있다. 오카모토 고조는 재판에서 다음과 같이 말하고 있다.

"우리는 조직체와 협력하여 모든 일을 했지요. 그들과 손을 잡고 한 일입니다."

세계에서 가장 유능하다고 정평이 나 있는 이스라엘의 비밀경찰까지도 경탄한 그들의 협력관계는 사실 소설보다도 신기한 일을 지상에서 해냈던 것이다.

1977년 10월 PFLP에 속하는 네 명의 아랍인 테러리스트가 이에 대한 보답을 했다. 서독에서 당시 재판을 기다리고 있던 바더 마인호프 갱 그룹에 속하는 13명의 석방을 계획했던 것이다. 그들은 먼저 루프트한자 비행기를 탈취하여 조종사를 지부티에서 살해하고 모가디슈로 이동했다. 그러나 그곳에서 그들은 서독의 코만도 특수부대에 의해 제압되었다. PFLP 소속인 세 명의 테러리스트가 그 자리에서 사살되고 여성 테러리스트는 부상을 입고 체포되었다. 1978년에 PFLP는 런던에서 이스라엘 항공기의 무기를 갖지 않은 승무원에게 공격을 가하기도 했다. 이 작전은 1975년에 빈에서 납치된 대표자 11명의 안전한 신병 인도를 위해 OPEC의 여러 나라들이 지불한 몸값이 자금원이었다고 한다.

1978년에 미국 공군의 찰스 러셀 정보부장은 "지난 9년 동안에 팔레스타인인과 협력한 외국의 테러리스트 중에서 가장 많은 수를 차지하는 것은 서독입니다"고 말하고는 이렇게 덧붙였다.

"아마도…… 독일 쪽이 팔레스타인보다 많을 겁니다."

또한 러셀 부장의 말에 의하면 PFLP가 지금까지 한 사람 또는 그 이상의 테러리스트의 원조를 받아들인 나라는 네덜란드, 브라질, 프랑스, 베네수엘라, 영국, 콜럼비아, 터키, 알제리, 이집트, 리비아, 요르단, 이탈리아 등이라고 하였다.

세계의 모든 테러조직은 납치, 강탈, 강요 및 개인 헌금(예컨대 미국에서 IRA를 위해 자금을 마련하고 있는 북아일랜드의 원조위원회)을 그 활동 자금원으로 하고 있는데, 세계의 테러리스트에 대한 자금 제공자로 지목되고 있는 베일의 남자는 카다피 대령이다. 1977년 8월 5일, 미국의 A. J. 하인츠 2세 하원의원은 다음과 같이 말하고 있다.

"테러리즘을 부추기는 데 가장 열심인 나라는 아마도 리비아일 겁니다. 근래에 리비아는 국제적 테러리스트들의 휴식처고 계획수립의 본거지가 되고 있지요. 예컨대 1975년 빈에서 일어난 OPEC 국제회의 대표단 납치의 흑막에는 카를로스로 알려진 이리히 라밀레스 산체스, 쿠알라룸푸르에서 미국 영사관을 습격한 일본 적군파의 테러리스트, 빈의 카를로스 일당의 멤버인 한스 요하임 크라인, 마찬가지로 카를로스 일당의 한 사람으로 작년 6월 엔테베의 인질을 구출할 때 이스라엘의 병사에게 사살된 윌프레르 보제 등의 경우가 그래요. 리비아인이 외국 테러리스트에게 제공하고 있는 것은 단지 피난처만이 아닌 것 같아요. 리비아는…… 전통적으로 테러리스트에 대한 무기와 자금의 제공지예요."

이것은 단지 비공식적인 기록이라고 할 수만은 없다. 제이콥 자비츠 상원의원에게 보낸 서한에서 미국 국무성은 리비아, 이라크, 남예멘, 소말리아의 4개국을 테러리스트에 대한 원조를 이유로 비난하고 있다. 이 서한에서 국무성은, 리비아는 여덟 건의 습격사건에서 그 테러리스트에게 도피처를 제공하고 있다고 했다. 여기에는 뮌헨 올림픽을 피로 물들인 장본인이었던 '검은 9월단'과 1973년 아테네의 TWA 비행기 납치사건의 테러 집단이 포함되어 있다.

이라크에 대해 미국 국무성의 서한은 다음과 같이 말하고 있다. "자금, 무기, 보급, 훈련에 있어서 바그다드가 어느 정도의 원조를 제공했는지는 분명치 않으나 PFLP의 분파로 국제테러활동을 활발히 수행하고 있는 와디 하다드파에게 이라크가 상당히 많은 원조를 한 것으로 생각된다."

그리고 이 서한은 남예멘에 대해서는 테러리스트에 대한 도피처 제공을, 소말리아에 대해서는 모가디슈에서 1975년에 일어난 프랑스 대사의 납치와 1년 후에 지부티에서 있었던 스쿨버스의 약탈에 대해 관련되었다고 비난하고 있다.

1977년 서독의 헬무트 슈미트 수상은 테러 활동은 새로운 세계대전의 방아쇠가 될 가능성이 있다고 경고했다. 그는 런던의 전략연구협회에서 주최한 아라스터 바칸 세미나에서 이런 취지의 발언을 하여 테러리스트에 대한 공동전선의 필요성을 강조했다.

"테러리스트의 유일한 목적은 우리의 자유로운 사회구조의 파괴입니다……. 테레리스트의 폭력을 정치적인 동기에서 단지 샛길로 접어든 자들의 불장난 정도로 경시하는 것은 이제 그만둬야 합니다."

테러리즘은 어떤 형태로나 과거 여러 세기에 걸쳐 지상에 존재했으나, 그것이 오늘날과 같이 광범하게 확대되고 또 공동 보조를 취하는 형태로 나타난 것은 주목할 만하다. 내용이 풍부하고 획기적인 《정치적 테러리즘》의 저자는 다음과 같이 현대인에게 주의를 촉구하고 있다.

"······ 1960년대의 라틴아메리카는 정치적 폭력의 몇몇 두드러진 이론가의 근거지였다. 예컨대 어네스트 체 게바라, 카를로스 마리게라, 알버트 바죠 장군 등이 이들이다. 그리고 이 지역은 그들이 이론을 실천으로 옮기는 장소이기도 했다. 이 기간과 그 이후에 외교관에 대한 공격이나 항공기 탈취와 같은 테러행위로 라틴아메리카의 테러활동은 점차 국제적인 성격을 띠게 되었다. 한편 이 지역의 테러 활동은 국제적인 관심도 높아지게 되었다······."

남미에서 테러리스트가 가장 맹위를 떨친 나라는 아르헨티나다. 1958년에서 1960년까지의 기간에만 해도 이 나라에서는 약 5천 건의 테러가 일어나고 있다. 그후에는 비교적 조용한 기간이 계속되지만 1970년에는 테러의 거센 파도가 다시 밀어닥쳤다. 이것은 페론의 복귀를 요구하는 운동의 부활과 때를 같이하고 있다. 그가 공항에 돌아왔을 때, 그를 맞은 군중 중에서 20명이 사살되고, 약 300명이 부상을 입었다.

1974년 페론이 죽은 후에 페론의 미망인이 대통령으로 취임했는데, 이 무렵에는 좌·우익의 테러 활동은 아르헨티나 전역에서 활개를 치고 있었다. 1976년 초에는 20분에 한 건의 비율로 아르헨티나의 어디선가에서 납치사건이 일어나고 있었다.

아르헨티나의 테러조직 중에서 제일 강하고 규모가 크며 가장 호전적인 것은 트로츠키주의자들인 ERP(인민혁명군)였다. 이 조직의 대표적인 행동은 대재벌인 피아트의 오 베르단 살스트로 회장의 납치였는데, 1972년 3월 21일의 일이었다. ERP는 그의 몸값으로 5천만 달러와 50명의 정치범 석방을 요구했다. 피아트측은 몸값의 지불에 응하려고 했으나, 대통령 라웃세 장군은 납치범측과의 교섭을 거부했다. 살스트로 회장이 갇힌 부에노스아이레스 교외의 어느 민가로 경찰이 쳐들어 갔을 때에는 인질은 이미 살해된 후였다. 테러리스트 중의 한 사람이 잡혀 심문을 받고 고문도 당했다. 그 결과 26명의 테러리스트가 체포되어 재판을 받았는데 이들의 절반 이상이 여성이었다. 심문에 의한 자백의 일부를 재판관이 인정하여 피고 중에서 세 명이 종신형, 일곱 명이 1년에서 12년의 징역이 선고되었다.

1972년 4월 10일, ERP는 FAR(혁명군)라는 제2의 좌익집단과 공동작전으로 게릴라 토벌대 제2군 사령관인 카를로스 산체스 장군을 수도의 북서부인 로사리오에서 암살했다. 그리고 8개월 후에 FAR 살인단은 테러수사 정보책임자인 에밀리 베리소 장군을 부에노스아이레스 근처에서 사살했다. 1973년 4월 에밀리 제3군의 정보책임자인 엑트로 A. 일리바렌 대령이 문트네로스(좌익페론주의 그룹)에 의해 코르도바주에서 살해되었다. 대령은 차가 납치되자 탈출하려다가 사살되었다.

같은 달에 에르메스 키하라 장군이 부에노스아이레스의 거리를 차를 타고 지나가다가 ERP 일당에게 사살되었다. 이것은 복수였다. 그들의 동지 16명이 1972년에 이 나라 남부의 트레류 감옥에서 탈출하다가 교도소의 간수에게 사살되었는데 키하라 장군은 당시 육군참모총장이었다. 장군이 암살되자 군사정권은 부에노스아이레스, 산타레, 코르도바, 멘도사, 타크만의 주요 5개 주에 비상사태를 선포했다. 그러나 이 선언은 곧 철회되었으며 테러는 다시 맹위를 떨쳤다.

외교관과 외국 비즈니스맨이 납치되어 모두 수백만 달러의 몸값이 지불되었다. 광범위한 사회적 혼란 속에서 정치가, 관료, 군인이 연이어 암살되었다. 1974년 5월에는 2일 동안에 부에노스아이레스주와 코르도바주에서 30건의 폭파사건이 일어났다. 1976년 군사정권은 좌익조직을 비합법화하였다. 좌익조직의 멤버는 동조자의 혐의를 받고 있는 비테러리스트와 함께 새로운 공포 분위기 속에서 궁지에 몰리게 되었다. 이 공포 분위기를 일으킨 것은 AAA(아르헨티나 반공연합)와 같은 우익 '처형단'이었다. '처형단'이란 퇴역 경찰관과 군인으로 구성된 그룹에게 붙인 집단적인 호칭으로 그들에게 잡혀간 자는 거의 사라졌다. 70년대 말에 아르헨티나에서 실종자 수는 약 3만 명으로 추정되었다.

1983년 4월 28일, 아르헨티나 군사정권은 보고서에서 '실종자'는 모두 사망한 것으로 간주한다고 발표했다. 이 보고서는 또 이렇게 서술하고 있다.

"법률을 어기고 사고를 낸 자의 대부분은 신분증을 가지고 있지 않거나 가짜 신분증을 갖고 있었다. 대체로 그들의 지문은 지워져 있었다. 이 경우에는 시체의 발굴은 하지 않았다. 시체의 신원을 확인할 방법이 없기 때문에 그들은…… 법적으로는 NN(이름이 없음)로서 매장되었다."

보고서에는 지문을 제거한 이유에 대해서는 설명이 없다. 그리고 관련된 군인과 경찰관은 명령에 따른 것이며, 그들의 행위는 "직무로 간주한다"고 부언하였다.

1960년대와 70년대에는 칠레에서도 테러리스트의 폭력이 난무하였다. 이 나라의 경우에도 근본 원인은 좌·우익의 투쟁이었다. 1970년 10월 24일, 아옌데가 대통령으로 선출되었다. 그 이틀 전에 칠레 육군 총사령관인 르네 슈나이더 원수가 테러리스트의 저격을 받아 중상을 입었다. 테러리스트는 도망쳐 버렸다. 슈나이더는 애국자였으며 그는 법률에 따라 선출된 대통령이면 자기가 이끄는 육군은 반드시 지지하겠다고 발표했다. 그에 대한 저격은 공산주의자인 아옌데가 대통령으로 선출되는 것을 방해하기 위해 극우세력이 주도한 공작의 일부로 생각되었다.

아옌데의 저격에 이어 좌익에 의한 테러가 이어졌다. 1971년 6월 극우 기독교민주당의 에드문드 페레스 즈호빅이 수도인 산티아고에서 테러리스트에게 암살되었다. 기다리던 차 안에서 아버지와 함께 있던 그의 딸 마리아가 범인의 한 사람이 공산계열의 '인민전위군' 그룹의 저명한 대원이라는 것을 확인했다.

'조국과 자유'라는 조직의 비교적 이름이 알려진 우익 간부가 1972년 3월에 체포되어 심문을 받았다. 그후에도 계속해서 아옌데 대통령에 대한 암살 음모와 슈나이더의 암살 혐의로 재판을 기다리고 있던 장군의 석방을 획책한 죄로 많은 사람들이 기소되었다.

1973년에는 전국적으로 무정부 상태가 되어 내란에 대한 소문이 떠돌았다. 혼란 속에서 군부의 4인조가 공모하여 아옌데 정권을 전복하고 권력을 탈취하여 우익정권을 수립했다. 육군의 아우그스트 피오체트 우갈테, 공군의 구스타보 레이 구스만, 해군의 호세 카스트로, 국립경찰의 체자르 멘도사가 바로 그들이다. 경찰에서는 아옌데 대통령이 군사정권에 권력을 넘겨주고 자살을 했다고 하지만 중립적인 관측통들은 살해되었다고 믿고 있다.

그후 1973년 9월 13일에 피노체트 장군이 대통령에 취임했다. 이 정권은 무자비한 탄압과 고문으로 악명을 떨쳤다. 1974년 1월, 카를로스 알타비라소 상원의원은 살해된 자가 1만 5천, 정치적인 신념으로 투옥된 자가 3만, 해고된 자가 20만, 칠레의 각 대학에서 추방된 학생이 2만 5천이라며 새 정권을 비난했다.

1976년 9월 21일, 전에 주미 대사였고 쿠데타가 일어났을 때에는 아옌데 정권의 국방장관이었던 오를란도 레테리엘이 폭탄에 의해 참살을 당했다. 미국 워싱턴의 정치과학연구소에 있는 그의 사무실을 향해 차를 타고 가던 도중이었다. 함께 타고 있던 여직원은 목숨을 잃었지만 그녀의 남편은 무사했다. 레테리엘은 이 사건이 일어나기 11일 전에 칠레의 시민권을 박탈당했다. 그는 피오체트 정권의 대담한 비판자이기도 했다. 일반 시민들은 그가 DINA로 알려진 칠레의 비밀경찰에 의해 살해된 것으로 믿고 있었다. 〈워싱턴 포스트〉의 보도에 의하면, DINA에 고용된 쿠바의 우익 테러리스트가 폭탄을 장치했다는 것이다. 미국의 에드워드 케네디 상원의원은 이 살해를 '정치적인 테러리즘'이라고 규탄했다.

정치적 테러리즘은 과테말라와 같은 작은 나라에서도 과거 20년 사이에 수천 명의 목숨을 앗아갔다. 1960년대 초에 과테말라의 육군은 좌익 테러리스트에게 큰 피해를 입었다. 1967년에 미국의 군사원조계획에 의해 공급된 무기로 무장한 우익의 준*군사 그룹이 반격에 나섰다. 그러자 미국의 외교관과 군사고문이 테러리스트의 직접 공격의 대상이 되었다. 한때는 과테말라시의 모든 외교사절단이 위험을 느껴 경비강화를 요청할 정도였다.

1968년 1월 16일, 두 명의 미군이 차를 타고 대사관으로 가던 도중에 사살되었다. 군사고문단의 책임자인 존 D. 웨버 대령과 해군 고문 어네스트 A. 먼로 중령이었다. 함께 타고 있던 두 명의 미국인 부관은 부상만 입고 목숨은 건졌다. FAR이 범행은 자기들의 소행이라고 성명을 발표하고 FAR의 후원자라는 혐의를 받아 군부에 의해 살해된 1950년도 미스 과테말라에 대한 복수라고 말했다.

같은 해 8월 28일에는 미국의 과테말라 주재 대사인 존 고든 예인이 암살당했다. 두 대의 차에 나눠 탄 FAR의 테러리스트가 대사관으로 향해 달리는 대사의 차를 기다렸다가 납치하려고 했다. 그들의 의도는 대사의 신병을 확보하여 FAR의 지도자 카미온 산체스를 석방시키는 인질로 사용하려는 것이었다. 예인은 도망치다가 사살되어 직무를 수행하는 도중에 살해된 최초의 미국 대사가 되었다.

1970년 3월 31일, FAR은 서독의 과테말라 주재 대사인 칼 폰 뉴슐레이 백작 납치에 성공하여 그의 신병을 안전하게 돌려주는 대신에 17명의 정치범을 석방해 줄 것을 요청했으나 거부당하자 납치범 측은 더욱 많은 요구를 하였다. 22명의 테러리스트 동료의 석방과 70만 달러를 현금으로 지불하라는 것이었다. 그러자 과테말라의 몬테네그로 대통령에게는 서독으로부터 테러리스트와 타협하라는 강력한 압력이 가해졌다.

서독에서는 본 당국의 비밀지령을 받은 윌리엄 호페 특사가 날아왔다. 과테말라 정부가 정치범의 석방에 동의하면 몸값은 서독측이 부담하겠다는 것으로써 브란트 수상의 개인적인 요청이었다. 외교 사절단도 아르벨트모르 외상에게 압력을 가했다. 뉴슐레이 대사의 구출만이 아니라, 과테말라에서 주재하는 모든 외교관에 대한 신변 보호를 강화해 줄 것을 요청했다. 그러나 몬테네그로 대통령은 어떤 압력에도 굴복하지 않았다. 폰 뉴슐레이 백작은 1970년 4월 5일 시체로 발견되었다.

서독의 반응은 매우 신랄했다. 브란트 수상은 서독 정부가 몸값을 부담하겠다고 제의한 사실을 공표하고, 과테말라를 믿고 파견한 외교관에게 적절히 보호할 의무를 게을리했다고 과테말라 정부를 규탄했다. 과테말라측에서는 석방을 요구한 테러리스트 중에는, 예인 미국 대사의 살해를 자백한 네 명이 포함되어 있었다고 발표하여 이에 맞섰다. 그리고 정부 자체의 운명과 체면이 이 문제에 달려 있었다고 부언했다.

비공식 반응은 더욱 강렬한 형태로 세상에 파문을 던졌다. '르 마오'로 알려진 우익의 준군사그룹은 4월 6일에 체자르 파니아과를 사살했다. 그는 불법화된 공산주의 정당인 과테말라 노동당의 유력한 간부였다. 3주일 후에 그들은 다시 세 명의 노동당 간부를 처형했다. 5월 5일에 경찰은 이 밖에도 세 명의 저명한 좌익운동가의 시체를 발견했다. 어느 시체에나 '눈에는 눈으로' 라고 쓰여진 종이쪽지가 핀으로 고정되어 있었다. 반反테러 활동의 큰 물결이 밀어닥쳤다. 1970년 7월 4일자 〈뉴 리퍼블릭〉에서 게이어는 FAR에 대해 이렇게 썼다.

"산산이 흩어져 유혈이 난무한 도시 게릴라는 아무도 거들떠보지 않는다. 테러리즘이 그 자체 속에서 종말을 맞고 있다."

이 때문에 7년이 지나 국제사면위원회는 1966년 이후에 과테말라에서만 약 2만 명이 처형되거나 행방불명되었다고 공표하였다.

1980년 3월 24일, 중세의 엘살바도르 공화국은 로메로 대주교의 암살로 내전 직전에까지 이르렀다. 대주교는 가난하고 억눌린 사람들의 친구며, 희망의 빛이었다. 62세의 로메로 대주교는 산살바도르 시내에서 미사를 집전하고 있을 때 총을 가진 자에게 사살되었다. 살인자는 범행 직후 행방을 감추었다. 이 살해에 뒤이어 발생한 거리의 소요로 30명이 죽고 약 400명이 부상을 당했다. 이 암살은 대통령 정권이 붕괴되어 망명한 지 5개월 만에 발생했는데, 그후에 정권을 탈취한 '비교적 온건한' 군사정권에 대해 로메로 주교가 지지를 거부했기 때문에 많은 사람들은 그 보복으로 암살되었다고 생각하고 있었다.

구티에레즈 대령과 그의 아들 마하노 대령이 이끄는 군사정권은 토지개혁, 자유선거, 법과 질서의 확립을 국민에게 약속하고 있었다. 그러나 엘살바도르에는 조용한 날이 없다. 테러리스트가 활개를 치고 유혈 사태가 되풀이되었다. 로메로 대주교는 극우와 극좌를 배격했다. 그러자 대주교 자신과 성직자단에 대해 협박이 그치지 않았다. 1980년 2월, 대주교는 서약했다.

"나는…… 엘살바도르의 구제와 부활을 위해 나의 피를 바칠 각오가 되어 있다." 한 달 후에 그 말은 한 살인자에 의해 실현되었다.

아나스타시오 소모사는 니카라과의 독재자며, 중미에서 가장 두려운 대상이며 미움을 받는 인간의 한 사람이었다. 소모사가 니카라과의 좌익 산디니스타의 반란에 의해 추방된 것은 1979년 7월 17일이었다. 그의 사임과 망명으로 반 세기에 걸친 소모사 왕조의 지배는 막을 내렸다. 이 자를 타도하기 위한 오랜 싸움은 니카라과에 5만의 사망자와 더 많은 부상자를 양산하였고, 약 50만에 이르는 사람들이 집을 빼앗기게 되었다.

소모사의 부친은 1956년 암살되기까지 20년 동안 니카라과를 지배했다. 그의 형과 괴뢰의 행정수반에 의한 단기간의 과도정권을 거쳐, 소모사는 1967년에 새로운 대통령에 취임했다. 그 무렵에는 유능한 니카라과 국민군도 그의 손에 지배되었다. 그의 정권은 이윽고 억압의 대명사가 되어 권력형 비리와 야만 행위는 일상사가 되었다. 산디니스타의 반란군이 군사적인 성공을 거둘 때마다 억압은 강화되었다. 그러나 반공의 소모사 왕조를 오랫동안 지원해 온 미국 정부가 인권 침해로 그를 탄핵하기 시작하자 상황은 크게 달라졌다.

소모사 대통령의 비밀경찰이 저지른 야만 행위는 헤아릴 수 없이 많다. 그 왕조의 오랜 정적이었던 신문편집자 페드로 뇨아킨 카모로의 살해가 하나의 예다. 1978년 1월 바나과에서 피살된 카모로는 소모사에 대한 저항으로 말미암아 니카라과의 외부세계에서 대단히 존경을 받고 있었다. 그가 암살되었다는 소식은 전세계에 널리 퍼졌다. 국민군이 산디니스타에게 군사적인 패배를 당하게 되자, 소모사 대통령은 약 1억 달러로 추정되는 개인 재산을 가지고 마이애미로 도망쳤다. 그러나 이 재산으로 그가 생활할 수 있었던 것은 그후 몇 달에 지나지 않았다. 그는 마이애미에서 바하마로, 다시 파라과이로 전전했다. 1980년 9월 17일 파라과이의 아순시온에서 테러리스트 일당이 그를 기다리고 있었다. 과거의 독재자는 바주카포와 기관총탄이 불을 뿜는 가운데 목숨을 잃었다. 테러리스트는 행방을 감추었으나 누구의 소행인지 분명했다. 파라과이는 새로 수립된 니카라과의 산디니스타 정권과 즉시 국교를 단절했다.

키프러스와 코르시카섬과 시칠리섬을 포함한 지중해 여러 나라들도 남미와 마찬가지로 오랫동안 테러에 시달리고 있지만 지면 관계로 특징적인 사건의 개요를 서술하는 데 그치려고 한다.

1973년 12월 20일, 스페인의 루이스 카를레르 프랑코 수상이 ETA(바스크 해방) 분리주의자의 테러리스트에게 마드리드 한복판에서 암살당했다. 암살 계획은 몇 주일이 걸렸다. 암살단은 먼저 조각가로 가장하고 수상이 아침마다 일정한 시간에 지나가는 길의 건물에 방을 빌렸다. 다음에 그곳에서 도로의 복판에까지 이르는 터널을 팠다. 그리고 무게가 45.3킬로그램의 플라스틱 폭발물을 도로의 한복판 바로 아래로 운반했다. 그리고 주위의 의혹을 피하기 위해 크리스마스 선물 꾸러미로 가장했다. 암살계획을 실행하는 날 아침에 '전력회사'의 두 남자가 벽을 넘어 도로를 따라 약 100미터 거리에 케이블을 설치하고 이것을 폭파장치와 연결했다.

수상이 근처의 교회에서 나온 지 몇 분 후에 리모콘 조정으로 폭발물이 일제히 터져 수상과 운전사와 경호원은 모두 즉사했다. 강력한 폭발로 수상의 승용차도 공중으로 튕겨올랐다. 몇 사람의 통행인이 부상당했으며 도로변의 모든 건물의 발코니가 피해를 입었다. 근처를 지나가던 12대의 차량도 파괴되었다.

테러리스트 그룹은 여러 해에 걸쳐 계속되고 있는 스페인의 가장 중요한 정치적 재판의 개정일에 폭발의 타이밍을 맞췄다. 이것은 불법화된 좌익계의 '노동자위원회'라는 노동조합의 멤버가 되었다고 해서 기소된 12명의 피고에 대한 재판이었다. 스페인 사람들에게는(마드리드 법원의 피고석 번호표) '1001 재판'으로 알려져 있다. 재판은 서둘러 끝나고 7시간 후에 다시 열렸다. 그동안에 방청을 위해 줄을 섰던 약 5천 명의 군중이 경찰에게 억지로 해산되었다. 그리고 몇 사람이 체포되었다.

1982년 11월 4일, 스페인이 자랑하는 브루에트 육군사단의 빅톨 라고 사단장이 모터사이클을 탄 ETA의 테러리스트에게 마드리드에서 사살되었다. 라고 장군은 오성 장군기가 바람에 나부끼는 승용차를 타고 사단 본부로 가는 중이었다. 승용차가 거리 서쪽의 개선문에 접근하자 모터사이클을 탄 두 명의 남자가 나란히 권총을 쏘았다. 장군은 즉사했다. 운전병은 부상을 입었으나 목숨만은 건졌다.

1919년생인 라고 장군은 스페인내전에서는 프랑코측에서 싸우고, 제2차세계대전 중에는 히틀러편에 가담하여 스페인의 블루 육군사단의 일원으로서 러시아 전선에서 싸웠다. 그의 죽음으로 1977년부터 1982년 사이에 스페인에서 테러리스트에게 살해된 장교의 수는 29명에 달했다. 그 중 여덟 명이 장성이었다.

1975년 12월 23일, 마스크를 쓴 세 명의 '저격단' 이 리처드 J. 웰치를 아테네의 그의 집 밖에서 기다렸다가 사살했다. 그는 그리스 주재 미국 CIA 책임자였다. 극우와 극좌의 정치조직이 즉시 범행을 감행했다고 공언했다. 그러나 그리스 당국은 의문을 갖고 있었다. 정보를 제공하는 자에게는 20만 달러의 상금을 지급하겠다고 발표했으나 믿을 만한 소식은 없었다. 웰치는 라이벌인 외국정보기관에 의해 살해되었다는 견해도 일부의 지지를 받고 있다.

정보기관의 해외책임자의 신원은 다른 나라의 정보기관에게 언젠가는 밝혀지게 마련이다. 그러나 이런 종류의 정보는 피차 일반이어서, 그 이상의 행동으로는 옮기지 않는 것이 상례였다. 그런데 웰치의 경우는 그리스의 신문에 CIA의 관계자라고 그 신원이 밝혀졌다. 그러므로 그는 그리스에 있는 모든 정치세력이나 반대자가 노릴 가능성이 있었다.

1980년 9월 12일에 일어난 무장 쿠데타 이후 2년 동안에 테러행위 혐의로 터키에서 체포된 사람은 공식 발표된 수만도 5만 6천 명이 넘었다. 1982년 10월 숫자가 공포될 무렵에도 2만 5천 명이 아직 구류중에 있었으며 1만 7천 명이 재판을 기다리고 있었다. 그리고 6천 5백 명이 복역중이었으며 143명이 처형되었다.

현재 몇몇 테러조직이 터키의 국내외에서 활동을 계속하고 있다. 외국에서 활동중인 그룹으로는 로마 교황의 암살 미수와 관계된 조직과 1983년에 터키의 고참 외교관을 암살한 아르메니아인 그룹이 있다.

1971년 5월 17일 TPLA(터키인민해방군)의 4인조 사격수가 이스탄불에서 이스라엘 총영사인 에플렘 엘름의 자택으로 쳐들어갔다. TPLA란 PFLP와 긴밀한 관계를 유지하고 있는 좌익조직이다. 그들은 저택 안에 있던 12명을 결박하고 수건으로 입을 틀어막았다. 그리고 점심식사를 하기 위해 집에 돌아온 총영사를 납치했다. 그들은 '국내에서 체포된 모든 혁명가'를 석방시킬 것을 터키 정부에 요구했다. 그러나 터키 정부가 이를 거부하자 총영사는 처형되었다. 유괴된 지 5일째가 되는 날이었다.

엘름의 시체는 5월 23일 총영사관에서 수백 미터 떨어진 곳에서 발견되었다. 아주 가까운 거리에서 그의 머리에 세 발의 총탄이 발사되었던 것이다. 세 명의 용의자가 체포되고, 그 밖에도 아홉 명의 용의자의 인상착의가 공표되었다. 그후 1년이 지나 교도소를 습격할 때 테러리스트 중 한 사람이 사살되었다. 또 한 사람은 곧 체포되어 엘름 살해죄로 사형이 선고되었다.

1972년 3월 26일, 터키 흑해 연안에 있는 비밀 레이다 기지의 NATO(북대서양조약기구)에서 일하는 세 사람의 기술자가 TPLA에 납치되어 나중에 살해되었다. 고든 바너와 찰스 터너는 영국인이고 존 스튜어트 로오는 캐나다인이었다. 납치한 측에서는 세 명의 TPLA의 복역자와 교환할 것을 요구했다. 여기에는 엘름 총영사의 살해를 공모하여 사형이 선고된 사람도 포함되어 있었다.

터키 정부가 이 요구를 거부하자, 세 명의 인질은 모두 처형되었다. 총격소리가 들려온 직후 터키의 보안경찰은 테러리스트의 은신처를 급습하였지만 그곳에 있던 10명의 테러리스트는 모두 총으로 자살하여 시체로 변해 있었다. 현장에서는 종이쪽지가 발견되었는데 TPLA의 테러리스트는 '터키를 점거하고 있는 NATO군의 영국 앞잡이'를 처형하는 것은 '기본적인 권리며 또한 명예'로 생각한다고 쓰여 있었다.

1983년에 터키의 벨그라드 주재 대사 카리프 발커가 암살되었다. '아르메니아인 학살에 대적하는 정의의 사도'라고 자칭하는 아르메니아인 그룹이 범행을 저질렀다고 발표되었다. 발커 대사는 터키인에 대한 아르메니아인의 10년에 걸친 적대 행위에서 24명째 희생자였다. 희생자의 대부분은 외교관이었다. 아르메니아인의 목적은 두 가지였다. 독립된 아르메니아인만의 국가 건설이 그 하나고, 제1차세계대전중에 그들의 고향인 터키 동부에서 약 150만 명의 아르메니아인이 학살된 것에 대한 복수가 또 하나였다. 발커 대사는 대기하고 있던 테러리스트에게 머리를 저격당해 의식을 회복하지 못한 채 병원에서 숨을 거두었다. 마침 옆을 지나가다가 습격을 저지하려고 한 유고슬라비아인 학생도 피살되었다. 대사의 터키인 운전사와 옆을 지나가던 유고인 대령은 부상을 당했다. 두 남자는 체포되어 벨그라드에서 재판을 기다리고 있다.

비교적 초기의 테러 예로는, 터키의 두 사람의 대사가 1975년 10월에 유럽에서 살해되었다. 10월 22일 세 명의 남자가 빈에 있는 터키대사관에 들어가 기관총으로 다니스츠날리기름 대사를 사살한 후 도망쳤으며, 10월 24일에는 파리에서 잠복하여 기다리고 있던 차에 기관총을 난사하여 대사와 운전사를 사살했다. 이 경우에도 암살자는 도망쳤다.

양쪽 사건에 대해 몇몇 테러조직이 범행을 했다고 자처했다. 베이루트의 AFP통신의 사무실에 걸려온 전화에서는 '아르메니아 비밀군' 의 소행이라고 밝히고 있다. 한편 빈의 AP통신의 사무실과 파리의 유럽 무선국에 걸려온 전화는 그리스와 키프러스의 연합테러조직인 에오카 B의 소행이라고 주장했다.

1973년 1월, 터키의 로스앤젤레스 총영사인 메이메트 바이더와 부영사인 바바딜 레밀이 캘리포니아주 산타클라라의 볼티모어 호텔에서 개최된 오찬회에 참석했다가 사살되었다. 범인은 굴겐 야니캔이라는 아르메니아인으로 경찰에 자수했다.

1917년의 발포어선언(팔레스티나에 유태인의 국가를 세우는 것을 지지한 당시 영국정부의 선언) 후에 이 지역에는 여러 해 동안 불안정한 상태가 계속되었으나 제2차세계대전 직전의 4년 동안에 아랍의 테러 활동은 대규모로 확산되었다. 1936년부터 9년에 걸쳐서 아랍인 테러리스트는 팔레스티나의 유태인 거주지를 습격하여 주민을 살해하고, 농가를 불태우며, 전기장치의 지뢰를 설치하여 수비대를 공격했다.

그런데 전후에는 유태인이 테러 활동을 전개할 차례가 되었다. 이번에는 상대가 영국이었다. 영국측은 아랍인의 적대 감정을 완화하기 위해 유태인의 이민자 수를 제한했다. 그러자 유태인들은 영국군을 저격하고 유괴하여 목을 매달았다. 경찰을 몰래 습격하기도 했고 하이파이 항구에서는 상업용 화물선에 잠수부가 위협을 가하기도 했다. 한편 예루살렘에서는 영국군의 본부를 폭파하였다. 1948년 5월의 위임통치가 끝나고 이스라엘 국가가 독립을 선언할 때까지 이런 상태는 계속되었다.

이후에는 이스라엘인들이 전보다 더욱 잔인한 테러의 대상이 되어 수많은 사람들이 목숨을 잃었다. 그후 30년 동안에 빈발한 아랍과 이스라엘 사이의 전쟁에도 이것이 뿌리 깊은 원인의 하나가 되었다.

오늘날 알려져 있는 아랍측의 각 테러 조직은 처음에는 명령 계통이 하나로써 PLO가 주축이었다. PLO는 1964년에 카이로에서 개최된 아랍 여러 나라들의 수뇌회담 결과 창설된 기구로, 팔레스티나의 아랍인을 대표하는 것이었다. 공식 본부는 시리아의 다마스커스에 있지만, 1982년에 이스라엘이 레바논에 침입하기 전까지는 베이루트에도 작전 기지를 유지하고 있었다. 이 기구는 세 개의 의사결정회의로 구성되어 있다. 즉 13명의 집행위원회(6명의 게릴라 지도자와 팔레스티나인을 대표하는 6명의 전문 지식인, 야세르 아라파트가 의장), 자문위원회(43명), 전체회의(172명)이다.

주요한 게릴라 조직으로는 둘을 들 수 있는데 그 하나가 야세르 아라파트가 지도하는 엘 파타로 약 6천 명의 멤버를 포섭하고 있다. 또 하나는 마르크스·레닌주의의 PFLP로, 이것은 활동 멤버수는 적지만 훨씬 과격한 행동으로 알려져 있다. 근년에 와서 PFLP는 PLO의 지배에서 독립해서 독자적인 '거부전선'의 기치를 들고 독립된 테러 활동을 하고 있다. 공통의 적인 이스라엘에 대해서는 어떠한 정치적 타협도 거부하는 것이 그들의 특징이다.

그리고 소규모의 그룹으로는 아스 사이카(전력은 2천 명으로 시리아가 후원한다), PDFLP(팔레스티나 해방인민민주전선, PFLP의 분파로 마르크스 주의를 신봉하지만 비교적 온건하다), PFLP지상명령파(PFLP의 다른 분파로 마르크스주의를 신봉하며 과격하다), 아랍해방전선(이라크가 후원한다) 등이 있다. PFLP 지상명령파와 아랍해방전선은 PFLP와 함께 거부전선을 구성하고 있다. 또 하나 '검은 9월단'이라는 과격 그룹이 있다. 1972년 뮌헨 올림픽에서의 학살과 1973년 수단의 수도 하르툼의 사우디아라비아대사관 습격으로 유명해진 그룹이다. 이 그룹은 엘 파타와 PFLP가 대원의 공급원이다. 그런데 납득이 가지 않는 것은 PLO는 '검은 9월단'과의 공식 관계를 부인하고 있다.

아랍인 테러리스트와 이스라엘의 투쟁은 육지와 바다 및 하늘에서도 전개되고 있다. 중동에서 일어난 최초의 항공기 납치는 1968년 7월 23일에 감행되었다. 총기를 휴대한 PFLP의 세 사람이 이탈리아 상공에서 41명의 승객과 승무원을 태운 이스라엘 항공의 보잉 707기를 탈취하여 조종사에게 알제리에 강제 착륙시키도록 했다. 이것은 비교적 조용히 끝난 비행기 납치로 인명 피해는 전혀 없었으나 그후 전세계 항공기의 여객들에게 위협을 주는 하나의 계기가 되었다.

이 최초의 비행기 납치사건에 알제리 정부는 관련설을 부인하고 이스라엘인을 제외한 19명의 승객을 즉시 석방하여 파리로 돌려보냈다. 10명의 이스라엘 부녀자와 어린이와 여승무원은 4일 후에 석방되어 제네바로 향하였다. 다음에 PFLP는 나머지 이스라엘인 남자 승객 및 승무원과 이스라엘에 억류되어 있는 인원 불명의 게릴라와의 인질 교환에 대해 국제적십자사에 중개와 감시를 의뢰했다. 그리하여 이스라엘인 인질과 보잉기가 텔아비브로 돌아왔다. 9월 2일에 이스라엘측은 국제적십자사에 대해 1967년의 사막전쟁 이전에 억류했던 10명의 아랍인을 석방한다고 통고했다.

1970년 2월 21일, 취리히를 떠나 텔아비브로 향하는 스위스 항공 비행기가 화물실에서 폭발을 일으켜 공중에서 화염에 싸인 채, 이륙한 지 15분 만에 추락하여 전원이 사망했다. PFLP가 베이루트에서 범행을 공표했다. 이것이 '해외에서 일으킨 최초의 행동'이라는 것이었다(이것은 사실이 아니었다). 서방 세계의 반응은 적의로 가득차 있었다. 몇 시간 후에 엘 파타는 성명을 발표하여 PLO의 관련을 부인했다. 야세르 아라파트는 며칠 후에 다시 한 번 이 부정을 되풀이하여 PFLP의 기본 정책은 "어느 곳에서나 민간인에게 위해를 끼치는 것을 반대한다"고 말했다. 그리고 다음과 같이 경고했다. "전체회의에서는…… 국제선 항공기의 습격이라는 문제 전반에 대한 진지한 검토를 하고 있다."

　　1970년 6월 10일, 요르단 암만의 미국대사관 주재 무관인 로버트 페리 소령이 자택 문틈을 통하여 아랍인 테러리스트에게 사살되었다. 그 전에 일련의 비행기납치사건으로 테러리스트측은 요르단 정규군과의 충돌에 의해 상당한 인원 손실을 입게 된 것의 복수였다. 암만의 두 호텔에서는 60명의 투숙객이 PFLP에게 인질로 잡혔다. 이들의 대부분은 영국인과 미국인이었다. 목적은 팔레스티나의 난민 캠프로 되어 있는 그들의 기지에 대한 포격을 중지하도록 압력을 가하려는 것이었다. 로버트 페리 소령이 살해된 지 이틀이 지나 인질은 전원 무사히 석방되었다. 그러나 PFLP의 지도자 조지 하바슈 박사는 석방에 앞서 다음과 같은 경고를 잊지 않았다.

　　"내 말을 믿으시오. 농담을 하고 있는 것이 아니니까. 만일 우리들의 캠프가 폭파되었다면 당신들이 투숙해 있는 양쪽 호텔을 날려 버리려고 했었소."

1971년 1월 28일, 요르단의 와스피텔 수상이 카이로를 공식으로 방문하는 도중에 암살되었다. '검은 9월단'의 분파에 속하는 테러리스트의 소행이었다. 아랍연맹의 합동방위회의에 참석하고 호텔로 돌아오는 도중에 집중 포화를 당했던 것이다. 아니러니컬하게도 이 회의는 이스라엘에 대한 공동전략을 수립하는 것이 목적이었다. 이 테러로 요르단의 압도와 사레 외무장관은 경상에 그쳤으나 이집트인 경호원은 중상을 입었고, 네 명이 체포되었다. 그러나 제출된 탄도彈道 보고서에서 와스피텔 수상을 암살한 탄환은 그들의 총에서 발사되지 않았다고 기록되어 이 네 명은(PLO가 보증하여) 석방되었다.

1972년 9월 5일 오전 4시반, '검은 9월단'에 속하는 테러리스트의 행동대원들이 높이 둘러친 가시철망의 울타리를 넘어 뮌헨 올림픽 선수촌의 이스라엘팀 숙소로 쳐들어갔다. 그들의 목적은 팀 전원을 인질로 하여, 당시 이스라엘에 억류되어 있던 약 200명의 아랍인 테러리스트와 교환하여 석방시키려는 것이었다. 두 명의 이스라엘 선수가 경보를 울리다가 사살되었다. 그러나 이 때문에 여섯 명의 선수가 도망칠 수 있었으나 나머지 9명은 결박되었다.

서독 당국과의 교섭은 하루 종일 계속되었다. 결국 다음과 같은 조건으로 교섭이 성립되었다. 즉 테러리스트 집단은 인질과 함께 올림픽 선수촌에서 떠나 버스와 헬리콥터로 퓰스텐펠트브릭의 공군기지로 가서, 이곳에서 보잉 707기에 전원이 탑승하여 카이로로 향한다는 것이었다.

전반부는 순조롭게 진행되었다. 퓰스텐펠트브릭에 도착하자, 전원이 비행기에 탑승하기 전에 검사하기 위해 테러리스트 중의 두 사람이 보잉 기내에 들어갔다. 그 다음에 일어난 일은 오늘에 이르기까지 분명히 알려지지 않고 있다. 당시의 보고서에 의하면 그 내막은 다음과 같았던 모양이다.

기내에서 검사를 마치고 두 사람의 테러리스트가 동료에게 보고하기 위해 활주로를 가로질러 걸어가기 시작했다. 이 두 사람을 처치하기 위해 숨어 있던 서독의 저격수가 발포했으나 총탄이 빗나갔다. 서로 총을 쏘았다. 한 대의 헬리콥터에서 테러리스트가 수류탄을 폭발시켰다. 자폭이었다. 그 테러리스트 자신과 네 명의 인질이 그 자리에서 즉사했으며 조종사는 중상을 입었다. 다른 한 대의 헬리콥터에는 불이 붙었다. 서독측 소방대원들은 테러리스트가 자동화기를 발사하는 바람에 활동을 할 수 없게 되었다. 헬리콥터는 불에 타서 추락했다. 30분 후에 사격전은 끝났으나, 제2의 헬리콥터에서는 다섯 명의 이스라엘 선수들 전원이 시체로 발견되었다. 퓰스텐펠트브릭 공군기지에선 15명이 목숨을 잃었다. 인질이 아홉 명, 테러리스트가 다섯 명, 서독 경관이 한 명이었다. 올림픽 선수촌에서 두 사람의 선수가 피살되었으므로 죽은 자는 모두 17명이었다. 그리고 세 명의 '검은 9월단'의 테러리스트가 부상을 입고 체포되었다.

9월 14일에 PLO 집행위원회는 성명을 발표하고, '검은 9월단' 그룹의 행동과는 관계가 없다는 점을 강조하고 그 유일한 목적은 '이스라엘에 압력을 가하여 이스라엘의 교도소에 갇혀 있는 동료 대원의 석방을 촉구하는 것'이라고 주장했다. 10월 29일, 또다시 2명의 '검은 9월단'의 사격수가 루프트한자 항공의 보잉 727기를 베이루트와 앙카라 사이에서 납치했다. 그들의 요구는 이러했다. 즉 뮌헨에서 체포된 세 명의 동지를 즉시 석방할 것, 만약 석방하지 않으면 20명의 승객 및 승무원과 함께 비행기를 폭파하겠다는 것이었다.

그들은 연료를 보급받기 위해 두 번 착륙한 다음에 유고슬라비아의 자그레브에 도착했다. 그때 서독이 제공한 비행기 한 대가 날아왔다. 그 비행기에는 석방된 세 사람이 탑승하고 있었으므로 비행기 납치범들의 승리였다. 구조한 자와 구조된 자들은 함께 보잉 727기를 타고 트리폴리로 향하였다. 이스라엘 정부는 세 명의 테러리스트의 석방을 결정한 서독을 다음과 같이 비난했다.

"이쪽에서 굴복할 때마다…… 요구해 오는 그들의 주장은 그만큼 강화된다."

1973년 3월 2일, 외교사절단의 번호를 붙인 차에 올라탄 아랍인 테러리스트 일당이 하르툼의 사우디아라비아대사관을 습격했다. 미국의 조지 C. 무어 대리 대사의 송별회가 한창이었다. 여덟 명의 테러리스트가 출입구로 들이닥쳤을 때, 수단의 경찰은 한 사람도 없었다. 침입자는 자동식 권총과 리볼버를 마구 쏘아대므로 대사관의 담을 넘어 도망친 자도 있었다. 일단 몸을 숨기고 있다가 나중에 도망친 외교관도 있었다. 미국의 크레오 A. 노엘 대사는 발목에 부상을 입었으며, 벨기에기 에드 대리 대사는 발에 총을 맞았다. 미처 도망치지 못한 무어 대리 대사를 포함하여 전원이 결박되어 구타를 당했다. 이들 중에는 주최측인 사우디아라비아의 세이크 압둘라 엘 마르크 대사와 대사 부인 그리고 네 명의 어린이, 요르단의 대리대사도 있었다.

침입자는 '검은 9월단'의 테러리스트라고 자칭하고, 자기들의 요구를 들어주지 않으면 인질 중에서 여섯 명을 죽이겠다고 위협했다. 그들의 요구는 후세인 왕의 암살을 획책했다고 하여 다른 몇 사람과 함께 현재 요르단에 투옥되어 있는 엘 파타의 게릴라 지도자 아브다우드의 석방과 미국의 로버트 케네디를 암살한 시한 비샤라 시한의 석방, 서독에서 체포된 바더 마인호프 갱단의 석방, 현재 이스라엘에 투옥되어 있는 모든 아랍인 여성의 석방 등이었다.

이에 관련된 여러 나라를 대표하여 범인들과 교섭한 수단의 내무장관은 요르단 정부가 그들의 요구를 즉각 거부하였음을 이튿날 그들에게 전달했다. 테러리스트는 요구 중에서 두 가지를 철회했다. 즉 이스라엘에 투옥되어 있는 아랍 여성의 석방과 바더 마인호프 갱의 석방(서독 대사는 연회에서 일찍 돌아왔기 때문에 인질로 잡히지 않았다)이 그것이었다. 그러나 다른 두 가지는 끝까지 관철시키려고 했다.

닉슨 대통령은 기자회견에서 미국 정부의 입장을 밝혔다. 즉 미국은 인질의 안전한 석방을 위해 모든 방법을 강구하겠지만, "위협에는 절대로 물러서지 않는다"고 말했다. 그후 몇 시간이 지나 노엘 대사, 무어 대리대사, 벨기에의 기 에드 대리대사가 사우디아라비아대사관 지하실에 끌려가 살해되었다. 그리고 살해자들은 자기네의 안전을 보장하지 않으면 시체를 인도하지 않겠다고 주장했다. 수단 정부는 최후 통첩을 보냈다. 이튿날 새벽까지 항복하지 않으면 용서하지 않겠다는 것이었다. 테러리스트는 항복하고 대사관은 위험에서 벗어났다.

테러리스트 중의 한 사람이 이번 습격은 '검은 9월단'의 소행이 아니라, 베이루트의 엘 파타 본부가 계획하고 지시한 것이라고 자백했다. 1974년 6월 24일, 여덟 명의 테러리스트는 수단의 법정에서 살인죄로 유죄 판결을 받아 종신형이 선고되었다. 그러나 누 메일리 대통령은 곧 각 피고를 7년으로 감형하고 야세르 아라파트가 처벌하도록 인도하겠다고 발표했지만 아라파트측에서는 사건과의 관련을 부인했다.

이튿날 그들은 PLO에 인도되어 카이로로 향했다. 아라파트에 의해 그들에게 어떤 처벌이 가해졌는지는 전혀 알 수 없다. 엘 파타의 게릴라 지도자 아브라우드는 6개월 후에 요르단에서 포고된 특사로 석방되었다. 1977년, 그는 파리에서 다시 체포되었는데 올림픽 선수촌 난동 혐의자로 지목되었던 것이다. 그러나 프랑스의 법원은 서독과 이스라엘의 신병 인도 요구를 거절하고, 그를 국외로 추방했다. 아브라우드는 알제리로 날아갔다.

아랍과 이스라엘의 테러행위에는 다른 측면도 있다. 1973년 7월 21일, 노르웨이의 릴한멜에서 아메드 부치키라는 모로코 남자가 사살되었다. 그는 스칸디나비아 지역의 '검은 9월단'의 테러 활동의 지도자로서 이스라엘의 비밀 경찰이 오랫동안 쫓고 있던 자였다. 오슬로 경찰은 후에 이 살인과 관련하여 여섯 명의 남자를 체포했다. 이들의 국적은 각양각색이지만 유태인이라는 점에서는 공통되었다. 이 재판에서 검찰측은, 부치키는 팔레스타인으로 오인되었다고 말했다. 오슬로의 신문 〈아프텐포스텐〉에 의하면 살인자는 '신의 분노'로 알려진 이스라엘의 반反 테러그룹의 멤버로 과격한 유태 방위연맹의 일파였다. 그리고 〈아프텐포스텐〉은 이 그룹에는 이스라엘 비밀경찰인 두 사람의 스파이가 침투되어 있으며 이 스파이는 오슬로대사관의 이스라엘 외교관인 이갈 이야르와 자주 접촉을 가졌다고 보도했다. 그들이 부치키를 살해한 것은 덴마크에 착륙하는 이스라엘 항공기의 납치를 미연에 방지하기 위해서였다고 한다.

1973년 12월 17일, 로마에서 베이루트와 테헤란으로 향해 이륙하려

고 했던 팬아메리칸 항공의 보잉 707기를 PFLP의 테러리스트가 습격
했다. 로드 공항 학살의 재현이었다. 먼저 기체에 총탄을 퍼부은 다음
소이성燒夷性 수류탄을 기내에 던졌다. 보잉 707기는 금세 화염에 휩싸
여 탑승하고 있던 29명이 불에 타 죽었다. 14명의 미국인 석유 관계자
와 네 명의 모로코 정부 관리도 이들 속에 포함되어 있었다.

다음에 테러 집단은 루프트한자 비행기를 납치하여 다섯 명의 이탈
리아인을 인질로 삼았으며 도망치던 한 사람은 사살되었다. 그리고 또
한 사람은 비행기 활주로에서 피격되었는데 이 남자는 병원으로 운반
되는 도중에 사망했다. 납치된 비행기는 테러리스트와 인질과 승무원
을 태우고 베이루트로 날아갔으나 착륙을 거절당했다. 그래서 결국 이
튿날인 12월 18일에 아테네에 착륙했다. 이곳에서 납치자들은 4개월
전에 아테네 공항을 습격하여 무기징역을 언도받고 복역중인 '검은 9
월단' 의 테러범 두 사람의 석방을 요구했다.

테러리스트는 회답을 기다리고 있는 동안에 하늘을 향해 총을 쏘았
다. 조종사에게 인질을 처형하기 시작했다고 생각하게 하려는 속임수
였다. 조종사는 깜짝 놀라 당국에 요구를 들어줄 것을 촉구했다. 그러
나 당국은 이를 거절했다. PFLP의 테러리스트는 인질 한 사람을 사살
하여 그 시체를 활주로에 내동댕이쳤다. 그리고 조종사에게 다마스커
스로 가라고 명령했다. 다마스커스에서 다시 쿠웨이트로 날아가고, 이
곳에서 그들은 가고 싶은 나라에 안전하게 보내준다는 약속을 조건으
로 나머지 인질을 석방했다. 이 약속은 지켜지지 않은 채 쿠웨이트는
그들을 PLO에게 넘겨 재판을 받게 했다. PLO는 비행기 납치행위를 비
난하고 재발을 방지하기 위해 '그 힘이 미치는 한도 내에서' 모든 노력

을 다하겠다고 약속했다.

전세계의 모든 항공 노선과 공항이 경비를 강화했다. 게릴라는 이스라엘에서 비교적 손쉬운 목표의 공격으로 전술을 전환했다. 1974년 4월 11일, 세 명의 PFLP의 테러리스트가 레바논 쪽에서 이스라엘의 국경 도시 키리아트 슈모나로 침투했다. 4층으로 된 연립주택의 몇몇 방으로 침입하여 여성과 어린이를 포함한 18명을 살해하였다. 이 밖에 16명이 부상을 입었으며 3명의 범인은 모두 죽었다. 이스라엘측의 발표에 의하면 폭발물이 들어 있던 그들의 배낭에 총탄이 명중하여 폭발했다고 하였다.

1974년 5월 15일, PDFLP(인민민주전선)에 속하는 세 명의 테러리스트가 레바논 국경에서 8킬로미터 떨어진 마로트의 국민학교에 침입했다. 90명의 이스라엘 어린이가 낮잠을 자는 중이었다. 17명의 어린이와 세 명의 교사가 창문으로 빠져나와 도망쳤다. 나머지는 인질로 잡히게 되었다. 테러리스트는 아랍인 죄수 20명의 석방을 요구하고 석방 기일을 정했다. 교섭이 성립되지 않자, 이스라엘 군대가 학교에 돌입했다. 그러나 때가 늦었다. 16명의 아동이 이미 처형된 후였고, 다른 다섯 명도 후에 숨을 거두었다. 이들 중에는 가족 세 명이 각자 다른 사건으로 죽음을 당한 경우도 있었다. 세 명의 테러리스트는 사살되었으며 사격전으로 이스라엘 병사도 한 명 사망했다.

이 두 차례의 무자비한 습격으로, 이스라엘에는 증오감이 전국에 팽배하게 되었다. 전투기가 레바논 국내에 목표를 두고 보복 폭격을 퍼부었다.

1976년 6월 27일, 텔아비브에서 파리로 향하는 에어 프랑스 여객기가 158명의 승객과 함께 아테네에서 무장한 테러리스트에게 납치되었다. 그들은 우간다의 엔테베로 비행기를 돌리라고 명령했다. 테러리스트들은 이 승객과 승무원을 인질로 하여 5개 국에 투옥된 53명의 동료 테러리스트의 석방을 요구했다. 그들은 이스라엘인이 40명, 서독인이 여섯 명, 케냐인이 다섯 명, 프랑스와 스위스인이 각각 한 명이었다. 납치자들은 7월 1일까지 53명 전원이 석방되어 엔테베에 그 모습을 드러내지 않으면 인질과 함께 비행기를 폭파하겠다는 최후 통첩을 했다.

납치자들 중에 두 명은 서독인이고 다섯 명은 아랍인이었다. 그들은 PFLP 이름으로 범행을 했다고 공언하면서 다만 PFLP는 이번 납치에 관여하지 않았다고 주장했다. 그들이 석방을 요구한 죄수들 중에는 1972년 로드 공항에서 습격을 감행한 일본 적군파의 오카모토 고로岡本公三, 1974년에 총포 화학류의 밀수입으로 투옥된 릴라리요 가푸치 대사교大司敎, 바더 마이호프 갱과 그 자매 조직인 '6월 2일 행동'의 6인조가 포함되어 있었다. 이스라엘 정보당국은 주범을 윌프리트 보제라고 확정했다. 바더 마인호프의 일원으로 일리히 라미레스 산체스(카를로스)의 친구이기도 했다. 또 한 사람의 테러리스트는 여성이었으나 끝까지 신원이 밝혀지지 않았다.

승객 중에는 영국과 이스라엘의 양쪽 시민권을 갖고 있는 도라 브로포라는 73세 부인이 있었는데 납치되었을 때 그녀는 병을 앓고 있었다.

교섭이 시작된 직후에 그녀는 병원으로 운반되었다. 이디 아민의 우간다 정부는 분명히 테러리스트에 대해 동정적이었으나 납치계획에 관여했다는 것을 공식적으로 부인했다. 6월 28일, 아민 장군은 우간다 주재 프랑스 대사와 함께 범인을 설득하여 인질을 위험한 기내에서 엔테베 공항의 트란지트 라운지로 옮겼다. 이틀 후에 47명의 부인, 어린이, 남성들이 무사히 석방되어 파리로 이송되었다. 불길하게도 100명의 이스라엘 승객은 이 속에 한 사람도 포함되지 않았다. 7월 1일, 다시 10명의 승객이 석방되었다. 이번에도 이스라엘인은 한 사람도 없었다. 이런 경우에는 초강경 노선으로 돌파구를 찾는 것이 종래의 이스라엘 정부의 태도였으나 이번에는 뜻밖의 일이 일어났다. 이스라엘 정부는 인질을 인원을 알 수 없는 아랍 죄수들과 교환하여 "석방할 용의가 있다"고 발표했던 것이다.

납치자들은 승리를 축하했다. 그러나 7월 3일 200명의 이스라엘 특수 부대가 밤중에 엔테베 공항에 침입하여 공항빌딩으로 쳐들어갔다. 그들의 계획은 시곗바늘처럼 정확하게 실행에 옮겨졌다. 트란지트 라운지에서 인질을 감시하고 있던 네 명의 테러리스트는 일격에 사살되었다. 관제탑 근처에 숨어 있던 두 명도 발각되어 곧 사살되었다. 마지막 한 사람도 추적하여 빌딩의 다른 곳에서 목숨을 잃었다. 특수부대의 제1분대가 인질을 이스라엘 수송기로 유도했다. 그 사이에 제2분대는 활주로에 나란히 멈춰 있던 우간다 전투기 부대의 전부인 10대의 미그기를 파괴했다. 이것은 추적을 막기 위해서였다. 제3분대는 이 사이에 공항을 제압하여 반격을 저지하기 위해 우간다군과 잠시 심한 전투를 전개했다. 우간다군은 20명의 전사자를 내었다.

두 대의 수송기가 인질을 태우고 이륙했다. 이 사이에 제3분대는 후미에 배속되어 엔테베 공항의 지상을 확보했다. 후에 제3분대는 공중에서 합류하여 도중에 나이로비에서 연료를 보급받고 텔아비브로 무사히 돌아왔다.

이스라엘측의 피해는 사망자가 한 명(30세의 에호나산 에사니야프 중령으로 분대의 지휘관)뿐이었다. 인질은 두 명이 부상했을 뿐이다. 작전에는 어려움이 많았지만 부대의 행동까지 포함하여 90분 만에 끝났다. 이것은 자기의 권익과 생명이 위기에 놓였을 때의 이스라엘인의 프로페셔널리즘과 무자비성의 고전적인 예로 기억되었다.

한 사람의 승객이 칸파라 병원에 남게 되었는데 브로포 부인이었다. 이튿날 영국의 고등판무관인 피터 찬드레이 제2서기관이 병원에서 그녀를 돌보고 있었다. 그 당시에는 두 명의 우간다인이 경호하고 있었는데, 한 시간 후에 찬드레이 서기관이 병원으로 돌아왔을 때는 그녀와의 접촉을 금지당했다. 우간다 당국의 분명치 않은 태도가 4일 동안 계속되었고, 이에 기다리다 지친 영국의 제임스 헤네시 고등판무관은 아민에게 개인적으로 브로포 부인의 안부를 물었다. 장군은 그녀가 어디 있는지 모른다고 대답했다. 런던 외무성으로서는 전혀 뜻밖의 일이었다. 이튿날 어떤 용감한 이스라엘의 신문기자가 아민에게 직접 전화를 걸었다. 장군의 대답은 브로포 부인은 습격사건이 일어난 날에 엔테베 공항으로 데리고 가서 "다른 인질과 함께 이스라엘로 돌려보냈다"는 것이었다. 그후 다시는 살아 있는 그녀의 모습을 볼 수 없었다.

1976년 7월 13일, 나이로비의 신문 〈데일리 네이션〉은 최근에 케냐에 온 우간다인이 다음과 같이 말했다고 보도했다. "7월 5일에 칸파라 근처의 숲에서 일부가 불에 탄 시체를 발견했는데 나는 이것을 브로포 부인이라고 생각한다."

이 사람의 말에 의하면, 그녀의 시체 근처에서 엔테베 공항의 우간다인 레이다 조작원 세 명의 시체도 나란히 있었다고 한다. 습격이 있던 날 밤에 침입하는 이스라엘 비행기를 포착하지 못한 죄로 처형된 것 같다고 말했다.

1976년 8월 11일, 텔아비브로 떠나는 이스라엘 항공기 편에 탑승하기 위해 이스탄불 공항 대합실에서 기다리고 있던 승객에게 네 명의 테러리스트가 수류탄을 던지고, 총대를 허리에 대고 마구 쏘았다. 네 명이 살해되고 30명이 부상했다. 붙잡힌 두 명의 아랍인 테러리스트는 취조 시에 PFLP의 멤버라고 자백했다. 두 사람은 모두 터키의 재판에서 사형이 선고되었으나, 후에 종신형으로 감형되었다.

사망자 중의 한 사람은 미국 제이콥 쟈비츠 상원의원의 비서인 미국인 해롤드 로젠탈이었다. 두 사람은 이스라엘인이고 마지막 한 사람은 일본인이었다. 그런데 이 일본인은 총을 갖고 있었다. 경찰은 그를 테러리스트 중의 한 사람으로 추정했다. 다른 테러리스트는 소란한 틈을 이용하여 도망쳐버렸다. 체포된 두 사람의 아랍 테러리스트는 이번 습격은 엔테베의 보복이라고 말했다. 예상된 일이었으나 레바논의 PELP 본부는 사건과의 관련을 일체 부인했다.

1978년 3월 11일, 하이파의 남쪽에 보트로 상륙한 중장비의 엘 파타 (PLO)의 테러리스트 일당은, 텔아비브로 통하는 바닷가에서 감행한 일련의 습격에서 35명을 살해하고 70명에게 부상을 입혔다. 그들의 목적은 호텔에 침입하여 손님을 인질로 삼고 이스라엘 교도소에 갇혀 있는 톱클라스의 5인조 테러리스트와 교환하는 것이었다. 이 속에는 일본 적군파의 오카모토 고로도 포함되어 있었다. 그의 이름은 거의 상징적인 의미를 갖고 있었다. 여러 게릴라 조직들이 그들의 명예를 위해 석방작전을 하고 있었다.

테러리스트가 상륙했을 때 39세의 미국인 여류 사진가인 게일 루빈이 바닷가를 산책하고 있었다. 테러리스트들은 그녀에게 어디서 왔느냐고 물었다. 그녀는 곧 사살되어 짓밟히고 말았다. 그들은 수많은 무방비상태의 시민에게 발포한 다음 한 대의 버스에 올라타고 운전사에게 텔아비브로 가라고 명령했다. 그들은 도중에 몇 대의 차에도 발포했다. 그리고 한 대의 버스도 탈취하여 많은 사람들을 인질로 삼았다. 그들 중에는 어린이도 포함되어 있었다. 이 버스가 가는 길을 저지당한 것은 텔아비브에서 불과 10킬로밖에 되지 않는 지점이었다. 헬리콥터를 타고 날아온 군대와 경찰이 급히 바리케이트를 치고 대기하고 있었다. 사격전이 벌어졌다. 납치된 버스는 폭발되어 화염에 휩싸였다. 적어도 25명의 인질이 사망했다. 엘 파타의 테러리스트는 아홉 명이 사살되고 두 명이 체포되었다. 3일 후에 이스라엘의 육·해·공군이 레바논 내의 목표에 대해 보복공격을 가하여 큰 피해를 입혔다. 동시에 이스라엘군은 레바논의 북부 국경을 따라 길이 약 10킬로미터의 안전지대를 구축했다.

그러나 오랫동안에 걸친 비행기 납치행위, 국경 침범, 국경 근처의 거주 지역에 대한 로켓포 공격에 분통이 터진 이스라엘은 드디어 보복에 나섰다. 이스라엘인의 런던 암살 미수를 계기로, 이스라엘군은 1982년 PLO을 분쇄하기 위해 레바논에 침입했다. 감히 대적할 자가 없었다. 아랍인 게릴라가 저항을 시도해 보았으나 어림도 없었다. PLO가 지배한 지역에서 발생한 민간인 사상자는 상당수에 달했다. 대충 1만 1천 명 가량의 아랍인 용의자가 PLO의 동조자로 체포되었다. 그리고 아라파트가 지휘하는 약 7천 명의 PLO군이 베이루트에서 이스라엘군에게 포위되었다. 이스라엘은 서방 세계의 우려를 저버리고 시가지를 철저히 포격했다. 드디어 게릴라측은 유엔의 보호하에 철수했다. 개인용 무기는 휴대했으나 가족은 그대로 놔두었다.

계속 되어오던 화해의 희망은 두 가지 사건에 의해 와르르 무너졌다. 먼저 레바논의 기독교도인 대통령 취임예정자 바실 게마예가 회교도 과격파에 의해 암살되었다. 계속해서 베이루트의 사도라 지구와 샤티라 지구의 난민 캠프(그때까지는 PLO의 군사시설)에서 약 2천 명의 팔레스티나인이 친이스라엘의 기독교도 재향군인 그룹에 의해 학살된 사건이 일어났다. 이스라엘은 바실 게마예에의 지도력을 통해 레바논에 위엄 있는 정부가 수립되기를 희망하고 있었으나 희망의 별은 대통령 취임 전날 폭탄에 의해 생명을 잃고 말았다. 이스라엘군은 '유혈의 확대를 막기 위해' 서西베이루트 지역으로 진출했다. 이곳에서 이스라엘군은 중무장을 한 레바논 기독교도 재향군인 그룹이 그들의 선두에서 서는 것을 인정하고 낙하산 조명탄을 쏘아올려 이 지역을 환히 비추었다. 이 윽고 재향군인 그룹은 캠프에서 살고 있는 남녀와 어린이에 이르기까지 모든 사람을 철저히 학살했다. 얼마나 많은 인명이 살해되었는지는 영원한 수수께끼다. 전염병이 번질 우려가 있었으므로 시체는 그 자리에서 처리되었다. 그 숫자는 5백에서 2천 명으로 추정되고 있다. 야세르 아라파트는 후에 사망자를 5천 명으로 추정하고 있다. 의론할 여지가 없는 분명한 사실은 1982년 9월 16일부터 18일에 걸쳐 학살행위가 계속된 점이다. 이 기간 동안 이스라엘군은 바라보기만 하고 전혀 개입하지 않았다.

레바논에서의 이스라엘의 입장에 대해 서방측에 일종의 동정심이 남아 있었다고 하더라도 그 동정심은 이 대량학살에 의해 금세 사라져버렸다. 당시 베이루트에 머물러 있던 미국의 모리스 드레이퍼 특사는 이스라엘의 아리엘 샤론 국방장관에게 다음과 같은 항의 전문을 보냈다.

"귀하에게는 이 무서운 학살을 중단시킬 의무가 있습니다. 우리는 직원을 캠프에 파견하여 시체를 세어보게 했습니다. 상황은 공포 자체였습니다. 그들은 어린이까지도 살해하고 있습니다. 귀하는 이 사태를 부끄럽게 여겨야 합니다. 귀하는 그 지역에 대해 절대적인 지배권을 장악하고 있습니다. 따라서 그 지역에서 일어나고 있는 일은 귀하 책임입니다."

후에 이스라엘에서도 공식적으로 조사가 진행되어 아리엘 샤론은 비난의 대상이 되고 해임시키라는 여론이 높아졌다. 그리하여 그는 국방장관의 지위에서 해임되고 무임소장관으로서 내각에 머물게 되었다. 공정한 조사결과로 제기된 정당한 요구는 이것으로 대부분 거부되었다. 희망은 더욱 사라져 갔다. 바실 게마예의 암살과 난민 캠프의 학살은 중동 지역에서의 장래의 테러활동에 새로운 씨를 뿌리는 결과가 되었는데, 이것은 거의 모든 관측자들의 공통된 의견이었다.

로버트 케네디 상원의원의 암살
-로버트 케네디 상원의원을 암살한 아랍의 광신자

● 시한 비샤라 시한(미국)

존 F. 케네디 대통령의 동생인 로버트 케네디는 1968년 대통령 선거 운동중에 암살되었다. 케네디 정권에서 법무장관을 지낸 로버트 케네디가 42세로 캘리포니아주의 민주당 대통령후보 예비선거에서 승리한 직후의 일이었다. 많은 사람들이 그가 미국에서 두번째로 케네디가의 대통령이 되는 길을 열어놓았다고 생각했는데, 뜻밖의 일을 당한 것이다.

그를 암살한 자는 시한 비샤라 시한이라는 24세의 요르단 이민이었다. 시한은 캘리포니아주의 대통령후보 예비선거의 뉴스가 전해질 때 로스앤젤레스의 호텔 식당에서 이 유력한 대통령후보를 사살했다. 이스라엘이 아랍 여러 나라들에 맹공격을 가한 중동의 6일전쟁 1주년 기념일이었다. 로버트 케네디는 이스라엘을 지지하고 있었으며 시한은 아랍인이었다는 것이 암살의 단순한 이유였다. 시한은 이 살인으로 사형을 선고받았으나 미국에서는 사형이 중단되었으므로 종신형으로 감형되었다.

캘리포니아주 솔라드 교도소에서의 시한

　캘리포니아주의 종신형은 보통 수형자가 최고 13년 동안 감옥에 갇
히는 것을 의미한다. 1975년 제임즈 후버 전 보석담당관은, 시한이 보
석의 자격을 얻을 수 있는 가장 빠른 시기를 1984년으로 잡고 있었다.
이 시기의 근거에 대해 로스앤젤레스의 존 반 데 캄프 검사가 질문하
자, 후버 전 보석담당관은 캘리포니아주의 종래의 관행에 따랐을 뿐이
라고 대답했다.

　그의 직분은 수형자의 교도소 내의 태도와 의사의 보고를 평가하는
것일 뿐, 수형자 개인의 정치적 중요성을 파악하는 것은 아니었다. 반
데 캄프 검사의 대리인은, 시한이 엄중히 경계된 동棟에 수용되어 있는
솔라드 교도소의 특별보석위원회의 공청회에 참석하여 다음과 같이 말
했다.

"시한의 석방이 예정대로 이루어지면…… 우리는 전세계의 사회적 부적응자, 광신자, 정치적 야심가에 대해…… 캘리포니아주에서 암살을 저질러도 불과 13년 동안 교도소에 들어가 있을 뿐이라는 위험한 메시지를 보내는 것이 됩니다."

마운트 배튼경의 폭살사건

—마운트 배튼경을 암살한 IRA의 하수인

• **토머스 맥마흔**(영국)

　제2차세계대전의 국민적 영웅이며 정치가인 전 인도 총독 마운트 배튼 백작은 아일랜드의 슬리고주 마라프모어에 있는 케시본성에서 여름 한때를 보내는 것이 관례였다. 이곳에서 백작이 가장 즐겨하는 일은 자기의 요트 섀도우 5호로 바다에 나가 새우잡이 바구니를 바다에 내려놓고 왕새우를 낚아올리는 것이었다. 나이 들어서도 배타기를 좋아했다. 1969년 IRA가 테러활동을 재개한 후에도 백작은 경호원을 두지 않았다. 1976년에는 현지의 슬리고 경찰에 케시본성의 관례적 경비를 해제할 것을 요청했다. 시간과 인력의 낭비라는 것이 이유였다.

　"나 같은 늙은이를 그들이 어떻게 한단 말인가?"

　노老 백작은 이렇게 말했다.

　1979년 8월 27일, IRA는 섀도우 5호의 기관실에서 원격조정용 5파운드짜리 폭탄을 장치했다. 그날 바닷가에 모여든 해수욕 인파는 바다에서 한 척의 요트가 요란한 소리를 내면서 폭발하여 성냥개피처럼 공중으로 흩어지는 것을 목격했다. 폭파된 배는 다니골만으로 새우잡이를 나간 마운트 배튼경의 요트였다. 그 배에는 가족도 타고 있었다. 폭탄은 마라프모어의 낭떠러지 위에서 원격조정된 사제 소형 송신기에 의해 폭발했다. 오전 11시 45분이었다. 마운트 배튼경, 손자 14세의 니콜라스 나티즐, 선원 폴 맥스웰 등 세 사람이 즉사했다. 마운트 배튼경의 딸과 사위, 또 다른 손자를 포함한 네 사람은 중상을 입었다. 사건은 즉시 여왕에게 보고되었다. 여왕은 전영국과 인도에 애도의 뜻을 전했다. 7일 동안의 공식 장례도 공표되었다.

이 날은 동시에 여러 곳에서 테러가 있었다. IRA는 북아일랜드의 라운주에서도 지뢰를 폭발시켜 18명의 영국 병사를 살해하고 많은 부상자를 내었다. 이 사망자 수는 단일 사건으로 그때까지 10년 동안에 영국군이 입은 최대의 손실이었으나 이 뉴스도 마운트 배튼 경의 암살사건에서 입은 충격으로 대수롭지 않게 생각될 정도였다.

한 대의 차가 그라나다에서 아일랜드 경찰의 경계망에 포착되어 정지명령을 받았다. 운전사와 또 한 사람의 승객은 초조한 기색이었는데 마운트 배튼경의 요트가 폭파된 지 몇 시간 후의 일이었다. 경관은 두 사람을 체포했다. 운전사인 프란시스 맥갈은 24세의 농부로서 특별형사법원에서 무죄가 선고되었는데 세 명의 판사들은 혐의만으로는 유죄판결을 내릴 수 없다고 말했다.

한편 승객인 토머스 맥마흔은 모나한주의 캘릭마크로스 출신으로 IRA 과격파의 멤버였으나, 여러 가지 증거에 의해 마운트 배튼 경의 살해 혐의로 유죄를 언도받았다. 그의 옷에 니트로글리세린의 흔적이 검출되었으며 그의 구두에 부착되어 있던 모래가 마라프모어의 낭떠러지의 모래와 일치했다. 그리고 그의 구두에서 발견된 녹색 도료가 섀도우 5호의 선체의 도료와도 일치했다.

이 당시 IRA의 내부에는 심한 주도권 싸움이 있었던 것으로 생각된다. 라이벌인 INLA(아일랜드 국민해방군)는 고성능 폭탄에 의한 에어리 니브 의원의 암살로 각광을 받고 있었다. 맥마흔은 이 INLA를 앞지르기 위해 마운트 배튼경을 노린 암살단이 뽑은 한 사람이었다고 생각된다. 1979년 11월 23일 맥마흔은 종신형이 선고되었으며 그의 상소는 더블린 상소법원에서 기각당했다.

박정희 대통령 암살사건

-한국의 대통령을 암살한 정보부장

• **김재규**(한국)

　1979년 10월 26일, 반공 강경노선을 달리고 있던 박정희 대통령이 서울의 저녁 회식 석상에서 암살당했다. 범인은 대통령의 신변 경호에도 일정 정도 책임이 있는 정보부장 김재규였다. 다섯 명의 경호원도 살해되었다. 박 대통령에게는 전에도 암살 미수사건이 있었다. 1974년의 일이었다. 이때 대통령을 노린 탄환은 부인에게 명중하여 부인은 치명상을 입고 숨을 거두었다.

　1979년 10월 초순, 부산과 그 밖의 도시에서 학생들의 격렬한 반정부시위가 있었다. 이 때문에 김 부장은 자기의 지위에 불안을 느끼고 있었다. 그리고 그는 대통령이 자기보다도 경호를 담당한 대통령 경호실장 차지철의 의견을 듣는 기회가 많아졌다고 느끼고 있었다. 그는 이 두 사람을 10월 26일에 살해할 계획을 세운 다음 성사가 되면 자기가 권력을 잡으려고 했다.

　두 사람이 도착하기 전에 그는 대기실에다 탄환을 장전한 권총을 숨겨놓았다. 그러고는 자기가 대통령과 경호실장을 향해 발포한 총소리가 들리면, 대기하고 있던 대통령의 경호원을 즉시 사살하도록 부하인 정보부원에게 명령했다. 회식자는 네 명이었다. 박 대통령, 차지철 경호실장, 김 부장 그리고 비서실장 김계원이었다. 여기에 두 사람의 연예인이 함께 있었다. 회식이 시작되자 대통령이 김 부장에게 물었다.

"부산에서 문제가 일어나고 있는데, 이건 당신이 맡고 있는 기관의 정보 부족이 원인이라고 생각하지 않소?"

이 질문에 대해 김 부장은 잠깐 실례한다는 의미의 말을 남기고 자리를 떴다. 그리고 대기실에 숨겨둔 권총을 소지하고 회식장으로 돌아와서 차지철을 가리키면서 대통령에게 큰소리로 말했다.

"이런 벌레 같은 자식을 심복으로 부리면서 일을 제대로 할 수 있다고 생각하십니까?"

김 부장은 두 사람에게 총을 쏘았다.

무기를 휴대하지 않았던 차지철은 경상을 입고 가까운 화장실로 도망쳐서 숨었다. 김재규의 제2탄은 박 대통령의 가슴에 명중했다. 대기실에선 김재규의 부하가 권총과 M16 라이플총을 대기하고 있던 대통령의 경호원들에게 난사했다. 네 명이 즉사하고 한 명이 중상을 입고 쓰러졌다. 김재규는 가구 속에 숨어 있던 차지철을 찾아내서 그의 배를 쏘았다. 그리고 대통령의 머리를 또다시 쏘았다. 두 사람은 절명했다.

김재규는 육군참모총장인 정승화 대장(이 암살에는 일체 관계가 없다)에게 쿠데타에 참가하도록 요청했다. 정 대장은 이를 거절했다. 일당은 모두 체포되었으며 최규하 국무총리가 새 대통령으로 지명되었다. 미국은 한국에 주둔하고 있는 3만 8천의 군대에 계엄태세에 돌입할 것을 명령했다. 동시에 북한의 개입도 견제했다. 위기는 지나갔다.

1979년 12월 20일에 서울에서 열린 군법회의에서 김재규는 사형을 선고받았다. 53세였다. 그의 공모자인 김계원과 박흥주 대령도 김과 함께 사형이 선고되었다. 박 대령은 현직 군인이기 때문에 상소할 권리도 박탈되었다. 대통령의 경호원 살해에 관여한 네 명의 기관원도 사형이 선고되었다.

김재규는 군법회의에서 감사의 뜻을 말하고 이렇게 덧붙였다.

"여러분들에게 깊은 감사를…… 이 가슴에 품고 나는 이 세상을 떠납니다."

부호 허스트양도 테러리스트인가

―신바이오시스 해방군 테러리스트

- **러셀 잭 리틀**(미국)
- **마이켈 레미로**(미국)

마커스 A. 포스터는 캘리포니아주 오클랜드시 교육의원회의 흑인 위원장으로 사회적으로 존경을 받고 있었다. 1973년 11월 6일, 포스터는 시의 교육의원회가 개최한 회의를 마치고 건물 밖으로 나섰을 때, 잠복하고 있던 살인범에게 살해되었다. 부하 직원인 로버트 블랙번은 부상을 입었다. 신바이오스 해방군(SLA)이라고 자칭하는 정체불명의 테러 조직이 그 지역의 방송국에 편지를 보내어 범행을 저질렀다고 공표했다.

그 편지에서 SLA는, 포스터 위원장과 그 부하는 '국민의 자녀와 생명에 대한 범죄'에 관한 재판에서 유죄판결을 받았다고 말했다. 그들의 범죄는 학교 경찰반 설치의 제안, 어린이의 신분증명 카드제의 도입, 비행소년 범죄의 감시를 목적으로 한 교사 · 경찰 · 보호자 간의 협력 등이었다. 포스터 위원장을 검시한 결과, 살인자는 청산가리 알갱이를 충전한 총탄을 사용한 것으로 판명되었다.

1974년 1월 10일, 러셀 잭 리틀(24세)과 마이켈 레미로(27세)가 캘리포니아주의 콩코드 근처에서 체포되었다. 총알 조사에서 레미로가 소지하고 있던 총은 마커스 A. 포스터를 쏜 총으로 판명되었다.

레미로와 리틀은 모두 기소되었다. 그 직후에 콩고드에서 한 민가(후에 SLA의 멤버인 낸시 린 렐리의 집으로 판명되었다)가 불길에 휩싸였다. 현장에서 조사한 경찰은 불에 탄 집에서 총포류, 탄약, 폭발물, 청산가리, SLA의 팜플렛 등을 압수했다. 유괴와 처벌 대상 리스트도 발견되었다.

SLA의 창시자는 도널드 레플리드라는 30세의 흑인으로 탈주범이었다. 그 뿌리('신바이오시스'는 단체정신이라는 뜻)는 캘리포니아주의 교도소 내의 흑인 조직으로 목적은 혁명이었다. 레플리드는 자기를 '육군 원수 생크'라고 자칭했는데 그것은 1830년대의 노예선 반란의 두목 이름에서 따온 호칭이었다.

SLA 멤버는 전성기에는 30명 정도였으나 점차로 줄어 약 12명 정도였다. 백인과 흑인이 모두 포함되어 있었으며, 일부는 선량한 중산층 출신이었다. 그 중에서 가장 유명한 사람은 패트리시아(패티) 허스트로서 신문사를 갖고 있는 부자인 랜돌프 허스트의 딸이었다. 1974년 2월 5일, 20세의 패티는 네 명의 갱이 총을 들이대는 바람에 캘리포니아주 버클레이의 맨션에서 납치되었다. SLA는 그녀의 아버지에게 빈민과 사회적 약자에게 식량을 나눠줘야 한다면서 수백만 달러의 몸값을 요구했다.

SLA가 딸을 보호하고 있다는 소식을 아버지에게 알린 편지에는 일곱 마리의 코브라 형태의 문구가 그려져 있었다. 이것은 이 조직의 일곱 강령을 가리키는 것이었다. 즉 민족자결, 공동생산, 창조성, 단결, 신념, 목적, 책임이 그것이었다. 그 모토는 '인간의 생명을 탐내는 파시스트 구데기에게 죽음을!' 이었다. 편지에는 테이프도 들어 있었다. 딸인 패트리시아는 자기는 무사하므로 요구에 응하라고 청했다.

어쩔 수 없이 허스트는 200만 달러 상당의 식량 분배를 시작했다. 50만 달러는 개인이 내고, 나머지 150만 달러는 윌리엄 랜돌프 허스트가 기금에서 충당했다.

이에 대해 SLA는 "사람들에게 인색하게 빵 부스러기나 뿌린다"고 통렬히 비난하고, 식량 배급에 다시 400만 달러를 지출할 것을 요구했다. 다시 테이프를 보내왔다. 그 테이프에서 '육군 원수 생크'는 다음과 같이 경고했다.

"체포된 병사(레미로와 리틀)의 신분이 변경되기 전까지는 허스트양은 우리의 포로가 된다. 이 포로를 구출하려고 했을 때에는…… 이 포로는 즉시 처형될 것이다."

식량 분배 사업이 개시된 지 10일이 지나, 패트리시아의 부모와 전미국인이 긴장하는 사태가 발생했다. 패트리시아가 SLA에 참가하여 그 대원이 되었던 것이다. 그녀가 녹음한 테이프가 발송되었다. 식량 분배 사업을 엉터리라고 비난하고, 부모를 사기꾼으로 고발하는 내용이었다. 그녀의 사진도 동봉해 있었다. 기관단총을 메고 SLA의 깃발 앞에 서 있는 사진이었다.

12일 후에 FBI(미국연방수사국)는 다음과 같이 발표했다. 샌프란시스코의 은행 강도를 비밀 카메라가 촬영한 사진에 패티 허스트가 찍혀 있다는 것이었다. 그날 안으로 그녀에 대한 체포령이 내려졌다. 사진에 찍힌 다른 네 명의 SLA 멤버도 확인되었는데 '육군 원수 생크'도 그 중의 한 사람이었다. 패티 허스트는 자기 의사로 SLA에 참가했는가 아니면 강요에 못 이겨 참가했는가? 이것이 미국 전체에 화제가 되었다. 그동안 사태는 급속히 전개되었으며 제보도 있었다. 5월 17일, 150명의 무장 경관이 로스앤젤레스의 SLA 은신처를 포위하자, 일당은 항복하지 않고 격렬히 저항했다. 신문기사에 의하면 약 6천 발의 총탄이 오갔다. 은신처는 불에 타서 무너져내려 최후를 맞이했다. 여섯 명의 시체가 그곳에서 발견되었는데 그것은 '육군 원수 생크', 부두목격인 윌리엄 월프, 네 명의 대원이었다. 패티 허스트는 월프와 애인 사이였다고 다른 대원들이 수군거렸다. 그녀의 시체는 없었다. 그러나 그녀는 집에 돌아오지 않고 그후 16개월 동안 계속 도망다녔다. 1975년 9월 18일, FBI는 일당의 다른 멤버들과 함께 그녀를 샌프란시스코에서 체포했다.

1976년 3월 20일, 그녀는 은행 강도와 흉악 범죄에서의 무기 사용으로 유죄판결을 받았다. 무장 강도로 7년, 총기 사용으로 2년(형기는 중복됨)의 징역이 선고되었지만 11월 19일, 150만 달러의 보석금으로 가석방되어 부모의 집으로 돌아왔다. 그리고 1977년 5월 9일, 대법원의 E. 타르보트 카리스터 판사는 5년의 보호관찰을 선고했다.

카리스터 판사는 그녀의 부모에 대해 "미국에는 동정심이 없다"고 생각지는 말라고 참고 의견을 첨부했다.

한편 SLA의 멤버라고 자백한 레미로와 리틀은 6월 27일에 형이 언도되었다. 마커스 A. 포스터의 살해에 대해 종신형이 선고되고 로버트 블랙번의 살인미수에 대해선 20년(형기는 중복된다)의 징역이 선고되었다.

'붉은 여단'의 공포

-모로 전 수상을 죽인 '붉은 여단'의 테러리스트

• **프로스테르 갈리나리**(이탈리아)

지난 20년 동안 이탈리아에서는 좌우익의 극단적인 사람들에 의한 테러 활동이 늘어나고 있어 희생자 명단은 긴 리스트에 가득차게 되었다. 철도역, 은행, 그 밖의 공공 장소에 폭탄을 장치하여 무고한 일반 시민을 참극에 휘말리게 했다. 특정한 개인이 표적이 되는 것은 말할 필요도 없었으며, 그들이 다만 정치적인 안정을 대표하거나 또는 단지 법률이나 질서유지의 대표자라는 이유에서였다. 이 폭력단들 중에서 최악의 형태로 나타난 것이 '붉은 여단'이라고 자칭하는 극좌 조직이다.

《라 스탄파》지의 카를로 카사레뇨 부주간副主幹도 1977년 11월 29일에 그들의 희생자가 되었다. '붉은 여단'의 테러리스트들은 이 언론인의 자택 앞에 잠복해 있다가 밖으로 나올 때 그를 쏘았다. 총상을 입고 그는 2주일 후에 죽었다. 대부분의 나라에서는 저널리스트와 테러리스트 사이에는 모종의 상부상조 관계가 성립되어 있다. 대서특필하지 않으면 테러리스트의 명분도 세상에 알려질 수 없기 때문이다.

그러나 이탈리아는 사정이 달랐다. 이 나라에서는 극렬분자에게 불리한 기사를 쓰면 생명까지도 위협을 받을 각오를 해야 했다. 이런 종류의 징계는 보통 '무릎깨기(사소한 규율 위반에 대한 테러리스트 내부의 일반적인 처치 방법으로 무릎 위에 얹어놓은 접시를 총으로 쏘는 짓)'로 한정되어 있었다. 카사레뇨 이전에도 몇 사람의 언론인이 '무릎깨기'의 징계를 경험한 적이 있었다. 그러나 살해된 것은 그가 처음이었다. 처음부터 살해하려고 했던 것이 분명했다. 그는 얼굴과 목에 네 발의 총탄을 맞았다.

　또 한 사람의 희생자는 국제적으로도 저명하여 존경을 받고 있던 알도 모로 전 수상이었다. 1978년 3월 16일, 전 수상은 호위를 받으면서 로마의 거리를 차를 타고 특별회기에 참석하기 위해 국회로 향하는 길에 '붉은 여단'에 소속된 11명의 테러리스트가 대기하고 있었다. 그들은 훔친 알이탈리아 항공사 제복을 걸치고 있었으며 그 중 한 사람은 여자였다. 옆길에서 차를 몰고 나와 모로 일행을 가로막고, 가까운 거리에서 자동화기를 쏘았다.

　모로가 출석할 예정으로 있던 특별회기는 새로운 연립내각에 대한 신임투표를 협의하게 되어 있었다. 이미 수상을 다섯 차례나 역임한 모로는 이탈리아 차기 대통령으로 예정되어 있었다. 이와 때를 같이하여 '붉은 여단'에 속한 테러리스트와 각 분파를 이끄는 14명의 지도자에 대한 집단 재판도 튜린에서 개정을 기다리고 있었다.

　이 재판은 1976년에 열린 후로 세 차례나 중단되었다(처음에는 재판절차의 문제로, 다음에는 1건의 살인을 포함한 배심원에 대한 협박, 세번째는 피고들에 의한 법원의 권위에 대한 도전과 변호인단의 철수였다). 피고인들 중에는 '붉은 여단'의 창시자 레너트 클레시오나 모리티오 펠라리도 포함되어 있었다.

전 이탈리아는 이 재판을 주재하고 있는 정부의 능력 또는 그 능력의 결여를, 테러 조직과 중앙 정부가 대립되는 가장 큰 원인이라고 주목하고 있었다.

모로 수상의 납치가 보도되자 언론사로 전화 협박이 왔는데 '붉은 여단'이라고 자칭하면서 튜린의 14명의 피고들을 석방하지 않으면 모로를 죽이겠다고 했다. 그러나 후에 이것은 장난 전화로 판명되었다. 모로 수상의 납치에 전 이탈리아가 분노했다. 이 나라의 법과 질서에 대한 일반 시민의 신뢰는 테러리스트의 활보와 납치사건의 증가로 이미 흔들리고 있었다. 그런데다 이번 사건이 터진 것이다. 지금까지 납치는 모두가 형사들이 다루었으나 모로의 납치로 한꺼번에 정치적 색채를 띠게 되었다.

매스컴에서는 경찰당국에 맹렬한 비난을 퍼부었다. 납치 직후에 어째서 도시의 모든 도로를 봉쇄하지 않느냐는 것이었다. 처음의 수사는 납치가 발생한 시의 북부에 집중되었다. 그후 로마 중심부까지로 범위를 확대했다. 매스컴은 이것은 너무 늦었다고 비판했다. 경찰측의 체면을 떨어뜨리는 사건까지 발생했다. 매복해 있을 때 몇 대의 차가 엄중히 경계한 지역을 무사히 벗어났던 것이다.

3월 18일, 로마의 한 신문사에 한 장의 사진이 발송되었다. '붉은 여단'의 깃발 앞에 모로를 앉혀 놓은 사진이었다. 납치범 일당의 메시지가 곁들여 있었다. '국민의 이익에 어긋나는' 행위와 미국 및 서독의 '제국주의자'를 보좌한 죄목 때문에 전 수상을 징계한다고 말했다. 튜린의 14명의 피고와 그 석방 시기에 대해서는 한마디도 언급하지 않았다. 납치범 일당의 요구 내용은 11일째 만에 분명히 드러났다. 로마와 제노바의 신문사에 모로가 내무장관에게 쓴 편지를 복사한 것이 발송되었다. 이 편지에서 모로는 정부에 대해 납치범의 요구를 받아들일 것을 요청하고 일당의 압력으로 국가의 비밀이 드러나는 사태도 있을 수 있다고 지적했다. 이 편지에는 테러리스트의 메모가 첨부되어 있었다. 모로는 그들에게 '완전히 협조적'이고 '세계적인 규모의 제국주의'에 대처하는 이탈리아의 역할에 대해서도 그 내용을 자백했다고 언명했다.

4월 4일에는 두 통의 편지 복사가 발송되어 왔다. 사태는 이것을 계기로 급속히 전개되기 시작했다. 수신인은 기독교민주당의 서기장이었다. 이 편지에서 모로는 '붉은 여단' 납치범의 석방을 포함하여 적절한 조치를 조급히 취해 줄 것을 요구하고 다른 정당이 협력을 거부하면 기독교민주당 단독으로라도 이를 단행할 것을 촉구했다. 이것은 공산당과 기독교민주당의 연립에 쐐기를 박으려는 교묘한 정치적 캠페인의 하나였다. 극좌 · 극우에게는 이 연립이 증오의 대상이었다. 후에 정부는 이 밖에도 모로가 보낸 두 통의 편지(한 통은 아내에게, 또 한 통은 정부기관의 동료에게)를 받았다고 밝혔으나 그 내용의 공개는 거부했다. 모로의 동료와 가족은 기독교민주당에 압력을 가하고 납치범 일당과 몰래 흥정을 하여 취약한 연립내각이 더욱 약화되고 있다는 소문이 나돌았다. 정부가 이 두 통의 편지 공개를 거부한 것이 소문을 더욱 뒷받침해 주었다.

장난 전화와 메시지도 날아들었다. 그중에는 이런 것도 있었다. 재판을 하여 모로를 처형하고 그 시체를 로마 북쪽의 얼어붙은 호수에 던졌다는 것이었다. 이것은 처음에 사실로 생각되었다. 잠수부가 동원되어 얼음을 깨고 호수 바닥을 훑었다. 아무것도 나오지 않았다. 4월 20일에

'붉은 여단'은 메시지를 또 보내왔다. 모로는 살아 있다는 것이었다. 이것을 입증하기 위해 그 전날의 신문을 손에 든 그의 사진이 동봉되어 있었다. 메모에는 현재 이탈리아에 투옥되어 있는 모든 공산주의자와 모로를 교환하자고 제의했다. 그것도 이번에는 2일 이내로 회답을 바란다는 시한부였다.

모로의 동료와 가족은 기독교민주당에 대해 더욱더 '협조'를 요청하는 압력을 가했다. 한편 공산당은 이런 움직임에는 일체 반대했다. 극좌 이외의 지지를 잃게 되기 때문이다.

경찰은 4월 9일, 모로가 아내에게 보내는 다섯 통의 편지를 받았다. 이번에도 내용의 공개를 거부했다. 이튿날 '붉은 여단'은 전 수상이 매스컴 전체에 보내는 공개 서한을 보내왔다. 그 서한에서 모로는 미국과 서독 두 나라 정부가 납치범 일당과는 교섭을 하지 않는다는 결정을 했느냐고 묻고 있었다. 4월 15일, '붉은 여단'은 '국민재판'의 판결을 발표했는데 모로는 유죄로 사형이 선고되었다는 것이었다. 로마교황과 유엔 사무총장을 포함한 많은 저명 인사들이 모로의 생명을 구하기 위해 성명을 발표했다. 두 주일 동안 침묵이 계속되었다. 5월 9일에 로마 근처의 시내 도로에서 주차한 차 안에서 총탄에 맞은 모로의 시체가 발견되었다. 아이러니컬하게도 공산당 본부와 기독교민주당 당사에서 가까운 장소였다. 경찰은 거의 5년이 걸려서 이 갱단의 두목들을 체포했다.

1983년 1월 24일, '붉은 여단'의 테러리스트 32명은 알도 모로의 납치와 살해로 각각 종신형이 선고되었다.

장기간에 걸쳐 학대하고 모로 전 수상을 기관단총으로 사살한 후 그 시체를 로마 시내에서 차의 트렁크 속에 버린 사형집행인으로 33세의 프로스테르 갈리나리가 지목되었다. 갈리나리는 재판의 긴 판결문을 낭독하는 동안에, 동료들과 농담을 나누면서 킬킬 웃었다. 피고들은 동물원의 맹수처럼 모두 개별적으로 우리 속에 갇혀 있었다. 피고 중에서 아홉 명은 여자였다. 그들은 과거의 동지에게 배반을 당했던 것이다. 배반자들은 경찰에 협력한 보상으로 비교적 가벼운 판결을 받게 되었다. 갈리나리는 살인자로서의 자기 역할을 인정하지 않았다. 그러나 판결 두 주일 전에 연립내각의 계획을 좌절시키기 위해, 모로 전 수상을 사살했다는 성명문을 법정에서 낭독했다.

4년에 걸친 일련의 잔학 행위에 대해 32명의 피고 전원에게 종신형이 선고되었다. 여기에는 17건의 살인과 11건의 살인 미수가 포함되어 있었다. 수갑이 채워진 피고들이 밖에 대기하고 있던 무장한 차에 옮겨 타자 군중들로부터 비난의 소리와 석별의 인사가 뒤섞여 울려퍼졌다. 2개월에 걸친 감금기간에 모로의 간수역을 맡았다고 제보자에 의해 밝혀진 라우라 브라게티는 우리 속에 들어 있는 배반자측의 안토니오 사바스타에게 욕설을 퍼부었다.

"이 비겁한 놈아, 네 놈은 자기 어머니도 팔아넘길 테지."

그후 이탈리아의 최남단에 위치한 레디오 카라브리아의 교도소에서 한 통의 문서가 외부로 흘러나왔다. 서명이 없는 문서였다. 많은 관찰자들은 이 문서를 '붉은 여단'의 패배 선언으로 해석했다. 우편으로 이 문서를 받은 〈라 레퓨브리카〉는 그 기사에서 '무장 투쟁은 끝나' 라는 큰 제목을 붙였다. 그 문서에는 다음과 같이 쓰여 있었다.

"1970년대 초기에 좌익 학생과 노동자 계급의 광범한 참여로 시작된

혁명적 투쟁의 국면은…… 실질적으로 끝났다."

　그리고 무장투쟁은 일단락되었다고 반성하고, 다음 세대에는 '혁명의 새로운 수단을 강구할 것'을 조언하고 있었다.

사다트 대통령 암살사건

–이집트의 사다트 대통령을 암살한 그룹의 주모자

• 카레드 아메드 사우키 엘 이슬람부리(이집트)

1981년 10월 6일, 이집트의 안와르 아스 사다트 대통령이 카이로에서 회교도 과격파에 의해 암살되었다. 1973년의 욤 키플(유태교의 속죄일) 전쟁에서 당시 이스라엘측이 지배하고 있던 수에즈 운하를 이집트 군이 탈환한 것을 축하하는 군사 퍼레이드를 사열하는 중이었다.

언뜻 생각하기에 이것은 있을 수 없는 살인이었다. 이때 행진한 것은 이집트 육군의 정예부대였다. 제트 전투기 편대가 머리 위를 경계하고 있었으며 대통령 주위를 사복 차림의 무장 경호원과 병사가 에워싸고 있었다. 안전은 절대로 보장된 것처럼 보였다. 위험이 퍼레이드 자체 속에 있으리라고는 누구도 상상하지 못했다.

F4 팬텀 전투기와 미라주형 연습기가 편대를 짜고 머리 위를 지나갔다. 그때 여덟 명의 병사를 태우고, 야전포를 끌며 위장한 한 대의 소련제 군용 트럭이 귀빈석 스탠드의 정면에 정차했다. 한 사람의 중위가 인솔한 네 명의 남자가 트럭에서 뛰어내려 단상을 향해 뛰어왔다.

장교는 경기관총으로, 세 명의 병사는 저격용 라이플총으로 무장하고 있었다. 불과 몇 초 사이의 일이었으나 앞으로 무슨 일이 일어날지 단상에서는 아무도 예상할 수 없었다. 대부분의 사람들이 편대 비행에 눈을 빼앗기고 있었다. 어느 목격자의 증언에 의하면 사다트 대통령은 마치 다가온 병사들에게 경례라도 하려는 듯이 몸을 조금 일으켰다고 한다.

　　그때 갑자기 그들 중에서 한 병사가 수류탄을 던졌다. 그것은 앞에 떨어져 아무에게도 피해를 주지 않았다. 두번째 수류탄이 날아왔다. 그러나 폭발하지 않았다. 이때 선두의 두 사람이 귀빈석 스탠드 앞으로 쇄도하고 있었다. 그들은 귀빈석을 향해 자동화기를 난사했다. 명중하지 않을 수 없는 가까운 거리였다. 사다트 대통령을 포함한 11명이 치명적인 탄환을 맞아 쓰러졌다. 그 밖에 30명이 부상을 입었다.

　　사다트 대통령에게는 탄환 네 발이 명중했다. 가슴에 두 발, 목과 다리에 각각 한 발씩이었다. 대통령의 오른쪽에 있던 무바라크 부통령(사다트 대통령의 후계자)은 손에 가벼운 상처를 입었다. 대통령의 왼쪽에 앉아 있던 아브 가자라 국방장관도 손에 가벼운 상처를 입는 데 그쳤다. 대통령의 개인 비서면서 경호실장인 파우지 압둘 하페츠는 대통령의 바로 뒤에 앉아 있었으나 의자를 들어올려 대통령을 보호하려고 했다.

　　그러나 다리에 탄환이 명중하여 그 자리에 쓰러졌다. 대통령의 사이드 말레이 수석보좌관, 벨기에 대사 크로드 루엘과 오스트레일리아의 수석 대사관원인 존 우드도 부상을 입었다. 오만 샤베브 빈 티모아 황태자는 중상을 입고 후에 사망했다. 이집트의 이슬람 사회의 지도자 세이크 알 아자와태수 연합의 회장은 대통령과 나란히 앉아 있었으나 모두 무사했다.

대통령은 아직 숨을 쉬고 있었다. 응급조치를 위해 헬리콥터로 마디 병원으로 운반되었다. 원장인 카림 소장은 일곱 명의 전문 의사단을 지휘하여 대통령의 생명을 건지기 위해 모든 수단을 강구했다. 그러나 두 시간 후에 사다트 대통령의 사망이 확인되었다. 이 암살 뉴스는 오후 8시까지 공표되지 않았다. 그때 비로소 이집트 국민들은 사건을 알게 되었다. 군사 퍼레이드의 텔레비전 방영은, 사건이 발생된 직후에 아무 설명도 없이 중단되었다.

암살 사건이 발생한 후 체포된 자는 800명 이상에 달하였다. 최종적으로 이들 중에서 24명의 남자가 모살과 공모의 혐의로 기소되어 1981년 11월 21일, 카이로에서 공개로 열린 군사재판에 회부되었다. 피고는 기소 이유에 의해 세 그룹으로 구분되었다. 암살의 실행과 공범과 공모가 그 기소 이유였다. 카레드 엘 이슬람부리 중위를 포함한 다섯 명이 주모자로 지목되어 사형을 선고받았다. 17명은 중노동 종신형에서 5년의 징역이 각각 선고되었다. 나머지 두 사람은 무죄였다. 피고 중에는 장님인 이슬람 종교인도 포함되어 있었는데 '기독교에서 이슬람교로 개종한 배교자' 그룹의 지도자로 암살 계획을 미리 알고 있던 자다.

다섯 명의 사형은 1982년 4월 15일 새벽에 집행되었다. 두 명의 군인, 엘 이슬람부리와 예비역인 후세인 아바스 무하메드는 총살되었으며 병사를 가장하여 퍼레이드에 끼어들어 암살에 참가한 세 명의 민간인은 교수형을 당했는데 다섯 명 모두가 '이슬람주의'를 주창했다.

그들은 이집트의 비종교적인 정권을 타도하고 종교를 기반으로 하는 정권을 수립하여 서구의 지나친 영향을 조국으로부터 배제하려는 이슬람 과격파였다. 엘 이슬람부리 중위는 죽을 때 '냉정하고 침착했다'고 한다. 그는 재판에서 사다트의 습격을 주도한 것을 자랑스럽게 생각한다고 말했으나, 더 큰 배후가 있다는 것은 부인했다.

"여기에 아브 가자라(국방장관)를 데려와서 증언하게 해주시오"하고 그는 요구했다. "그에게 물어봐요. 나는 총을 쏘면서 그를 보고 말했어요. 너 따위와는 관계가 없어. 너의 개(사다트)를 해치울 거야 하구요."

한편 카이로의 소식통은 다음과 같이 보도했다.

"이집트의 치안당국은 대통령의 암살계획의 정보를 탐지하여 알고 있었다. 다만 구체적인 실행방법을 모르고 있었을 뿐이다."

사다트가 암살된 이틀 후에 북이집트에서 유혈 소동이 일어났다. 물론 무위로 끝났으나, 한때는 쿠데타가 아닌가 하여 모든 국민이 긴장했다. 무라바크 대통령은 후에 다음과 같이 말했다고 한다.

"일부 열광적인 과격파가 10월 6일에 대통령의 귀빈석에 발포하여 이란식 이슬람공화국 정권을 세우기 위해 현지도층을 몰살하려고 했다."

무바라크 대통령은 탁필 와트 하지라(성스러운 탈출의 참회)로 알려진 과격파 그룹을 암살의 배후조직이라고 설명했다.

살인과 강탈의 혁명 원리

−강탈과 살인을 혁명의 방법으로 사용한 좌익 테러리스트

• 바더 마인호프 갱(서독)

바더 마인호프 갱이 싸운 이른바 '민중투쟁'은 좌익 학생의 항의에서부터 그 근원을 찾아볼 수 있다. 그것은 전후 서독의 경제적 기적의 혜택을 받은 풍요한 사회를 불특정 다수를 대상으로 하는 난투와 데모에서 시작하여 수많은 사람을 죽인 살인으로 막을 내렸다. 폭동을 이끈 젊은 테러리스트들에게는 이와 같은 사태의 방향전환은 필연적인 것이기도 했다. 그들이 주장한 행동 원리는 이러했다.

1960년대의 서독은 미국 제국주의 꽁무니에 매달려 있는 것에 불과했다. 이러한 상황을 시정하려면 무장에 의한 저항이 필요했다.

베룬트 안드레아스 바더는 1943년 5월 6일 뮌헨에서 외아들로 태어났다. 아버지는 중류층의 사학자였으나 소비에트 전선에서 전사했다. 어렸을 때 안드레아스는 어머니와 어린이의 응석을 곧잘 받아주는 숙모들의 손에 의해 핸섬하지만 비뚤어진 청년으로 자랐다. 숫기가 없고, 성적 충동이 강하고, 멋진 차를 초스피드로 몰고 다니는 데 힘을 쏟았

다. 20세 때 그는 베를린으로 가서 엘리어 미셸이라는 화가와 그녀의 남편과 한 집에서 살았다. 그것은 메이나주 아 트르와(한쌍의 부부와 그 한쪽 애인과 함께 사는 세 사람의 동거생활)였다. 그녀는 1965년에 바더와의 사이에 딸 수제를 낳았다.

1967년에 그는 베를린의 학생 데모 때 금발인 구돌른 엔슬린이라는 여자를 알게 되었다. 바더보다 세 살이 연상이며, 아버지는 복음주의 교회의 목사로 헌신적인 공산주의자이기도 했다. 그녀는 18세 때 교환학생으로 미국에 유학하여 1년 동안 학창 생활을 보내면서, 당시의 미국의 정치 정세를 '느슨' 하다고 보았다. 1959년에 독일로 돌아와 튀빙겐 대학에서 철학을 전공하고 이 학교에서 작가 벨른발트 베스퍼를 만났는데 그는 열렬한 좌익이었다. 두 사람은 동거하다가 1965년에는 베를린으로 갔다. 그곳에서 그녀는 자유대학에 등록하고 철저하게 좌익으로 변신했다. 그녀와 베스퍼 사이에는 1967년에 아들이 태어났다. 이 아이가 태어난 지 몇 달이 되지 않아서, 사회에 대한 반항심이 더욱 고조된 그녀는 아본수멘트라는 포르노 영화에 단역으로 출연했다. 그녀는 이 해에 안드레아스 바더를 만나 서로 사랑하게 되었다.

이 무렵에 바더의 정치적인 신념도 그다지 확고하지는 않았던 것 같다. 두 사람은 각자 자식을 남겨두고 프랑크푸르트로 갔다. 그곳에서 그녀는 그를 SDS(독일사회주의학생연맹)의 좌익 전투 집단에 소개했다. 이리하여 그의 정치적 행동의 제1단계가 시작된 것이다.

'민중투쟁' 은 1968년 4월에 본격적으로 시작되었다. 바더와 엔슬린은 다른 두 사람의 전투원과 함께 프랑크푸르트의 두 백화점에 소이탄을 장치했는데 '베트남의 횃불에 점화하는 것' 이 목적이었다. 그들은 체포되어 방화죄로 각각 3년의 금고형을 선고받았으나, 14개월을 복역한 후 1969년 6월 13일에 네 사람은 모두 석방되어, 상고 결과를 기다리게 되었다.

그들 주위에는 일종의 사회적인 명성이라는 것이 쌓여 좌익의 영웅이 되었다. 상급법원에서는 상고를 기각했으나, 이 재판에 출정한 것은 네 명 중 한 사람뿐이었다. 바더와 엔슬린과 토발드 플로르는 프랑스로 도망쳤다.

그곳에서 그들은 플로르의 언니인 아스트리드가 마련한 돈으로 한동안 조용히 살았으나 얼마 후 베를린으로 돌아왔다. 바더는 1970년에 다시 체포되어 교도소에 갔지만 1970년 5월 14일에 교도소 도서관에서 다시 탈주했다. 이것은 불리케 마인호프와 그 일당의 도움에 의한 것이었다. 이 탈주로 그들에게는 테러리스트 그룹이라는 이름이 주어졌다. 그러나 이때까지는 바더 마인호프 쪽이 훨씬 유명했다.

불리케 마리 마인호프는 1934년 10월 7일에 로바 삭소니에서 태어났다. 그녀의 아버지는 미술평론가로 1940년에 암으로 죽고, 어머니는 1948년에 죽었다. 그후 그녀는 양모의 손에서 자랐다. 불리케 마인호프는 총명하여 학교 성적도 우수했으며 게다가 선천적으로 지도력도 갖추고 있었다. 장학금을 타고 일단 마르부르크 대학에 진학하였다가 다음에는 뮌스터 대학으로 전학했다. 1959년, 그녀는 핵무기에 대한 반대론자로 존경을 받게 되었다. 본에서 개최된 핵무기 반대토론 집회에 뮌스터 대학 대표로 참가하여, 여기서 그녀는 학생 잡지 〈콘크레이트〉의 편집자며, 마르크스주의자인 크라우스 롤을 만나, 이 잡지에 기고해 달라는 의뢰를 받게 되었다. 두 사람은 1961년에 결혼하여 남편

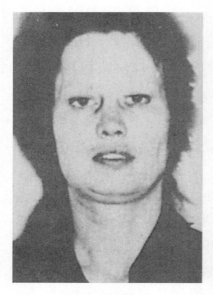 

불리케 마인호프   안드레아스 바더

이 다가오는 서독 총선에 대비하여 서독 평화연맹의 일에 열중하게 되자, 그는 〈콘크레이트〉의 편집자 겸 칼럼니스트로서의 자리를 물려받았다.

1962년 그녀는 제왕절개 수술을 해서 쌍둥이를 낳았다. 그 직후에 뇌종양의 의혹이 짙어(후에 오진으로 판명됨) 뇌수술도 받았다. 남편은 〈콘크레이트〉의 편집을 다시 맡고, 그녀가 칼럼니스트로 복귀한 것은 그 후 몇 달이 지나서였다. 그녀는 확실히 사회적인 명성을 얻고 있었으며 저술가, 텔레비전이나 라디오 극작가, 사회자 등으로 이름도 떨쳤다. 1968년에 그녀는 불의不義를 이유로 롤과 이혼했으나 저명한 저널리스트로서의 활동은 계속했다. 그 자격으로 그녀는 프랑크푸르트의 방화

재판에 참가하였다가 바더와 엔슬린 이외의 두 사람 행위를 도덕적인 입장에서 서면으로 변호했다.

그런 인연으로 1년 후에는 베를린에 있는 그녀의 아파트가 바더 투사들의 본거지가 되었다. 바더와 엔슬린은 도망중이었으나 1970년 바더가 다시 체포된 후에는 이곳이 본거지가 되어 그녀는 적군파의 테러리스트와 짜고 탈주 계획을 세웠다. 이것이 그녀가 저지른 최초의 범죄 행위였으나, 그때까지는 완전히 정치적인 동기에 의한 것이었다.

적군파의 창시자는 홀스트 말러였다. 그는 폭력의 창도자로 바더의 재판에서는 변호인단의 한 사람이기도 했다. 그리고 바더의 탈옥이라는 과감한 행동을 착안한 것은 저명한 칼럼니스트인 마인호프였으나 실천한 것은 말러였다. 경찰의 수색이 이들에게까지 손길을 뻗치자, 말러는 위조여권으로 중동으로 탈출했다. 요르단의 PFLP(팔레스타나 인민해방전선) 테러리스트 캠프에서 말러, 마인호프, 바더, 구돌른, 엔슬린 등은 특수 훈련을 받았다. 그런데 독일인과 아랍인 두 그룹은 반드시 사이가 좋은 편은 아니었던 것 같다. 불리케 마인호프의 옛 애인으로 요르단까지 동행했던 저널리스트인 피터 호프만은 후에 팔레스티나인이 바더를 다음과 같이 평했다고 〈슈피겔〉에 쓰고 있다.

"비겁한 자, 자기의 비겁함을 감추기 위해 허세를 부리고 있다. 순찰 경관도 그런 자는 대수롭지 않게 여긴다."

적군파가 베를린에서 재건되자, 말러의 지도로 곧 은행을 터는 작업이 시작되었다. 하루에 세 군데나 턴 적도 있었다. 모든 행동이 냉철한 통제하에 이루어졌다. 1970년 10월 말러는 경찰측의 올가미에 걸려 체포되어 14년의 금고형을 선고받았다. 바더가 다음에 주도권을 잡았으나 경찰의 압력으로 갱단은 해산되었다.

1971년 5월 15일, 카셀에서는 두 은행이 습격을 당했다. 이후에 경찰의 압력은 더욱 강화되어 갱이 불과 몇 명으로 약화된 시기도 있었다. 그러나 저들은 전력의 보강에 박차를 가하기 시작했다. 이번의 전력 보강원補強源은 SPK라고 자칭하는 색깔은 분명치 않으나 매우 위험한 그룹이었다.

하이델베르크의 정신병원에서 치료를 받고 있는 환자까지도 포함되어 있었다. 이때부터 본격적인 살인이 시작되었다.

1971년 10월 22일, 슈미트라는 함부르크의 경찰관이 총에 맞아 중상을 입었다. 전에 SPK의 멤버였던 어떤 여성 테러리스트를 체포하려 했을 때였다. 이에 앞서 독일의 남서부에 위치한 프라이부르크와 바슬 사이의 고속도로에서 두 사람의 경찰관에 대한 살인미수 사건이 일어났는데 그 혐의로 추적을 당하던 여자였다. 이때 홀거 마인즈라는 바더 마인호프 테러리스트 그룹의 한 간부도 그녀와 함께 있었으나 재빨리 도망쳤다.

1971년 12월 22일, 헬버트 쇼너라는 경찰관이 사살되었다. 일당이 카이젤슬라우 테른의 바바리아 저축은행을 습격했을 때의 일이었다. 그후에도 은행 습격은 계속되었다. '민중전선'을 가동하기에 충분한 자금을 확보하게 되자 갱들은 그들의 목표를 정치 쪽으로 전환시켰다. 먼저 일련의 폭발장치를 제작했는데 여기에는 폭발 시간을 최대 한 시간으로 조정할 수 있는 타이머가 달린 금속 파이프 폭탄이나 '베이비 붐' 등이 포함되어 있었다. '베이비 붐'이란 여성이 옷 속에서 어깨에 매달고 운반할 수 있는 반구형의 폭탄으로 임신을 가장할 수 있으므로 이런 명칭이 생겨났다.

1972년 5월 11일, 바더, 엔슬린, 마인즈 그리고 얀 칼 라스페라는 또한 사람의 간부는 프랑크푸르트의 미국 육군 제5군단 본부에, 손수 만든 파이프 폭탄을 장치했다. 이 폭탄이 터져 폴 볼룸쿠이스트 중령이 죽고, 13명이 중경상을 입었다. 건물 피해만 해도 100만 달러 이상으로 추정되었다.

4일 후에 누군가가 뮌헨의 독일 신문협회에 전화를 걸어 그 폭파 사건은 적군파의 페트라 셀름 코만드라가 저지른 것이며, 미군의 베트남 북폭北爆에 대한 보복이라고 경고했다(셀름이라는 여성은 1970년에 갱단에 가담했으나, 1971년 7월 15일에 함부르크의 근교에서 경찰이 폐쇄한 도로의 돌파를 강행하다가 사살되었다).

1972년 5월 15일, 일름가르트 밀러와 안젤라 루터라는 두 사람의 여성 테러리스트가 시한폭탄이 들어 있는 여행용 가방을 들고 바바리아의 아우구스부르크 경찰서에 걸어들어갔다. 이 폭발에 의해 다섯 명의 경찰관이 부상했다. 같은 날에 뮌헨의 CID 건물 밖에서 폭탄이 터져 60대의 승용차가 파괴되었다.

1972년 5월 15일, 판사 볼프강 부덴베르크의 아내 겔타 부인이 폭탄이 터져 중상을 입었다. 칼스루에에 주차했던 그녀의 폴크스바겐 열쇠를 돌리자 폭발이 일어났다. 부덴베르크 판사는 이 지역의 테러리스트의 수색을 위한 경찰의 영장令狀에 서명한 당사자였다. 1972년 5월 19일에는 두 개의 시한폭탄이 함부르크에서 폭발해 17명이 부상을 입었다. 우익에 치우친 출판으로 알려진 슈프링거사에서 일어난 일이었다. 이 사건의 동기는 정치적인 동시에 개인적이기도 한 것으로 생각되었는데 불리케 마인호프가 개인적으로 계획하여 지도한 것이다.

6일 후에 갱단은 다시 미국 '제국주의자'를 습격했다. 훔친 미국의 번호판을 부착한 두 대의 승용차가 시한폭탄을 숨긴 채 하이델베르크에 있는 미국의 유럽 주둔 총본부에 들어섰다. 한 대는 클럽하우스 근처에 주차하고, 또 한 대는 컴퓨터가 있는 본부 건물 가까이에 주차했다. 두 승용차의 폭탄은 몇 초 간격으로 폭발하여 세 명의 미국인이 사망하고 다섯 명이 부상했다.

테러리스트에 의한 폭발사건의 빈도와 그 범위는 곧 사회의 이목을 끌었다. 서독 전체가 공포에 떨었다. 내무부는 범인의 체포에 도움이 되는 정보를 제공한 사람에게는 보상금을 지급하겠다고 공고했다. 연방의 수도와 각 주의 수도의 공공건물은 경찰이 엄중히 경계했다. 유력한 장관과 고급 공무원에게는 자택과 집무실에서의 신상보호가 강화되었다. NATO의 군사조직은 서독 전역에 걸친 경계를 종전의 2배로 강화했다. 그리고 이것은 공인된(비폭력) 좌익으로서도 간과할 수 없는 사태였다. 이른바 '민중투쟁'에 대한 일반 여론의 화살이 자기들에게 날아올 가능성이 있었다. 앞으로 몇십 년 동안 서독에서의 선거에서 득표가 크게 줄어들 것을 우려했던 것이다.

그런데 이유는 분명치 않으나 갱단의 내부에서도 배반자가 생겨났다. 하이델베르크 사건 직후에 프랑크푸르트 경찰서에 전화벨이 울렸다. 범인이 건 전화였다. 이 사람의 이름은 지금까지도 밝혀지지 않고 있지만 이 정보에 의해 테러담당 형사대가 프랑크푸르트의 북부 교외에 있는 아파트 차고를 급습하여, 사제폭탄 제조공장을 찾아냈다. 폭발물 처리 전문반이 각 장치마다 모래를 채웠다. 그리고 저격 전문반이 요소요소마다 배치되어 이 지역이 24시간 경계태세에 놓이게 되었다.

바더는 대단히 극적으로 모습을 나타냈다. 아직도 멋진 승용차에 대한 정열을 잊지 않고 있었던 모양이었다. 1972년 6월 1일, 이른 아침에 그는 라일락빛 포르셰를 몰고 인적이 없는 길을 달려서 폭탄 제조공장 앞에 정차했다. 볼거 마인즈와 얀칼 라스페가 함께 타고 있었다. 라스페는 발포하면서 도망치려고 했으나 곧 체포되었다. 바더와 마인즈는 차고에서 농성을 했다. 최류탄을 쏘면서 테러리스트의 사격을 받으며 장갑차가 접근하는 광경이 독일 전체에 텔레비전으로 생중계되었다. 바더는 드디어 다리를 맞았고, 마인즈는 항복을 했다. 명령대로 팬티 하나만 걸친 채 양손을 높이 쳐들고 차고에서 나왔다. 방탄복으로 무장한 특수부대가 차고에 들어가 부상한 바더를 체포했다.

구돌른 엔슬린은 6월 7일에 함부르크의 양장점에서 체포되었다. 옷을 입어보기 위해 가죽 코트를 의자 뒤에 놓았는데 그것을 옷걸이에 걸려고 한 점원은 옷이 유난히 무거워 이상하게 여겼다. 주머니에 권총이 들어 있는 것을 발견한 점원은 경찰에 신고했다. 핸드백에도 권총이 들어 있었다. 엔슬린은 그 자리에서 체포되어 헬리콥터로 경계가 가장 심한 에센의 교도소로 호송되어 기다리게 되었다.

세 명의 최고 간부 중 마지막 한 사람인 불리케 마인호프는 일주일 후에 하노버에서 체포되었다. 좌익의 동조자(다만 폭력에는 반대)인 어떤 학교 교사가 친구의 부탁을 받아 두 사람의 손님을 자기 집에 머물게 했다. 이름은 알려져 있지 않은 이 교사는 두 사람이 누구인지 간파했다. 마인호프와 그 동료 테러리스트인 게르할트 뮐러였으므로 교사는 곧 경찰에 연락했다. 뮐러는 1972년 6월 15일에 전화를 걸기 위해 그의 집에서 나오다가 체포되었는데 그는 후에 검찰측의 중요한 참고인이 되었다. 마인호프는 집안에서 체포되었다. 그때 체중이 40킬로그램 정도밖에 되지 않았다. 적군파에 가담하기 위해 사라진 2년 전의 균형 잡히고 자신만만하던 텔레비전 탤런트와는 전혀 다른 거친 모습이었다. 경찰은 기관단총, 권총, 수류탄, 사제폭탄 등을 압수했다.

체포된 마인호프는 암호편지를 가지고 있었는데 이것은 엔슬린이 쓴 것으로 교도소에서 외부로 나온 것이었다. 거기에는 다음과 같은 한 구절이 있었다. "마크는 휴가, 4주간, 그곳에서 보낸다." 6월 25일. 슈투트가르트 경찰은 영국인 이안 맥클로이드가 세든 아파트를 습격했다. 맥클로이드가 문을 열어주지 않자 경찰들은 이 문에 발포하여 그는 사살되었다. 그리하여 사건 전체에서 이 사람이 맡은 역할이 무엇인지 해명되지 않은 채 그대로 미제로 남게 되었다. 갱단에게 무기를 공급하는 협상을 했다는 것이 가장 신빙성이 있는데 이것이 사실이라면 '민중투쟁'은 이미 끝난 것이 된다.

그러나 더욱 잔인한 사건이 기다리고 있었다. 이 무렵 서독에서 활동 중인 많은 테러리스트 그룹 중에는 무정부주의자인 '행동 6월 2일'이 있었다. 1967년의 이 날 서베를린의 반反샤(이란 황제) 데모에서 브에노 오네솔그라는 학생이 피살되었는데, 이 날짜를 그룹의 이름으로 했다. 이 그룹 중에는 바더에게 가담한 자도 있고, SPK에 참가한 자도 있는데 저마다 갱단들의 혁명 목표를 지지하고 있었다. 신경질적인 서독 정부가 3년 동안에 걸쳐 테러리스트에게 사용할 철벽의 재판소를 슈탐하임에 세우는 동안에, '행동 6월 2일'은 바더, 마인호프, 엔슬린 등이 전에 차지했던 지위를 회복했다.

1974년 6월 4일, '행동 6월 2일'의 무장단은, 동료 테러리스트인 빌리히 슈비커를 서베를린에서 처형했다. 그의 시체는 이튿날 미군에 의해 발견되었다. 세 명의 터키 테러리스트의 처형에 대한 보복으로서 1972년에 본의 대사관을 폭파하려고 한 계획을 경찰에 밀고했다는 것이 그 이유였다.

5개월 후에 서베를린의 고등법원의 귄터 폰 드렌크만 판사가 64회 생일 축하파티를 하던 자택에서 암살되었다. 암살 실행부대는 꽃다발을 들고 방문했다. 귄터 판사는 바더 마인호프 갱단의 재판과는 아무 관계도 없었다. 판사는 마중하기 위해 현관으로 나가다가 가까운 거리에서 총탄을 맞았다. '행동 6월 2일'은 범행을 공언하고 바더 마인호프 갱단의 테러리스트 중 한 사람인 홀거 마인즈가 최근에 옥사(사실은 단식투쟁에 의한 사망)한 것에 대한 보복이라고 설명했다. 그후에도 테러는 계속되었다.

1975년 2월 27일, '행동 6월 2일'의 납치 실행부대는 베를린의 사무실로 차를 타고 가는 피터 로렌츠를 습격했는데 그는 기독교민주당의 지도자로 정치적인 비중이 큰 시장 후보자였다. 운전사는 습격 부대원에게 얻어맞아 쓰러졌으나, 일당 중에 안젤라 루텔이 끼어 있는 것을 확인하였는데 그는 일찍부터 바더 마인호프 갱단의 일원이었다. 로렌츠를 석방하는 대가로 그가 요구한 것은, 교도소에 들어가 있는 여섯 명의 테러리스트(두 명은 '행동 6월 2일' 그룹이고, 네 명은 홀스트 말러를 포함한 적군파)를 석방하고, 이들이 국외로 탈출할 수 있게 제트기를 제공하며 여기에 인질로서 하인리히 알베르츠 전 시장이 동행하고, 테러리스트 한 사람당 2만 마르크를 지불하라는 것이었다.

서독 정부는 이 요구를 모두 들어주기로 했다. 어처구니없는 항복이었다. 도망친 비행기는 3월 3일 아덴에 착륙했다. 그러나 홀스트 말러만은 이 석방을 거절하고 혼자 교도소에 남아 있었다. 남예멘 정부가 납치범을 받아들이자 알베르츠 전 시장은 무사히 베를린으로 송환되어 그는 미리 준비한 성명문을 텔레비전에서 낭독했다(후에 알게 된 일이지만 여기에는 암호 코드가 들어 있었다). 이렇게 해서 피터 로렌츠는 석방되었다. 인질이 되었던 전 시장은 작은 방에 갇히고, 마스크를 쓰고 무장한 감시자가 딸려 있었기 때문에 그들 중에서 아무도 확인할 수 없었다고 말했다.

4월 24일, 본 정부의 무기력한 굴복에 대한 비판이 계속되고 있는 가운데, '홀거 마인즈 코만드'라고 하는 여섯 명의 테러리스트가 스톡홀름의 서독대사관을 점거했다. 디트리히 스토커 대사와 몇 사람의 고급 외교관, 대사관 무관인 안드레아스 발론 폰 밀바하 중령도 인질로 잡혔다. 본 정부가 6시간 이내에 바더 마인호프 갱단 26명을 석방하고 몸값으로 50만 달러를 지불하고 만약 이들을 항공기로 국외로 탈출시키지 않으면 인질을 모두 살해하겠다고 위협했다.

이 요구에 대해 검토하고 있는 동안에 대사관 지하계단에 숨어 있던 스웨덴 경관에게 위층에서 총을 마구 쏘아대면서 15분 이내에 퇴각하지 않으면 폰 밀바하 중령을 처형하겠다고 경고했다. 이 협박이 무시된 것을 알게 되자 서독대사관 무관은 계단의 층계참에 끌려나와 여러 발의 총탄을 맞고 아래 층계참으로 굴러떨어졌다. 중령은 병원으로 옮겨졌으나 곧 숨을 거두었다. 요구하는 시간이 되기 직전에 스웨덴 법무장관이 전화로 테러리스트에 연락을 취해 본 정부가 요구를 모두 거부한다고 전했다.

　그리고 장관은 테러리스트들에게 나머지 인질을 무사히 석방해 주면 스웨덴에서의 안전한 국외 퇴거를 보장하겠다고 제의했다. 그런데 이 제안에 대한 회답은 대사관 맨 위층의 폭파였다. 이 폭파로 갱단 한 명이 죽고 한 사람이 중상을 입었다.

　후에 폭발물 속에서 서독대사관의 하인즈 히레갈트 상무담당관이 무참하게 불에 타 죽은 채 발견되었다. 중상을 입은 테러리스트는 병원에서 죽고 나머지 네 명은 서독으로 추방되었다. 이 중에서 세 명은 SPK의 전 멤버였다. 당시 수상 헬무트 슈미트는 이 스톡홀름대사관의 습격을 과거 26년 동안의 '가장 중대한 사건'으로 간주하고, 앞으로 어떤 공격을 가해 와도 확고한 태도로 대응할 것을 약속했다.

　국민이 겨우 한시름 놓았을 무렵인 1975년 5월 21일에 바더 마인호프의 간부급에 대한 재판이 슈탐하임에서 시작되었다. 피고석의 테러리스트들은 정치적인 변명을 장황하게 늘어놓으면서 법원의 이런 기소를 난장판으로 만들어버리겠다고 큰소리를 쳤다. 이것은 법원 밖에서 아직 체포되지 않은 테러리스트의 잔당이 재판을 방해하기 위해 무슨 짓을 할지도 모른다는 정부측의 두려움을 그대로 보여준 것이다. 슈투트가르트 교외의 밭에 세운 이 단층 철근 콘크리트 건물은 문자 그대로 요새였다. 주위에 높이 3미터의 철책을 두르고 조명시설은 밤에도 대낮처럼 환히 비추고, 전용 회로의 텔레비전 화면이 끊임없이 감시하고 있었다. 기관단총으로 무장한 경비원이 경찰견을 데리고 순찰했다. 지붕은 철근 콘크리트의 기습 공격에 대해서도 기관총으로 무장한 특수부대가 언제나 반격태세를 취하고 있었다. 다른 간부들과 함께 이 피고석에 앉아 있을 홀거 마인즈는 단식투쟁을 하다가 이미 사망한 후였다. 다른 네 사람, 즉 바더, 마인호프, 엔슬린, 라스페에 대한 기소 이유 기록은 350페이지를 넘고 있었다. 이 재판에서 최종적으로 문제가 되는 것은 무엇인가? 서독 국민은 아무도 의심하지 않았다. 그것은 연방정부의 권위 자체였다

그후 약 1년이 지난 1976년 5월 4일, 구돌른 엔슬린은 그들에게 혐의가 걸린 네 건의 폭파사건 중에서 세 건에 대해 자기들의 소행임을 인정했다. 다른 피고는 그녀의 자백과 자기들의 관계를 부인했으나 이것은 재판의 방향에 거의 영향을 미치지 못했다.

4일 후에 불리케 마인호프는 교도소에서 자기가 사용하는 타월을 찢어 밧줄을 만들어 독방의 들보에 걸고 목을 매었다. 이튿날 아침에 발견되었을 때에는 이미 죽은 지 몇 시간이 지나 있었다. 독일이나 다른 유럽 도시에서도 이 '국가에 의한 살인'에 항의하는 데모가 계속되었다. 1976년 5월 15일에 서베를린의 성 트리니티 교회에서 거행된 그녀의 장례식에는 얼굴에 마스크를 한 자를 포함하여 약 4천 명의 동정자가 참가했다.

1977년 4월 7일, 서독의 검찰총장 지그프리트 뷰바크가 카를스루에에서 암살되었다. 두 남자가 한 대의 오토바이를 타고 뷰바크의 멜세데스와 나란히 가게 되자, 뒤에 앉은 남자가 멜세데스를 기관단총으로 난사했다. 뷰바크와 운전사는 즉사하고 경호원은 5일 후에 병원에서 죽었다.

3주일 후인 4월 28일, 바더 마인호프 갱단의 살아남은 리더들은 1972년 프랑크푸르트와 하이델베르크에서 일어난 네 명의 미군 살해

죄로 종신형이 선고되었다. 바더와 엔슬린과 라스페는 이 밖에도 34건의 살인미수와 국가에 대한 반역으로 유죄가 선고되었다. 이 판결에 따라 종신형에 다시 15년이 가산되었다. 재판장 에베르할트포스를 비롯한 다섯 명의 판사들은 이 세 사람의 피고에게 포로의 신분을 주어야 한다는 변호인단의 신청을 기각했다.

한편 사회 대다수의 사람들은 걱정이 되었다. 아직 샤바에서 활동하고 있는 다른 테러리스트는 바더 마인호프 갱단의 석방을 흥정의 재료로 사용하기 위해 새로운 납치를 시도할 것이 틀림없었기 때문이다. 그래서 서독의 주요인사—장관, 지도적인 정치가, 판사나 검사, 경찰간부, 은행이나 기업체의 장 등 비싼 몸값의 대상이 될 수 있는 인물—는 실질적으로 격리된 성 안에서 숨을 죽이고 살아가지 않을 수 없었다. 일부 사람들은 자기 집 주위에 모래 주머니로 방벽을 두르고, 그 안에는 무장한 자와 호위병을 배치했다. 무장한 경관과 경찰견이 보호하는 경우도 있었다.

그래도 유괴는 감행되었다. 최초의 사건은 1977년 7월 30일에 일어났다. 프레슬러 은행장 율겐 폰트 박사가 프랑크푸르트 근처의 자택에서 암살되었다. 손녀인 수잔느 알브레이트가 배반했던 것이다. 은행장은 전혀 모르고 있었으나 그녀는 SPK의 테러리스트인 칼 하인츠 델보의 옛날 애인이었다. 이 남자는 1975년 스톡홀름대사관을 습격한 죄로 10일 전에 종신형이 선고되어 옥중에 있었다. 수잔느는 빨간 장미 꽃다발을 여러 개 안고 네 젊은이를 데리고 할아버지의 집으로 왔다. 세 사람은 여자고 한 사람이 남자로서 모두 테러리스트의 동료였다. 폰트 박사가 납치에 저항하자 그들은 이 늙은 은행가에게 다섯 발의 총을 쏘았다.

최악의 사태는 1977년 9월 5일에 일어났다. 서독에서 최고의 실업가인 한스 마틴 슈라이어 박사가 쾰른에서 납치되었다. 기관단총으로 무장한 다섯 명의 테러리스트가 회사에서 자택으로 향하는 그의 멜세데스를 기다리고 있었다. 세 명의 경호원을 태운 또 한 대의 차가 그의 멜세데스를 호위하고 있었다. 테러리스트들은 골라서 쏘았다. 세 명의 경호원과 슈라이어의 운전사는 모두 사살되었으나 슈라이어는 무사했다. 그들은 이 저명한 사업가를 대기시켜 놓은 벤츠에 태워 어디론가 연행하였다. 슈라이어의 목숨과 교환조건으로 그들은 다음과 같은 사항을 요구했다. 감옥에 있는 11명(바더, 엔슬린, 라스페를 필두로 한)의 서독 테러리스트를 석방하고, 1인당 4만 3천 달러를 지급하며 그들이 원하는 나라에 안전하게 갈 수 있게 하는 것 등이었다.

　서독 정부는 잠시 시간을 두고 슈라이어에 대한 대수색 작전을 전국에서 전개했다. 5주일 후에는 납치범측에서 사진을 공개했는데 많이 변해 초라한 모습의 사업가가 찍혀 있었다. 손에 깃발이 쥐어져 있고 그 깃발에는 '전사 지그프리트 하우스너'와 '순교자 하리메'라고 새겨져 있었다. 하우스너는 1975년 스톡홀름의 대사관 공방전에서 폭탄이 터져 부상하여 죽은 SPK의 테러리스트고, 하리메는 엔테베 공항 구조작전 중에 이스라엘군에 의해 사살된 독일 여성 비행기 납치자에게 주어진 아랍 이름이었는데 이 여성의 신원은 판명되지 않고 있다. 이때까지는 아직 아무도 일의 중대성을 알지 못하고 있었다.

　그러나 10월 13일에 슈라이어 납치범 그룹을 원조하여 PFLP의 4인조 아랍인 특수부대가 마포르카섬에서 프랑크푸르트로 향하는 루프트한자 비행기를 납치했다. 몸값의 요구액은 현금 1,500만 달러로 껑충 뛰어오르고 이미 지명수배를 하고 있는 독일인 이외에 두 사람의 터키인 테러리스트의 석방이 추가되었다.

회답이 오지 않자 화가 치민 일당은 회답 기간이 되기 직전에 루프트한자 비행기 조종사인 율겐 슈만에게 두바이에서 아덴으로 비행할 것을 명령했다. 격리된 활주로에 안전하게 착륙하자 조종사는 납치자에게 앞의 바퀴가 파손되었다고 경고했다. 검사하고 기내에 돌아오자 그는 공포에 떠는 승객들 앞에 꿇어 앉혀진 채 머리에 총탄을 맞았다. 슈만의 시체는 활주로에 던져지고 비행기는 부조종사의 조종으로 10월 17일에 모가디슈에 착륙했다. 승객과 탑승원은 이미 5일 동안이나 신병이 구속되어 있었으며 회답 기한도 끝나가고 있었다.

서독에서는 한스 율겐 비슈네프스키 국무장관이 그곳에 파견되어 범인의 요구를 수락하는 체하며 협상이 개시되었다. 범인측에서 최종 기한을 제시했다. 10월 18일의 기한이 되기 직전에 그렌츠슈츠 제9그룹의 서독 특수부대를 실은 비행기 한 대가 모가디슈 공항에 착륙했다. 이 비행기에는 영국 SAS의 두 고문도 함께 타고 있었다. 소말리아의 바레 대통령의 양해와 허가를 얻어 서독의 특수부대는 탈취당한 비행기를 급습하여 26명의 승객과 나머지 탑승객을 구할 수 있었다. 세 명의 아랍인 테러리스트는 현장에서 사살되고 나머지 한 사람(여자)은 부상을 당해 체포되었다. 승객 중에서 부상당한 사람은 한 사람밖에 없었다. 그리고 공격 부대에는 단 한 사람의 부상자도 없었다.

서독 전체가 박수를 보냈다. 이 '제2의 엔테베' 뉴스는 라스페가 불법으로 소지한 트랜지스터 라디오를 통해 슈탐하임교도소에 갇혀 있는 바더 마인호프 그룹의 간부들에게도 전해졌다. 이에 대한 그들의 반응도 극적이었다. 바더와 라스페(이 경계가 가장 심한 교도소에 몰래 들여온 각자의 권총으로)는 자기 머리를 쏘아 자살했다. 엔슬린은 전기 코드로 독방의 들보에 목을 매달았다. 또 한 사람의 여자인 일름가르트 뮐러는 나이프로 자살을 시도했으나 목숨은 건졌다. 그러나 샤바에서 활동중인 테러리스트의 잔당은 패배를 인정하지 않았다.

한스 마틴 슈라이어는 며칠 후에 납치자에 의해 살해되었다. 그의 시체는 이틀날 프랑스 북부에 있는 무루즈 거리에 방치된 승용차의 트렁크 속에서 발견되었다. 머리에 세 발의 탄환을 맞았고 목이 찢겨 있었다. 지그프리트 하우너 코만드라는 그룹이 자기들의 소행이라고 공언했다. 후에 서독의 치안당국은 이 살해와 관련하여 16명의 용의자 명단을 공개했다. 그중에서 절반은 중산층 가정 출신의 젊은 여성이었는데, 이것은 불리케 마인호프가 서독 사회에 끼친 영향력을 단적으로 말해 주는 것이었다.

아테네 공항의 대량 살인

• **샤픽 엘 아리다**(팔레스티나)
• **타랄 카렛드 카둘라**(레바논)

1973년 8월 15일, '검은 9월 아랍'이라는 조직에 속하는 두 명의 테러리스트가 아네테 공항의 입국 라운지에서 여행객을 습격했다. 세 명이 사망하고 55명이 중경상을 입었다. 이들이 총을 난사한 이유는 공항 당국이 은폐 무기를 검사했기 때문이었다. 그 전해의 로드 공항의 일본 적군파 테러리스트의 경우에는 민간인 여행객이 살상의 대상이 되었으나, '검은 9월 아랍'의 테러리스트도 당초 목표한 습격에는 실패하였다. 그들이 살해하려고 한 것은 텔아비브로 가는 TWA기의 승객이었다. 그러나 이 비행기의 승객은 이미 무사히 탑승을 마치고 있었다.

팔레스타인 엘 아리다와 레바논인 카둘라는 모두 20대 초반이었다. 재판에서의 진술에 의하면 두 사람은 같은 달 초에 벵가지에서 아테네로 날아가서 경비 상황을 체크하고, 사건이 일어난 날에는 베이루트를 거쳐와서 계획을 실행하기로 했다. 사형이 선고되자 그들은 이렇게 말했다.

"그리스인을 죽인 데 대해서는 진심으로 미안하게 생각하고 있습니다. 그렇지만 명령은 명령이므로 우리는 그 시비是非를 말할 입장에 있지 않습니다. 이스라엘로 향하는 비행기는 어느 나라의 것이라도 우리의 목표지요."

이듬해 2월, 이슬람 게릴라 인터내셔널이라는 정체불명의 테러리스트 그룹이 카티라항에서 그리스 선박을 납치하고 '검은 9월 아랍'의 테러리스트를 석방하지 않으면 승무원과 함께 배를 폭파하겠다고 위협했다. 할 수 없이 4월 30일에 그리스 대통령의 명령에 의해 특별사면이 되었다. 이스라엘과 미국은 이에 대해 항의하였으나 두 사람은 결국 석방되었다.

007이 무색한 살인 기술

−우산총에 의해 암살된 불가리아의 망명자

• **게오르규 마르코프** (불가리아)

1960년대가 끝날 무렵에 게오르규 마르코프는 불가리아의 대통령을 대노하게 했다. 왜냐하면 그는 장군의 암살을 테마로 한 희곡을 썼기 때문이었다. 그는 불가리아에서 출국하여 이탈리아에서 잠시 일하다가 영국으로 건너가 1969년에 정치적인 망명을 인정받게 되었는데, 대낮에 영어 발음이 이상한 외국인 남자에게 살해되었다. 그런데 그 방법이 마치 제임스 본드와 비슷했다.

1978년 9월 7일 아침에 마르코프는 크라팜의 자택에서 차를 타고 나와 올드위치의 부슈 하우스에 있는 BBC의 불가리아반에 출근했다. 런던 중심부의 교통이 혼잡했으므로 그는 차를 워털루 브리지 근처에 세워두고 걸어갔다. 오후 여섯 시가 조금 지났을 무렵에 그는 차를 세워둔 곳으로 돌아와 차를 사무실 근처로 옮겨놓고 스트랜드가를 걷기 시작했다. 그때 그는 오른쪽 정강이에 순간적으로 따끔한 아픔을 느꼈다. 버스를 기다리는 행렬에 서 있던 사람의 우산 끝이 우연히 닿은 것 같았다. 그가 뒤돌아보니 그 남자는 서툰 발음으로 사과하며 손을 들어 택시를 세우고 뛰어갔다.

BBC의 사무실로 갔을 때 마르코프는 정강이의 그 부분이 마비되기 시작했다. 직장 동료에게 스트랜드가에서 있었던 일을 이야기하고 상처를 보여주었다. 작은 여드름과 같은 반점이 돋아 있었다. 마르코프는 그날 밤 뉴스를 읽는데 따끔거리는 느낌이 점점 심하여 열한 시에 집으로 돌아왔다.

이튿날은 출근할 수 없게 되었다. 아내 아나베라의 부축을 받아 바르함의 세인트 제임스 병원으로 검사를 받으러 갔다. 체온이 몹시 올랐다. 정강이의 상처는 악화되어 크게 번져 있었다. 의사는 벌레가 쏜 상처나 피하주사에 의한 것으로는 생각되지 않는다고 진단했다.

이튿날 혈액 내의 백혈구 수가 지나치게 증가하는 것을 억제하기 위해 주사로 항생물질을 다량 투여했으나, 상태는 더욱 악화되었으며 마르코프의 신체는 이에 반응을 보이지 않았다. 이틀 후에 그는 죽었다.

1979년 1월 2일, 런던 경시청의 파괴활동 대책국은 제임스 네빌 국장의 명령으로 시체를 부검했다. 검시관은 리신의 독이 작은 금속 구체球體의 형태로 마르코프의 체내에 들어가 그 독 때문에 살해된 것이라고 단정했다. 이것은 각 방면의 전문가의 의견을 반영한 것으로, 여기에는 소련의 KGB가 사용하는 여러 가지 유독물질에 대한 해독제 M15의 개발로 이름이 알려진, 포턴 다운의 화학무기 방위연구소의 데이비드 골 박사도 포함되어 있었다. 데이비드 박사는 부검 결과 마르코프가 죽게 된 원인은 뱀, 거미, 전갈 또는 어류의 독일 가능성은 전혀 없다고 말했다. 그는 리신의 실험을 살아 있는 돼지에게 하였다. 마르코프의 경우와 거의 같은 증상이 이 돼지에게서 나타났다(리신이란 불가리아에서 대량으로 재배하고 있는 피마자의 씨에서 짜낸 물질로, 그 독성의 연구는 주로 체코와 헝가리에서 하고 있다. 해독제는 현재 알려져 있지 않다). 그는 리신의 사용은 위법이라고 관계자들에게 설명했다.

바르함의 병원에서 마르코프를 담당했던 의사는 마르코프의 혈액 내의 백혈구의 숫자가 입원했을 당시의 10,600에서 이튿날에는 26,300으로 상승했다고 말했다.

법의학자인 로버트 킬리 박사는 마르코프의 오른쪽 정강이 속의 작은 금속 구체를 뢴트겐으로 촬영하여 그 소견을 발표했다. 즉 이 작은 구체는 지름이 1.52밀리미터로 플라티나(백금)와 이리듐의 합금이었다. 내부식성耐腐蝕性이 높은 것으로 알려져 있으며 고온 용광로가 아니면 제조할 수 없는 합금이다. 이 작은 구체의 양쪽 끝에 지름 0.35밀리미터의 구멍을 뚫고 구체의 중앙부에 독성 물질을 넣을 수 있는 공간을 마련해 놓았다. 그에 의하면 이 작은 구체의 제작과 가공에 필요한 기술과 기구류는 일반 보석 가공업자로서는 엄두도 낼 수 없는 성질의 것이었다. 킬리 박사는 파리에서 같은 작은 금속 구체를 구하여 조사해 보았는데 그것은 유사한 우산총의 습격을 받고 목숨을 건진 우라디밀 코스토프라는 다른 불가리아 망명자의 등에서 적출된 것이었다.

검사 결과 양쪽의 작은 구체는 0.02밀리미터의 오차 범위에서 동일한 것으로 판명되었다. 그는 공기총의 발사와 비슷한 떨리는 소리를 들었으며 그 순간 등의 간장 윗부분 근처에 찌르는 듯한 아픔을 느꼈다고 한다. 그 직후에 살펴보니, 금속 파편이 등에 들어가 있는 것이 판명되어 그 작디작은 구체는 적출되었다. 그러나 그의 경우는 유독 물질의 양이 적어 치명적인 상처는 입지 않았던 것이다.

마르코프 부인의 말에 의하면, 그녀의 남편은 평소에 불가리아 비밀 경찰의 손에 살해당할 것을 두려워했다고 한다. 그러나 불가리아 비밀 경찰의 관여를 입증할 만한 직접적인 증거는 없었다. 갈빈 서스턴 런던 검시관은 마르코프는 '불법으로 살해되었다'는 어정쩡한 보고를 하는 데 그쳤다.

OPEC 대표의 집단 납치
—국제 테러의 괴수, 빈의 OPEC대표단 집단 납치의 흑막

• **일리히 라미레스 산체스**(베네수엘라)

산체스는 별명이 카를로스 또는 재칼(프레디릭 포사이드의 소설《재칼의 날》에서 취함)로써 전세계에 수배된 테러리스트 중의 한 사람이다. 산체스는 레닌을 숭배하는 베네수엘라의 좌익 법률가의 장남으로 1949년에 태어났다. 1960년대 말에 어머니가 살고 있는 런던에서 2년 동안 있다가 모스크바의 파트리시아 루뭄바 우호 대학에서 공부했다. 이곳에서 그는 아랍의 많은 공산주의 학생들과 알게 되어 PFLP에 참가하고 레바논에서 군사훈련을 받고 PFLP의 파리 대원으로 종사하였다. 그후 이스라엘의 비밀경찰이 장치한 폭탄으로 테러리스트의 지도자 모하메드 부리아가 죽자 국제적인 영수로 부상했다.

경계가 엄중한 빈의 국제회의장의 습격과 81명의 OPEC대표단을 인질로 한 납치는, 표면상으로는 PFLP가 미국 제국주의라고 비난한 것에 대한 사다트 이집트 대통령이 이끄는 아랍의 유력한 나라들의 미온적인 태도를 규탄하기 위해 연출된 것이지만, 장래 활동자금의 탈취가 그

주요한 목적이었다.

OPEC회의가 이틀째로 접어든 1975년 12월 21일 갱단이 습격했다. 6인조 테러리스트는 산체스 자신과 가브리엘 크로히 티트만과 한스 요아힘 크라인(모두 서독인), 그리고 두 명의 팔레스티나인과 한 명의 레바논인이었다. 오스트리아의 경비원들과 총격전을 벌였지만 결국 갱들이 회의장을 제압했는데 세 명이 사망하고 일곱 명이 부상당했다. 인질로 잡힌 사람들 중에는 사우디아라비아의 세이크 야마니 석유장관, 이란의 얌시드 암제갈 내무장관과 41명의 오스트리아인이 있었다. 총격전에서 사망한 세 명은 산체스의 총에 맞은 리비아 대표인 유세프 이스밀리와 갱단의 유일한 여성 테러리스트에게 사살된 경관과 이라크인 종업원이었다.

'아랍 혁명군' 으로 자칭하는 지금까지 알려지지 않았던 친팔레스티나 그룹이 제네바에서 성명을 발표하고 범행을 공언했다. 이것은 실제로 PFLP 자체였다. 산체스는 오스트리아에서 안전하게 출국하려는 요구가 충족되지 않으면 회의장에 납치하고 있는 사우디아라비아와 이란의 모든 대표단을 살해하겠다고 위협했다. 일당인 크라인은 습격 초기에 부상당했으나 병원에서 응급치료를 받고 현장으로 복귀해 있었다. 오스트리아의 브루노 클라이스키 수상이 알제리의 압둘 아지즈브테프카 외무장관과 이라크의 고위급 외교관의 협력을 얻어 인질석방을 산체스와 교섭했다. 41명의 오스트리아인을 석방하는 대신에 테러리스트들은 나머지 인질과 함께 알제리로 비행하는 것을 허락했다.

세이크 야마니 석유장관과 얌시드 암제갈 내무장관은 가봉, 에콰도르, 베네수엘라, 나이지리아, 인도네시아 등 여러 나라들의 인질과 함께 12월 22일 알제리에서 석방되었다. 15명의 아랍 인질은 다시 비행기로 트리폴리까지 억지로 끌려갔다. 이들은 이곳에서 사우디아라비아의 카레드 국왕과 이란의 황제가 금액을 공표하지 않은 몸값(5천만 달러로 추정됨)을 지불할 때까지 억류되었다. 몸값이 지불된 것을 리비아 국외의 동지로부터 암호 메시지로 확인하자, 산체스는 그 비행기로 알제리로 돌아와 남은 인질을 석방했다. 산체스와 그 일당은 알제리에서 6일 동안의 정치적 망명을 인정받았으나 머물지는 않았다. 리비아로 생각되는 확인되지 않은 다음 목적지로 날아갔다가 본거지로 돌아갔다고 한다.

이란 요인의 대량폭사

— 이란 집권당의 지도자 겸 사법책임자를 살해한 대형 폭탄

• 아야트라 모하메드 베헤슈티 (이란)

1981년 6월 28일 밤, 이란의 수도 테헤란에서 집권당인 이슬람 공화당의 본부 건물이 대형 폭탄에 의해 폭파되어, 아야트라 호메이니옹의 제2인자와 그 밖에 이란의 지도자급 정치가 73명이 살해되었다. 그리고 많은 부상자를 내었으며 그 일부는 중상이었다. 사망자 중에는 많은 장관, 차관급 인사 및 국회의 유력한 정치인도 포함되어 있었다. 국왕을 추방한 후에 이란에서 일어난 최악의 테러리스트 사건이었다. 이 폭탄살해의 책임을 지게 된 것은 최근에 정권에서 추방된 바니사돌 대통령의 지지자인 '반동세력' 이었다.

대형폭탄이 폭발했을 때, 아야트라 베헤슈티는 이란이 현재 직면해 있는 두 가지 문제에 대해 당의 90명 간부들에게 강연을 하고 있었다. 강연의 주제는 이라크와의 페르시아만 전쟁이었고 1주일 전에 바니사돌을 지지하여 수도의 노상에서 공공연히 자행된 '반동 세력' 의 시위 행동에 대해 취할 조치였다. 외국의 보도 관계자는 부서진 건물에서 쫓

겨났으나 목격자의 말에 의하면 이란의 새로운 대통령 모하메드 알리 라자이도 폭발에서 무사히 살아남은 한 사람이었다. 아이러니컬하게도 아야트라 모하메드 베헤슈티는 호메이니옹의 신망이 두터운 후계자인 동시에 이란의 법무장관이기도 했는데 '샤'를 추방한 후, 수천 명의 '반동주의자와 제국주의자'의 처형을 명령한 장본인이기도 했다.

차에 장치한 기폭 장치

— INLA가 장치한 폭탄에 의해 암살된 북아일랜드 장관

• 에어리 미들턴 셰필드 니브 하원의원(영국)

북아일랜드 장관인 에어리 니브 하원의원은, 제2차세계대전중에는 코르디츠에서 탈출한 영웅이었다. 그리고 당시에 야당의 당수 마거릿 대처의 친구이자 조언자기도 했다. 1979년 3월 30일 대낮에 하원의 지하 주차장에서 나오다 그의 승용차 밑에 장치한 폭탄이 터졌다. 대단히 정교한 이중발화식 폭탄이었다. 그의 차가 비탈길이 시작되는 짧은 경사를 오르기 시작했을 때였다. 경찰은 경사의 각도와 필요한 가속의 원리에 의해 기폭장치가 작동했다고 결론을 내렸다.

63세의 니브 의원은, 구조대와 응급조치를 하기 위한 의사가 도착하여 그의 생명을 구하는 작업을 시작할 때까지 약 30분 동안 망가진 차 속에 갇혀 있었다. 그러나 웨스트민스터 병원에 운반된 지 몇 분이 지나자 그는 숨을 멈추었다. 다이애나 부인도 임종을 지켜보지 못했다. 처음에 하원의 경비담당자들 중에 그들과 내통하는 자가 있었다는 생각이 지배적이었다(지하 주차장은 특수경찰이 배치되어 전용회선의 텔레비전 화면

에 의해 언제나 감시를 받고 있었다). 그러나 후에 니브 의원이 하원으로 오기 전 웨스트민스터에서 자택 근처에 차를 세우고 있을 때, 그 차의 셔터에 자기성磁氣性 기폭장치가 부착된 것을 알게 되었다. 차에 시동을 걸면 수은의 작은 구체가 폭탄을 쏘았다(제1의 기록). 니브 의원은 운전에 항상 용의주도하여 오후 3시 조금 전에 차에 올라탔다. 지하 주차장의 다섯 플로어를 빠져 출구의 비탈길로 접어들자 이때 차의 경사와 가속이 연결되어 수은의 작은 구체가 작동하면서 장치의 회로가 연결되었다. 이리하여 장치가 폭탄을 자극해서 폭발한 것이다.

니브 의원이 암살된 직후에, 모든 정당의 간부급 정치가의 개인적인 보호를 포함해 국회 전체의 경비 체제가 검토 대상이 되었다. 런던 경시청의 파괴활동방지국의 피터 듀피 국장이 출장 간 미국에서 급히 소환되어 사건조사를 지휘했다. 니브 의원은 용감하기로 정평이 있었다. 일부 사람들은 니브 의원이 마운트 배팅경의 경우(토머스 맥마흔의 항목참조)처럼 IRA의 위협을 과소평가한 것이 아닌가 하고 생각했다. 런던 경시청의 범죄담당인 길버트 케란트 부본부장은 이전에 니브 의원과 개인적인 경비 문제에 대해 의견을 교환한 것을 사건이 발생한 후에 발설했다.

"니브 의원은 경비가 필요한 상황을 인식하고 있었어요" 하고 그는 이렇게 덧붙였다.

"특별한 경비를 할 때에는 대상이 되는 분의 개인적인 견해도 고려할 필요가 있어요."

니브 의원은 지금까지 4반 세기 이상이나 버크셔의 아빈든 선거구를 대표하여 하원의원에 계속 당선되고 있었다. 1975년 마거릿 대처 여사가 보수당에서 권력을 잡았을 때 참모로 활약하여 그녀의 가장 신뢰하는 정치적 측근으로서 북아일랜드 장관이 되었다. 다음 선거에서 보수당이 승리하면 그가 아일랜드 장관이 되어 아일랜드의 경비 대책이 더욱 강화된다는 것이, IRA측과 프로테스탄트의 테러 조직을 포함한 많은 사람들의 관측이었다. 이것이 그가 암살된 배경이었다. 그러나 암살범측이 그를 살해하여 얻은 것이 무엇인가에 대하여는 의문이 남는다. 대처 여사는 강한 어조로 단언했다. "그들에게는 절대로 승리가 돌아가지 않게 할 것입니다. 그들이 지배하는 일은 절대로 없을 것입니다."

서독의 우익 테러리스트

• **군돌프 케일러** (서독)

　1980년 9월 26일, 전통적인 뮌헨 10월제로 거리는 사람들로 붐비고 있었다. 그 한복판에 한 발의 폭탄이 요란한 소리를 내면서 폭발하여 13명이 사망하고 약 200명이 중경상을 입었다. 폭탄을 장치한 것은 군돌프 케일러라는 남자였다. 바바리아 지방을 본거지로 하여 베일스폴트 그루페 호프만(국방정신대 호프만)이라고 자칭하는 극우 테러단체의 젊은 대원이었다.

　폭탄은 예정보다 빨리 폭발한 모양이었다. 사망자 중에는 케일러의 시체도 있었는데 본인도 폭발에 휘말린 것으로 생각되었다. 공범자가 있는 것이 분명했지만 폭발 후의 혼란을 틈타 도망친 것으로 추정되었다.

　그들이 소속된 신나치 조직은 칼 하인츠 호프만이 지도자였는데, 수백 명의 정규 멤버를 거느리고 있었다. 그들은 모임에서 자랑스럽게 군복을 입고 총을 휴대했으며, 이 '전쟁놀이를 좋아하는 어른들'은 이미 10년 전부터 서독의 각처에서 가끔 볼 수 있는 풍경이었다. 결코 유쾌

하지는 않지만 별로 해를 끼치지 않는 자들이라는 것이 일반인의 시각이었다.

그러나 이 조직은 1980년 1월 게르할트 바움 연방 내무장관의 명령으로 불법화되었다. 10월제의 사건은 그로부터 7개월이 지나 일어난 대참사였다. 이것은 불법화에 대한 항의라고 하더라도 조직의 정식 결정에 의한 것은 아니라고 생각되었다. 사건이 발생한 후 호프만과 다섯 명의 간부가 체포되었으나 공범 사실을 확인할 수 없다 하여 석방되었다.

케네디 대통령 암살사건

−미국의 대통령을 죽인 남자

• **리 하베이 오즈월드**(미국)

1963년 11월 22일, 미국 대통령으로 자유 세계의 기수인 존 피츠제럴드 케네디가 암살되었다. 댈러스의 거리를 자동차로 지나가던 중이었다. 아직 45세의 젊은 나이로서 역대 대통령 중에서 가장 나이가 적었으며, 최초의 카톨릭교도 대통령이었다. 그를 쏜 사람은 24세의 전 해병대원이었다. 그 청년은 전에 러시아에 살고 있었다. 대통령을 쏜 총성은 전세계에 울려퍼지게 되었다. 그러나 20년이 지난 오늘까지도 이 암살 주변의 모든 망령들이 편안히 잠들어 있는 것 같지는 않다.

가장 최근의 조사는 1979년에 미국 하원의 특별조사위원회가 실시했다. 이 위원회는 과학적인 측면과 인간 관계의 측면에서 그때까지의 모든 증거를 검토하고, 그날 대통령에게 두 사람의 사격수가 발포했을 가능성이 높다고 발표했다. 다만 제2의 사격수가 누구냐 하는 것과 공동 모의가 어느 정도였는가를 확정하는 것은 불가능한 일이었다고 설명했다. 이 위원회는 소련정부와 쿠바정부가 관련되었을 가능성에 대해서는 분명히 부인했다. 그리고 미국에 건너온 반反카스트로파의 관여도 부인했다. 다만 이 그룹의 특정한 개인이 마음대로 그런 계획을 집행했을 가능성에 대해서는 완전히 부인할 수 없다고 설명했다.

이 사건의 가장 흥미있는 수수께끼는 제2의 확인할 수 없는 사격수에게 정치적인 동기가 없었다면 누가 이 사격수를 사주하여 존 F.케네디를 암살하려고 했는가 하는 것이었다. 이 문제에 대해서도 이 위원회의 조사는 가능성이 많은 다음과 같은 결론을 내리고 있다.

"우리 위원회는 입수할 수 있는 각종 증거를 토대로 분석한 결과 범죄 조직의 전국 신디케이트(마피아)는 집단으로서는 케네디 대통령의 암살에 관여하지 않은 것으로 믿고 있지만, 입수가 가능한 증거에 의하면 특정한 멤버가 이에 관여했을 가능성을 전혀 부정할 수는 없다."

케네디 대통령을 암살한 지 이틀이 지났을 때, 댈러스 경찰서에 뚜벅뚜벅 걸어들어와 리 하베이 오즈월드를 사살한 잭 루비는 암흑가와 여러 가지 접촉을 갖고 있는 나이트클럽의 주인이었다. 이 루비라는 남자는 구류되어 있는 오즈월드에게 쉽게 발포했는데, 이에 대해서 특별조사위원회는 다음과 같은 의문을 표명하고 있다.

"우리 위원회는 다음과 같은 몇 가지 점에 대해 의문을 느꼈다. 오즈월드를 사살하기 직전에 계단 통로문이 모두 분명히 자물쇠로 걸려 있지 않았으며, 계단 통로에 가장 가까운 차고 지역에서도 경비원이 철수한 점이며, 또한 토요일 밤에 루비가 친구인 랄프 폴에게 거는 전화 통화중에 폴이 루비의 말에 제정신이 있느냐고 응답한 것과 몇 사람의 댈러스 경찰간부, 특히 오즈월드의 사살에 대해 루비를 처음으로 심문했을 때 현장에 있던 간부들이 취한 조치에 대해서다."

당시까지 케네디 정권만큼 마피아에게 강력한 정책을 취한 연방정부는 없었다. "이 기간에 FBI는 암흑가의 모든 거물들에게 전자 기술을 통한 광범한 탐지망을 펼치고 있었다.……우리 위원회는 이 전자 탐지망으로 얻은 것을 분석해 보았다.……로버트 케네디(케네디 대통령의 동생, 후에 암살됨) 법무장관의 임기 전후에 있었던 법무부의 업무 분석에서도 암살한 후에 일어난 정부 방침의 변동에 의해 범죄 조직측은 직접적으로 큰 이득을 얻었다는 결론에 도달했다. 이 범죄 조직이 대통령을 암살한 동기와 기회와 수단을 갖고 있었다는 데 의문의 여지는 없다."

케네디 대통령은 미국의 이전의 모든 대통령과 마찬가지로, 그 지위에 따르는 암살의 가능성을 자각하고 있었다. 전임자 중에서 세 명이 암살(1865년 에이브러햄 링컨, 1881년 제임스 A. 가필드, 1901년 윌리엄 매킨리)되고 다른 세 명에게 암살이 시도되었다(1835년 앤드류 잭슨, 1933년 프랭클린 D. 루즈벨트, 1950년 해리 트루먼).

케네디는 여행을 좋아했으며 특별 경호원이 제시한 여러 가지 경비 대책도 거부했다. 그는 대통령 일행의 차량행렬에서도 사이렌을 울리는 것을 금지했다. 대통령의 리무진 옆에 경찰 오토바이가 나란히 달리도록 허용한 것도 시카고에서 단 한 번 있었을 뿐이다. 백악관을 담당한 특별경호기관에는 자동차의 뒷좌석에 경호원이 합승할 필요가 없다고 하였다.

그러나 1963년 가을 케네디 정권은 국내적으로나 국제적으로 여러 가지 어려운 문제에 직면해 있었다. 모든 문제들이 중요한 것이어서 대통령의 목숨을 노린 게 그 누구였다 해도 이상할 게 없을 정도였다. 공산주의 세계에서는 그를 두려워했다. 1년 전에는 쿠바의 문제로 전쟁

일보 직전까지 갔으나 흐루시초프가 간신히 막았으며 미국은 라오스와 베트남에 깊이 개입하고 있었다. 국내에서는 '블랙 프로테스트(흑인의 항의)'가 극성을 부리고 있었다.

한편 그가 추진한 자유스러운 시민권 정책은 남부 백인층의 반감과 적의의 대상이 되고 있었다. 픽스만 침공의 실패와 특히 이에 공군이 지원을 하지 않은 사실은 반反카스트로파 망명 쿠바인 그룹에게 큰 실망을 안겨주었다. 그리고 케네디 정권은 세계에서 가장 조직화되고 가장 강력한 범죄 조직인 마피아를 탄압하는 정책을 취했다. 이것은 끝으로 언급했지만 심각한 정도에서는 결코 작은 요인이 아니었다. 그러므로 대통령의 생명을 노려도 이상할 것 없는 적들이 우글거리고 있었던 것이다.

리 하베이 오즈월드는 1939년 10월 18일 뉴올리언스에서 태어났다. 아버지가 세상을 떠난 지 2개월 후에 어머니는 재혼을 했다. 그러나 이 두번째 결혼은 오즈월드가 9세 때 이혼으로 끝났다. 학창 시절의 기록은, 그가 무단결석 상습자였던 것을 보여주고 있으며 정신과 의사는 그를 정서적 불안정으로 진단하고 있었다. 16세 때에는 학교에서 낙제하고 1년 후에는 해병대에 입대했다. 1959년에 가정 사정(어머니의 곤궁과 노령)으로 제대를 신청하여 허가를 받았다. 그러나 어머니와 불과 몇 개월 함께 보낸 다음 그는 소련으로 갔다. 그곳에서 19세의 마리아 니콜라 라에브나 프루사코바와 결혼하여 1962년까지 머물러 있었다. 그는 그곳에서 거주 비자를 받았으나, 후에 소련에서 오래 살 수 없다는 비자 연장 불가 통보를 받고 자살을 기도했다. 그는 아내 마리아의 출국 비자를 받아 아기와 함께 1962년 6월 14일 미국으로 돌아왔다.

오즈월드는 댈러스에 살고 있던 1963년 3월에 'A. 하이델' 이라는 익명을 사용하여 시카고의 메르 오더 회사에서 안경 조준기가 달린 만리허 칼카노 라이플총을 입수했다. 그리고 로스앤젤레스의 회사에서 스미스 앤드 웨슨의 38구경 권총도 구입했다. 오즈월드 부인의 말에 의하면 그는 아마도 같은 해 4월에 라이플총을 먼저 사용한 것 같다. 에드윈 A. 워커 퇴역 육군대장의 암살을 노렸으나 물론 실패했다.

그후 몇 달이 지나 그는 다시 소련으로 가려고 비자를 신청했다. 1963년 9월에는 멕시코시로 날아가 소련대사관과 쿠바영사관 양쪽을 드나들면서 비자를 얻으려고 노력했으나 허사였다. 그는 댈러스로 돌아와 텍사스주 학교도서협회에 일자리를 얻었다. 이 무렵에 아내와 두 아이(1963년 10월 20일에 차녀가 태어났다)는 텍사스주 어빙에 거주하는 부인의 친구 집에서 살고 있었다. 오즈월드가 마지막으로 가족에게 간 것은 11월 21일이었다. 케네디를 암살하기 바로 전날이었다.

케네디 대통령 부처는 11월 22일 오전 11시 20분에 댈러스 공항에 도착했다. 해가 쨍쨍 내리쬐는 맑게 개인 날이었다. 린든 B. 존슨의 기반인 텍사스주에서 민주당은 겨우 약간 우세하고 있으므로 이를 후원하기 위해서였다. 따라서 대통령의 방문은 미리 크게 보도되었다. 일부에서는(폭력이 수반되지 않는) 반反케네디 데모가 일어날지도 모른다는 걱정도 했다. 존 B. 코널리 지사도 걱정이 되었다. 그날 〈댈러스 모닝 뉴스〉의 조간에는 적의를 노골적으로 드러낸 광고가 게재되어 있었다. 대통령이 '미국의 공산주의자와 그 동조자 및 극좌 세력에 대한 태도가 미온적' 이라고 규탄하는 내용이었다. 대통령의 차는 긴 퍼레이드 행렬의 세번째에 위치하고 있었다. 첫번째 차와 두번째 차에는 댈러스 경찰과 경호원이 타고 있었다. 보도진과 경비를 포함한 그 밖의 정부관계자의 차량이 그 뒤를 이었다.

두 명의 경호원이 대통령 차의 앞자리에 앉아 있었으며 한 사람은 운전사를 겸하고 있었다. 대통령과 퍼스트 레이디는 오픈카의 뒷자리에 앉아 있었고 코널리 지사와 코널리 부인은 앞을 향해 보조의자에 앉아 있었는데 케네디 부부와 경호원의 중간 위치였다. 대통령에 대한 데모는 없었으며 댈러스의 군중은 국가 원수를 따뜻이 맞아주었으며 우호적이었다. 그리고 그 숫자는 예상 외로 많았다. 차의 퍼레이드 행렬이 렐름가의 데일리 광장으로 접어들자 코널리 부인이 말했다.

"대통령 각하, 댈러스가 각하를 사랑하지 않는다고 앞으로는 말씀하실 수 없겠지요?"

대통령이 대답했다. "과연 그런 것 같군요."

그 직후에 대통령의 차는 좌회전을 하여 텍사스주 학교도서협회의 건물 앞을 지나갔다. 정오를 조금 지난 12시 30분경이었다. 그때였다. 거의 동시에 몇 발의 총소리가 들려왔으며 코널리 부인도 그 총소리를 듣고 곧 오른쪽으로 돌아보았다. 케네디 대통령이 목을 양손으로 움켜잡으려는 순간, 좌석에서 쓰러지는 것이 보였다. 코널리 지사도 라이플 총소리를 들었다. 동시에 총알이 머리를 스쳐가자 대통령 쪽을 바라보았다.

코널리 지사는 다음과 같이 말했다. "나는 보지 못했어요. 완전히 눈을 돌리지 못했거든요. 앞을 향하고 있을 때 차는 거의 똑바로 달리고 있었어요. 그 순간 나는 총에 맞았지요…… 총알의 힘 때문이라고 생각되지만, 나는 앞으로 엎어졌어요. 당했구나 하고 생각했지요. 어떻게 해서든지 몸을 일으키려고 했지만……. 또 한 방의 총소리가 들려왔어요. 그것이 나한테 명중한 것을 알게 되었구요. 꽹장한 충격이었어요……. 총소리가 대단히 요란했지요. 피가 차에 번지는 것이 보였구요. 옷에 피가 물들어 있었어요……."

코널리 부인은 자기의 무릎 위에 쓰러진 남편은 이제 죽었다고 생각했다. 그녀에게 케네디 부인의 말이 들려왔다.

"내 남편이 죽었어…… 내 손에 그 사람의 피가 이렇게 쏟아져 나왔어요."

경호대 지휘관의 명령으로 대통령의 차는 퍼레이드의 행렬을 이탈하여 전속력으로 댈러스시의 퍼클랜드 메모리얼 병원으로 향하였다. 의사들의 소견에 의하면 대통령에게는 두 발의 총탄이 명중했다. 한 발은 목을 또 한 발은 머리를 관통했다. 목을 관통한 탄환은, 대통령의 앞에 앉아 있던 코널리 지사에게 명중하여 멎었다.

모두가 학교도서협회의 6층에서 오즈월드가 발사한 것이었다. 이에 대해서는 의문의 여지가 없다. 유진 분 보안관은 안경 조준기가 저격 위치에 와 있는 만리허 칼카노 라이플총과 이미 사용한 세 개의 탄피를 발견하였다. 총신에는 오즈월드의 지문이 있었으며 총을 건물 안으로 갖고 들어오기 위해 사용한 종이 주머니에서도 그의 지문이 검출되었다.

이에 대해 1979년 하원 특별조사위원회는 다음과 같이 설명하고 있다. "월렌 위원회는 케네디 대통령에게 위쪽 뒤에서 발사된 두 발의 탄환이 명중했다는 결론을 내리고 있다. 이 결론은 댈러스의 퍼클랜드 메모리얼 병원에서 대통령에게 응급조치를 취한 의사와 메릴랜드주 베세스타의 해군 의료센터에서 대통령의 유해 검시를 한 의사의 증언에 주로 의존하고 있다. 이 결론을 내릴 때, 월렌 위원회의 위원, 그 스태프, 검시한 의사는 검시할 때 찍은 대통령의 X-레이 사진과 그 밖의 사진은 참고로 하지 않았다." 코멘트는 다시 다음과 같이 덧붙이고 있다. "이 위원회가 검시에게 찍은 X-레이 사진과 그 밖의 사진 공개를 막는 것은 케네디가의 프라이버시를 침해하는 것을 염려해서였다."

이 위원회의 보고에서는 월렌 제2보고서 이후의 두 건의 조사(1968년 당시의 법무장관이 지명한 법의학자에 의한 조사와 1975년 록펠러 위원회에 의한 조사)는 모두 대통령 뒤에서 두 발의 총탄이 명중했다는 같은 결론에 도달했다. "따라서 어느 조사 결과도 대통령이 입은 상처 부위와 그 정황에 관한 여러 해에 걸친 의문점 해소에는 도움이 되지 않는 것 같다."

이 의문점을 해소하기 위해 하원 특별조사위원회는 법의학 · 탄도학 · 사진 · 음향 · '중성자 방사화 분석 및 그 밖의 학술 분야'에서 미국의 상위층에 속하는 각 전문가로부터 의견을 들었다. 목격자의 증언도 참고했으며 새로운 목격자도 나타났다. 그 결과의 보고에서 대통령에게 명중한 두 발의 총탄은 학교도서협회의 6층에서 오즈월드가 발사한 것임을 인정하면서도 "음향학에 의한 과학적인 증거는 두 사람의 저격자가 케네디 대통령을 목표로 하여 발포했을 가능성이 높은 것을 보여주고 있다"고 했다.

이 제2의 남자는 학교도서협회의 건물 아래 있는 데일리 광장의 언덕처럼 된 잔디밭에서 발포했으나 명중되지 않았다. 대통령이 "아마도 공동으로 모의한 결과…… 암살되었다"고 특별조사위원회가 생각하게 된 것은 존 F. 케네디 대통령에게 두 사람의 남자가 같은 장소에서 동시에 발포한 것을 보여주는 이 증거 때문이었다.

한편 하원 특별조사위원회의 보고는, 각 관련 부서를 다음과 같이 단죄하고 있다. 경호원은 그 의무의 수행을 게을리했다. 법무부는 FBI에 대해 암살을 공동으로 모의할 가능성에 대해 적절한 조사를 하지 않았다. CIA는 암살을 전후한 정보의 수집과 제공을 게을리했다. 월렌 위원회도 대통령을 암살하려고 공동으로 모의하였을 가능성에 대해 적절한 조사를 하지 않았다. 그러나 제2의 저격자의 색출과 그와 오즈월드와의 관계를 규명하려는 노력은 끝내 성과를 얻지 못했다.

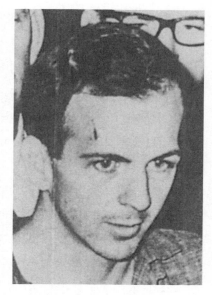

대통령의 암살을 부인하는 오즈월드
(댈러스 경찰서 앞에서)

그러나 오즈월드가 엄청난 공동모의의 첨병 역할을 맡았다 하더라도 그에게 대통령을 살해할 개인적인 동기가 무엇이었을까?

"본 위원회는 다음과 같이 판단한다. 오즈월드는 그 생애의 마지막 5년 동안, 정치적인 이데올로기에 사로잡혀 있었다. 최초의 명확한 표현은 1959년 가을, 그가 20세 때 소련으로의 출국이다. 이 출국에 따르는 언동은 더욱 과격하다. 오즈월드는 모스크바의 미국대사관 담당관에게 미국의 시민권을 포기하고, 미국 해병대 및 레이더의 조작에 대해 자기가 갖고 있는 정보를 소련측에 넘겨주겠다고 말했다. 그는 동생 로버트에게 보낸 편지에서 미·소간에 전쟁이 일어나면 소련측의 일원으로서, 가족과 예전의 조국(미국)을 적으로 하여 싸울 것을 주저하지 않겠다고 쓰고 있다. 이와 같은 사고방식은 소련에 머물러 있을 수 없다는 통고를 받았을 때 그가 행한 자살미수에도 반영되어 있다. 대통령 암살의 동기를 하나만 든다면, 그의 비뚤어진 인생관에 깊이 뿌리를 박고 있는 정치적인 행동이라고 결론을 내릴 수 있을 것이다."

오즈월드는 대통령을 암살한 직후에도 제2의 살인을 범하고 있었다. 그는 데일리 광장을 버스를 타고 급히 벗어났다. 그 버스가 교통혼잡으로 길이 막히자, 택시로 바꿔타고 노스 버클레이가로 돌아왔다. 그는 이곳에서 방을 세들었다. 남의 이목을 끌지 않도록 옷을 갈아입고 곧 그곳을 떠났다. 그는 1.6킬로미터쯤 걸어가다가 지나가던 J. D. 티피트라는 순찰 경관에게 제지를 당했다. 오즈월드는 그 경관이 차에서 나오자 총을 쏘았는데 이것을 잭 테이텀이라는 사람이 목격했다. 티피트는 그 자리에 쓰러졌다. 오즈월드는 그 위에 올라타다시피 하고 다시 총을 쏘아 '끝장을 내었다'(모두 네 발을 쏘았다). 그리고 그는 텍사스 시어터 시네마라는 영화관으로 들어갔다가 체포되었다. 체포 당시 그는 맹렬히 저항했으며 추적해 온 형사대에게 기관총을 난사하기까지 했다.

오즈월드를 사살한 나이트클럽 경영자 잭 루비는, 후에 기소되어 감옥에 갇혔다. 그가 오즈월드를 죽인 이유에 대해서는, 루비의 동생 아르가 특별조사위원회에서 밝히고 있다. 그에 의하면, 루비는 케네디 대통령이 암살당한 직후 여동생에게 전화하여 슬픔을 참을 수 없다고 말했다고 한다. 후에 그는 댈러스의 경찰본부에 와서 오즈월드가 기자회견을 하는 것을 텔레비전 중계로 보았다. 오즈월드는 자기가 한 일을 자랑스럽게 여기는 듯이, 비아냥거리는 웃음을 얼굴에 띠고 있었다. 그래서 루비는 분통이 터져 오즈월드를 사살했다는 것이다.

잭 루비는 1967년에 교도소에서 암으로 사망했는데, 그전에 정신에 이상이 있었다고 루비가의 변호사는 특별조사위원회에서 증언하고 있다. 이 변호사의 말에 의하면, 잭 루비는 레온 율리스의 소설《엑소더스》를 읽고, 모든 유태계 미국인은 린든 B. 존슨 대통령의 명령에 의해 댈러스에 집결되어, 이곳에서 몰살을 당한다는 망상에 사로잡혀 있었던 모양이다. 어느 날 교도소에 갇혀 있는 그의 독방 근처의 정신병동에서 크게 외치는 소리가 들려왔다.

"그는 존슨 대통령이 드디어 그 명령을 내렸다고 생각했어요. 그리고 자기가…… 살아 있는 마지막 유태인이라고 믿었던 것 같아요."

킹 목사 암살사건

— '계약'에 따라 킹 목사를 암살한 탈옥범

• 제임스 아르 레이 (미국)

기독교 침례교파의 목사로 노벨평화상 수상자인 마틴 루터 킹은 미국의 흑인 인권운동의 지도자였다. 1968년 4월 4일, 그는 테네시주 멤피스에 왔다. 당시 투쟁중이던 그 지역 청소원의 두번째 대중행진운동을 조직하기 위해서였다. 청소원 그룹은 대부분이 흑인으로 구성된 조합이었다. 그와 이 운동의 스태프가 로레인 호텔에 도착했을 때는 오후 6시경이었으며, 킹 목사는 1층 자기 방의 발코니에 나와 아래에 있던 동료에게 말을 걸기 위해 난간에 몸을 기대었다. 그 순간 라이플총소리가 한 방 울려퍼지며 총탄이 그의 목에 명중했다. 그는 즉시 병원으로 옮겼으나 그의 목숨을 건지려는 모든 노력은 수포로 돌아갔다.

경찰의 수사에서, 20구경의 레밍턴 게임마스터 라이플총이 호텔 밖의 보도에 버려진 것이 발견되었다. 지문이 확인되어 4월 17일, 엘릭 스타보골트에게 체포영장이 발부되었는데 그 이름은 레이의 별명 중의 하나였다. 3일 후에 레이는 본명으로 FBI의 '가장 중요한 수사 리스트'에 올라 있었다. 그러나 그는 자기에 대한 전국 규모의 수사를 얕보는 듯이 레이몬드 조지 스네이드의 명의로 된 캐나다 여권으로 유유히 런던을 향해 날아갔다. 스네이드 자신은 런던의 경찰관이라는 것이 경찰 조사에서 판명되었다. 제임스 아르 레이에 대한 수사는 유럽으로 무대가 옮겨졌다.

워싱턴에서 판결 선고를 듣는 아르 레이

런던에 도착한 다음날인 5월 6일, 그는 미국으로 돌아갈 항공권을 현금으로 바꾸어, 그 돈으로 리스본으로 날아가, 이곳에서 지하에 잠복했지만 경찰은 여기까지 파악하여 국제경찰기구에서 유럽의 모든 경찰에 통보했다. 6월 8일, 레이는 스네이드라는 이름 그대로 런던 공항에서 체포되었는데 브뤼셀로 날아가려던 참이었다. 그리하여 그는 재판에 회부되기 위해 미국측에 인도되었다.

1969년 3월 10일, 킹 목사의 살해범으로 그는 유죄가 인정되어, 99년의 징역이 선고되었다.

제임스 아르 레이는 1928년 3월 10일생으로 제2차세계대전이 끝난 직후에, 17세의 나이로 미국 육군에 입대했지만 그러나 87개월 후에 군에서 추방되었다. "군대 근무가 적성에 맞지 않아 적응하지 못한다"는 것이 그 이유였다. 제대하여 민간인이 되자 그는 곧 많은 흉기를 소지하고 민가에 침입하여 강도를 하다가 체포되었다. 1960년에는 보석 중에 저지른 범죄로 20년 징역이 선고되었다. 수용된 미조리주 교도소에서 두 차례나 탈출하려다가 실패하고 말았다. 그러나 세번째에는 드디어 성공했다. 1967년의 일로서 킹 목사를 암살했을 때에도 탈옥범 신분이었다.

하원 암살조사위원회의 설명에 의하면, 레이의 동기는 돈과 인종차별주의로 추정된다. 공범자가 분명히 있는 것으로 생각되며 돈을 받기로 하고 킹 목사 암살 계약을 맺은 것으로 추정된다. 그러나 이것을 분명히 밝히지는 못했다. 1979년 하원의 암살조사위원회는 레이가 킹 목사의 살해에 성공을 거두기까지 상당히 오랫동안 그 기회를 노리고 있던 것이 분명하다고 단정하고, 다음과 같이 덧붙였다. "본 위원회는 가령 인종문제나 심리상의 문제와 같은 다른 동기의 가능성도 인정하지만, 돈이 레이의 가장 큰 동기였다고 결론을 내리고자 한다."

퀘벡주 노동장관의 납치 살해

– 퀘벡주의 노동장관을 죽인 테러리스트

- **폴 로즈**(캐나다)
- **프란시스 시머드**(캐나다)

테러 행위는 두 번 계속해서 일어났다. 1970년 10월 5일, 퀘벡 해방전선(FLQ)의 분리독립주의자 그룹은 먼저 영국의 제임스 리처드 크로스 통상대표를 납치했다. 그리고 5일 후에 퀘벡주의 노동장관을 납치했다. 두 팀의 납치 행동대원은 FLQ의 내부에서 선발되었다.

제임스 크로스는 몬트리올의 자택에서 무장한 4인조 남자들에게 잡혀 택시로 연행되었다. 크로스를 납치한 후에 '해방 세포'는 놀랄 만한 교환조건을 제시했다. 현재 감옥에 갇혀 있는 23명의 분리독립주의자의 석방, 50만 달러 상당의 배상 지불, 관련자의 쿠바 또는 알제리로의 안전한 수송이 그것이었다. 그리고 이 밖에 부수적인 요구도 있었다. 해고된 우체국 노무자의 복직, 분리독립주의자 선언의 일반공개, 내부에서 경찰에 밀고한 자의 명단 발표였다.

연방정부는 이 FLQ의 요구를 모두 거부했으나, 후에 그 일부를 받아들여 10월 8일 캐나다 방송협회에 요청하여 FLQ의 선언문을 텔레비전에서 낭독하게 했다. 그날의 기자 회견에서, 분리독립주의자 그룹의 비공식 대변인 로베르 레뮤 변호사는 정부와 경찰을 날카롭게 공격했다. 정부의 언동은 신의를 저버리고, 경찰은 용의자의 취조에서 시민권을 침해하고 있다는 것이었다. 그리하여 FLQ는 10월 9일 '최후' 통첩에서 이튿날 오후 6시까지 감옥에 갇혀 있는 동지들을 석방하지 않으면 제임스 크로스를 살해하겠다고 경고하였다.

이튿날인 10월 10일 텔레비전에서 퀘벡주의 제름 쇼케트 법무장관은 다음과 같은 내용의 정부측의 회답을 낭독했다. "크로스 통상대표의 신병을 안전하게 돌려주면, 구금중인 자들을 지정된 나라로 안전하게 이송하겠다." 이것은 테러리스트의 요구와는 동떨어진 내용이었다. 이에 대해 FLQ측은 최종 기한의 몇 분 후에 단호히 거부했다.

한편 얼굴을 가리고 기관단총을 휴대한 두 남자가 퀘벡주의 피에르 라폴트 노동장관을 자택에서 차로 납치한 직후에 요구 조건이 전달되었다. '해방 세포'의 요구를 모두 받아들이지 않으면 노동장관을 오후 10시에 처형하겠다는 것이었다.

'해방 세포'의 요구에는 라폴트 노동장관으로부터 퀘벡주의 로벨 부라사 수상에게 보내는 메모가 동봉되어 있었다. "내가 살고 죽는 것은…… 각하의 결단에 달려 있습니다." 제2의 최종 기한이 끝나기 5분 전에 부라사 수상은 텔레비전을 통해 범인들에게 호소했다. "퀘벡주 정부는 두 사람의 인질이 무사히 석방될 확실한 보증이 없이는 분리독립주의자 그룹의 요구에 응할 수 없다."

10월 11일, 로베르 레뮤 변호사가 체포되어, 납치사건에 대한 경찰의 수색을 방해하였다는 이유로 심문을 받게 되었다. 레뮤 변호사는 분리독립주의자 그룹이 지명한 동지의 석방이라는 중요한 문제에 대한 정부의 변명이라고 정부측에 역습을 가했다.

한편 FLQ는 요구가 충족되면 크로스와 라폴트를 석방할 것을 "퀘벡주의 주민들에게 엄숙히 맹세한다"는 것 이상으로는 한걸음도 더 전진하려고 하지 않았다. 주 정부는 두 '세포'에게 신의의 보증으로 그 두 사람을 보내줄 것을 요구했다. 레뮤 변호사는 이튿날인 10월 12일에 석방되었다.

10월 15일에는 퀘벡 대학의 학생들이 FLQ의 요구를 지지하고 대학 건물을 점거했다. 그날 부라사 주지사의 긴급요청으로, 연방정부는 공공 건물과 장관급 요인의 자택을 경비할 것을 명령했다. 다음에 부라사 주지사는 최종 회답으로서, 23명을 석방하라는 FLQ의 요구는 거부하고, 새로 5명을 석방할 것과 납치범의 안전한 국외 퇴거를 제안했다.

이튿날인 10월 15일, 연방정부는 각 주에 '비상사태'를 선포하고 전시 긴급권한을 발동했다. 이것은 평화시에 캐나다의 역사상 가장 이례적인 사태였다. 이것으로 말미암아 국가의 안전에 필요한 것은 무엇이든지 할 수 있는 권한이 정부에 주어졌다. 이 권한으로 FLQ의 탄압이 시작되었다. 경찰은 퀘벡주에서 250명을 체포했다.

이튿날에는 사태의 해결을 위해 일이 더욱 진전되었다. 퀘벡주 정부는 납치 그룹에 다음과 같은 제안을 했다. 납치범들은 두 사람의 인질을 대동하고 몬트리올의 만국 박람회장으로 출두할 것, 범인을 체포하지 않을 것을 보증한다. 박람회장을 일시적으로 쿠바 영사관의 외교 특권이 주어진 연방지역으로 간주한다. 납치범이 안전하게 아바나에 도착하기까지는 크로스와 라폴트의 신병은 쿠바 정부의 외교관이 보호한다. 이것이 그 제안의 내용이었다.

그러나 이 제안으로 라폴트의 목숨을 구하기에는 너무 늦었다. 10월 18일 교살된 그의 시체가 납치에 사용된 차의 트렁크에서 발견되었는데 피투성이였다. 11월 6일, 경찰은 19세의 바너드 로티라는 남자를 체포했다. 이튿날 취조에서 이 남자는 라폴트의 납치에 참가한 것을 자백했으나 라폴트의 살해와 크로스의 납치에는 관여하지 않았다고 부인했다.

크로스를 구출하려는 노력은 그후에도 끊임없이 계속되었다. 12월 2일, 경찰은 그가 사로잡혀 있는 몬트리올의 집을 알아내고 이를 포위했다. 그러자 분리독립주의자 그룹은, 그를 석방하는 조건에 대해 교섭하는 데 동의하고, 후에 자기들을 국외로 안전하게 퇴거하는 조건으로 크로스 통상대표를 쿠바의 리칼드 에스카틴 대리영사에게 인도하기로 하여 만국 박람회장이 인도 장소로 사용되었다.

그후 경찰 조사에서 크로스가 사로잡혀 있던 집과 박람회의 임시 건물로 그를 태우고 간 차에는, 기습 공격에 대비하여 폭파 장치를 한 것이 판명되었다. 세 명의 납치범과 네 명의 일당이 캐나다 경찰의 특별기로 아바나로 날아갔다. 쿠바 정부는 그들의 입국을 허가하는 것은 크로스 통상대표의 목숨을 구한다는 '인도적인 이유'가 그 유일한 동기며, 캐나다 정부의 정식 요청에 의한 것이라고 설명했다.

바너드 로티가 라폴트를 납치한 공범으로 지명한 세 명의 FLQ의 멤버를 체포하기 위해, 수천 명의 경찰과 군대가 동원되었다. 세 사람은 12월 28일, 미국과의 국경에서 가까운 농가에서 체포되었다. 27세의 폴 로즈, 그의 동생인 잭 그리고 프란시스 시머드였다. 이 농가는 그때까지 세 번이나 수색을 받았으나 이들은 번번이 마루 밑으로 몸을 피해 체포를 벗어났었다.

1971년 1월 4일에 실시된 검시에서 라폴트의 살해에 관해 이 세 사람과 로티의 유죄가 확정되었다. 경찰측이 제출한 증거는 라폴트를 살해한 상황을 분명히 서술한 프란시스 시머드의 조서였다. 시머드에 의하면, 크로스는 퀘벡의 문제와 관계가 없으므로, FLQ는 그를 죽이지 않기로 결정하고, 그 대신에 라폴트를 납치했다. 10월 16일, 사로잡혀 있던 교회의 방갈로풍의 집에서 라폴트는 탈출을 시도했으나 실패했으며, 이때 깨어진 창문 유리에 몸을 다쳤다. 그가 발견되었을 때에 시체와 옷이 피투성이가 된 것은 이 때문이었다. 조서는 다음과 같이 계속된다.

"우리는 그를 납치한 후에 그가 몸에 지니고 있던 목걸이로 그를 교살하기로 했어요. 폴과 잭과 나 세 사람이 교살했지요. 그러므로 책임은 모두 같아요. 우리는 우리들의 소행을 잘 알고 있어요."

1971년 3월 13일, 라폴트의 납치를 자랑스럽게 여긴다고 공언했던 폴 로즈는 살인죄로 무기징역이 선고되었다. 11월 30일에는 납치죄로 하나의 무기징역이 선고되었다.

프란시스 시머드도 라폴트의 살해와 납치가 인정되어, 1971년 5월 20일에 무기징역이 선고되었다. 동생인 잭 로즈는 어느 혐의에 대해서도 무죄가 인정되었다.

1970년에 쿠바로 안전하게 이송된 세 명의 납치범은, 1974년에 체코슬로바키아를 통해 프랑스로 입국했다. 프랑스 당국은 이 사실을 '입국 절차의 잘못'으로 얼버무렸다. 그러나 다른 프랑스 당국자는, 캐나다 정부에서 신병을 인도하라고 요구해 와도 프랑스 정부는 이에 응하지 않을 것이라고 언명했다. 캐나다의 토론토 주지사는 양국간에 '안전한 통행'에 합의가 이루어진 이상, 세 명의 분리독립주의자는 캐나다에 다시 입국하지 않으면 기소되지 않는다고 말했다.

텔아비브 공항 난사사건

— 로드 공항에서 PFLP를 위해 대학살을 감행한 일본 적군파

• **오카모도 고조**(일본)

1972년 5월 30일, 텔아비브의 로드 공항에서 세관 입국심사를 위해 나란히 서 있던 일반 민간인들에게 수류탄이 던져지고, 기관총이 난사되었다. 자유의사로 PLO와 계약을 맺은 세 명의 일본 적군파 테러리스트의 범행이었다. 그들은 24명을 살해하고 76명에게 부상을 입혔다. 이들의 대부분은 중상이었다(중상자 중에서 4명은 후에 병원에서 사망했다. 그 결과 사망자의 수는 28명이 되었다).

그들이 저지른 범행은 이스라엘 역사상 최악의 테러사건의 하나가 되었다.

세 명의 일본인은 모두 20대 초반으로, 에어 프랑스에 탑승하여 로마에서 텔아비브로 날아왔다. 그들은 로마 공항에서는 (무기 휴대의) 검사를 무사히 통과하고 비행기에 올라탔다. 수류탄과 기관총은 여행용 가방에 숨기고 있었다. 이것은 검사도 받지 않고 비행기에 실었다. 세 명의 일본인은 로드 공항에서 수하물을 받고, 그 자리에서 여행용 가방을

열고 무기를 꺼내 가까운 거리에서 마구 쏘아대었다. 몇 분 동안 폭발음과 기관총 난사소리와 사람들의 비명이 공항 홀에 울려퍼졌다 여행객들은 공포에 싸여 허둥지둥했다.

테러리스트 중 한 사람은 자기가 던진 수류탄에 폭사했다. 또 한 사람은 탑승구 문에서 활주로에 머물러 있는 여객기를 향해 기관총을 난사했다. 이 남자가 사살되자, 제3의 남자 오카모도 고조는 활주로로 뛰쳐나가, 그의 시야에 들어온 여행객과 지상 정비원에게 기관총으로 무차별 사격을 가했다. 그는 비로소 경비원에게 체포되었다.

첫 심문에서 오카모도는 일본의 대사관 직원에게 자기는 난바 다이스케라고 말했다. 2일 후에 동경의 경찰조사에서 비로소 오카모도라는 실명이 밝혀졌다. 2년 전에 일본의 항공기를 납치하여 북한으로 망명한 일본의 적군파 테러리스트 그룹에 속하는 사람의 동생으로 판명되었다. 그리고 동료 두 사람은 오쿠히라 고지와 야스다 야스지였다.

이 세 사람은 PLO와 합동으로 특수 훈련을 받기 위해 레바논의 바르벡 근처의 아랍 테러리스트의 캠프에 몇 달 동안 파견된 적군파 지원병 일원이었다. 당시의 국제 테러조직에서는 PLO와의 연대가 자신들의 권위를 내세우는 명분이 되었다(그후 일본 적군파와 PLO의 공동작전에는 1973년의 JAL기의 납치, 1974년 1월 싱가포르의 석유 저장 탱크의 폭파 미수, 그 직후 쿠웨이트의 일본대사관 습격이 있다).

PFLP(팔레스티나 인민해방전선)가 로드 공항의 범행을 공언하고 이것을 '점령된 우리 땅에서 우리의 특수 그룹 하나가 행한 용감한 행동' 이라고 찬양했다. 그들 성명에 의하면, 세 사람의 일본인을 아랍 이름으로 부르고 세 사람은 모두 '순교자 패트릭 우그에랴 군단' 이라는 그룹의 멤버였다고 말했다(패트릭 우그에라는 1970년에 런던에서 이스라엘의 여객기를 납치하려다가 사살된 나카라과의 과격 혁명가). 그리고 성명을 발표하면서 이 행동은 그해 초에 일어난 다른 비행기 납치사건으로 살해된 두 사람의 게릴라에 대한 보복이라고 말했다.

PLO의 대변인은, 일본인에게 이스라엘 항공기의 여행객과 마중 나온 친지들에게 발포하고, 그 10분 전에 도착할 에어 프랑스의 승객에게는 공격하지 말라고 명령했다고 주장했다.

"공항에 있는 사람들의 90퍼센트에서 95퍼센트는 이스라엘인이거나 이스라엘에 직접 충성을 다짐한 사람들이었다"고 그 대변인은 말했다.

재판에서 오카모도는 이렇게 말했다.

"나는 여객기뿐만 아니라, 경찰관에게도 발포했지요. 얼마나 많은 사람을 죽였는지 알 수 없어요.…… 우리는 조직(PLO)과 협력하여 모든 일을 했어요. 그들과 힘을 합쳐서 한 일입니다."

검찰측은 사형을 구형하지는 않았다. 오카모도 고조는 무기징역으로 투옥되었다.

유럽에서는 일본의 적군파로 알려져 있는 연합 적군파는 1969년에 결성되었다. 멤버의 대부분은 극좌 학생그룹 출신이었다. 1971년에서 72년에 걸쳐서 연합 적군파에 내분이 일어났다. 그리하여 당시의 지도급 정치가의 암살에 반대한 멤버 12명이 살해되었다. 이 사건과 로드 공항의 무차별 살해로, 연합 적군파는 일본 젊은층의 지지를 급속히 잃게 되었다. 지도자인 모리쓰네요는 1973년 1월 1일 감옥에서 목을 매어 자살했다. 일본 적군파와 PLO의 연대는 새로운 투쟁 목표를 설정하려는 시도였다고 보는 견해도 있다.

800년간 계속되는 고집

— 세계에서 가장 오래된 테러 조직

• 북아일랜드의 해방군(영국)

북아일랜드의 해방군(IRA)은 세계에서 가장 오래된 테러 조직이다. 아일랜드의 내셔널리스트는 영국의 권력에 대해 800년에 걸쳐 저항을 계속하며 오늘에 이르고 있다. 노르만계의 왕 헨리 2세가 수도를 더블린으로 정한 이후부터의 일이었다. 시대가 변하면 전략도 당연히 달라지게 마련이지만, 계획을 세우고 지휘하는 지도자들은 자기들을 테러리스트라고 생각지 않으며 더욱이 범죄자라는 의식은 전혀 갖지 않는다. 자기 나라의 정부에서 불법이라고 규정하더라도, 자기 나라도 점령하고 있는 권력에 대항하는 애국자로 자처하고 있다.

오늘의 IRA는 피니아회가 직접적인 뿌리가 된다. 이것은 19세기 중엽에 아일랜드에서 조직된 비밀결사로, 거대한 아일랜드계 이민 인구를 거느린 미국에서도 계승되고 있다. 이 멤버는 아일랜드에서는 무장반란대를 조직하고, 영국 본토에서는 폭탄에 의한 지하활동의 전투를 자주 전개했다. 그리고 뉴욕에서는 '아일랜드 공화국 연대조직'을 결성하고, 당시에는 말할 것도 없고 지금도 아일랜드의 대의를 위해 자금이나 무기를 제공하고 있다. 이 조직의 멤버는 선서를 하는 데 다음과 같은 말로 시작된다.

"나는 전능하신 하느님 앞에서 아일랜드를 독립된 민주공화국으로 만들기 위해 목숨이 붙어 있는 한, 어떤 위험도 두려워하지 않고, 있는 힘을 다할 것을 이 자리에서 맹세합니다……."

1866년에는 대부분 미국 남북전쟁에 출전하였던 수백 명의 아일랜드계 미국인 용병 부대가 국경을 넘어 캐나다에 침입하여 영국의 시민군을 격파하고, 포트 엘리를 점령한 적이 있었다. 용병들은 이 요새를 짧은 기간이나마 확보하여 상징적인 공화국의 깃발을 걸었다가 철수했다.

오늘날의 IRA는, 1919년 처음으로 아일랜드 국회가 열린 후에 조직되었다. 그 목적은 명칭 그대로 당시 영국 통치하에 있는 공화국 아일랜드를 위해 무장하고 싸우는 것이었다. 그들은 '아일랜드 용병조직'이라고 불렀다. 또한 영국과의 전투에서 비정규병으로서 싸우며 즉결군법회의에 회부되기도 하고, 경우에 따라서는 총살되는 운명에 처하기도 하며 오직 그룹을 수호하는 것이 목적이기도 했다. 1921년에 영국과 휴전협정이 체결되어, 아일랜드 자유국이 선포되었으나, 그때까지 이 조직체는 영국 정규군과 전투를 계속했다. 이 전투에서 영국측은 600명이 전사하고 1,200명이 부상을 입었다. 한편 IRA측의 전사자는 750명이고 부상자는 850명이었다.

IRA와의 전투는 그후에도 계속되었다. 1921년부터 22년에 걸쳐 아일랜드에 내란이 일어났다. 이번에는 그들과 같은 아일랜드인으로서 최근에 무장한 많은 동지들과 함께 '아일랜드 자유국민'으로서 싸웠다. 그들의 '피'는 결국 아일랜드의 분할을 인정받고, 신교도가 압도적으로 많은 '주州'는 대영제국의 일부가 되는 것(현재는 그 국민의 대부분이 이것을 지지한다)을 받아들인 것이었다. 그들은 이 전투에서 패배자가 되었으나 IRA는 분할을 영속적인 것으로는 승인하지 않았다. 그리고 60년이 지난 오늘까지 그들의 요구는 '독립에 의한 통합'이다.

IRA는 이 꿈을 이루기 위해 1938년부터 1945년까지 다시 전투에 돌입했다. 이 조직은 1939년 6월에 불법화되었으나 활동은 계속되었다. 그들의 싸움터는 알스터 지방(아일랜드섬의 북부)에만 국한되지 않았다. 브리튼섬에서도 테러 활동을 전개했다. 주로 잉글랜드의 대도시에서 여행용 가방 폭탄을 사용했다. 제2차세계대전중에는 소규모의 사보타주 행위가 활동의 중심이 되었으며 필요한 자재는 독일 공군이 낙하산 투하로 공급했다.

그 다음의 전투는 1956년에서 1962년에 이르는 '국경전쟁'이었으나 일반 대중의 지지를 받지 못했으며 성과도 거의 없었다.

1969년부터 1982년에 이르는 전투에서의 희생자는 최근의 공식 발표에 의하면 다음과 같다.

테러에 의한 살해	3,155명
군대의 사망자	526명
로열 알 알스터 경찰대	147명
로열 알 알스터 경찰 보충병	65명
알스터 방위연대	160명

1980년대에 들어와 IRA는 세 개의 큰 조직으로 분할되었다. 그것은 IRA 주류파와 IRA 과격파, 아일랜드 국민해방군이다. 저마다 서로 충돌은 없다고 주장하지만, 주류파와 과격파는 과거에 서로 포화를 퍼부으면서 충돌한 적도 있었다. 예컨대 1977년 7월 27에는 벨파스트에서 일어난 충돌로 쌍방에서 네 명의 사망자와 18명의 부상자가 생겼다.

IRA 주류파라는 명칭은 원조元祖 IRA를 의미하는 것으로, 과거의 운동이 마르크스주의자의 침투에 대한 경계심 때문에 분열된 1970년 1월로 거슬러올라가게 된다. IRA 주류파의 지도자 카사르 골링은 더블린의 건축가로 그의 생애를 공화국운동에 바친 사람이지만, 1953년에는 에섹스에서의 무장습격사건으로 영국의 감옥에 투옥되고, 한편 아일랜드측에서는 그의 정치적 신조를 이유로 더블린 정부에 의해 구금되었다. 석방된 후 그는 마르크스주의의 이념을 내세웠으며, 후에 신페인운동(아일랜드의 완전 독립을 목표로 하는 운동으로 1905년에 결성됨)과도 손을 잡게 되었다.

필자는 인터뷰가 어려운 그와 1970년에 만나볼 기회를 가졌는데, 그는 자기가 공산주의자임을 부인하고 "나는 사회주의자입니다"라고 필자에게 말했다. 골링은 건장한 육체와 높은 지성을 갖춘 지도자였지만, 1950년대의 국경전쟁이 일반인의 지지를 받지 못했기 때문에 실패로 끝나자 IRA의 기본노선의 전환을 주장했다. 무장투쟁노선에서 정치활동노선으로의 전환이 그것이다.

그와 그의 동지들은 웨스트민스터, 더블린, 스토먼트의 각 의회 의석을 획득하고, 선거에서 득표에 의한 운동 전개를 지표로 삼았다. 그러나 이에 대해 IRA의 최고지도자회의에서 크게 반발하고 나섰다. 이들은 영국의 권력이 명심해야 하는 것은 무력을 배경으로 한 행동뿐이라고 주장하였다. 여기서 분열이 일어났다. 그리하여 IRA에 과격파가 결성되었다. 그러나 IRA 주류파는 1972년 휴전을 선포한 후로 활동이 거의 정지되었다.

과격파는 더블린의 캐빈 거리에 본부를 설치하고, 주류파와 마찬가지로 독자적인 노선을 내세웠다(그들을 '캐빈 스트리트 신페인'이라고 부르는 경우가 있는데, 이것은 주류파의 '가리너 프레이스 신페인'과 구별하기 위해서다. 모두 본부의 소재지를 내세우고 있다). 과격파는 1969년의 폭력행위에 의해, 북아일랜드 카톨릭 빈민지역에서 빠르게 지지기반을 확장했다. 과격파의 '여단旅團'이 벨파스트와 델리에 설치되었다. 각 여단은 본부와 세 개의 전투대대로 구성되었으며 병력은 약 1,500명 가량으로 추정되고 있다.

과격파는 1974는 12월 22일부터 1975년 1월 2일까지 독자적인 휴전기간을 공표했는데 여러 가지 평화제안에 대해 영국 정부에 '고려할 시간'을 주기 위해서였다. 비공식 회합이 여러 차례 열리고, 그때마다 휴전기간이 연장되다가 2월 10일에는 무기한 휴전이 발표되었다. 그러나 약간의 폭력행위는 그후에도 산발적으로 계속되었다(공식 발표에 의하면 치안유지측의 사망자 30명, 발포가 수반된 충돌횟수가 803건, 폭발은 399건이었다). 1976년 2월에 단식투쟁을 감행하던 프랑크 수탁이 사망하여 무기한의 휴전은 이것으로 끝이 났다. 1978년 11월 30일 과격파는 긴 전투준비를 마쳤다고 경고하였으며, 1979년 10월에는 폭력을 포기하라는 로마 교황의 요청에도 '이유 여하를 막론하고' 응할 수 없다고 버텼다.

현재 IRA 과격파는 북아일랜드에서 최대의 테러리스트 그룹을 형성하고 있으며, 요즈음 일어난 경찰관과 민간인 사망자의 대부분은 이 그룹의 폭력행위에 의한 것이다. 전투행위는 1969년부터 개시되었으나 지도부의 구성에는 그후 변화를 보여 1972년에 3인 위원회가 설치되었는데 이것이 테러 활동의 모든 권한을 장악하고 있다.

아일랜드의 국민해방군(INLA)은 규모는 작지만, 가장 과격한 그룹으로 알려져 있다. 이 그룹 최초의 멤버는 주류파와 과격파에서 떠난 자들이었으며, 1976년 국민해방군이 결성된 후에는 많은 살해와 폭력행위가 이 그룹의 소행이라고 치안유지측은 추정하고 있다. 이 그룹에 의한 가장 악명 높은 사건은 1979년 3월에 있었던 에어리 니브 의원의 암살을 위해 자동차에 폭탄을 장치한 것이다. 이 사건 후 그들은 다음과 같이 발표했다.

"니브는 아일랜드 민중에 대한 억압을 더욱 강화하도록 증오에 찬 군국주의적인 요청을 했다. 그가 죽게 된 것은 이 때문이다."

북아일랜드 장관은 이 그룹이 폭력행위를 당연한 것으로 생각하고 있으며 외국의 테러리스트 그룹과도 접촉을 갖고 있다고 국회에 보고했다. INLA는 비합법단체로 취급되어 있으므로 이 그룹 지도층의 상세한 내막은 일체 알려져 있지 않다.

알스터 지방에서 몇 년 동안 일어난 최초의 눈에 띄는 폭탄사건은, 로열리스트에 의해 일어났다. 1971년 12월 4일, 노스 벨파스트의 맥거크라는 술집에서 한 발의 폭탄이 터지는 요란한 소리가 들려왔다. 그리하여 두 어린이를 포함한 15명의 카톨릭교도가 살해되었다. 지난 15년 동안의 테러 행위는 수천 건에 달하며, 그것은 하나하나 설명할 수는 없지만 전형적인 예를 들면 다음과 같다.

1972년 2월 22일, 알더쇼트의 제16공수부대 연대본부의 사관 식당에서 IRA가 장치한 폭탄에 의해 세 명의 웨이트레스와 한 명의 정원사 그리고 한 명의 연대 군목軍牧이 사망하였고, 17명이 부상을 입었다. IRA 주류파가 범행을 저질렀다고 공언했다. 그 이전인 1월 30일 런던 텔리가에서 일어난 소요로 13명의 민간인이 공수부대에게 사살되었는데, '피를 흘린 금요일'의 보복이라는 것이었다.

1972년 3월 4일, 벨파스트의 중심가에 위치한 아바곤이라는 레스토랑에서 폭탄이 터졌다. 마침 오후의 티타임이라 혼잡했다. 대부분이 쇼핑을 나온 일반 손님이었다. 두 명의 부인이 사망하고 186명이 부상을 입었다. 이들 중에는 두 자매도 포함되어 있는데 두 여자 모두 양쪽 다리를 잃었다. 웨딩드레스를 사러 온 젊은 여성도 변을 당했다. 한쪽 팔과 한쪽 눈을 잃었다. 범행을 자백하는 그룹은 없었다.

1972년 7월 21일, 벨파스트에서 IRA의 과격파가 동시에 여러 곳에서 폭발사건을 일으켰다. 11명이 목숨을 잃고 130명이 부상을 당했다. 사망자 중에는 두 명의 경찰관도 포함되어 있었으나 사상자의 대부분은 민간인이었다. 쇼핑하러 온 손님들이 집으로 돌아가기 위해 버스를 기다리던 중에 당했다. 일반 대중의 분노도 크게 폭발했다. 이 날은 '피를 흘린 금요일'로 영원히 기억되었다.

1972년 북아일랜드의 공식적인 사망자 수는 467명으로 되어 있다. 이 중에서 343명이 민간인이고, 이 민간인 중에서 121명은 종교상의 이유로 암살되었다(카톨릭교도 81명, 신교도 40명). 부상자는 3,400명이었다.

1973년에 들어서서 IRA는 테러 활동의 범위를 영국 본토까지 확대하여 런던, 버밍엄, 맨체스터 등 대도시에서 집중적으로 감행하여 도시의 피해는 막대했다. 런던에 대한 폭파공격은 3월 8일에 시작되었다. 목표는 트라팔가 광장 근처의 육군 병무청과 올드베일리 가의 중앙형사법원이었다. 이 날에만 한 명이 사망하고 200명 이상이 부상을 입었으며 이 테러단은 체포되었다. 1973년 11월 15일, 이 여덟 명의 폭파 그룹에 대해 각각 종신형이 선고되었다. 주모자는 드라즈 프라이스와 마리안 프라이스 자매였는데 두 여자는 모두 젊고 아름다웠다. 벨파스트의 카톨릭계 교원양성기관인 세인트 메리의 학생이었다. 재판이 끝난 후 신문보도에 의하면 22세의 언니인 드라즈가 이 범죄단의 주범이며, 전에는 IRA 여단의 일원이었다고 한다. 그리고 군 정보당국은 그녀가 금요일 유혈 계획에도 참여한 사실을 알아내었다.

한편 여동생인 마리안을 상대로 하여 싸운 북아일랜드의 병사들의 말에 의하면, 그녀는 사격의 명수였다고 한다. 그때까지의 자매의 삶은 아일랜드 테러리즘의 상징이었다. 아버지 앨버트 프라이스는 IRA 활동으로 10년 이상 구금된 경력을 가진 투사였으며 그리고 숙모는 1971년 고무 폭탄으로 실명되었다.

자매는 단식투쟁을 하며 아일랜드에서 형벌을 받을 권리를 요구했다. 1975년 3월에 자매는 아이머(알스터 지방의 유일한 여성 교도소)로 이감되었다. 7년 후에 마리안 프라이스는 석방되어 벨파스트의 앤더슨타운의 자기 집으로 돌아오게 되었지만 북아일랜드 홍보담당자의 설명에 의하면 육체의 쇠약과 정신착란 상태로 말미암아 석방하지 않으면 사망할 우려가 있었다고 한다.

이 범인이 런던에 장치한 세 개의 폭탄은, 북아일랜드의 장래에 관해 영국정부가 그 지역에서 국민투표를 실시하기로 결정한 데 대한 항의의 의사표시였다. 투표 결과는 예상한 그대로였다. 신교도는 영국의 일부로 남는 쪽에 압도적으로 많은 표를 던졌다. 한편 카톨릭교도는 이 국민투표를 거부했다.

1974년 2월 4일, 요크셔 M62 고속도로에서 대형버스에 IRA가 장치한 폭탄이 폭발했다. 버스에는 영국 군인과 그 가족이 타고 있었다. 11명이 즉사하고, 14명이 중상을 입었다. 사망자들 중에는 두 내외와 남매 등 한 가족이 몰살되기도 했다.

1974년 5월 17일, 북아일랜드의 폭탄 그룹은 더블린과 국경의 모나간 시가지에서 일련의 동시다발 보복 폭탄공격을 감행하였다. 더블린에서는 저녁의 러시아워 혼잡이 최고에 이르렀을 때 여러 개의 폭탄이 갑자기 요란하게 폭발하여 23명이 즉사했다. 사망자의 합계는 30명이고, 부상자는 200명에 달하였다. '젊은 군사연합'이라고 자칭하는 새로운 테러리스트 그룹이 범행을 저질렀다고 공언했다. 신교도의 조직으로서 IRA가 알스터 지방에서 습격을 계속하면 앞으로도 보복을 계속하겠다고 경고했다.

1974년 10월에는 살레의 길포드의 주점 두 군데에 IRA의 폭탄이 장치되었다. 퍼브라이트나 알더쇼트의 근위연대 병사들이 휴가 때 자주 들리는 곳이었다. 여섯 명이 사망하고 35명이 부상했으며 IRA 과격파의 범행으로 추정되었다.

1975년의 '휴전'에 이어 이듬해에 북아일랜드에서는 다시 296건의 살인이 자행되었다. 그 대부분은 종교와 얽혀 있었다. 노스 벨파스트만 해도 50건의 종교 관련 살인이 있었다. 마리 드럼도 희생자로 쓰러졌는데 그녀는 과격파 신페인(그룹의 정치부를 대표하는 기관)의 전 부위원장이었다. 백내장과 신경증 치료를 위해 벨파스트에 입원해 있었는데 그 병실에 세 명의 살인자가 들이닥쳐 그녀를 사살했다. 알스터 의용군(UVF)이 이 범행을 저질렀다고 공언했다. '프로테스탄트 비밀결사군'이라고도 말하는 준군사조직이었다.

종교상의 분규를 대표한 최악의 참극은 1976년 1월 5일에 일어났다. 10명의 프로테스탄트 섬유공장의 종업원이 사우스 아머의 버스정류장에서 나란히 서서 버스를 기다리고 있었다. 그때 어디선가 기관총을 난사했다. 그때까지 거의 알려져 있지 않은 '사우스 아머공화국 행동대'라고 자칭하는 그룹이 신문사에 전화를 걸어 범행을 공언했다. 그 이전에 그 지역에서 일어난 다섯 명의 로마 카톨릭교도의 살해에 대한 보복으로 살해하였다는 것이었다.

1976년 7월 21에는 아일랜드공화국 주재 영국대사인 유어트 빅즈가 가렛 피츠제럴드 외무장관을 만나러 가는 길에 차에서 피살되었다. 그렌컨의 대사 관저를 나선 직후에 지뢰에 의해 차가 날아가버려 대사와 비서인 류디스 쿠크는 즉사했다. 함께 타고 있는 대사관 직원인 브라이언 카본과 운전사인 브라이언 오드리스컬은 중상을 입었다. 세 명의 남자가 도망치는 것이 보였는데 두 사람은 라이플총으로 무장하고 있었다. IRA의 각 파에서 저마다 범행을 저질렀다고 공언했지만 후에 경찰은 이 암살은 IRA 과격파의 소행으로 보인다고 발표했다.

9월 1일, 아일랜드 의회 양원은 라이엄 코스글레이브 수상의 비상사태 선언 요청을 승인했다. 아일랜드공화국에서는 제2차세계대전이 일어난 후 최초의 비상사태였다. 그리고 IRA의 용의자를 기소할 여건이 조성되지 않아도 7일 동안 구류할 수 있는 권한을 경찰에 부여하고, 테러에 대한 형벌을 강화하는 법안을 가결시켰다.

1976년, 알스터 지방의 사망자 수는 영국군 14명, 로열 알스터 경찰대원 24명, 알스터 방위연대 15명, 민간인 243명이었다.

테러활동에 의해 1977년에 살해된 인원수는 111명(이 중에서 68명이 민간인)으로 줄었으나, 선전포고 없는 전투는 계속되었다.

1978년 2월 17일, IRA 과격파는 벨파스트의 신교도 지구의 카슬레이에 있는 루몬이라는 레스토랑을 불태워 12명이 불타 죽고, 30명이 화상을 입었다. 가솔린이 들어 있는 5갤런들이 깡통에 고성능 폭발성 총탄을 쏘아대었다. 손님의 대부분이 어린이였던 복작거리던 레스토랑이 화염에 휩싸였다. 사건의 동기는 경찰이 승리를 거두고 있다는 정부의 발표에 타격을 가하기 위한 것으로 추정되었다.

폭력이 다시 고개를 들기 시작한 후에 테러리스트에 의한 최악의 사건은, 런던의 한복판에서 일어난 두 건의 폭발이었다. 1982년 7월 20일의 일이었다. 11명의 군인이 사망하고 군인과 민간인을 합쳐서 51명이 부상당했다. 그리고 기병대의 7필의 승마가 즉사했거나 폭탄의 파편으로 중상을 입어 약을 먹여 죽이지 않을 수 없게 되었다. 동물을 좋아하는 영국인은 크게 분개하고 비통하여 반발했다. 이 폭발을 세프턴 사건이라고 불렀는데 중상을 입었으나 회복되어 의전용儀典用으로 다시 사용된 말의 이름에서 따온 것이었다.

사건의 경위는 이러했다. 근위의장대의 기마대가 하이드 공원의 남쪽 보도를 따라 경쾌한 걸음걸이로 지나가고 있었다. 근위기병여단의 퍼레이드 호위병과 교체하기 위해서였다. 그때 최초의 폭탄이 요란하게 폭발했다. 대장인 안소니 데일리 중위가 즉사했다. 23세로 신혼여행에서 막 돌아왔을 때였다. 대원인 사이먼 티퍼도 즉사했다.

중상을 입은 나머지 두 사람도 병원에서 사망했다. 그들을 살해한 폭탄은 11.4킬로그램의 게리그나이트로 살상력을 증가하기 위해 15센티미터와 10센티미터의 못 13.6킬로그램이 외벽을 빽빽이 휘감고 있었다. 이것을 서 있는 차에 장치하고 기병대가 지나갈 때 원격조작으로 폭발시켰다. 이런 종류의 의식은 제 시간에 정확하게 항상 거행한다. 그러므로 IRA는 최소의 위험부담으로 사전에 습격을 계획할 수 있었다.

제2의 폭탄은, 로열 그린자켓 군악대가 리전트 공원 근처에서 야외음악회를 연주하는 중에 터졌다. 밴드 지휘자인 데이비드 리틀이 최초의 폭발에 대해 알게 된 것은 콘서트가 시작되기 한 시간 전이었다. 그는 리전트 공원의 야외음악당으로 달려가 그 일대를 자세히 살펴보았다. 이상하게 생각되는 점은 전혀 없었다. 단원에게도 살펴보게 하고 특히 청중이 놓고 간 보자기 등을 자세히 검열하고 나서 연주를 시작했다.

그런데 그 직후에 큰 폭발이 일어났다. 폭탄은 관람석 아래에 장치되어 있었다. 일곱 명의 단원이 죽고, 단원과 청중 양쪽에 많은 부상자가 생겼다. 일곱 명의 시체는 처참한 지옥 그대로였다. 검시관인 폴 나프만 의사는 보도관에게 당분간 각각의 시체와 개인 이름을 결부시키는 것을 피하도록 요청했다. 가족들의 충격을 조금이라도 덜어주기 위해서였다.

그후의 수색에서 리전트 공원의 연못에서 소형 가방이 발견되었다. 거기에는 도끼 하나, 플라스틱 폭발물, 굵은 못이 많이 들어 있었다. 니트로글리세린이 들어 있던 흔적도 보였다. 런던 경시청 테러취조국의 윌리엄 허클스비 국장은 만일 이 굵은 못을 사용했더라면 더 많은 청중이 목숨을 잃었을 것이라고 말했다(범인 일당은 톱으로 마루 판자를 자르고, 그 밑에 폭발물을 장치했으나, 굵은 못을 그 주위에 부착시킬 공간이 없었으므로 폭탄의 존재를 의심받을 그 밖의 기구류와 함께 연못에 버린 것으로 추정되었다).

1982년 12월 7일, INLA의 테러 집단은 북아일랜드의 런던데리 근처인 보리켈리에 있는 드로핀 웰 인이라는 집회장소에서 6.8킬로그램의 게리그나이트 시한폭탄을 천정을 받치는 들보에 부착시켰던 것이다. 폭발에서 살아남더라도 머리 위에 천정이 무너져내려 짓눌러 죽이는 무자비한 장치였다. 체샤이어 연대 소속인 11명의 병사와 네 명의 젊은 여성을 포함한 16명이 사망했으며 부상자는 66명에 달했다. 부상자의 일부는 중상을 입었고, 몇 사람은 손발을 잃었다. 두 사람은 마비상태로 평생을 보내야만 했다. 크리스마스 전날 밤에 술집에서 디스코를 추고 돌아온 약 150명의 그룹이 당한 참사였다. 대부분이 병사와 그들의 아내가 아니면 여자친구였다.

현장에서 약 130킬로미터 떨어진 하틀랜 월프 조선소에서 대형 크레인을 운반해 왔는데 생존자의 구출을 방해하는 콘크리트 덩어리를 제거하기 위해서였다. '믿기 어려운 광경'이라고 쓴 신문도 있었다. 기왓장에 깔린 희생자의 신음소리와 부상자가 외치는 울부짖음으로 현장이 떠들썩했다.

아니러니컬하게도 보리켈리는 신교도와 카톨릭교도가 뒤섞여서 두 종파가 조화를 이루고 있는 모범 지구로 알려져 있었다. 양쪽 교도가 함께 구출작업에 나섰다. 북아일랜드 제임스 프라이어 차관은 이 사건을 '무자비한 학살, 북아일랜드에서 있었던 최악의 야만 행위'라고 비난했다.

이튿날 〈데일리 텔레그래프〉는 다음과 같이 보도했다. "IRA 과격파는 앞으로 20년 동안 전투를 계속할 용의가 있으며, 영국 본토와 북아일랜드의 양쪽 모두에게 공격을 계속하겠다고 언명했다."

1983년 1월 16일, 믿음이 깊은 기독교도들을 전율케 하는 사건이 일어났다. IRA의 암살대가 벨파스트의 세인트 브리제트 교회에서 미사를 끝내고 밖으로 나온 윌리엄 도일 판사를 암살한 것이다. 판사가 동행한 부인을 차에 태우려고 문을 여는 순간, 권총을 든 두 젊은 남자가 가까운 거리에서 발사했다. 부인은 복부를 맞아 중상을 입었고, 판사에게는 여러 발의 총탄을 난사했다. 모임 중에는 의사 세 명이 있었는데 (벨파스트에서 의사는 언제나 비상사태에 대비하여 응급 조치용과 호흡용의 기구를 휴대하고 있었다) 그들은 이 기구로 판사의 목숨을 살리기 위해 최선을 다했다. 그러나 뜻을 이루지는 못했다.

방금 미사를 주재했던 사제가 이번에는 장례를 주재하였다. IRA과격파가 범행을 공언했다. 그들은 윌리엄 도일 판사는 영국측 억압 점령기구의 중심 멤버였기 때문에 처형했다고 주장했다. 도일 판사가 카톨릭교도였던 것은 이 사건과 관계가 없다고 덧붙였다.

전통적으로 프로테스탄트 숫자가 압도적인 북아일랜드에서는 일정한 비율로 카톨릭교도의 판사가 임명되었다. 법적인 보호조치였다. 도일 판사의 살해는, IRA의 과격파와 INLA 모두가 전부터 정식 공격목표로 선언한 법관 중의 한 사람이었다. 그 이전의 희생자로는 로저 코나한 판사와 마틴 맥버뉴 판사가 있다. 모두 1974년 9월 16일에 가족이 보는 앞에서 암살되었다. 두 사람을 살해한 이유는 '영국 편에 협력했다'는 것이었다. 또 한 사람 윌리엄 스톤튼 판사는 아이를 학교에 데리고 가는 도중에 암살되었다.

피로 물든 폭탄 테러 박멸 캠페인

— 1975년 런던의 IRA 폭탄 공격과 발콤가의 갱 두목

• 브라이언 파스칼 키난(영국)

《기네스북》의 공동 편집자인 로스 맥워터는 정치적인 야심으로 가득 찬 전투적인 저널리스트로서, IRA에 대해서는 가차없이 비판을 퍼붓는 적이었다. 1975년 11월, IRA는 휴 프레이저 하원의원의 폭살을 계획하였으나 실수를 해서 그 이웃인 고든 해밀턴 페리를 폭탄으로 살해했는데 그는 암 전문의였다. 맥워터는 이 직후에 '폭탄 테러 박멸 캠페인'을 전개했다. 그는 이 무렵에 일련의 폭탄사건으로 여덟 명의 민간인을 죽이고, 약 200명에게 부상을 입힌 IRA의 살인자를 잡은 자에게 5만 파운드의 현상금을 제공하겠다고 제의했다. 또한 그는 '셀프 헬프' 운동의 지도자기도 했다. 테러리즘을 국가에 대한 반역죄로 간주하고 사형제도를 도입하여 영국에 거주하는 모든 남아일랜드인을 등록제로 할 것을 목적으로 하는 조직이다. 이런 활동으로 자기에게 어떤 운명이 기다리고 있는지 그는 어느 정도 각오를 하고 있었던 것 같다.

"나는 언제나 생명의 위험을 느끼고 있다"고 말하면서 이렇게 덧붙

였다. "IRA의 암살자 리스트에 내 이름이 틀림없이 올라 있을 테지."
이것은 사실이었다. 손에 총을 든 두 사람의 살인자가 엔필드의 비레지
레인의 그의 자택 정원 숲속에 숨어들었다. 부인이 현관 앞 주차장에
자동차를 주차시키고 집을 향해 걸어가자 부인을 맞이하기 위해 맥워
터가 현관문을 열었다. 그때 집 안의 조명에 드러난 그의 실루엣을 향
해 살인자들은 총을 마구 쏘았다. 총탄이 그의 머리와 가슴에 명중하여
병원에 후송된 직후에 그는 숨을 거두었다. 맥워터 부인은 가벼운 상처
만 입었고 살인자들은 차로 도망쳤다.

이 차는 나중에 현장에서 약 10킬로미터 떨어진 토텐하임에 방치한
채로 발견되었다. 이 시카고형의 암살은 무자비한 수법과 면밀한 계획
으로 일반 대중들에게 큰 충격을 주었다. 살인죄에 대하여는 사형을 부
활시키라는 요구가 국회 주변에 다시 고조되기 시작했다.

그 사건 직후에 4인조 IRA 갱이 체포되었다. 12월 6일, 그들은 메이
페어의 스코츠라는 레스토랑의 앞을 차로 달리면서 기관총을 난사했
다. 런던 경시청은 대기시켰던 전력을 총동원하여 메릴본의 발콤가 맨
션으로 그들을 추격하여 한 주택 안에 몰아넣었다. 갱들은 이곳에서 존
매슈라는 중년 부부를 인질로 잡고 버티자, 경찰은 이 주변을 즉시 봉
쇄했다. 4인조 테러리스트는 6일 동안 저항했으나, 12월 12일 드디어
기진맥진하여 항복하고 매슈 부부를 풀어주었는데 다행히 이들 부부는
무사했다. 런던 경시총감 로버트 마크경은 후에 회고록에서 다음과 같
이 쓰고 있다.

"그들을 포위하고 있는 동안에 우리는 미리 기대하고 있던 중요한 지
문을 입수할 수 있었다. 당시에 우리는 'Z' 라는 인간의 존재를 확실히

파악하고 있었다. 이 인간은 폭탄공격이 시작되기 훨씬 전에 표면상으로는 아일랜드에서 '매장된 것'으로 되어 있었다. 그러므로 그는 '존재하지 않은 인간'으로서 잉글랜드에 올 수 있었다."

체포된 것은 마틴 오커너, 해리 다건, 에드워드 버틀러, 휴 도허티 등 네 명이었다. 모두 20대 중반의 테러리스트로서 이 4인조가 자백한 정보에 의해 경찰은 폭탄제조공장을 런던에서 두 군데, 리버풀에서 한 군데 적발했다. 그곳을 수색하자 막 시작하려던 크로스워드 퍼즐이 있었는데 그것으로부터 지문을 채집했다. 그 지문은 'Z'가 그곳에 있었다는 것을 보여주었다. 조사결과 벨파스트 출신의 브라이언 키넌으로 밝혀졌는데, 테러리스트의 실전부대 지휘자로서 39세며 런던 폭파공작의 주모자였다.

1977년 2월 10일의 재판에서 발콤가의 갱단은 아홉 명의 살인과 200명의 상해에 대한 죄목으로 심문을 받게 되었다. 그들의 야만행위에 의한 희생자 중에는 고든 해밀턴, 페어리로저 고드 형사(경찰의 폭탄처리 전문가), 런던 힐튼 폭파사건으로 생긴 두 명의 사망자와 63명의 부상자 그리고 웨스트엔드 지구 레스토랑의 폭파에 의한 희생자가 포함되어 있었다. 오커너와 다건과 버틀러에게는 종신형을 포함한 중형이 선고되었다. 도허티에게는 살인에 대해 11회의 종신형, 교살에 대해 21년의 징역, 테러 행위에 대해 20년이 5기와 18년이 1기인 중형이 선고되었다. 칸틀레이 판사는 자신도 IRA의 협박을 받고 있는 처지였으나 네 명의 범인은 적어도 30년 동안은 교도소에 유치할 것을 권고했다.

피고석에서 일어나며, 범인 중 한 사람이 외쳤다. "IRA 프로보 만세."

또 한 사람은 그 범인에게 V 자 사인을 보냈다. 판사가 말했다.

"나는 지금까지 자기 자신을 병사라고 칭하는 범인을 다루어왔어요. 무장도 하지 않는 사람을 사살하고, 의심도 하지 않는 여성을 죽이고 레스토랑의 창문에 기어올라가 폭탄을 던지고 도망쳤지요. 그런데 나는 참으로 훌륭한 사람들을 찬양하고 싶어요. 무장도 하지 않고 이 범인들을 추적한 경찰관들, 장치한 폭탄을 안전하게 처리하기 위해 생명의 위험도 돌보지 않은 비돌 소령, 앤더슨씨, 콜 대위 등의 폭탄처리 전문가들 말입니다."

여섯 명의 자녀를 둔 키넌은 1979년 3월까지는 체포되지 않았다. 그러나 그가 체포된 것은, 북아일랜드의 다운주로 아일랜드 국경과 잉글랜드에서 실시된 테러방지 공동작전의 성과였다. 키넌은 자기의 혐의에 대해서는 증거가 희박하다고 대수롭지 않게 생각했다. 그는 3년 전에 리버풀의 폭탄제조공장에서 런던 경시청이 사건의 열쇠가 되는 지문을 채집한 것을 전혀 모르고 있었다. 재판을 기다리고 있는 동안에, 경찰은 그에게 심심풀이로 해보라고 말하면서 크로스워드 퍼즐을 몇 개 제공했다(그는 크로스워드 퍼즐을 무척 좋아했다). 양쪽의 필적은 감정 전문가에 의해 일치한다는 것이 확인되었다. 이것으로 경찰은 1975년의 폭파공작과 키넌을 연결하는 실마리를 확실히 입수했다. 당시에 테러방지를 담당한 경찰간부의 한 사람은 이렇게 말했다.

"이보다 더 큰 수확을 얻기는 어렵지. 프로보에도 그의 바턴을 이을 자는 당분간 없을 겁니다."

1980년 6월 25일, 중앙형사법원의 배심원은 생명을 위협하는 폭파의 공모와 무기 불법 소지의 음모 혐의로 10 대 2의 거수에 의해 키넌에게 유죄판정을 내렸다. 그는 재판에서 18년의 징역을 선고받았다.

3 사회병리와 살인

고교생과 산탄총

— 같은 반 친구를 죽이고 자살한 10대

• 로버트 풀린(캐나다)

18세의 로버트 풀린은 오타와의 윌링턴 드라이브에 있는 부모의 집 반지하방에서 살고 있었다. 병원에서 급식을 담당하고 있는 영양사인 어머니 메리 풀린이 오후에 집에 돌아와 보니 반지하방에서 연기가 나고 있었다. 그녀가 소방서에 전화를 걸어 소방차가 도착했다. 산소 마스크를 쓴 두 명의 소방관이 반지하방으로 들어갔다.

그곳에서 그들이 목격한 것은 침대에 묶인 채 불에 타죽은 반쯤 옷이 벗겨진 시체와 시체 주위에 쌓여 있는 불에 탄 책과 잡지 등이었다. 타죽은 여자는 왼쪽 손목이 침대 기둥에 묶여 있었다. 검시한 결과 희생자는 칼에 찔려 죽은 다음, 성폭행을 당한 것으로 판명되었다. 여자는 17세인 킴 라보트로 근처에 살고 있는 스리랑카 사람의 딸이었다. 로버트 풀린은 이 여자에게 너무나 반해 있었다.

소방관이 반지하방에 들어갔을 무렵, 로버트 풀린은 다른 곳에서 죽음을 앞두고 있었다. 반지하방에 불을 지른 그는 윈체스터의 펌스 연사식連射式 12게이지 산탄총을 들고 세인트 피우스 10세 고교로 갔다. 그는 그 학교의 모범생이었는데 오후 2시 20분, 교실로 들어가 총을 쏘기 시작했다. 순식간에 일곱 명의 학생이 총탄에 맞았다(다행히 죽은 학생은 없었다). 누가 문을 발길로 차서 닫자, 바깥 복도에서 총소리가 들려왔다. 복도로 나간 베더드 신부의 눈에 보인 것은 얼굴이 반쯤 떨어져나간 시체였으며 옆에 산탄총 탄환이 흩어져 있었다.

경찰은 풀린의 반지하방에서 많은 포르노 잡지를 발견했다. 하드코어의 사진과 포르노 책도 많이 쌓여 있었다. 공기를 넣어 부풀리는 고무제품 섹스 인형도 있었으며 일기장도 발견되었는데, 여기에는 살인을 하게 된 과정이 상세히 기록되어 있었다.

1975년 4월 7일에는 다음과 같이 기록되어 있었다.

"두 주일 전에는 몹시 숨이 막힐 것 같아서 자살을 생각했다. 그러나 어느 계집애와 성교를 즐겨보기 전에는 자살할 생각이 없다. 그래서 잡지 〈갤러리〉에 나와 있는 광고를 보고 모델걸을 주문하기로 했다. 이 근처 어두운 길에서 이것으로 계집애를 위협하여 겁탈해야지. 아버지의 보이스카우트용 나이프를 오른쪽 발목에 붙들어매야 해. 만일 계집애가 큰소리로 떠들어대면, 그것으로 찔러죽일 거야. 어차피 나는 자살할 텐데 잃을 게 뭐가 있겠어."

같은 날에 다음과 같이 쓴 기록도 보였다.

"최근에 고서점에 가서 지금까지 나온 〈플레이보이〉 잡지를 모두 사왔다. 토요일에는 다시 가서 다른 잡지도 샀다. 〈나게트〉도 두 권 있었다. 그 한 권의 표지 안쪽에 인형 광고가 나와 있었다. 실제의 몸 크기와 같은 여자아이 인형으로 살아 있는 사람처럼 성기도 달려 있었다.

전자 장치인 바이브레이터(진동 성기구)도 달려 있었다. 값은 29달러 59센트여서 사기로 결심했다. 계집애를 겁탈할 필요가 없게 되었는데 꼭 자살해야 할지 어떨지 알 수 없다."

얼마 후에는 이렇게 쓰고 있다. "주문한 인형이 도착했다. 크게 실망!"

사건을 일으키기 7주일 전의 일기에는 다음과 같이 쓰여 있었다.

"학교에는 친구가 되고 싶은 여자아이가 몇 명 있다. 그러나 그 애들 앞에 가서 친구가 되자는 말을 부끄러워서 도저히 할 수가 없다. 여자에 대한 공포심을 이겨야지."

12세 때 세번째 딸이 태어나자 로버트 풀린은 반지하방을 차지하게 되었다. 이리하여 그는 전형적인 고독한 소년이 되었다. 아버지는 캐나다 공군에 근무한 경력이 있으므로 자기 아들은 스포츠를 좋아하는 평범한 청년으로 자라기를 바라고 있었으며 군대의 입대도 권했다.

사건을 일으키기 며칠 전에 로버트는 사관후보생 시험에 불합격이 되어 몹시 낙심했다. 10월 19일, 아침 8시 조금 전에 킴 라보트와 13세의 동생 존은 로버트 풀린의 집에서 몇 구역 떨어져 있는 버스 정류장에서 버스를 기다리고 있었는데 그때 로버트 풀린이 다가와서 자기 집에 가지 않겠느냐고 유인했다. 보여주고 싶은 것이 있다고 하여 그녀는 그를 따라갔다. 아마도 그의 감정을 상하게 하고 싶지 않았기 때문일 것이며, 로버트의 어머니는 8시 15분에 그가 집으로 들어오는 소리를 들었다.

그는 킴을 성폭행하고 죽인 다음 머리에 플라스틱 주머니를 씌우고 10시경에 위층에 올라가 어머니에게 땅콩버터 샌드위치를 만들어 달라고 부탁했다. 그리고 어머니가 외출하자 11시 반까지 거실에 앉아 텔레비전 퀴즈 쇼를 보고 있어서 어머니는 아들에게서 평소와 다른 점을 찾아볼 수 없었다고 경찰에게 말했다.

그후의 조사에서 알게 된 일이지만, 로버트 풀린은 가족에게 깊은 증오심을 품고 있었는데 특히 아버지를 미워했다. 가족을 모두 죽여버릴 생각까지 했다고 한다. 일기에는 가족을 몰살할 계획을 세웠으나 가족에게 죽음의 '지옥'을 경험하게 하고 싶지 않다고 쓰여 있었으며 그 대신 그는 집을 불질러버리는 쪽을 택했던 것이다.

나이프를 갖고 있는 순진한 아이들

— 빈을 2개월 동안 공포로 몰아넣은 10대의 갱두목

• **만프레드 토루바**(오스트리아)

1974년 6월 28일, 한 주부가 빈의 시청 근처 거리 모퉁이를 돌다가 나이가 지긋한 남자가 쓰러져 있는 것을 발견했는데 얼굴은 피투성이었다. 요한 쿤이라는 이 남자는 비장 파열로 죽어 있었다. 갈비뼈가 몇 대 부러져 있었고, 뒤통수에는 찢긴 상처가 있었다. 이것은 쓰러진 후에 발길에 채인 것을 의미한다.

빈 경찰은, 이 남자가 2주일 동안에 이런 습격사건을 계속해서 일으키고 있는 젊은 3인조에 의한 희생자로 짐작했다. 전에는 70세의 할머니를 때려서 쓰러뜨리고 의식을 잃을 정도로 발길로 차고 내의를 찢었다. 그러나 강간은 하지 않았다. 또 한편 나이가 지긋한 남자를 때려서 쓰러뜨리고 돈과 손목시계를 빼앗은 적도 있었다. 그러므로 요한 쿤은 세번째 희생자였다.

7월 4일, 무법자 일당은 20세의 젊은 여성을 둘러싸고 숲속으로 끌고 갔다. 그녀가 도망치려고 하자 한 사람이 나이프를 꺼내어 그녀의 귀를 잘랐고 귀는 절반쯤 찢겨 나갔다. 그녀가 겁이 나서 옷을 벗자 우두머리는 벌렁 드러눕고 자기 위에 그 여자를 태우고 성교를 했다. 다른 두 남자도 같은 짓을 했다. 비명소리를 듣고 경찰관이 뛰어가자, 무법자 일당은 그녀에게 발길질을 하다가 도망쳤다.

그녀의 말에 의하면 세 사람 모두 품위 있고, 옷차림도 깨끗하여 순진한 아이들로 보였으며 정말로 어려 보였다고도 했다.

연장자에 대한 강탈은 계속되었으나 다행히 중상자는 없었다. 7월 13일 밤, 한 유고슬라비아인 건설 노동자가 동료와 술을 마시고 헤어진 뒤 집으로 향하고 있었다. 그때 무법자 멤버인 미러 그로즈닉이 그 남자가 혼자라는 것을 알아차렸다. 그들의 폭행으로 캐리어 라미스는 길가에 쓰러졌는데 얼굴의 코는 문드러졌다. 경찰조사 결과 스물일곱 군데를 칼에 찔린 것으로 판명되었으며 이 살해사건 전후에 젊은 3인조 남자들이 목격되었다.

8월 7일 오후, 젊은 여성이 아우스가르텐 공원에서 젊은 3인조 남자들에게 에워싸여 강간을 당했다. 그녀의 증언 덕에 또다시 그 '순진한 아이들'의 소행이라는 것을 알게 되었다. 이것으로 그들의 범행은 두 건의 살인, 두 건의 강간, 18건의 강탈로 판명되었다. 그들은 이 여성에게도 공원에서 폭행하는 것만으로는 만족하지 않고 한 시간이 지나도록 그녀에게 고통과 굴욕을 주었다. 주위에 사람이 있었기 때문에 그들은 나이프로 그녀를 위협하여 조용히 하도록 강요했다. 장소가 좀더 한적한 곳이었다면 그녀는 살해되었을지도 모른다고 경찰에서는 추측했다.

다음 3주일 동안에 다시 네 건의 강탈사건이 발생했다. 8월 30일 오후 4시 반경, 나이 든 미망인이 인적이 없는 뒷골목을 걸어갈 때 세 사람의 젊은 남자가 나타났다. 그 중 한 남자가 그녀의 머리를 때려 부인은 화가 났다. 핸드백으로 그 남자의 얼굴을 갈기고, 그를 때려눕혀 발로 마구 걷어찼다. 그녀는 이어서 다른 남자의 가랑이 사이를 무릎으로 차서 땅바닥에 눕혔고, 또 한 남자의 얼굴을 손톱으로 긁었다. 그러자 다른 두 남자는 도망쳤다. 쓰러져 있던 남자가 일어나려고 하자 그녀는 그의 얼굴을 다시 한 번 걷어찼다. 그 무렵에 경찰이 달려왔는데 그들은 드디어 '순진한 아이들'의 주모자를 붙잡은 것을 알아차리고 무전으로 지원을 요청했다. 도망친 두 아이도 추적해 체포했다.

이 두 사람은 17세의 피터 필립 리포비츠와 19세의 발터 바르너였다. 화가 난 미망인에게 얻어맞고 쓰러진 주모자는 17세의 만프레드 토루바로 밝혀졌다. 토루바가 소지하고 있던 고기를 자르는 칼을 검식한 결과 캐리어 라미스를 살해한 나이프라는 것이 입증되었다. 미성년자에 대한 오스트리아의 법률에 의해 세 사람의 무법자는 잠시 교도소에 들어가 있었을 뿐이었다.

무법자들을 혼자서 맨주먹으로 해치운 부인은 나이가 68세였다.

런던 암흑가의 쌍둥이 갱

―살인으로 30년 형기가 선고된 런던의 유명한 쌍둥이 갱

- **레이널드 클레이**(영국)
- **로널드 클레이**(영국)

로널드 클레이와 레이널드 클레이는 1933년 10월에 런던의 이스트 엔드에서 태어났으며 학교에서는 싸움을 잘하기로 유명했다. 두 사람은 모두 10대에 프로권투선수로 활약하다가 코벤트 가든의 나이트클럽에서 보디가드가 되었다. 그들은 각종 흥행사로부터 개런티를 받을 정도로 인기가 있어 '그린 드래건'이라는 마일엔드 거리의 당구 클럽에서는 '배당을 감쪽같이 가로채는' 정도가 되었다. 그들은 점차 거친 행동으로 울리치에서 도심까지 런던 전체의 암흑가에서 판을 치는 거물급이 되었다.

1956년의 어느 날, 로널드 클레이는 동료 두 사람을 데리고 스페니의 브리타니아라는 술집으로 뚜벅뚜벅 걸어들어가 텔렌스 마틴이라는 남자에게 다가가서 큰소리로 외쳤다.

"이봐, 밖으로 나가. 내 말 안들으면 여기서 죽여버릴 테야."

많은 사람들 앞에서 그들은 마틴을 주먹으로 때리고 발길로 차고 폭

행했다. 그리고 클레이의 동료 중 한 사람인 로버트 람제가 칼로 그를 찔렀다. 그들은 현장에서 체포되어 로버트 람제는 7년형, 나머지 두 사람은 3년형이 선고되어 교도소에 수감되었다.

윈체스터 교도소에서 로널드 클레이는 정서불안이라는 진단을 받고, 엡슨의 정신요양소로 송치되었다. 어느 날 그곳에 쌍둥이 형제인 레이널드가 면회를 왔다. 다른 면회인과 함께 요양소에서 나온 것은 로널드였다. 그후에 수감자는 자기가 레이널드며, 로널드가 아니라고 말하면서 요양소에서 나가겠다고 우겼다. 사건이 보도되자 어떤 신문 관계자가 로널드에게 자수하도록 설득했다. 그리하여 로널드는 다시 요양소로 들어갔다.

1959년 봄 로널드가 석방되자, 그들은 형제가 공동으로 경영하는 사업을 시작했다. 런던 구시가지의 중심인 보우에 더블 R클럽을 개업했다. 두 사람의 머리글자를 따서 롤스로이스의 상표를 모방한 것이다. 나이트브리지 교외에도 웨스트엔드풍의 에스메랄더즈 반이라는 나이트클럽 겸 레스토랑을 개점했다. 연예인 관계자나 정치가 등이 단골이 되어 상당히 유명해지기도 했다. 그러나 결국에 그들이 흥청망청 선심을 쓰는 바람에 이 레스토랑은 망하고 말았지만 이스트엔드에서 문을 연 켄터키클럽은 성공을 거두었다.

한편 그들이 접촉하게 된 저명 인사나 친구들의 눈에는 클레이 형제는 폭력과는 인연이 먼 매력적인 지식인으로 보였다. 그러나 그들과 감정충돌이 있었던 사람들은 그렇게 생각지 않았다. 어떤 사람이 로널드의 어깨에 손을 얹고, "꽤 살찐 것 같군" 하고 농담삼아 말하자 그 사람은 영문도 모른 채 얼굴에 난도질을 당해 70바늘이나 꿰매야 했다. 또

한 그들은 자기들을 속이고 있지 않나 하고 의심이 가는 사람의 발을 권총으로 쏜 적도 있었다. 그들의 사촌동생이며 부하인 로널드 하트는 이렇게 말했다.

"두 사람은 사납기가 깡패의 눈에도 지나치게 보였어요. 아무것도 아닌 일에도 면도칼로 사람의 얼굴을 긋기도 했어요."

사람을 권총으로 쏘고 나서 레이널드 클레이는 하트에게 말했다.

"언젠가 너도 해봐. 후련한 느낌이 들어."

1965년에 레이널드 클레이는 소꿉친구인 프란시스 쉬이와 결혼했지만 이 결혼은 처음부터 파멸로 가고 있었다. 허니문의 여행지인 아테네에서 그는 신부만 방에 남겨둔 채 방문을 잠그고 밖으로 술을 마시러 갔다. 그녀는 한 번도 사랑을 나눈 적이 없었다고 말했다. 다시 말하면 성행위가 한 번도 없었다는 것이다. 2년 후 이혼한 그녀는 곧바로 수면제로 자살했다.

클레이 형제가 남에게 돈을 요구한 행위로 붙잡혀 기소된 것은 1965년이었다. 두 사람은 보석이 인정되지 않았는데 "검찰측의 증인에게 폭행할 가능성이 있다"는 것이 이유였다. 로널드 클레이를 두어 번 만난 적이 있는 브즈비경卿이, 재판을 하지 않고 클레이 형제를 구류한 기간에 대해 하원에서 질문을 하여 정계에 적지않은 파문을 일으켰다. 그리하여 90일 동안 두 차례의 재판 끝에 클레이는 무죄 석방되었다.

런던에서 클레이 형제의 강한 라이벌은 리처드슨 형제인 에디와 찰스였다. 이들은 템스강의 남부에서 범죄조직을 점점 확대하고 있었다. 이 라이벌 갱의 주요 멤버들은 서로 경멸 이외의 어떤 감정도 갖고 있지 않았다. 리처드슨 형제의 심복으로, 조지 코넬이라는 다루기 어려운

자가 있었는데 로널드 클레이는 특히 이 남자를 미워했다. 그를 가리켜 공공연하게 호모라고 비웃으며, 그의 친구 아버지에게 두 사람이 호모 사이라는 것을 밀고하기도 했다.

1965년 3월경, 리처드슨 일가의 간부들은 거의 모두 체포되었는데 코넬만이 체포를 모면한 유일한 거물이었다. 3월 6일 저녁에 코넬은 베스날 그린 지구에 있는 술집 블라인드 베거로 들어갔는데 그곳은 클레이 형제 세력권의 한복판이었다. 로널드 클레이는 이곳에서 몇백 미터 떨어진 테프가의 라이언이라는 술집에서 이 소식을 전해 듣고 존 발리라는 부하를 데리고 곧 술집에서 나왔다. 오후 8시 반에 두 사람은 블라인드 베거 술집으로 뚜벅뚜벅 걸어들어갔고 발리가 경고하기 위해 천정에 대고 총을 쏘았다. 그러고 로널드 클레이도 권총을 꺼내 코넬의 오른쪽 눈 위를 쏜 후 두 사람은 유유히 술집을 나왔다.

로널드가 코넬을 사살한 것이 알려지자, 레이널드는 이렇게 말했다.

"코니, 그 녀석 여간 아니야."

코미셀가의 경찰서에서 로널드 클레이는 취조를 받았으나, 사건에 대해서는 아무것도 모른다고 잡아뗐다. 그 직후 이 사건으로 특별 소집된 기자회견에서도 그는 같은 부정을 되풀이했다. 이스트엔드의 모든 사람이 조지 코넬을 죽인 것은 '대령(로널드의 별명)'인 것으로 알고 있었다. 그러나 사건 당시 술집에 있었던 사람들은 사살사건 같은 것은 보지 못했다고 말했다.

조지 코넬의 사살에는 목적이 있었으며 로널드 클레이는 법률을 초월한 존재였다. 그를 거역하면 어떤 무자비한 운명이 찾아올지 알 수 없다는 것을 런던 암흑가에 강하게 주지시키기 위해서였다.

그 후 몇 달이 지났으나 그를 체포하려는 움직임은 전혀 찾아볼 수 없었으며 사실 그는 법률을 초월해 있다는 느낌마저 들었다. 이때부터 로널드 클레이는 하트에게 너도 사람을 죽여보라고 선동하기 시작했다. 하트는 노만 루커스 기자에게 이렇게 말했다.

"그는 사람 죽인 것을 자랑하고 있었어요. 그러면서 레이널드에게 '너는 언제 사람을 죽일 거야?' 하고 언제나 선동했지요."

클레이 형제는 거의 닥치는 대로 상대를 택했다. 잭 맥비티라는 보잘 것없는 깡패가 있었는데 별명은 '해트(모자)'라고 했다. 그는 대머리를 감추기 위해 언제나 모자를 쓰고 있었기 때문이다. 그가 전에 클레이 형제를 욕하고 다닌다는 말을 들은 적이 있어 그를 제물로 삼을 작정이었다.

1967년 10월 28일, 클레이 형제는 몇몇 부하를 데리고 해크니의 리전시 재즈클럽으로 쳐들어갔는데 그곳은 그들의 영역 안에 있는 유흥오락시설의 하나였다. 그들은 그곳 경영자에게 "이곳에서 잭을 죽이려고 하는데 괜찮겠지?" 하고 물었다.

경영자는 그것만은 자제해 달라고 말하자 딴 곳에서 해치우기로 했다. 아는 여자로부터 가까이 있는 스톡 뉴인톤 지하실을 빌려 준비를 했다. 그러고는 램브리아느라는 이름의 두 형제를 클럽에 남겨놓고, 나중에 잭 맥비티를 '파티'에 데리고 오라고 지시했다.

맥비티가 지하실로 들어오자, 레이널드 클레이는 그를 벽으로 밀어붙이고 그의 머리에 권총을 대고 방아쇠를 잡아당겼으나 탄환이 나오지 않았다. 놀란 맥비티가 사납게 저항하자 다른 사람들이 주먹으로 그를 때렸다. 레이널드는 다시 한 번 맥비티의 머리에 권총을 대고 방아

10대 때의 클레이 형제

쇠를 당겼는데 이번에도 허탕이었다. 그는 혀를 차면서 권총을 버렸다. 그러자 부하 한 사람이 그에게 고기 써는 칼을 넘겨주었다. 그는 그 칼로 맥비티의 얼굴을 난도질하고 나서 배를 찔렀다. 그때 옆에 있던 로널드 클레이가 외쳤다.

"기운 내, 레디. 죽여야 해."

레디는 맥비티의 목을 칼로 찔렀다. 칼을 목에서 뺀 후 그 칼을 마룻바닥에 꽂았다.

시체는 홑이불에 감아서 차로 운반했다. 클레이 형제보다 위인 찰스라는 형을 불러 시체를 처분하라고 시키자 그는 시체를 프레디 포만이라는 남자에게 운반시켰으며 그후 시체와 차는 발견되지 않았다.

프레디 포만은 그때 이미 클레이 형제를 위해 살해를 거들었던 것으로 후에 판명되었다. 1966년 크리스마스 직전에, 프랭크 미첼이라는 머리가 조금 둔한 남자(별명은 '미치광이 도끼 남자'이다)가 다트무어 교도소에서 한때 출감했는데, 그는 그 길로 어디론가 사라졌다. 그는 작업반에서 외출이 허용된 '모범수'로서 근처의 술집을 전전하면서 맥주를 마시다가 다시 교도소로 돌아오곤 했는데 그것이 그의 습관이었다. 나중에 그의 재판과정에서, 클레이 형제가 그를 도망치게 도왔고 이스트 런던에 은신처를 마련해 준 것이 밝혀졌다. 게다가 리더 플레스커트라는 나이트클럽의 미인 호스티스까지 붙여주었다. 물론 잠자리용이었다. 그러나 미첼이 쓸모가 없다는 것과 가석방에 관한 조사를 위해 출두할 의사가 없다는 것을 안 클레이 형제는 그를 유개 운반차에 실어 어디론가 갔다. 이후에 검찰에서 알게 된 일이지만, 그는 프레디 포만의 총탄에 머리를 맞고 죽게 되었는데 이 남자의 시체 역시 발견되지 않았다.

잭이 살해된 후에, 클레이 형제는 시골에 은둔하는 것이 현명하겠다고 판단하여 사포크의 하드레이 근처에 큰 저택을 구입했다. 전쟁중인 소년 시절에 피난했던 곳으로써 이곳에서 두 사람은 전원의 신사로 행세했다.

마을 어린이들에게 당나귀를 사주기도 하면서 대체로 예의바르게 행동하고 얼굴에는 부드러운 미소를 잃지 않았다. 마을에서는 좋은 평판을 얻었다.

그러나 런던에서는 클레이 형제를 소탕하기 위해 런던 경시청의 존 듀로즈 형사부장의 지휘하에 특수팀이 꾸려져 스파이와 내부 고발자를 이용했다. 즉 여순경은 잡역부로 변장하여 활약했으며, 수상하다고 느껴지는 집은 언제나 감시를 게을리하지 않았다. 팀 부원에게도 모두 미행자를 배치했다.

1968년 5월 8일 새벽, 68명의 경찰대원이 이스트엔드를 급습했을 때 레이널드 클레이는 금발 여인과 잠자리를 같이하고 있었다. 로널드도 젊은 여자와 함께 자고 있었는데 그때 존 발리, 램브리아느 형제, 프레디 포만, 찰스 클레이도 함께 체포되었다. 1969년 1월에 열린 재판에서는 11명이 피고석에 있었으며 클레이 형제도 경찰의 손으로 넘어갔다. 많은 증인들이 출두했는데 그중에는 조지 코넬이 사살되었을 때 현장에 있었던 술집 종업원도 있었다. 재판은 40일 동안 계속되어 10명에게 유죄 판결이 내려져 클레이 형제에게는 모두 30년, 찰스에게는 10년의 징역이 선고되었다.

마약사기꾼

−대량살인을 범한 베트남의 사기꾼

• **샤를르 소브라지**(베트남)

샤를르 소브라지는 1944년 4월 6일에 남부 베트남 사이공에서 태어났다. 아버지는 큰 부자였으며 그의 새어머니는 아름다운 인도처녀였다. 아버지가 푸나에서 인도 여자와 재혼하자 어머니는 광기에 휩싸여 집을 뛰쳐나와 프랑스 하사관과 결혼했다. 어린아이들은 갑자기 생활 수준이 바뀌는 상황을 겪어야 했다. 소년은 어린 시절부터 수많은 폭력을 눈으로 보고 자랐으며 수많은 사람들이 살해된 폭파사건도 두 번이나 보았다. 9세 때 그는 어머니를 따라 유럽으로 갔다. 그러나 소년은 유럽이 싫어서 병적으로 잠자리에서 자주 오줌을 쌌다. 파리 교외의 카톨릭 계통의 기숙사에 들어갔으나, 이곳도 싫어졌는데 인종차별이 심했던 까닭이다. 15세 때 그에 대한 학교 생활기록부에는 "예의범절을 모르며 의욕이 없고 게으르다"고 쓰여 있었다.

양부養父는 그에게 차고지 일자리를 찾아주었으나 와이어를 거꾸로 달아 화재가 날 뻔했다. 당연히 해고되었다. 소년은 집을 뛰쳐나와 사이공의 아버지에게 돌아가려고 했다. 그러나 양부가 쫓아와서 다시 데리고 갔다. 다음에는 마르세유로 가는 배를 몰래 타려고 하다가 다시 붙잡혀 송환되었다.

소브라지의 아버지가 파리에 왔을 때 사이공으로 간다면 마중할 사람을 보내겠다고 약속했다. 그러나 항공권은 오지 않았다. 소브라지는 총을 구입하여 강도질을 하기 시작했는데 두번째 사건에서 붙잡혔다. 그러나 그 집 여주인은 고소를 취하했다. 얼마 후 소브라지는 소원이 이루어져 사이공으로 돌아가게 되었다. 그러나 아버지의 차를 몰다가 사고를 낸 일로 부자 사이는 악화되어 다시 그는 인도로 송환되었다. 인도에서도 푸나의 친척집에서 다시 도망쳐, 배에 몰래 올라타 사이공으로 돌아왔다. 아버지는 이번에는 화를 내면서 그를 프랑스로 돌려보냈다.

다시 파리에서 차를 훔치다가 교도소에 들어간 소브라지는 보석이 되기 직전에 교도소에서 탈출하려다가 들켰다. 그리하여 경계가 더욱 엄중한 교도소로 이송되었다. 그는 단식투쟁과 묵비권을 행사하며 일절 입을 열지 않았다. 이윽고 아란 베나르라는 교도소 내방자內訪者와 가까워져 보석으로 풀려나 소화기를 파는 일자리를 얻게 되었다.

그러다가 샹탈이라는 아름다운 소녀를 알게 되어 결혼을 꿈꾸기도 했다. 그는 훔친 차로 경찰에서 도망치다 전신주를 들이받았는데, 이때 소녀도 함께 타고 있었다. 이 일로 6개월 동안 교도소에 들어가 있었지만 그동안 그는 체력유지를 위해 열심히 체조를 했다. 석방되자 샹탈과 결혼하여 정상적인 일자리를 갖게 되었다. 그러나 다시 권태를 느끼기 시작해 누나의 수표첩을 훔쳐 6천 프랑의 수표를 위조해 카지노에서

벼락치기로 돈을 벌려고 했지만 결과는 참담했다. 전액을 고스란히 날리고 말았다. 교도소로 되돌아왔지만 누나는 고소를 취하했다.

그러나 다시 위조수표로 약 3만 프랑의 돈을 만든 후 그는 샨탈을 데리고 뭄바이로 도망쳤고, 유능한 사기꾼으로 부상했다. 다이아몬드 밀수, 환換매매, 위조수표로 손에 넣은 사치품의 판매 등으로 상당히 많은 돈을 수중에 넣게 되었다. 소브라지는 자신이 안락한 생활과 부를 누릴 만한 가치가 있는 사람이라고 생각했다. 그것을 손에 넣기 위해서라면 어떤 일이든지 했다. 그는 드롭아트라는 미국인과 가까운 사이가 되어, 그의 여권을 훔쳐 까다로운 매매 도구로 미국인들을 이용했다.

그러나 델리에서 대규모의 보석 사기를 치려다가 발목이 잡히게 되어 체포되었다. 탈출을 시도했는데도 불구하고 1972년에 보석이 되자, 그는 아내를 데리고 카불로 도망쳤지만 그곳에서 이들 부부는 다시 투옥되었다. 호텔 숙박비를 안 내고 차를 훔친 다음 불법으로 출국한 것이 죄목이었다. 그러나 소브라지는 이곳 교도소에서도 탈출해 프랑스로 돌아와 어린 여자아이를 유괴하기도 했다. 또 그의 말에 속아 약물을 마셔 혼수상태에 빠진 여자를 호텔방에 놓고 도망치기도 했다. 그가 처음으로 사람을 죽인 것은 이곳에서 인도로 돌아가는 도중이었다. 그러나 처음부터 죽이려고 생각한 것은 아니므로 실수라고 할 수 있다. 세낸 자동차 운전사에게 약물을 마시게 했다. 운전사가 의식을 잃자 그는 그 시체를 강물에 던졌다.

테헤란에서 그는 이란 왕의 비밀경찰에 체포되었다. 손가방에 위조 여권이 가득 들어 있었으므로 비밀경찰측은 그를 반왕운동의 동조자로 간주했다. 이곳에서 그는 다시 1년 동안 교도소 생활을 하게 되었다. 그

동안 아내인 샹탈은 6개월 동안 교도소에서 복역하고 나서 프랑스로 돌아와 이혼서류를 제출한 뒤 딴 남자와 함께 미국으로 건너갔다.

1973년 11월 이스탄불에서 동생 기이가 샤를르와 합류했다. 그는 동생에게 돈 많은 관광객들에게서 물건을 훔치는 방법을 가르쳐주었다. 한 번은 어느 중년부부에게 접근해 남편의 음료수에 설사제를 넣었다. 위를 메스껍게 하기 위해서였다. 그러고는 그 메스꺼움을 고치는 약물이라며 마약 필을 마시게 했다. 다음에 소브라지 형제는 안내한다는 명목으로 남자를 거리로 데리고 나왔다. 호텔로 돌아왔을 때에는 약효가 발생하여 남편은 혼수상태에 빠졌다. 동생 기이가 부인과 이야기를 나누는 사이에 형 샤를르는 남편의 침실에 들어가 값진 물건을 뒤졌다. 이윽고 남편이 의식을 되찾았지만 약효가 아직 남아 있어서 소리를 내는 것이 고작이었다.

형제는 부인에게도 덤벼들었다. 샤를르가 그녀의 엉덩이에 약물을 주사했다. 그녀가 의식을 잃게 되자 그는 방 열쇠를 데스크로 갖고 가서 호텔 직원에게 방의 금고를 열어달라고 부탁해 속에 들어 있는 귀중품을 꺼냈다. 소브라지 형제는 귀중품과 수천 달러의 현금을 갖고 사라졌다.

아테네에서 기이는 같은 수법으로 레바논의 사업가에게 약물을 마시게 하고 금품을 빼앗았다. 그러나 후에 그 사업가는 공항에서 우연히 기이를 발견하여 형제는 또다시 체포되었다. 그러다가 4월에 소브라지는 에이나섬에서 감시망을 피해 대담하게 도망쳤다. 교도소에 남아 있는 동생에게 형은 전부터 설교해 왔다고 한다.

"잘 기억해둬. 도망치려는 내 욕망이 놈들이 붙잡아두려는 욕망보다 강하다는 거 말이야."

그러나 그는 자신이 뛰어난 재능으로 돈벌이에 나서게 되면 붙잡힐 필요가 없게 된다는 생각이 머리에 떠오르지 않았던 모양이다.

델리로 돌아온 소브라지는 이곳에서 마리 앙드레 루크레르크라는 아름다운 캐나다 소녀를 만났다. 그녀는 잠시 소브라지와 동거한 후에 퀘벡으로 돌아갔고 샤를르는 '사업차' 뭄바이와 홍콩으로 갔다. 한편 그녀가 소브라지와 함께 살기 위해 방콕으로 오자 그는 칸트하우스라는 맨션에 방을 얻어 마약거래에 손을 댔다. 그는 앙드레 브르뇨라는 상인을 속여 약물을 먹여 반쯤 의식불명의 상태에 빠지게 하고 자기가 알고 싶어하는 정보를 알아냈다. 그리하여 뒷골목 세계의 전문지식을 손에 넣게 되자 이제 상대방은 별볼일없게 되었다. 소브라지는 남자에게 다시 약물을 먹여 욕조에 넣어 익사시켰다. 이 사건은 사고사로 처리되었다.

칸트하우스 504호실에는 손님이 끊임없이 드나들었는데 그 대부분은 외국에서 온 낙오자들이었다. 소브라지는 그들을 마약 운반책으로 이용하는 한편, 보석장사도 계속했다.

1975년 10월 13일, 시애틀에서 테레사 노턴이라는 미국의 젊은 여성이 소브라지의 맨션으로 왔다. 얼마 후에 소브라지는 그녀에게 아제이라는 인도인 하수인이 거들게 하여 그녀에게 약물을 억지로 먹여 그녀를 살해했다. 아제이를 시켜 시체를 바다에 던지게 했는데 그녀를 죽인 이유는 분명치 않다. 어떤 사람은 소브라지는 그녀가 마약 운반책으로서 그에게 뭔가 숨기고 있다고 의심했던 것 같다고 말했다. 후에 그가 자백한 것이지만, 그 이전부터 홍콩의 마약상 신디케이트는 아마추어 운반자에게 본때를 보이는 역할을 그에게 일임하고 있었다. 홍콩측이 다음에 따끔한 맛을 보여주기 위해 보낸 아마추어는 터키의 이비자 출신의 비탈리 하킴이라는 남자였다. 소브라지와 아제이는 그에게 약을 먹이고 구타하면서 이름과 주소를 알아낸 후 목뼈를 꺾어 죽여버렸다. 그리고 시체에 가솔린을 뿌리고 불살라버렸다. 죽기 전에 하킴은 자기 다음의 연락상대를 스테파니 파리라는 프랑스 여인이라고 털어놓았다. 그녀가 방콕에 모습을 드러내자 그녀를 맞아들인 것은 소브라지였는데 그녀에게도 약물을 먹이고 목졸라 죽여버렸다.

다음 희생자는 코넬리아 햄커와 헨릭스 비타냐라는 네덜란드의 젊은 부부였다. 5년 동안 애써 저축한 돈으로 세계 일주여행을 하는 중이었다. 소브라지는 이들 두 사람과 홍콩에서 알게 되었으며, 방콕에 오면 자기의 맨션으로 들르라고 초대했다. 두 사람이 12월 11일에 방콕에 오자 이틀 후부터 두 사람 다 몸의 컨디션이 좋지 않았다. 소브라지가 '환약'을 조금씩 먹게 했던 것이다. 12월 16일, 소브라지와 아제이는 두 사람을 차에 태워 한적한 시골로 데리고 갔다. 이때 두 사람은 반의식불명의 상태였고 목이 졸렸다. 소브라지는 시체에 가솔린을 뿌리고 불을 질렀다.

소브라지는 맨션에 있는 다른 손님들에게 네덜란드 부부는 병을 치료하기 위해 병원에 입원했다고 둘러댔다. 그러나 손님 중 한 사람인 도미니크 레슬로라는 남자는 이 말을 믿지 않았다. 그는 자기도 '아란 고체(이곳에서 통용되는 소브라지의 이름)'가 독을 조금씩 먹이고 있는 것이 아닌가 의심했고 이웃의 레미와 나디느의 기길 부부도 같은 의심을 하기 시작했다.

크리스마스 조금 전에, 카트만두 부두에서 두 구의 불에 탄 시체가 발견되었는데 당시에 소브라지도 이곳에 머물러 있었다. 시체의 신원은 산타클로스의 코니 조 브로니히와 맨토바의 로란 카리엘로 판명되었다. 소브라지는 그가 죽인 네덜란드인 비타냐의 여권을 사용하고, 그의 이름으로 호텔에서 묵고 있었다. 소브라지는 경찰에서 조사를 받고, 조사가 끝날 때까지 카트만두를 떠날 수 없다는 명령을 받았다. 그러나 그는 그날로 네팔을 탈출했다.

북인도의 바라나시에서 소브라지는 알렌 야곱이라는 이스라엘 사람을 만났다. 소브라지와 아제이와 루크레르크가 그곳을 떠나 고아로 거처를 옮기자, 이스라엘 사람이 침대에서 시체로 발견되었다. 후에 소브라지는 그것은 사고였다고 말하고 "그 남자의 여권이 필요했을 뿐"이라고 덧붙였다. 그 무렵에 소브라지는 이미 프로 살인자가 되어 있었다. 이런 종류의 사고는 아무리 일어나도 이상할 게 없었다.

고아에서 그들은 세 사람의 프랑스인 일행과 친해졌다. 1976년 1월 9일, 전원이 남쪽을 향해 차를 몰았다. 세 사람의 프랑스인은 그전부터 약물에 입을 댔다. 그들의 차가 나무에 충돌했지만 프랑스 사람들은 운이 좋아 목숨은 건지게 되었다. 그러나 소지하고 있던 돈과 여권은 소브라지의 손가방 속으로 사라졌다. 다음 행선지는 홍콩이었다. 이곳에서도 알렌 고아라는 학교 교사에게 약물을 마시게 해 소지하고 있던 8천 달러 상당의 여행자 수표를 현금으로 바꿨다.

그동안 방콕에서도 헤르만 크니펜벨그라는 네덜란드대사관 직원이 네덜란드인 부부의 행방불명에 대해 조사를 시작하고 있었다. 그들의 검게 탄 시체는 오스트레일리아인으로 알려졌지만 이 두 구의 시체가 행방불명이 된 자기 나라 사람이라는 것을 확인하자 크니펜벨그는 샤를르 소브라지의 소행으로 보고 대기하고 있었다. 그는 소브라지의 연고를 찾아내어 칸트하우스로 갔다 레미와 나디느의 기길 부부는 이웃 사람에 대한 의혹을 그에게 말했다. 태국의 마약단속전담반이 소브라지의 맨션을 급습했다. 그러나 소브라지는 자기는 알렌 고아라고 주장했다. 얼마 전에 홍콩에서 마음대로 조종한 학교 교사였다. 위조 여권이 산더미처럼 쌓여 있는 것이 발견되었는데도 불구하고 경찰은 소브라지가 방콕에서 퇴거하는 것을 허가했다. 방콕 사람들은 거액의 뇌물을 받았을 것이라고 수군거렸다. 경찰은 크니펜벨그의 방을 수색했다. 그곳에서는 행방불명된 네덜란드인 부부의 소지품 여러 가지가 나왔다.

소브라지가 외국으로 떠나자 방콕의 신문은 '살인과 강탈과 약물 강도의 거미의 집'에 대해 대서특필하고, 여덟 명의 희생자 중에서 다섯 명의 사진을 게재했다.

소브라지의 범죄 행각이 이것으로 종지부가 찍힌 것은 아니다. 그는 루크레르크를 데리고 페난으로 날아가 그곳에서 세 사람의 오스트레일리아인에게 종래의 수법으로 약물을 먹이고 금품을 빼앗았다. 그는 훔친 여행자용 수표를 현금으로 바꾸려다가 체포되었지만 타고난 달변으로 요행히 빠져나올 수 있었다.

이윽고 아제이가 페난에 와서 그와 합류했는데 그는 룬이라는 아름다운 태국 아가씨를 데리고 있었다. 전에 소브라지가 결혼을 약속하고 유혹한 소녀였다. 다시 소브라지와 루크레르크는 파리로 날아가, 사무실을 빌려 그곳 보석상을 상대로 보석을 전시했다. 어느 날 그는 싱가포르에서 만난 적이 있는 경찰고관의 집을 찾아갔다가 그곳에서 자기가 수배자라는 것을 비로소 알게 되었다. 그때 그는 보석 매매로 인하여 자기에게 이해관계가 있는 반대파들이 조작한 말이라고 설명하고, 이번에도 겨우 그 자리를 모면했다.

도박을 좋아하는 소브라지는 카지노에서 20만 달러를 날려버리자 대규모 범죄를 계획했다. 뭄바이로 돌아가 그는 델리와 아그라에서 전개할 예정인 일련의 대규모 보석 탈취작전을 위해 하수인을 키우기 시작했다. 당장 필요한 경비는 여행객에게 약물을 먹이고 돈을 훔쳐서 조달하기로 했다. 그런데 하수인 중 한 사람이 쉬운 길을 택했다. 루크레르크의 핸드백을 훔친 다음 몸을 감춘 것이다. 그 핸드백에는 그들의 자금이 몽땅 들어 있었던 것이다. 소브라지는 보석 탈취계획을 처음부터 다시 세워야만 했다. 그는 룩 솔로몬이라는 프랑스인에게 약물을 먹이고 그의 돈을 훔쳤다. 그런데 먹인 약물의 양이 너무 많아 그 남자는 병원에서 죽었다. 결정적인 허탕을 치게 된 것은 아그라였다. 거리에서 소브라지는 60명의 프랑스인 공학도 단체와 접촉했다. 그는 이 그룹과 델리에서 다시 만나자고 약속했다. 며칠이 지난 후 그는 델리에서 그룹 전원에게 '이질예방약'이라는 정제를 나눠주었다. 그런데 이번에도 양을 잘못 책정해 많은 학생들이 발버둥을 치면서 고생하다가 쓰러졌다. 그중 20명은 호텔 로비에서 쓰러졌다. 학생들의 여권을 훔치려던 소브라지의 계획은 실패로 돌아갔다.

두 사람의 경찰관이 현장에 나타나 그를 심문하기 시작했다. 여느때와 마찬가지로 애써 발뺌을 하고 있을 때, 이 지역 경찰 중에 소브라지를 추적하고 있던 나란다 나트 튜리 수사부장이 나타났다. 관광객에게 약물 투여를 한다는 말을 들었고 그는 짐작이 가는 것이 있었다. 드디어 수배자 소브라지가 델리에 등장한 것이다. 그는 이 젊은이를 주시했

1982년 3월 무장군인의 호송하에 재판정에 들어서는 소브라지

다. 젊은이는 자기 이름을 다니엘이라고 우겼으나 이런 억지는 이제 통용되지 않았다. 이윽고 그를 연행하게 되었다. 수사부장은 경찰관에게 소브라지에게 수갑을 채우라고 명령했다. 1976년 7월 5일이었다. 소브라지의 범죄는 10년 동안 계속되었으며 이 사이에 그는 적어도 10명의 목숨을 빼앗았다.

　마리 앙드레를 포함한 그 밖의 하수인들도 체포되었다. 그녀와 소브라지의 밀월은 이미 예전에 무너졌고 최근에는 언쟁이 그치지 않았다. 그녀는 곧 소브라지에게 불리한 증언도 했으며, 아제이는 모습을 감추었다. 이 밖에 두 사람의 여인, 바바라 세릴 스미스와 메리 엘렌이서(소브라지가 그리스 교도소에서 탈주할 때 사용한 톱을 갖다 준 여자)도 체포되어 심문을 받았다. 소브라지는 룩 솔로몬의 살해죄로 중노동이 수반되는 7년 징역을, 공학도 단체 학생에 대한 불법 약물투여로 2년의 징역이 선고되었다.

"그놈을 절대로 감옥에서 내보내지 않겠습니다"라고 튜리 수사반장이 말했다. "이 밖에도 살인이 하나 더 있으니까."

《샤를르 소브라지의 생애와 범죄》의 저자 리처드 네빌에게 소브라지는 범죄를 세부적인 곳에 이르기까지 자세히 기록하여 남기길 원하는 듯이 자기의 범죄사례를 자세히 말했다. 이 책은 소브라지의 범죄추구를 주요한 과제로 삼고 쓴 것이지만 재판에 대해 그가 품고 있던 최종적인 승리의 확신과 티할 교도소에서 그의 범죄활동에 대해서도 상당히 많은 지면을 할애하고 있다. 이것을 보면 소브라지는 숨겨둔 테이프 레코더를 이용해 간수를 협박해서 교도소의 운동장에서는 자유롭게 행동하도록 허락을 받았다. 그리고 그의 수기를 읽고 그를 동경하여 교도소에 찾아온 두 사람의 젊은 여성과 긴 시간 잠자리를 같이하는 것도 허용하게 했다(소브라지는 두 여자에게 모두 결혼을 약속했다).

그의 독방에는 값진 가구로 가득차 있었다. 그때까지 형사사건으로 기소된 피고는 법정에서 족쇄와 수갑을 차는 것이 관례가 되어 있었으나, 소브라지는 이에 반대하여 이 관례를 폐지시켰다. 이것은 다른 피고에게도 적용되어 교도소의 죄수들 사이에 그의 인기는 더욱 올라갔다. 그리고 중노동이 수반되는 징역에 대해서도 상고하여 모살謀殺의 판결과 함께 이에 대한 무효판결을 쟁취했다.

1982년, 그는 엄중한 경계 속에 바라나시로 이송되었다. 알렌 야곱을 살해한 혐의에 대해 항변하기 위해서였다. 이 재판에서 소브라지는 화려한 연출로 자기 변호를 전개했다. 그는 먼저 변호사를 고용했고 검찰측 증인에게는 배우와 같은 연기로 대항했다. 소브라지는 루크레르크와 함께 무기징역을 선고받았으나 이번에는 "합법적인 방법으로 교도소에서 나올" 것이라고 언명했다.

　다음에 그는 아구라로 이송되었다. 절도혐의로 열린 재판에 나가기 위해서였다. 그러나 이 혐의는 무죄가 되었다. 티할 교도소의 직원들은 이 골치 아픈 수형자가 나갔을 때에는 축배를 올렸으나 그가 되돌아왔다는 말을 듣고 일종의 공포감에 빠졌다고 한다. 한편 이 사이에 태국과 네팔도 그의 신변을 인도해 줄 것을 요구하는 나라들 대열에 끼어들었다.

백인을 증오하는 검은 예수

— 경관을 살해한 반反백인 집단의 카리스마적인 두목

• **린드버그 샌더스**(미국)

자칭 '검은 예수'인 샌더스는 정신분열증으로 진단되어, 1973년 이후로 정신병원을 들락거리고 있었다. 1983년 1월 7일 샌더스와 비밀 의식을 올린 7인의 멤버는 테니시주 멤피스의 헐리우드 지구의 어느 한 집에 모여 있었다. 4일 후에는 달이 지상에서 떨어져서, 샌더스의 가르침을 지키지 않는 모든 인간을 멸망시켜, 세계는 종말을 고한다는 것이었다. 그 준비를 하기 위해서 그들은 모여 있었다.

그런데 달이 떨어지지 않자 샌더스는 다른 멤버들에게 다음과 같이 변명했다. 달이 떨어지지 않은 것은 적그리스도가 지상에 내려왔기 때문이며, 또 백인 경관들이 자기 멋대로 행동했기 때문이라고 했다. 그는 경찰에 전화해 지갑 날치기에 대해 제공할 정보가 있으니 와달라고 요청했다. 순찰 경관 로버트 헤스터를 포함하여 세 명의 경찰이 달려왔다. 그러자 그들에게 갑자기 퍼부은 것은 총탄 세례였다. 두 사람은 얼굴과 손에 부상을 입었으나 간신히 도망쳤다. 그러나 헤스터는 집안으로 끌려 들어갔다.

경찰이 그 집을 포위하고 워키토키(휴대용 무선전화)로 샌더스와 교신하려고 했으나 샌더스는 욕을 계속하면서 이에 응하려고 하지 않았다. 이윽고 헤스터의 외치는 소리가 안에서 들려왔을 때에는 많은 경관들이 눈물을 흘렸다. 이틀 후인 1월 12일, 헤스터가 간청하는 소리가 들려왔다.

"이 사람들이 요구하는 것은 뭐든지 들어주셔야 해요."

전자식 도청기가 "악마는 죽었다"는 집안의 목소리를 도청했다. 경찰대는 이것을 신호로 최루탄과 수류탄으로 일제히 집을 공격했다. 샌더스와 그와 함께 있던 7명의 비밀 의식 멤버는 모두 죽임을 당했고 그들 시체는 몇 개의 방에서 발견되었다. 시체 중에는 한 발의 총탄에 맞아 즉사한 자도 있었다. 그래서 멤버의 일부는 순찰 경관들에게 보복으로 처형되지 않았나 하는 소문도 나돌았다. 순찰 경관 헤스터의 시체는 손이 뒤로 묶인 채 발견되었다.

범인은 법무장관의 친구

— 1983년 아일랜드 내각의 붕괴원인이 된 살인범

• 말콤 맥아더(아일랜드)

1983년 1월 12일, 말콤 맥아더는 간호사 브라이디 가건을 살해한 죄로 종신형이 선고되었다. 맥아더는 니스군의 부유한 가정에서 태어나, 캘리포니아 대학을 졸업한 지식인이었다. 당시 맥아더는 36세였으며 그는 지금까지 만난 적이 없는 25세의 여성을 이렇다 할 이유도 없이 잔인하게 죽였다. 그런데 이 사건은 의외의 방향으로 영향을 끼치게 되었다. 당시의 아일랜드 정치에 이 사건은 원격조작遠隔操作의 시한폭탄과 같은 강렬한 파괴력을 발휘했다.

말콤 맥아더는 아일랜드공화국의 당시 법무장관 패트릭 코노리의 친구로 법무장관의 집에서 생활하고 있었다. 법률의 최고 수호자여야 할 그 집에서, 그는 살인혐의로 체포되었다. 찰스 보이 수상이 이끄는 당시의 아일랜드공화국 정권은 이미 상당히 약화되어 있었는데, 이 스캔들로 한꺼번에 정치위기를 맞게 되었다. 장관으로서는 있을 수는 없는 큰 실수였다. 이것이 불에 기름을 끼얹는 결과가 되어(당시에 코노리 법무장관은 경찰이 맥아더를 용의자로 지목하고 있는 것을 알지 못했다고 변명했다. 코노리와 맥아더는 맥아더의 내연의 아내인 브렌다 리틀을 통해 친구가 되었다. 맥아더는 이 여인과의 사이에 9세의 아들을 두고 있었다.) 보이 수상은 개인 자격으로 코노리 법무장관을 급히 미국으로부터 소환하기 위해 개인용 전세기를 미국에 보냈다. 법무장관은 더블린에 도착하자마자 즉시 사표를 냈다. 수상도 이것을 곧 수리했지만 보이 수상이 이끄는 아일랜드 공화당은 다음 총선에서 패배하고 말았다.

맥아더는 더블린 중앙형법재판소에서 브라이디 가건을 살해했다는 것을 시인했다. 신문보도에 따르면 그는 굉장히 방탕한 생활을 했으며 아버지의 농장 중에서 자기에게 상속될 7만 파운드를 먼저 탕진했다. 다음에 더블린 시내의 부동산을 매각한 돈 1만 파운드도 욕실의 물거품처럼 사라졌다. 1982년 휴가로 놀러간 테레니페섬에서 돈이 떨어지게 되자 그는 무장강도를 해야겠다는 생각에서 더블린으로 돌아왔다. 이를 위해 먼저 도주용 차를 훔칠 필요가 있었다. 7월 어느 무더운 날, 피닉스 공원을 거닐고 있던 그는 루노를 세워두고 그 옆에서 일광욕을 하고 있는 브라이디 가건양을 노려 그녀에게 장난감 권총을 들이댔다. 그녀는 놀라서 크게 소리쳤다. 그러자 맥아더는 그녀를 차 속에 쑤셔놓고 해머로 머리를 후려갈겼다.

마침 근처의 미국대사관저에서 정원사가 다가왔다. 그는 이 남자도 장난감 총으로 쫓아버리고, 의식을 잃고 머리에서 피를 흘리고 있는 브라이디 가건양을 뒷자리에 앉힌 채 차를 몰았다. 교통신호로 멈춰선 차에 병원의 스티커가 붙어 있는 것을 지나가던 구급차의 운전사가 목격했다. 그 운전사는 맥아더가 의사고 가건양이 긴급수술을 필요로 하는 환자라고 생각했다. 그는 사이렌을 울리며 교통정체 속에서 맥아더의 차를 세인트 제임스 병원까지 선도했다. 맥아더는 병원 구내에 들어서자 정차하지 않고 다른 출구로 나와 약 3킬로미터쯤 떨어진 곳에서 가건양을 태운 차를 버렸다. 그녀는 4일 후에 병원에서 죽었다.

맥마흔 재판관은 그녀의 살해로 맥아더에게 종신징역을 선고했다. 제2의 살인(정원사)과 총기 불법소지를 포함한 다른 기소 원인에 대해서는 추궁을 면했다.

돼지는 죽어라

— 어린 시절의 환경이 범죄자를 낳은 고전적인 케이스

● **로버트 알튼 해리스**(미국)

1978년 7월 5일, 로버트 해리스는 동생 다니엘과 은행을 털 계획을 세웠다. 그는 지금까지 10년 중에 7년을 철창생활을 해온 남자였다. 두 사람은 캘리포니아주 샌디에이고의 잭 인 더 박스라는 패스트푸드 레스토랑 주차장에 차를 세우고 호트 와이어링(점화장치의 회로 단락)으로 자동차를 훔치려고 했다. 그때 두 사람의 학생이 햄버거를 먹기 위해 이 주차장에 차를 세웠는데 그들은 존 마에스키와 마이커 베이커로서 가까운 호수로 낚시질을 하러 가는 길이었다. 훔치려고 했던 차에 시동을 거는 데 많은 시간을 잡아먹은 로버트는 포드 갤럭시에 타고 있는 두 사람의 학생에게 다가가 동쪽 방향으로 드라이브하자고 유인했다. 다니엘은 해리스의 차를 타고 뒤를 따랐다. 미라미 저수지 근처의 계곡에서 로버트는 두 학생에게 총을 들이대고, 앞으로 그들의 차를 사용하여 은행을 털 작정이라고 말하면서 두 사람은 해치지 않겠다고 약속했다. 두 학생은 차가 도난당했다고 보고하는 데 동의했다. 두 사람은 걸어서 그곳을 떠나려고 했다. 로버트는 천천히 권총을 겨냥하고 마에스키의 등을 쏘았다. 그리고는 언덕을 뛰어내려 도망치는 마이커 베이커를 쫓아가서 권총 네 발을 쏘았다. 마에스키는 아직 살아 있었으므로 돌아온 해리스는 그의 머리에 권총을 대고 다시 쏘았다. 뇌수가 쏟아져나왔다. 형제는 마에스키의 차를 몰고 체류중인 친구의 집으로 돌아왔다. 로버트는 두 학생이 사놓고 아직 손도 대지 않은 햄버거마저 먹었다. 살인으로 비위가 상한 동생이 토하기 위해 화장실로 달려가자 그는 입을 크게 벌리고 껄껄 웃었다.

그후 한 시간쯤 지나서 두 사람은 스타킹 마스크를 쓰고 샌디에이고 신탁저축은행에 들어가 돈을 털었다. 때마침 근처를 지나가던 사람이 형제의 차를 미행하여 그들이 들어간 장소를 확인하고 경찰에 신고하자 경찰이 현장을 덮쳐 30분 후에 두 사람은 체포되었으며 3천 달러는 모두 회수되었다. 동생 다니엘 해리스는 공범이라고 자백해 6년 징역이 선고됐고, 형 로버트는 사형이 선고되었다.

로버트 해리스가 사람을 죽였다는 말을 듣고, 그를 아는 사람들은 아무도 놀라지 않았다. 그는 1953년 1월 15일에 태어났는데, 30주 만에 태어난 미숙아였다. 술에 만취되어 집에 돌아온 아버지가 아내의 배를 걷어찬 것이 원인이 되어 그후 몇 시간이 지나 태어났던 것이다. 아버지는 믿기 어려울 만큼 질투가 강해 툭하면 아내를 의심하여 구박하는 남자였으며 알코올중독으로 언제나 아이를 두들겨 팼다. 어머니 또한 알코올중독에 걸려 여러 차례 체포되었다. 그녀는 로버트가 곁길로 접어들게 된 것은 남편이 가족을 학대했기 때문이라고 했다. 육군 하사였던 아버지는 기억력이 약하고 언어장애도 있는 로버트를 특히 더 구박했다. "로버트는 우리 남매들 중에서 제일 잘생긴 아이였어요" 하고 그의 누나 바바라는 말했다. "로버트를 보면 가슴이 먹먹하게 아파올 정도였어요. 그애는 애정에 굶주려 있었어요. 사랑을 피부로 느끼고 싶어했구요. 어머니에게 바싹 다가가서 무릎이나 팔을 작은 손으로 문지르려고 했어요. 그렇지만 실제로 몸에 닿은 적은 한 번도 없었다고 생각돼요. 어머니는 로버트를 저쪽으로 밀어내거나 때로는 발로 차기도 했거든요. 로버트의 얼굴을 때려 코피를 흘린 적도 있었구요."

로버트가 아홉 살 때, 아버지는 딸을 성적으로 학대했다는 이유로 아타스카데로 주립병원에 수용되었다. 가족은 사회복지기금에 의해 겨우 살아가고 있었다. 몇 해 후에 집에 돌아온 아버지는 다시 같은 범죄를 저질렀다. 로버트는 슬픈 영화를 보면 으레 눈물을 흘리는 마음씨가 착한 아이였는데 이런 환경 때문에 성격이 점점 변해갔다. 14세 때 차를 훔쳐, 켄터키주 연방 불량소년 감화원에 수감되었다. 이곳에서 그는 여러 차례 호모 행위의 대상이 되었다. 그는 자기 손목을 잘라 자살하려고도 했고 한편으로는 도주하려고 했기 때문에 4년 이상이나 철창생활을 해야만 했다.

그는 교도소에서 몸을 단련시키기 위해 운동에 힘썼고 고양이나 개를 죽이는 데도 흥미를 가지기 시작했다.

동물을 학대하면서 크게 소리 내어 웃거나 돼지를 붙잡아 천 번 이상 찔러서 죽인 적도 있었다.

아버지와 마찬가지로 그에게는 자기의 감정을 외부에 표현하는 유일한 방법이 폭력이었다. 출옥한 지 3년이 지나 그는 이웃의 19세가 된 소년을 몹시 때려준 적이 있었는데 이것이 원인이 되어 그 소년은 죽고 말았다. 그리하여 로버트는 살인죄로 기소되었다.

그의 변호사는 두 학생을 살해하여 언도받은 사형에 불복하여 상소했으나, 로버트 자신은 오히려 사형을 원하고 있었다.

"그 녀석은 기다리는 것을 참지 못하는 것 같았어" 하고 동료 죄수는 말했다.

"그도 물론 살고 싶었겠지. 그렇지만 앞으로 일생을 교도소에서 사느니, 차라리 죽는 게 낫다는 거야."

사형이 집행되는 날에는, 같은 운명을 기다리고 있는 죄수 동료들이 몇 달러씩 호주머니를 털어 조촐한 파티를 열어주었다.

"가엾은 아이야. 그야말로 이 사회의 연기지. 그 녀석이 갈 때에는 우리가 파티라도 열어 보내야 해" 하고 로버트의 옆에 있는 독방의 죄수는 말을 이었다.

"그 녀석은 목숨을 아무렇지 않게 생각하고 있어. 남의 일은 말할 것도 없고, 자기 일도 대수롭지 않게 여기는 인간이야."

불복종에 대한 대가

— 두 건의 살인지령으로 처형된 블랙 파워의 우두머리

• 마이클 X (트리니다드)

마이클 X는 본명이 마이클 데 플레이터스로 1933년 8월 17일에 트리니다드에서 태어났다. 아버지는 포르투갈계의 이주자며 어머니는 흑인 여성이었다. 그는 런던으로 가서 노팅 힐 지구에서 살았으며, 그곳에서 결혼했다. 이윽고 그는 폭력단과 관계를 갖기 시작해 악명 높은 피터 러치만 일가와 함께 살게 되었다.

1960년대에 플레이터스는 미국의 블랙 파워(흑인 세력) 운동에 마음이 쏠렸다. 특히 이슬람계 블랙 파워의 지도자 말콤 X에게 매혹되었다. 인종조정행동협회라는 것을 설립하고 격렬한 인종차별의 탄핵 연설을 했다. 그를 잘 알고 있는 백인의 대부분은 그는 인종차별 철폐주의자가 아니고 말콤 X의 영국판이 되고 싶었을 뿐이라고 평했다(말콤 X는 1965년 이슬람 교도의 동료인 흑인에게 뉴욕의 할렘에서 암살되었다).

그는 백인 남성이 흑인 여성과 함께 있는 것을 보면 이를 쏴죽여야 한다는 선동 연설 때문에 새 인종관계법에 따라 1967년에 체포되어, 1년의 징역을 선고받았다. 이듬해인 1968년에 출옥하여 또다시 철창 신세를 지게 되었다. 이번에는 절도를 했기 때문이었다. 1969년 보석중에 도망쳐서 1970년에는 트리니다드에 그 모습을 나타내었다. 이곳에서 부유층이 사는 교외의 호화로운 주택지인 아라마의 크리스티나 가덴즈에 있는 4만 5천 달러짜리 집으로 이사했는데 그 집을 구입한 돈을 어디서 마련했는지는 분명치 않다. 그는 부유한 사람들과 가까이 지내게 되었는데 그들 중에는 존 레논, 무하메드 알리, 세미 데이비스 주니어, 부호인 나이제르 사뮤엘 등도 있었다. 그리고 많은 작가들과도 사귀어 호감을 갖게 되었는데 알렉산더 트로치나 존 미셸 등이다. 이들에게는 마이클 X의 증오에 찬 인종차별 철폐주의자의 다른 얼굴 같은 것은 상상도 할 수 없었다.

그러나 곧 트리니다드의 수사 당국은 마이클 X(현재는 이슬람교에 개종하여, 압둘 마리크라고 부르고 있다)의 귀국으로 애를 태우게 되었다. 혁명적 활동을 시작했던 것이다. 트리니다드인의 대부분은 백인을 몹시 미워했고 블랙 파워의 행진이 자주 되풀이되었다. 소란이 일어나 경찰본부도 군중에게 포위되었다. 그러나 이 소란이 진압되면서 마이클 X는 지도자의 지위를 확보하기가 어렵게 되었다. 주머니 사정도 여의치 않아 집을 구입한 잔금을 지불하라는 독촉에 시달리게 되었다. 그는 일찍이 영국에서 하던 익숙한 범죄를 다시 저질렀다. 인신매매, 무기밀수, 강도 등이 그것이었다.

1971년 11월, 본명이 알렌 도널드슨이지만 하킴 야말이라고 개명한 미국 흑인이 아름다운 백인 여자친구를 데리고 트리니다드로 왔다. 그녀의 이름은 게일 벤슨이었는데 마이클 X가 런던에서 살고 있을 때 야말을 알게 되었다. 그녀는 남편과 헤어지고 야말의 정부가 되자 하레

키그마라는 이슬람 이름을 사용하고 있었다. 그녀는 야말에게 깊이 빠져 있었고 한편 마이클 X에게 완전히 지배되어 있었으므로 그가 주재하는 블랙 파워의 운동에도 참가했다. 그녀에게는 강한 마조히즘 (masochism:이성에게 정신적·육체적으로 학대받으며 성적 쾌감을 느끼는 병적인 심리상태. 사디즘의 반대)의 욕구가 있었던지 후에 마이클 X에 의하면, 그녀를 알몸으로 침대에 동여매고 지치도록 그녀를 때려준 적도 있었다고 한다.

마이클 X의 밑에는 조셉 스케리트라는 젊은 이발사가 있었는데 이 스케리트가 경찰을 습격하라는 명령을 따르지 않자 마이클 X는 그를 처형하기로 결심했다. 1972년 2월 8일, 스케리트는 '물이 잘 빠지도록' 하수구를 파는 그룹에 참가하라는 명령을 받았다. 작업을 하던 그는 단검의 기습을 받게 되었다. 마지막 일격은 마이클 X 자신이 가했다. 목이 몸체에서 거의 떨어져 나갔다. 하수구에 시체를 묻고 그 위에 양상추를 심었다. 그후 며칠이 지나 스티브 예츠라는 또 한 사람의 부하가 산 수시만에서 해수욕을 즐기던 중에 행방불명이 되었다.

게일 벤슨도 자취를 보이지 않았다. 1월 2일 이후, 그녀의 모습은 아무 데도 보이지 않았다. 하킴 야말은 그녀의 행방불명을 경찰에 신고했다. 그러나 아무도 진지하게 상대해 주지 않았다고 후에 투덜댔다. 그는 스케리트가 살해되기 전인 1월 20일에 트리니다드를 출국해 미국으로 향했다.

스케리트가 살해된 지 10일이 지나, 마이클 X는 아내와 네 자녀를 데리고 트리니다드를 떠났다. 독립기념일의 축전에 참석해 달라는 기아나 정부의 초청을 받았다고 했다. 그러나 기아나 정부는 후에 이것을 부인했다. 그날 밤(1972년 2월 19일) 마이클 X의 방갈로풍의 집에서 불이 나 날이 새기 전에 몽땅 타버렸다. 마이클 X는 기아나의 조지타운에서 이 화재 소식을 듣고, 그 자리에서 변호사에게 전보를 쳐 집 안으로 출입을 금지하라고 지시했다. 그러나 이미 때가 늦었다. 아마도 그의 집에 불을 지른 라이벌 무기 밀수조직으로부터 밀고가 있었던 것으로 생각된다.

경찰이 뜰을 파헤치기 시작해 발굴작업은 3일 동안 계속되었다. 조셉 스케리트를 매장한 장소가 발견되었다. 난도질을 당한 시체를 발굴했는데 목이 거의 다 떨어져 덜렁거렸다. 다음은 게일 벤슨의 차례였다. 수색에는 토목 기계까지 동원되었다. 이틀 후에는 그녀의 시체가 발견되었다. 저명한 검시 의사인 케이스 심프슨이 검시를 위해 런던에서 호출되었다. 그녀의 목구멍 아래 커틀러스의 상처가 있었다. 누가 단검으로 그녀의 목을 자른 것을 의미한다. 아마도 그녀가 구멍 속에서 기어오르려고 바둥대고 있을 때에 일어난 일일 것이다. 그녀의 폐에서 흙이 검출되었다. 이것은 산 채로 흙구덩이에 매장되어 질식한 것을 말해 주고 있다.

하킴 야말은 매사추세츠에서 연락을 취할 수 있었다. 그는 그녀의 시체가 발견되었다는 말을 듣고 목놓아 울었다. 자기가 트리니다드를 출국한 것은 생명의 위협을 느꼈기 때문이라고 말했다. 흑인 과격파들은 게일 벤슨을 백인이라는 이유로 혐오했으며, 그 게일 벤슨을 데리고 왔다고 하여 그를 백안시했다고 한다. 게일 벤슨이 야말과 마이클 X의 사이를 떼어놓으려고 했다는 말도 나돌았다.

마이클 X의 세 명의 부하가 체포되어 살인혐의로 추방당했다. 에드워드 채디(20세), 스텐레이 아보트(34세), 아드레파스 퍼마서(21세)가 이들이다. 퍼마서는 검찰측 증인이 되었다. 따라서 재판에 회부된 것은 나머지 두 사람뿐이었으며 퍼마서는 행방불명이 된 스티브 예츠에 대해 후에 다음과 같이 말했다. 미리 파놓은 구멍으로 게일을 유인한 것은 그였고, 그 구멍에 그녀를 밀어 떨어뜨렸다. 그리고 도끼와 단검으로 그녀를 마구 갈기고 찔렀고 그녀가 의식을 잃자 아직 살아 있는 그녀의 머리 위로 흙을 덮었다.

마이클 X를 끌어다 심문하기 위해 기아나의 조지타운으로 향한 경찰은 그의 아내만 발견했을 뿐이다. 마르크(마이클)는 정글로 도망치고 없었다. 3월 1일, 그는 히치하이크하려고 차를 세웠는데 이것이 경찰에 통보되었다. 골든 힐의 어딘가에 숨어 있는 것이 분명했는데 그곳은 조지타운에서 100킬로미터 떨어진 장소였으며 그는 나무꾼의 오두막에서 낮잠을 자다가 체포되었다.

1973년 5월, 하킴 야말은 보스턴에서 가족이 보는 앞에서 다섯 명의 살인청부업자에게 암살되었다. 마이클 X가 트리니다드의 교도소에서 살해를 명령한 것으로 짐작된다. 마이클 X와 그의 두 하수인에게는 사형이 선고되었다. 마이클 X는 여러 차례 상고했으나 원심판결이 번번이 인정되어 그는 1974년 11월에 교수형에 처해졌다.

사형집행을 요구한 살인범

• **마크 겔리 길모어** (미국)

1977년 1월 17일, 겔리 길모어는 유타주의 교도소에서 총살형을 당했다. 그는 두 차례 살인을 범한 죄수로 자기 죄에 대해 처형을 받을 권리를 주장하고 있었다. 보석으로 교도소에서 나왔을 때, 가족은 그를 사회에서 갱생시키려고 노력했으나 그는 가족의 기대를 무참히 짓밟아 버렸다. 전혀 알지도 못하는 사람을 둘이나 처참하게 죽이고 필요하지도 않은 돈을 훔쳤다. 그때까지 22년 중 18년을 철창생활을 했던 것이다. 그 당시 미국에서는 사형집행이 10년 동안 중단되어 있었으나 법원은 그에게 사형을 선고했다. 그 선고대로 죽을 권리를 주장하는 그를 세상 사람들이 주목하게 되었으며 문명 사회 곳곳에서 사람들은 감정에 따라 움직이고 있었다. 10년 동안 사형집행을 중단한 후에 유타주는 다시 눈에는 눈으로 보복하려고 했다. 그것은 과연 도덕적으로 옳은 일인가?

1976년 4월에 겔리 길모어는 일리노이주 마리온의 연방교도소에서 보석으로 풀려났다. 그때 그가 발견한 것은 현실사회에 적응하지 못하는 자기 자신이었다. 그를 알고 있는 사람들은 그 사실에 별로 놀라지 않았다. 정신과 의사는 그 이전에 그에 대해 다음과 같이 관찰하고 있었다. "길모어는 타인에게 큰 적의를 품고 있다. 사회적으로는 궤도를 벗어난 이상자다. 자신의 인생에 대해서도 언제나 불만을 품고 있고 남의 감정에 대해서는 전혀 무관심하다. 안정된 사회에 대해 심한 적의를 나타내고 있다."

그는 그때까지 35년 인생의 반 이상을 여러 공공시설에서 보냈다. 감화원, 불량소년 재교육시설, 주 교도소, 연방 교도소 등을 전전한 것이다. 그리고 대부분 사람들이 그를 경계하고 있었는데 이유는 그를 과격한 위험분자로 생각했기 때문이다. 그는 15세 때 이미 50건 이상의 주거침입죄를 범했다. 최고의 형량 선고로 그는 철창 속에서 그것도 대부분은 독방에 격리되어 수용되었다. 어느 교도소에서는 동료와 둘이서 다른 죄수를 철봉으로 때리고 나이프로 찔러서 중상을 입힌 적도 있었다. 그의 신원을 인수할 가족이 좀처럼 나서지 않는 것도 무리는 아니었다. 어느 날 그를 인수할 친척이 겨우 나타났다. 유타주의 올렘에 사는 기혼 부인으로 길모어의 사촌인 블렌더라는 여성과 그 가족들이었다. 그러나 일은 바람직한 방향으로 진전되지 않았다.

그는 술고래였다. 전과자로서, 범죄 쪽이 그에게는 오히려 자연스러운 일이었다. 그는 지불할 능력이 있어도 상점에서 교묘히 물건을 훔쳐냈다. 먼저 깡통 맥주를 훔쳤다. 다음에는 총을 훔쳤다. 그가 하는 일은 모두 예상할 수 있었다. 많은 장기 수형자들과는 달리 그는 숨통이 트이는 수단으로서의 호모 행위도 하지 않았다.

육체적으로는 건전한 한 젊은 남자로 자연스럽게 욕망을 억제해 왔다. 그래서 출감해도 어떻게 이성을 대해야 할지 그로서는 가늠할 수 없었다. 그는 눈에 보이는 모든 젊은 여성에게 어색하게 접근했다. 어떤 여성이 그의 성급한 성충동에 응해 주었다. 그는 자기 나름의 방법으로 이 여성과 사랑에 빠졌다.

길모어는 1976년 7월에 두 건의 살인을 저질렀다. 유타주에 온 지 3개월 후의 일이었다. 동기는 모두가 도둑질이었다.

희생자 1호는 막스 존슨이라는 법률 전공의 대학생이었다. 그는 여름 방학 동안 아르바이트로 올렘의 싱클레어 주유소에서 일하고 있었다. 그는 혼자서 일했다. 길모어는 여자친구의 여동생을 트럭에 태우고 지나가다가 근처에 주차했다. 그는 여자를 조수석에 남겨두고 밖으로 나와 존슨에게 "손들어! 꼼짝 마!" 하고 호주머니 속에 있는 돈을 모두 내놓으라고 명령했다. 그러고는 남자 화장실로 그를 데리고 가서 머리를 아래로 숙이고 바닥에 엎드리게 하고, 뒤통수에 두 발의 총을 쏘았다. 존슨은 전혀 저항하지 않았는데 그를 죽인 것은 경보를 울리지 못하게 하기 위해서였다. 그리고 그는 눈에 보이는 돈을 모두 빼앗았다. 125달러 남짓 되었다.

이튿날 길모어는 혼자서 몇 킬로미터 떨어진 프로버 거리로 트럭을 몰고 갔다. 어느 주유소에 차를 세우고 엔진이 과열되지 않았나 봐달라고 했다. 주유소 직원은 새로운 온도조절기를 장치하려면 25분쯤 걸린다고 말했다.

"알겠소, 저길 잠깐 산책하고 오겠소" 하고 길모어는 말했다. 그러고는 시티 센터 모텔(그의 숙부 집 근처)에 들어갔다. 그곳에서 관리인으로 있는 젊은 모르몬교도인 벤 부쉬넬을 얼굴을 아래로 숙이고 바닥에 엎드리게 하고 권총으로 뒤통수를 쏘았다. 그곳에서는 금고를 송두리째 털었다. 속에 들어 있는 돈은 이번에도 125달러 남짓했다.

그는 부쉬넬의 아내와 모텔의 손님 한 사람에게 들켰는데 부쉬넬이 시체로 누워 있는 것을 보자 두 사람은 전화로 경찰에 알렸다. 길모어는 도망치다가 그만 실수를 했는데 총을 버리려다가 숲속의 나무에 걸려 넘어지는 바람에 총이 발사되어 자기 손을 관통하고 말았다. 트럭을 수리하던 차고의 메커닉은 돌아온 길모어의 손에서 피가 흘러내리는 것을 보았으며 그는 부쉬넬이 사살되었다는 말을 듣고 곧 전화로 경찰에 연락했다.

그동안에 길모어는 친구의 집으로 가 공항까지 차로 태워달라고 부탁했다. 그 친구가 병원에 갈 것을 권하자 길모어는 사촌인 블렌더 부인에게 전화를 걸어 도움을 청했다. 그녀는 남편을 보내겠다고 말하면서 시간을 끌고 경찰에 알렸다. 길모어는 트럭을 타고 도주했지만 경찰은 그를 추적해 퇴로를 봉쇄했다. 그는 단념하고 트럭에서 내려 체포되었다.

길모어는 교도소로 되돌아갔다. 그는 이곳에서 자기의 범죄에 대해 사형을 내려달라고 요구하기 시작했다. 변호를 맡은 변호사는 살인동기를 알아내려고 이것저것 물어보았다. 노만 메일러는 겔리 길모어의 사건을 모델로 한 수상 작품 《사형집행인의 노래》에서 그와의 문답을 다음과 같이 쓰고 있다.

문 : 그 주유소에 주차한 것은 존슨에게서 돈을 빼앗기 위해서였나,

아니면 죽이기 위해서였나?

답 : 죽이기 위해서였습니다.

문 : 그런 생각. 즉 누구를 죽이다는 것은 언제 결심했나?

답 : 잘 알 수 없습니다. 줄곧 생각하고 있었어요. 그날 밤에는 벨브를 덮치려고 했어요. 그것이 어떤 결과를 가져올지는 잘 알지 못했어요. 이것을 하거나 저것을 하자는 생각을 해본 적은 없어요. 그렇게 해서 기분이 가라앉는지도 알 수 없었구요. 제 내부에서 뭔가 북받쳐오르는 것을 알게 되었을 뿐이에요. 그리고 그것을 밖으로 분출하는 게 좋다는 거구요. 제가 끔찍한 말을 하고 있는 걸까요……?

문 : 아니 그렇지 않소. 그런데 그때 존슨씨가 자네에게 무슨 불쾌한 말이라도 했소?

답 : 아뇨, 아무 말도 하지 않았어요.

문 : 두 번의 살인에서 자네의 방법에 어떤 다른 점이라도 있는가?

답 : 특별히 다른 건 없었어요. 그러나 부쉬넬씨가 죽을 확률이 높았다는 것만은 말할 수 있습니다.

문 : 그건 어째서인가?

답 : 존슨씨를 이미 죽였기 때문입니다. 두번째 쪽이 확률이 더 높다고 하더군요.

문 : 두번째 사람이 첫번째보다 처치하기가 간단한가?

답 : 어느 쪽도 어렵지 않지만 또 간단하지도 않습니다.

문 : 그 두 사람 중에 어느 한 쪽이라도 아는 사람이 있었나?

답 : 없었습니다.

문 : 그런데 부쉬넬이 일하고 있던 시티 센터 모텔에는 무엇하러 갔었나? 자네가 방금 말한 분노가 뭔지 알고 싶은데…… 그것은 섹스로 해소시킬 수 있는 건 아니겠지?

답 : 섹스에 관한 질문으로 머리를 식히고 싶지 않아요. 섹스 같은 건 싸구려라고 생각해요.

사형선고가 미국에서 10년 동안 중단되지 않고 법률에 의해 판결 내용대로 형이 집행되었더라면 외부 세계는 길모어에게 별로 흥미를 느끼지 못했을 것이다. 그런데 사형이 집행된 날 아침까지도 그의 운명이 어떻게 결정될지 분명치 않았다. 한편 길모어는 유타주 관계자들에게 유타주 법원이 내린 명령을 집행해 줄 것을 요구했다. 그의 결의는 확고부동한 것으로 생각되었다. 이와 같은 사정이 겹쳐서 그는 먼저 세상 사람들의 호기심을 일으키는 대상이 되었고 유명한 사람이 되었다. 결과적으로는 큰 상업적인 가치까지도 생기게 되었다. 그 가치는 운명의 날이 가까이 다가올수록 커졌다.

로렌스 실러라는 사람이 길모어의 삶과 죽음에 관한 이야기의 권리를 사게 되었다. 그는 사진 저널리스트 겸 텔레비전의 프로듀서로서도 유명한 사람이었다. 그는 길모어에게 상당한 금액을 지불했다. 길모어의 친척이나 친구와도 조심스럽게 접촉했다. 한편 그는 노만 메일러를 설득하여 겔리 길모어의 책을 쓰게 했다(메일러는 이 책으로 풀리처상을 받게 되었다). 그리고 이 책의 텔레비전 방영권은 거액에 달했다. 실러는 겔리 길모어의 전적인 협조와 승인을 얻어 일을 진행시켰다. 길모어는 일리노이주에서 감시가 가장 심한 교도소에서 보석으로 풀려나 유타주에서 가장 삼엄한 교도소로 돌아왔다. 그 사이에 몇 달이 지났다. 그 몇 달 동안이 그를 큰 부자로 만들었다. 다만 그것은 그의 생명과 바꾸는 일이기는 했지만.

그러나 의문은 남았다. 그가 얼마나 절실히 자기의 죽음을 바라고 있었던가? 바라고 있었다면 그것은 무엇 때문인가? 이런 일도 있었다. 모든 관계자들에게 압력이 크게 가해질 무렵이었다. 그는 변호사에게 비밀리에 말했다.

"책의 저작권으로 약 5만 달러가 손에 들어오게 되어 있지요. 그 돈을 모두 당신에게 줄 테니 옷을 한 벌 마련해 주시오. 그걸 입고 마지막으로 이곳을 탈출하려고 합니다."

변호사는 이 말을 진지하게 받아들이지 않았다. 길모어도 그 때문에 변호사에게 적의를 품지는 않았지만, 여기에는 인간의 진실이 숨어 있는 것으로 생각된다. 그가 자진해 처형해 달라고 주장한 최초의 동기는 단지 허세였을지도 모른다. 그것은 의지력의 테스트가 아니었을까? 노만 메일러의 말에 의하면 그는 교도소 내의 경찰 밀고자에게 이렇게 말했다고 한다.

"놈들은 나를 사형집행하려고 혈안이 되어 있어. 나는 여기에 대응해야지. 사형을 시키려면 해보라지. 나와 마찬가지 근성이 놈들에게도 있나 봐야지."

그의 말에서 분명히 알 수 있는 것은 오랜 감옥생활의 공포였다. 그의 형이 사형집행을 연기해 줄 것을 신청하려고 한다는 말을 듣고 길모어는 이렇게 분노했다.

"말도 안 돼. 나는 지겨우리만큼 감옥살이를 했어. 이젠 지긋지긋해."

그가 말하는 '사랑'에 대한 사고방식에도 의문이 남는다. 그의 말에 의하면 이런 일도 있었다. 여자친구인 니커트에게 부탁해 교도소 안으로 독약을 가져오게 했다. 그녀는 이 독약을 장난감 풍선에 넣어 몸속에 감춰서 갖고 와서 그에게 넘겨주었다. 날짜와 시간을 정해 함께 자살할 계획이었다. 여기까지는 성공했다. 그러나 두 사람 모두 죽지 못했다. 그녀는 그 결과 정신병원에 입원해 치료를 받는 신세가 되었고 그것을 알면서도 그는 다시 한 번 하자고 말했다. 그는 죽기 전에 녹음테이프를 니커트에게 남겼다. 그녀에게 함께 죽기를 원하고, 천국에서 다시 만나자는 내용이었다. 로렌스 실러는 길모어의 개인적인 요구는 모두 들어주었으나 이 테이프만은 예외였다. 실러의 충고로 이 테이프는 끝내 니커트의 손에 넘어가지 못했다.

길모어는 처형되기 전날 밤에 친척, 친구들과 작별 파티를 열었다. 자살미수로 정신병원에 수용되어 있던 니커트는 이 파티에 초대되지 않았다. 그녀는 그에게 전화하는 것조차 허용되지 않았다. 그래도 길모어는 최후까지 즐거운 기분에 흠뻑 빠져 익살을 떨었다. 이 괴상한 파티가 시작되기 전에 교도소의 고해 신부님이 그를 위해 미사를 올리자, 길모어는 조용히 성배를 살짝 건드리고 이것을 되돌려주면서 말했다.

"신부님, 이 포도주가 이렇게 독한 줄은 처음 알았어요."

마지막 순간엔 집행연기 소식이 전해졌다. 그것은 순간적인 일이었다. 그는 상황에 어울리지 않게 실망의 기색이 역력했다. 겔리 길모어는 자기의 '죽을 권리'를 주州에 위임하지는 않았다. 유타주에서는 법률에 의해 사형수는 사형의 수단을 택할 수 있었다. 이것은 절대로 변경될 수 없었다. 그의 지시에 따라 변호인단이 상소했다. 그의 처형이 예정된 날 아침 7시 35분에 재판관은 다음과 같이 판결했다.

"법정은 다음과 같이 명령한다. 직무 집행영장이 통보되었다. 금일 1시 5분에 유타주 지방법원의 윌리스 W.리터 판사가 제출한 일시 금지 명령은 취소되어 무효가 되었다. 겔리 길모어의 사건으로 길모어의 법적 대리인 또는 길모어 자신이 신청하지 않는 한, 그 사건에 대해 윌리스 W.리터 판사는 어떤 처분도 앞으로 취할 수 없다는 명령이 시달되었다. 1977년 1월 17일."

이로써 공은 길모어 코트에 분명히 던져졌다. 그는 부활을 믿고 있었다(자기의 전생은 18세기 잉글랜드로, 그곳에서 처형되었다고 그는 믿고 있었다). 이것이 그의 위로였다. 그는 이 자리에 없는 니커트에게 다음과 같은 유서를 썼다.

"지금부터 30시간이 지나면 나는 죽을 것이다. 죽음, 이것은 다른 사람이 사용하는 말이다. 죽음은 해방에 불과하다. 탈바꿈을 하는 것이다."

오전 7시 47분, 그는 밴에 실려 이 지방의 처형장으로 끌려갔다. 이곳에서 사무실용 낡은 의자에 결박되었다. 모래가 들어 있는 매트를 등 뒤에 쌓아올렸다. 총탄을 받아야 했다. 의자 위를 조명이 비추었다. 처형실 이외에는 컴컴했으며 방에는 30여 명이 있었다. 교도소 소장과 직원, 의사, 초대된 친구와 친척들이었다. 네 명으로 구성된 총살 집행원은 앞을 가린 장막 저쪽에 위치하고 있었다. 그러므로 방안에서도 보이지 않았다.

길모어의 얼굴에 두건이 씌워졌다. 소매가 없는 검은 스웨터의 심장

윗부분에 흰 동그라미가 핀으로 고정되어 있었다. 총을 쏘는 표적이었다. 고해 신부가 그에게 최후의 성물을 제공했다. 교도소 소장이 사형 집행 통지서를 낭독하고 길모어에게 물었다.

"무슨 할 말이 없는가?"

길모어는 조금 머뭇거리는 듯했다. 잠시 후에 말했다.

"쏘아주시오."

11세의 소녀 살인자

• 메리 플로러 벨(영국)

1968년 5월 11일, 뉴캐슬에서 3세의 남자아이가 방공호 속에 빠져 크게 다쳤다. 이때 아이는 방공호 위에서 좀더 나이가 많은 두 여자아이와 함께 놀고 있었는데 메리 벨과 노마 벨(메리와 친척관계는 아니다)이었다. 그이튿날 아이의 어머니가 경찰에 와서 메리 벨이 자기 아이의 목을 졸랐다고 말했다. 경찰이 메리와 노마에게 가서 단단히 주의를 주었다.

그후 이틀도 지나지 않아서 사람이 살지 않는 슬럼가 빈 집에서 놀고 있던 두 남자아이가 2층 방에 쓰러져 있는 4세쯤 되는 남자아이의 시체를 발견했다. 나중에 마틴 조지 브라운이라는 아이로 밝혀졌다. 그러나 분명한 사인을 알 수 없었다. 시체 가까이 약병이 뒹굴고 있어 그 약을 입에 넣은 것으로 추정되었다. 메리와 노마가 두 남자아이의 뒤를 따라왔으나 쫓겨났다.

마틴 브라운의 시체가 발견된 이튿날 노마의 아버지는 메리 벨이 자기의 11세 된 딸의 목을 조르려는 것을 발견했다. 아버지는 벨을 손바닥으로 후려쳤다. 그날 5월 26일 밤에, 근처의 보육원에 누가 몰래 들어가 기물을 부쉈다. 경찰은 다음과 같이 갈겨쓴 종이쪽지를 발견했다. "멍청아, 죽여버릴 테다. 잘 감시해. 파니와 파고트." 종이쪽지가 또 있었다. "마틴 브라운을 죽인 건 우리야, 멍청아!"

그로부터 4일 후에 메리 벨은 브라운가의 문을 노크하고, 마틴의 어머니에게 마틴이 집에 있느냐고 물었다. 어머니가 대답했다.

"없어, 마틴은 죽었잖아."

메리가 대답했다. "그런 건 알고 있어요. 관 속에 들어가 있는 걸 보고 싶었어요."

5월 31일, 보육원에서 새로 장치한 경보기가 울렸다. 경찰이 급히 뛰어가 보니 그곳에 메리와 노마가 있었다. 그런데 이 두 여자아이는 조금 전에 침입한 것은 자기들이 아니라고 우겼다. 두 아이는 주의를 받고 부모에게 돌아갔다.

메리는 노마가 두 손으로 마틴 브라운의 목을 졸라 죽였다는 소문을 퍼뜨리기 시작했다. 그러나 이 일로 노마의 부모가 화가 났다는 말을 듣고 메리는 노마의 부모에게 잘못했다고 빌었다.

그후 2개월이 지나 같은 지역에서 세 살의 브라이언 하우가 실종되었다. 누군가가 공터의 콘크리트 블록 속에서 놀고 있을지도 모른다고 말했다. 그날 저녁 브라이언의 시체는 실제로 콘크리트 블록 사이에서 발견되었다. 목이 손으로 졸려 있고, 다리와 배에 베인 상처가 있었다. 검시를 한 의사는 가해진 힘이 약한 것으로 보아 범인은 어린이일 가능성이 있다고 말했다.

그 지역의 어린이들은 브라이언이 죽은 날에 무엇을 하고 있었는지

묻는 질문지에 답을 써야 했다. 몇몇 아이에게는 경찰이 직접 방문하여 기입한 사항을 자세히 물었다. 메리 벨과 노마 벨도 이들 중에 포함되어 있었다. 메리는 횡설수설하고 나서, 세 살의 브라이언 하우가 8세의 남자아이와 함께 있었는데, 그 남자아이가 브라이언을 때리는 것을 보았다고 주장했다. 그리고 그 남자아이가 한쪽 날이 빠진 가위를 가지고 있었다는 말도 했다. 그 가위가 시체 옆에 놓여 있었던 것은 사실이었다. 그러나 이것은 발표되지 않았다. 그녀가 이름을 댄 남자아이가 조사를 받았다. 그러나 그 아이는 그날 뉴캐슬 공항에 있었던 것으로 판명되었다. 노마는 메리와 함께 공터로 가다가 남자아이의 시체에 걸려 넘어졌으며 메리는 자기가 죽였다고 그녀에게 말했다고 증언했다.

경찰서에서 메리는 깜짝 놀랄 만큼 어른스럽게 행동했다. 먼저 변호사를 만나고 싶다고 말했다. 그리고 자기를 세뇌洗腦시켰다고 항의했다. 노마는 브라이언이 죽었을 때 그곳에 있었다고 자백했다. 그녀의 말에 의하면 메리는 남자아이를 풀 위에 쓰러뜨리고 목을 졸랐다는 것이다. 메리가 도와 달라고 하자 노마는 도망쳤다가 얼마 후에 공터로 돌아왔다. 메리는 시체에 가위로 장난을 치고 위胃 근처에 M자와 같은 표시를 했다. 메리가 이때 사용한 면도칼은 나중에 노마가 가리킨 돌 밑에서 발견되었다.

메리는 노마가 범인이라고 말하고, 노마가 어떻게 남자아이의 목을 졸랐는지를 자세히 설명했다.

재판은 1968년 12월 5일, 뉴캐슬에서 열렸다. 메리와 노마는 부모와 함께 앉는 것이 허용되었다. 메리는 두뇌 회전이 대단히 빠른 소녀의 모습을 보여주었다. 증인석에 가서는 대답을 얼버무리고 의기양양한

표정을 짓고 있었다. 정신과 의사는 그녀를 "영리하고 전략적이고 위험하다"고 평가했다. 그녀는 여순경에게, 사람에게 주사를 놓기 때문에 간호사가 되고 싶다고 말했다. "남에게 상처 입히는 걸 좋아하니까요."

노마는 무죄가 되었다. 그녀는 메리의 명령에 따라 움직이는 것이 분명했다. 메리는 살인으로 유죄판결을 받았다. 그녀는 허용된 학교에서 자기보다 나이 든 남학생밖에 없는 특수한 학급에 배치되었다. 1970년에 메리를 학대했다는 이유로 교사가 소송을 당했으나 재판관은 그 고소 원인은 조작이라고 기각했다.

1977년 9월, 메리 벨은 동료 아이와 함께 무아코트의 일반 교도소에서 도망쳐서, 두 명의 소년을 만나 그들과 하룻밤을 보냈다. 그녀는 후에 어느 일요신문에 자기가 처녀를 잃게 된 경위에 대해 말했다. 두 사람의 탈주범은 3일 후에 붙잡혀 교도소로 다시 연행되었다. 메리는 자기가 이미 정상이라는 것을 입증할 수 있는 기회를 갖고 싶었을 뿐이라고 주장했다. 그러나 경찰 당국은 그녀를 석방하기에는 아직 위험하다고 판단했던 것 같다.

디타 세리니의 저서 《메리 벨 사건》을 보면, 메리의 이상성격은 그 성장 과정에 원인이 있는 것 같다고 했다. 그녀는 1957년 5월 26일에 태어났다. 그녀를 낳았을 때 어머니는 미혼으로 17세였는데, 이 어머니도 이상성격자로 메리를 자주 친척에게 맡기고 돌보지 않았다. 입양 알선기관에서 만난 알지 못하는 여자에게 메리를 억지로 떠맡긴 적도 있었다. 메리가 태어난 후에 메리의 아버지와 결혼한 베티 벨도 오랫동안 집을 비워두는 경우가 많았다. 그녀의 남편은 언제나 일거리가 밀려 있었다(메리의 아버지는 딸이 유죄판결을 받은 후에 주거침입 강도로 교도소에 들어가 있었다). 그 집은 불결하고 가구는 거의 없었다. 메리는 학교에서 허세를 잘 부렸고 상습적인 거짓말을 했다. 가정에서의 애정결핍이 '남을 해치는' 욕구로 탈바꿈을 했던 것이다.

정사에는 아이가 방해된다

— 자기의 두 아이를 죽이고, 유괴 살해를 위장한 여자

• **앨리스 크리민스**(미국)

앨리스 크리민스는 자기의 두 어린아이, 5세의 에디와 4세의 딸 미시와 함께 뉴욕 퀸즈의 맨션 1층에 살고 있었다. 그녀는 그때 26세로 한창 나이였으며 굉장한 미인이었다. 남편 에디는 아내의 부정을 의심하여 언제나 그녀를 들볶았으므로 남편과는 그 무렵 이혼수속을 밟고 있는 중이었다.

1965년 7월 14일 아침, 퀸즈 경찰서에 한 통의 전화가 걸려왔다. 에디 크리민스가 한 것인데, 어린아이들이 전날 밤부터 72번가 드라이브에 있는 아내의 맨션에 있었는데 행방불명이 되었다는 것이었다. 앨리스 크리민스는 그날 아침 아홉 시에 아이들의 침실을 들여다보고 두 아이가 없어진 것을 알았다. 그녀는 별거하고 있는 남편이 데리고 갔을지도 모른다고 생각해 그에게 전화를 걸어왔다는 것이었다.

경찰은 그 침실을 살펴보았다. 침대에는 잠을 잔 흔적이 있었으며 창문은 열려 있었다. 침실문 바깥쪽에는 빗장이 걸려 있어 안에서 열지

못하게 되어 있었다. 앨리스는 이 문은 밤이면 언제나 닫혀 있다고 말했다. 그녀의 말에 의하면, 에디 주니어가 밤중에 먹을 것을 찾으러 냉장고에 가는 것을 막기 위해서였다고 했다. 그러나 진짜 이유는, 그녀가 남자친구와 한창 즐기고 있을 때 아이들이 방해하지 않도록 하기 위해서인 것 같았다. 경찰은 앨리스 크리민스가 자식이 없어진 것을 비교적 담담하게 받아들인다는 인상을 받았다. 그녀는 전날 밤 아홉 시에 아이들을 침대에 눕혔고, 자기가 마지막으로 잠자리에 든 것은 새벽 네 시였다고 말했다.

그날 오후에 미시의 시체가 162번가의 공터에서 발견되었다. 질식해 죽었던 것이다. 검시한 결과 위 속의 음식이 거의 소화되지 않은 것을 알 수 있었다. 이것은 이 아이가 죽은 것이 전날 밤 아홉 시 조금 후며, 앨리스 크리민스가 그 아이가 살아 있는 것을 마지막으로 보았다는 새벽 네 시 이후가 아님을 보여주는 것이었다.

남자아이의 시체가 발견된 것은 일주일 이상이나 지난 후의 일로, 고속도로 옆 공터의 참호 속에 버려져 있었다. 상당히 부패해 죽은 원인을 확인할 수 없었다.

취조에서 앨리스 크리민스는 거짓말 탐지기의 조사를 거부했다. 이 일로 경찰은 그녀를 가장 가능성이 높은 용의자로 지목했다. 건축업을 경영하고 있는 그녀의 남자친구인 조제프 로렉은 모텔 잠자리에서 그녀가 자식을 죽였다고 자신에게 말했다고 증언했다. 이 남자는 재판에서도 그녀의 살해동기에 대해 중요한 열쇠를 제공했는데 그녀는 아이들을 전 남편에게 빼앗기기보다는 차라리 죽어버리는 것이 낫다고 자기에게 말했다는 것이다. 그리고 이웃에 사는 에아로밀스키라는 부인은 다음과 같이 증언했다. 아이가 없어졌다는 날 새벽 두 시에 마침 창문 밖을 내다보았는데 웬 남자와 여자가 담요에 뭔가를 싸서 메고, 어린아이의 손을 끌고 있는 것이 보였다. 남자가 담요를 차 뒷좌석에 던져넣자 여자가 말했다.

"그 아이를 그렇게 마구 던지지 말아요."

에아로밀스키 부인이 창문을 닫자 경첩이 삐걱거렸다. 그러자 여자가 말했다.

"누가 왔나 봐요!"

에아로밀스키 부인은 그 여자가 크리민스 부인이라고 증언했다.

경찰이 앨리스의 남자 관계를 조사하자, 이 사건은 상당히 광범한 사회적인 관심을 끌기 시작했다. 재판관은 배심원에게 "우리는 크리민스 부인의 도덕성에 대해 재판하고 있는 것이 아닙니다"라고 주의를 촉구했을 정도였다. 그녀는 미시의 살해에 대해서만 재판을 받았다. 배심원의 판결은 '제1급 과실치사로 유죄'를 선고했다. 뉴욕주의 여자 교도소에서 5년에서 20년간의 유치를 선고받았다.

그녀는 곧 보석으로 풀려났으며 변호사는 상소했다. 상고 재판에서 세 사람의 판사는 이 판결을 파기하고 재심을 명령했다. 이 재판에서 그녀는 증인에 대해 자주 히스테릭하게 고함을 쳤다. 이것은 마지막 재판에서도 마찬가지였다. 이번 재판에서는 아들인 에디의 살해에 대해서도 취급했다. 판결은 아들 에디의 제1급 모살謀殺과 딸 미시의 제1급 과실치사로 유죄였다. 이번의 선고는 종신형이었다. 결과는 얄궂었다. 최초 재판의 형량을 받아들이고 복역했다면, 두번째 재판이 시작된 직후에는 교도소에서 나왔을 것이다.

다시 상고 절차를 밟았다. 2년 후에 그녀는 다시 보석으로 풀려났다. 1975년 초 뉴욕주의 상고법원은 그녀가 에디를 모살했다는 기초원인은 기각하고, 딸의 과실치사 판결을 상소법원에 환송했다. 1976년 1월에 그녀는 할렘의 거주작업 석방시설로 이관되어 그곳에서 비서 일자리를 얻었다.

조합위원장의 라이벌을 없애라

— 라이벌을 죽이려다가 기소된 미국 탄광노동조합 위원장

● **토니 보일**(미국)

　조셉 앨버트 야브론스키와 토니 보일은 미국 탄광노동조합 간부였다. 야브론스키는 위원장 존 L.루이스 측근으로 차기 위원장 자리를 기대하고 있었다. 그러나 그때 위원장으로 선출된 사람은 보일이었다. 야브론스키는 전부터 보일이 조합자금을 횡령하고 있지 않나 하고 의심하고 있었다.

　1968년 11월, 웨스트버지니아주의 어느 탄광에서 큰 폭발사고가 일어났다. 그러자 그의 직장에 대한 환멸은 절정에 달했다. 광산국의 검사관은 안전규칙에 대한 많은 위반 사례를 지적했으나 보일은 그 탄광을 소유하고 있는 회사의 안전에 관한 기록은 매우 훌륭하다고 발표했다. 야브론스키는 은퇴할 시기가 다가왔으나 위원장 자리에 도전하여 조합의 정화를 위해 최선의 노력을 기울이기로 결심했다.

　지난 13년 동안에 미국 동부의 탄광에서는 협박 행위가 성행하고 있었다. 1955년에는 테네시주에서 CMW(미국 탄광노동조합)와의 계약에 서명하기를 거부하고 있던 탄광주의 집에 약 100명의 탄광부들이 몰려가 그 탄광주를 구덩이 속에 생매장한 사건이 발생했다. 탄광주는 간신히 자기 힘으로 그 구덩이에서 기어나왔다. 재판에서 배심원단은 그들을 무죄라고 주장했다.

그후로 무장한 갱들이 탄광지대를 공포의 도가니로 몰아넣었다. 콜팁을 불태우고, 트럭 운전사에게는 도로에 석탄을 쏟아버릴 것을 강요하고, 조합의 '적'에게는 총을 들이대고 발포했다. 그러나 긴 안목에서 보면, 이 일련의 행동은 그들에게 아무 이득도 주지 못했다. 1959년에는 켄터키주에서 처절한 협박행위를 포함한 파업이 일어났다. 이것을 계기로 많은 탄광이 폐쇄되었다. 탄광주에게는 CMW에서 1,500만 달러의 배상금이 지급되었다. 폭력을 휘두른 사람 중에 앨버트 파스라는 남자가 있었다. 조합의 동부 켄터키 지부의 경리책임자였는데, 1968년 파스는 라이벌 조합의 조합장인 테드 Q. 윌슨을 제거하려는 공작을 폈다. 이것이 야브론스키가 입후보를 선언했을 때의 상황이어서 그를 죽이는 것이 지상 명제가 되었다.

파스는 전에 테드 Q. 윌슨의 살해에 관해 의논한 CMW 본부의 윌리엄 플레이터와 접촉해 야브론스키를 죽이는 일에 대해 논의했다. 플레이터는 이 이야기를 사이러스 하들스턴에게 발설했다. 지역구 조합의 장로격인 조합장으로, 일찍이 무장 갱의 한 패거리로 이 지역구를 자기 소유처럼 여기고 활보하는 남자였다. 하들스턴은 이것을 사위인 포르 길리에게 말했는데 그 사위는 도장공塗裝工으로 일을 잘하는 조용한 남자며 범죄 전력前歷 같은 것은 없었다. 길리는 관여하기를 꺼렸지만 결국 하수인 물색을 맡지 않을 수 없었다. 그는 크로드 빌리라는 부랑자와 가택 침입 강도가 전문인 제임스 필립도 한 패거리에 넣는 것이 어떠냐고 말했다. 총 입수에 대해 하들스턴은 테드 Q. 윌슨의 집에 있는 것을 훔치라고 했다. 그러나 예정한 날 밤에 필립은 만취해 있었다. 할 수 없이 길리와 빌리는 다른 가택 침입 강도가 전문인 바디 마틴이라는 남자를 데리러 갔다.

선거 캠페인에서 야브론스키는 잘 싸웠으나 패하고 말았다. 그러자 야브론스키는 보일이 부정선거를 해 이겼다고 확신했다. 그는 선거 결과에 대해 법정에서 싸울 준비를 했다. 한편 보일은 조합자금을 부당하게 유용했다는 혐의로 조사를 받게 되어 신경을 곤두세우고 있었던 터라 더욱 야브론스키의 제거를 결심했다.

필립은 훔친 물품 처분에 부정이 있었다는 이유로 동료들에게 따돌림을 받게 되자, 살인은 마틴이 대신했다. 1969년 12월 30일, 세 남자는 오하이오주 클리브랜드에서 펜실베이니아주의 클라크 빌로 차를 몰아 밤중에 야브론스키의 집으로 쳐들어갔다. 야브론스키는 아내 마가릿과 함께 자고 있었으며 딸 샬롯은 다른 침실에서 자고 있었다. 마틴은 샬롯의 침실에 몰래 들어가 38구경 권총을 그녀에게 들이대고 두 발을 쏘았다. 그러나 불발이었다. 안전장치가 걸려 있었던 것이다. 그는 안전장치를 벗기려고 했으나 탄창彈倉이 벗겨지고 탄약이 방바닥에 떨어졌다. 그 바람에 샬롯은 잠에서 깨어나 비명을 질렀다. 옆방에서 야브론스키도 잠에서 깨어나 침대에서 벌떡 일어났다. 그는 이런 돌발사태에 대비하여 준비해 둔 작은 총을 손으로 더듬어 찾았다. 마틴은 총에 탄창을 다시 장전하고 야브론스키 방으로 뛰어들어 부부에게 난사했다.

한편 길리는 샬롯을 카빈총으로 쏘아 죽였다. 빌리가 야브론스키에게 다시 두 발을 쏘았다. 세 사람은 집을 나와 눈이 퍼붓는 가운데 차를 몰고 클리브랜드로 돌아오는 도중에 총은 강물에 던져버렸다. 그들은 야브론스키의 집에 여자가 있으리라고는 예측하지 못했었다.

6일 후에 야브론스키의 아들인 켄은 집에 여러 번 전화를 걸어도 아무도 받지 않았기 때문에 몹시 걱정이 되었다. 할 수 없이 차를 몰고 집으로 돌아와서 그는 시체를 발견하게 되었다.

경찰은 처음에는 갈피를 잡지 못했으나 점차 실마리를 찾기 시작했다. 일당은 살해하기 2주일 전에 야브론스키의 집에 나타난 일이 있었다. 직업을 구하고 있는 탄광인부라고 구실을 붙였다. 야브론스키가 그들을 집안에 들이면 그 자리에서 그를 죽여버릴 생각이었다. 그러나 야브론스키는 문 입구에 서서 그들을 응대했다. 그래서 죽이지 못하고 정찰만 했던 것이다. 야브론스키는 세 사람의 침착하지 못한 태도에 의심을 품고 나중에 차량번호를 메모해 놓았었다. 경찰은 그 메모를 야브론스키의 서류에서 발견했는데 그 차는 아네트 길리의 소유로 등록돼 있었다.

경찰은 포르 길리를 심문했다. 등이 구부정하고 얌전해 보이는 남자로 사람을 죽일 타입은 아니었다. 12월 18일에 클라크 빌에 간 이유를 묻자 길리의 대답은 이러했다.

"여행을 갔지요. 잔느라는 가수를 만났어요. 그녀가 노래 부르기로 되어 있는 웨스트버지니아의 페스티발에서 그녀를 내려주었어요."

한편 빌리는 살인의 대가로 받은 돈(합계 1만 5천 달러)으로 매일 술집에 드나들면서 살인 사례금에 대해 떠벌리고 있었다. 술집 손님 중 한 사람이 그 말을 듣고 경찰에 신고했다. 빌리는 경찰 취조에서 이렇게 말했다.

"지금 강간죄로 교도소에 가 있는 바디 마틴도 취조해 볼 필요가 있지요. 그리고 필립도 야브론스키의 살해에 대해 뭔가 알고 있을 거예요. 그는 살인의 일당에서 빠진 가택침입 상습범이구요."

취조에 따라 필립은 살인 계약에 대해 자백했다. 길리와 빌리도 체포되었다. 살인에 사용한 총은 잠수부가 강에서 발견했다.

완만하기는 했지만 추적의 손길은 점차 조합의 조직 안으로 뻗어갔다. 먼저 하들스턴이 취조를 받았다. 그는 그 지역 목사에게 설득돼 남은 돈을 내놓았다. 경찰에는 이런 소문도 나돌았다. 즉 12월 18일이 지나면 야브론스키의 집을 다이나마이트로 폭파하겠다는 말이 고장의 젊은 탄광부들 사이에 퍼지고 있다는 것이다. 그 탄광부는 이 이야기가 하들스턴과 길리의 입에서 나왔다고 분명히 밝혔다. 취조에서 자주 등장하는 이름이 있었다. '토니'라는 사람이었다. 토니는 누구인가? 아무도 알지 못했다. 하들스턴이 체포되는 날이 다가왔다. 세 사람의 범인과 하들스턴의 딸 아네트가 추가되어 체포된 사람은 다섯 명으로 늘어났다.

빌리는 결심했다. 사형만은 면하고 싶은데 그러자면 모두 털어놓아야 했다. 재판은 따로따로 열렸다. 마틴과 길리에게는 사형이 선고되었다.

이즈음 아네트 길리는 각오를 단단히 했다. 그녀는 아버지가 보일과 악수하고 있는 사진을 감추고 있었다. 그녀가 경찰에게 감춰둔 장소를 알려주자, 경찰은 결정적인 단서를 손에 넣게 되었다. 혈안이 되어 추적했던 토니는 바로 보일이었다.

아네트의 자백으로 다음에 체포된 사람은 플레이터였다. 계획의 중개인이었다. 한편 하들스턴은 그의 변호를 위해 100만 달러를 준비하겠다고 한 약속을 조합이 지키지 않은 것에 몹시 분개하고 있었다. 그는 모두 털어놓기로 했다. 먼저 앨버트 파스의 일을 폭로하고 다음에 데이비드 브란덴버그의 일도 폭로했다. 조합의 일원으로 수표를 현금으로 바꾸어 살인의 대가를 플레이터에게 넘겨준 자다.

플레이터와 파스는 살인에 가담했기 때문에 유죄판결을 받았고, 모두 종신형(사형은 1972년에 미국 대법원의 결정으로 폐지됨)이 선고되었다.

플레이터와 파스는 조합의 또 한 사람의 간부인 윌리엄 턴블레이저의 이름을 발설했다. 살인의 공동 모의에 보일의 가담이 최종적으로 입증된 것은 이 턴블레이저의 증언이었다. 그는 보일이 야브론스키가 살해를 명령하는 것을 들었다고 증언했다.

보일은 자신의 체포가 시간 문제인 것을 알고 다량의 진정제를 마시고 자살하려고 했다. 그는 곧 병원으로 옮겨져 약물을 토해내고 목숨을 건졌다. 야브론스키를 살해한 후 3년 반 동안에 보일은 자기의 제국이 무너져내리는 것을 보았다. 그는 조합공금을 횡령한 죄로 5년의 금고형을 선고받고 상소중이었으며 영예로운 조합장 자리에서는 이미 물러나 있었다. 1974년 4월, 배심원은 야브론스키를 살해케 한 보일을 유죄로 판결하고 종신형을 선고하였다.

증오한 경찰의 살해

— 1982년 북잉글랜드에서 난동을 부린 경찰 살해범

● **바리 피터 플루덤** (영국)

바리 피터 플루덤은 항복하느니 차라리 22구경의 베레타 자동권총을 자기 머리에 대고 방아쇠를 당겼다. 그때까지 그는 단지 '경찰 살해범'으로서 영국에 널리 알려져 있었다. 무엇이 그의 연쇄살인의 발단이 되었는지는 알 수 없었다. 여하튼 그것은 1982년 한여름에 시작되었다. 그의 살인에는 하나의 일정한 패턴이 있었는데, 그것은 집에 쳐들어가 음식과 소액의 현금과 차를 빼앗는 것이다. 플루덤은 흉기를 소지한 위험인물이었으나 대항하지 않는 사람에게는 일종의 난폭한 동정심을 표시했다. 그러나 그들 자신의 생명과 재산을 지키기 위해 대항하는 자에게는 일반시민이건 경찰이건 거침없이 공격하거나 죽였다.

1982년 6월 17일에 일어난 사건이었다. 요크셔주의 핼게이트 근처에서 젊은 시골 경찰인 데이비드 헤이가 교통정리를 하고 있었다. 그때 이 경찰의 말버릇이 못마땅했다는 이유만으로 플루덤은 그 경찰의 머리를 가까운 거리에서 쏘고 차로 도망쳤다. 그러나 헤이 경관은 숨을 거두기 직전에 플루덤의 녹색 시트로앤의 숫자(KYF 326P)를 수첩에 적어놓았다. 플루덤은 클라이브 존스라는 가명을 사용하고 있었으나, 1944년 10월 18일이라는 생년월일은 그대로 썼다. 이것만이 피로 물든 수첩에 적혀 있었다. 정보가 이것뿐이라도 플루덤은 살인범으로 언젠가는 체포될 것이다.

리즈에서 가까운 들에 버려진 KYF 326P가 발견되었다. 그날 발부된 공개 수사영장을 체크하고 있던 경찰이 일치점을 알아차렸다. 즉 클라이브 존스의 생년월일이, 별도의 상해죄로 수사영장이 발부된 플루덤이라는 이름을 가진 남자의 생년월일과 같다는 것이다. 즉시 지문 조회를 시작했고, 헤이 경찰이 검문한 운전사의 이름이 플루덤이라는 것이 판명되었다. 그후 대대적인 수사가 전개되었다.

플루덤은 발목이 잡히는 것이 두려워 시트로앤을 버렸는데 그로서는 현명한 조치였다. 그리고 그는 이웃의 랭카셔주에 가서 늙은 부인이 혼자 살고 있는 방갈로풍으로 된 집을 습격했다. 그곳에서 그는 복잡한 성격의 또 다른 면을 드러내 보였다. 이 노부인으로부터 5파운드를 빼앗고 그녀를 묶었다. 그러고는 이튿날 아침에 빵집 배달원이 나타나면 발견할 수 있는 자리에 방치하고 그곳을 떠났다. 그녀는 그 이상의 피해는 입지 않았다. 랭커셔주에서 그는 노팅엄주의 뉴아크 온 트랜트 근처에 있는 가톤에 가서, 조지 라켓과 아내인 샐비어가 살고 있는 집에 침입하였다. 플루덤이 원한 것은 음식과 현금과 특히 버린 시트로앤을 대신할 만한 차였다. 그러나 조지 라켓은 실수를 했다. 자기 아내와 재산을 지키려고 하자 플루덤은 그를 사살했고, 아내의 머리에도 권총 한 발을 쏘고 달아났다. 아내는 남은 생애를 불구자로 지내야 했다.

그의 생애 최후가 된 7월 3일 밤, 플루덤이 세 사람의 인질에게 베푼 조치를 보아도 그의 마음속의 동요를 잘 알 수가 있다. 그때 그는 요크 셔주의 몰턴에서 존슨 일가의 세 사람을 인질로 해 포위망을 좁혀 들어 오는 경찰대원과 마지막 일전에 대비해 몸을 숨기고 있었다.

헤이 경찰의 살해에 대해서 그는 이렇게 말했다.

"나는 차 안에서 잠들어 있었다고 말했지요. 그것이 나쁘다고는 생각 되지 않았구요. 그런데 그놈은 차에서 나오라고 건방진 태도로 말했어 요. 그래서 놈을 쏘았구요."

그는 존슨 일가에게 라켓 부부를 살해한 이유를 말했다. 그의 설명에 의하면 상황은 이러했다. 그는 부부의 양팔을 팔꿈치 근처에서 꽉 묶어 놓고 차에 가솔린이 얼마나 들어 있는지 보러 차고에 갔다가 집으로 돌 아와 유리창 틈으로 집안을 들여다보았다. 조지 라켓이 밧줄을 풀고 권 총을 겨누고 서 있었다.

"나는 그놈을 그의 총으로 쏘았어요. 그리고 부인도 쏘지 않을 수 없 었구요. 부인을 죽일 생각은 없었는데……."

6월 24일, 그는 라켓한테 빼앗은 로버를 타고 북요크셔의 들비 포레 스트 지구로 갔다. 그는 흥분이 가실 때까지 숨어 있으려고 생각했으나 그곳에서 경찰견을 데리고 있는 케네스 올리서 경찰을 만나게 되었다. 무기를 휴대하고 있지 않은 경찰에게 플루덤은 즉시 일곱 발을 쏘고 도 망쳤다. 한 발은 올리버 경관의 코를 깎았고, 또 한 발은 팔에 명중했다 세번째는 제복에 구멍을 뚫고 지나갔다. 올리버 경찰은 후에 스커버러 종합병원으로 운반되어 치료를 받았다.

이 무렵부터 '경찰 살인범'은 신문의 톱기사가 되었다. 사건을 담당한 케네스 헨슨 경찰본부장은 260명의 경찰들에게 라이플총·연발총·펌프 연발식 산탄총 등의 무기로 무장하도록 한 후 북요크셔 일대에서 그를 수색하게 했다. 이 밖에도 무기를 휴대하지 않은 3천 명 이상의 경찰들을 도로 바리케이트를 감시하게 하고 변두리 촌락을 순회하도록 했으며 무선연락으로 고속도로를 순찰하도록 지시했다. "경찰들의 사기는 최고였어요"라고 헨슨 경찰본부장은 말했다.

플루덤의 다음 희생자는 데이비드 윈터 경사였다. 윈터 경사와 마이클 우드 경관은 한 남자가 음식물을 가지고 올드물톤 우체국에서 나오는 것을 목격했는데, 이 두 사람 모두 등이 구부정했다. 경사가 검문하기 위해 남자에게 조용히 다가가고 있을 때 우드 경관이 갑자기 외쳤다.

"경사님, 위험해요. 조심해요!"

그러나 이미 때는 늦었다. 플루덤은 베레타총을 호주머니에서 꺼내 도망치려는 경찰을 쫓아갔다. 이 살해극에 대해서도 플루덤은 후에 피가 얼어붙을 듯한 말을 존슨 일가에게 하고 있다.

"나는 그 경찰을 쫓아갔지요. 놈은 벽을 기어오르기 시작했구요. 그래서 따라잡았지요. '이놈!' 하고 외쳤어요. 그리고 쏘았지요. 조금은 가엾은 생각이 들긴 했지만 솔직히 말해서 '꼴 좋다'라고 생각했어요. 놈은 경찰이거든요."

그러나 사실은 이 말보다 더 처참하게 죽였다. 등이 굽은 경사에게 그는 아주 가까운 거리에서 세 발의 총을 쏘았다. 최후의 한 발은 벽에서 떨어져 움직이지 못하는 그에게 치명상을 안겼다. 그러므로 공포에 떨고 있는 인질에게 가했던 더욱 처참한 모습은 생략하겠다.

플루덤은 마지막으로 물톤에서 궁지에 몰리게 되었다. 윈터 경사 살해범 수사본부가 설치된 경찰서에서 불과 몇백 미터 떨어진 곳이었다. 최초의 중요한 단서는 경찰측이 이 수사를 위해 특별히 초대한 전문가인 에디 맥기에 의해 발견했다. 그는 초원에서 사람이 지나간 흔적을 더듬어보았다. 그것은 이 지역 테니스 클럽 근처의 은신처와 통해 있었다. 이 은신처는 텅 비어 있었으나 분명히 최근에 사람이 사용한 흔적이 있었다.

한편 2주일이 넘도록 줄곧 도망쳐서 체력적으로 한계에 도달한 플루덤은 그 은신처에서 가까운 한 민가에 쳐들어갔다. 그 집에서 그는 70대인 모리스 존슨 부부와 아들 43세의 브라이언을 인질로 잡았다. 경찰측에서도 그가 민가로 침입할 가능성을 미리 예상하고 일반주민에게도 자기 집 근처의 경비를 철저히 하도록 호소했다. 가가호호까지 개별적으로 보호할 방법은 없었기 때문이다. 그리고 신고가 없었기에 경찰은 존슨가의 경비는 하지 않고 있었다.

7월 3일 저녁, 존슨 부인은 부엌에 들어가 무심코 뒤돌아보았는데 플루덤이 그녀의 머리에 권총을 들이대고 있었다. 그는 그때까지 의자 뒤에 숨어 있었다. 그런데 늙은 부인이 나타나자 "날 알고 있겠지?" 하고 그는 말했다.

"미안하지만 모르겠는데요"라고 그녀가 대답하면서 전혀 저항하지 않았다. 이것은 그녀에게 다행한 일이었다. 플루덤은 그녀의 등에 권총을 들이댄 채로 거실로 밀어넣었다. 그곳에서 그녀와 남편을 결박했다. 그는 달걀과 베이컨을 요리해 배불리 먹고 나서는 여느 때와는 달리 두 사람의 결박을 느슨하게 해 편한 자세를 취하게 했다. 그는 이 집을 3일 동안이나 감시하고 있었으므로 이 일가의 일은 무엇이든지 거의 알고 있다고 말했다. 여기서 존슨 부인이 두려워한 순간이 다가왔다. 아들 브라이언이 돌아오는 소리가 들렸던 것이다. 그러나 다행히 그도 플루덤에게 전혀 저항하지 않았다.

브라이언은 후에 기자들에게 이렇게 말했다.

"여섯 시 반에 집에 돌아와 부엌에 들어가 보니 뜻밖에도 그가 있는 것을 알았어요. 그는 총을 내 머리에 겨누고 테이블 저쪽에서 나를 노려보고 있었어요. 나는 소리를 지르고 다른 방으로 도망쳤지요."

플루덤은 그를 쫓아가서 큰 소리로 말했다. "이 바보야! 네가 도망쳤으니 망정이지 그렇지 않았더라면 이 총으로 네 머리통을 쏠 참이었어."

그는 브라이언을 결박했다.

두려운 존재로 여겨진 그 대신에 부모의 끈은 풀어주었다. 이때 그는 다시 태도를 돌변해 허리에 권총을 차고 세 사람의 인질을 위에서 내려다보면서, 홍차를 마시고 싶으냐고 물어왔다. 세 사람이 마시고 싶다고 말했더니 그는 말했다.

"우리는 앞으로 잘 해나갈 수 있을 것 같군." 그리고 그는 도망쳐 다녔던 16일 동안에 자기가 죽였거나 부상을 입힌 희생자에 대해 말했다.

북요크셔 경찰본부의 존 칼턴 부본부장은 다음과 같이 그때의 감상을 말하고 있다.

"인질극이 일어났을 때 양자 간에 일정한 시간이 지나면 친밀한 관계가 성립된다는 것은 잘 알려진 사실입니다. 처음에 존슨 부부의 정체를 아직 잘 알 수 없는 동안에는 결박했지만, 신뢰 관계가 성립되면 그들은 한가족처럼 서로 이름을 부르는 사이가 되지요."

플루덤이 그런 말을 털어놓기까지는 상당한 시간을 필요로 했다. 때때로 성경 구절까지 인용해 이야기가 중단되기도 했다. 그러나 이때에도 자기는 믿음이 깊은 인간은 아니라고 말하며 외고집적인 측면을 유난히 강조하려고 했다.

마지막으로 그는 밤 11시경에 이 집을 나가겠다고 말했다. 그 무렵부터 그에게 친밀감을 갖기 시작한 존슨 일가는 자수를 권했으나 그는 거절했다.

"그건 안 돼요. 경찰이 나를 체포하게 할 수는 없어요. 차라리 스스로 목숨을 끊는 편이 나아요."

그러나 죽기 전에 적어도 한 사람의 경찰관은 해치우겠다고 말했다. 그러고는 마지막으로 식사를 청하여 그것을 '최후의 만찬'이라고 말했다. 그의 강한 성격을 반증하는 듯한 행동이었다.

존슨 부인은 검시배심원에게 마지막 작별에 대해 이렇게 말하고 있다. 그러나 그 작별은 그가 약속한 11시가 아니라 자정을 조금 지나서였다.

"우리는 그 사람을 부축해 일으켰어요. 거의 안기다시피 하여 밖으로 나갔지요. 그 사람은 '하룻밤만 이곳에 머물고 싶군요. 발이 나으면 나갈 거예요' 하고 말했어요. 밖에 나오니 벽에 세워놓은 목재가 보였는데 은신처로 보인 모양이에요."

이것이 에디 맥기에게 발견된 은신처다. "경찰이 처음 수색할 때 어째서 이곳을 발견하지 못했는지 이상한 생각이 들어요. 그 사람은 잘못했다고 사과했어요. 돈이 없어서 식사 대금도 지불할 수 없다고 말했지요. 그리고 세상에 이처럼 좋은 사람들이 있다는 것도 자기는 미처 몰랐다고 말했어요…….”

그는 발을 절뚝거리면서 은신처로 들어갔다. 몇 시간 후에 경찰은 그곳에서 그를 발견했다. 수사대장인 데이비드 클라크슨 주임 형사는 그곳에 숨어 있는 것이 정말로 플루덤인지 확인할 도리가 없었다. 확인할 방법은 하나뿐이었다. 형사는 벽의 반대쪽에서 살금살금 전진해 몸을 뻗어 문을 흔들었다. 플루덤은 형사에게 발포했으나 맞지 않았다. 형사는 멈칫 뒤로 물러섰다. 클라크슨은 말했다.

“사격신호를 하기 전에 나는 용의자에게 자수하라고 권했어요. 그러나 그는 경찰의 말에 따르지 않았어요. 그가 응하지 않는다면 이쪽의 권고도 의미가 없지요.”

그리하여 공격이 시작되었다. 두 개의 수류탄을 벽 너머로 던졌다. 저격수가 라이플로 다섯 발의 총탄을 낮은 위치에서 은신처를 향해 쏘았으며 한 형사는 펌프 연사식 산탄총 네 발을 연속해서 쏘았다. 그리고 끝으로 클라크슨 주임 형사가 방패로 앞을 가리고 은신처 정면으로 다가갔다. 그는 말했다.

“5센티미터 각도의 유리를 통하여 발라클러버 모자(어깨까지 덮는 큰 털 모자)를 쓴 사내가 보였어요. 왼쪽 몸을 아래로 하고 누워 있더군요. 총은 오른손에 쥐고 가슴 위에 얹어두었어요. 죽었는지 살았는지 알 수 없었지요. 나는 한 손으로 방패를 잡고 38구경의 스미스 앤드 윌슨으로 한 발 쏘아보았어요.”

이리하여 영국 역사상 최대의 인간 사냥은 끝났다. 안전장치가 되어 있는 플루덤의 자동소총에는 아직 일곱 발의 탄환이 남아 있었다. 그 총의 성능은 상당했다. 전문가는 플루덤이 자기를 쏘았을 때 머리의 충격으로 안전장치가 앞으로 벗겨졌다는 결론을 내렸다. 법의학자인 사바 박사는 검시배심원에게 자기의 개인적인 의견으로 다음과 같이 말했다.

"플루덤을 죽게 한 탄환은 틀림없이 자기 자신의 총에서 나간 탄환이에요. 탄환은 머리의 오른쪽에 박혔는데, 이것은 자살할 경우의 뚜렷한 특징이지요. 이 밖에 플루덤의 이마에는 산탄총의 상흔과 같은 산탄에 의한 상흔이 스물한 군데나 있었어요. 머리에 생긴 두 군데 상흔 중에서 어느 하나에 의해 의식을 잃었거나 또는 즉사한 것으로 추정됩니다."

검시배심원은 불과 18분 동안만 검사하고 플루덤이 스스로 자기 머리를 쏘아 자살했다는 사바 박사의 견해를 인정했다. 그 총은 플루덤이 전에 두 사람의 경관과 조지 라켓을 사살한 총이었다.

이리하여 사건 자체는 해결했으나 의문이 남았다. '왜'라는 의문이다. 그는 '해외의 조직'에 연결되어 있다는 추측도 있었다. 북아일랜드를 전제로 한 추측이었다. 국방성은 안전보장담당관을 물톤으로 파견하여 조사한 내용을 토대로 보고서를 작성했다. 이 보고서는 오늘날에도 납득할 만한 설명이 없는 몇 가지 우연의 일치를 밝히고 있다. 플루덤이 헤이 경관을 사살한 것은 핼 게이트의 미국 공군 통신기지 근처였다. 이 기지에서 플루덤은 전에 '발리 에드워드'라는 이름으로 근무했다. 그가 영국과 외국에서 전에 사용했던 폴크스바겐의 밴이 영국 공군 통신기지가 있는 웨스트 드레이턴에서 후에 경찰에 의해 발견되었다. 다른 보고서에 의하면, 플루덤은 콜로라도주의 북미대륙 방공사령부 근처에서 캠핑을 한 적이 있지만, 이곳은 필링스데일의 조기경보 시스

템과 직접 관련되어 있으며, 여기서 불과 몇 킬로미터 떨어진 장소에서 플루덤은 올리버 경관에게 중상을 입혔다.

한편 그의 SAS(영국 공군 특수부대) 훈련 경력에 대해서도 여러 모로 논의되었다. 플루덤은 1969년에 SAS에 입대해 주말마다 훈련에 참가하고 있다. 그의 전처 길리안은 그가 바깥 생활을 즐겼다고 말하며 이렇게 덧붙였다.

"그가 사격에 익숙할 만큼 그렇게 오랫동안 그 훈련을 받았다고는 생각되지 않아요. 그런 능력은 없었다고 생각해요.…… SAS가 자기 체질에 맞지 않는다고 말했을 때에는 실망에 가득찬 얼굴이었어요.…… 날마다 언제나 생각에 잠겨 있었구요."

그에 대해 인간 사냥꾼을 잡는 데 총지휘권을 맡은 케네스 헨슨 경찰본부장은, 후에 북요크셔 경찰위원회에서 플루덤은 가정 문제로 고심했다고 보고하고 있다. 즉 1977년 그는 주류판매 면허를 사서 아내에게 일을 시켰다. 그런데 돈이 더욱 필요하게 되자, 그는 사우디아라비아의 석유회사에 전기기사로 일하러 갔었다. 그가 그곳에 머물러 있는 동안에 아내가 이혼하고 싶어하는 것을 알게 되었다. 이것은 그의 마음에 깊은 상처를 남겼으리라고 생각된다. 그리하여 그때까지 매우 안정되고 근면한 사람에서 그는 까다롭고 신경질적인 인간으로 변해 갔다.

그의 전처는 플루덤의 진정한 성격에 대해 결정적인 열쇠를 제공하고 있다. 그는 그녀에게 이렇게 말했다고 한다.

"나는 사생아야…… 앞으로도 줄곧 사생아지."

그는 질투가 심해 그녀를 독점하고 싶어했다. 그녀가 바람난 것이 아닌가 의심하며 그녀를 가끔 구타하기도 했다. 그녀에 말에 따르면, 그가 사랑한 사람은 어머니와 조부모뿐이었다. 발리 플루덤의 어머니는 그의 아버지와는 결혼한 사이가 아니었다. 그러나 어머니는 플루덤에게 언제나 아버지에 대해 이야기하며, 그를 아버지의 부모에게 데리고 갔다.

"자기에게 아버지가 없다는 것을 그 사람은 받아들일 수 없었던 거예요"라고 그녀는 덧붙여 말했다.

그의 무자비한 일련의 살인 이유가 무엇이건 간에 17일에 이르는 도피중에 저지른 그의 흉악한 행동은 일반 사회에 40만 파운드 이상의 피해를 입혔다. 그는 죽은 지 7주일 후에 몰래 매장되었다. 입회한 사람은 그가 좋아했던 숙모와 네 명의 친척뿐이었다. 숙모는 이렇게 말했다.

"가족들은 그 아이를 언제까지나 헌신적인 사랑스러운 사람으로서 기억하게 될 거예요. 그 애는 어머니, 그러니까 우리 언니를 무척 사랑했어요. 그의 마음속에서 뭔가 잘못되어 이렇게 되었지만요."

인종차별 린치사건

— 공민권으로 보호받는 세 사람의 노동자를 공모로 살해

• **쿠 클락스 클란**(미국)

공민권으로 보호받는 세 사람의 노동자 마이클 H. 슈베르너, 앤드루 굿맨, 제임스 E. 체니가 1964년, 미시시피주 필라델리아의 근처에서 쿠 클락스 클란KKK에게 납치되어 살해되었다. 슈베르너는 인종평등연맹에 고용된 사람으로 그와 굿맨은 백인이고 체니는 흑인이었다.

1964년 메리디안에서 열린 재판에서, 이 살해와 관련해 FBI에 체포된 19명의 백인용의자는 이 사건을 담당한 에스터 카터 연방 지방 행정관에 의해 석방되었다. 용의자 가운데 한 사람의 자백을 증거로 채택할 수 없다는 것이 그 근거였다. 미국에서는 모살은 주의 범죄고 연방의 범죄는 아니다. 따라서 그 해석에 의하면 FBI의 관할 밖이 된다. 19명의 용의자는 피살된 세 명의 공민권 박탈의 공모共謀로 기소되었다. 그들의 석방이 결정되자 로버트 오웬 검사는 이렇게 말했다.

"정부에서는 이것을 사건의 종료로 보지 않는다……. 우리는 대배심원에 직접 상고하여 다시 심의하도록 요구할 것이다. 대배심원이 동의

하면, 피고의 모두 또는 그 일부가 다시 체포되어 다시 한 번 기소될 것이다."

3년 후인 1967년 10월, 18명이 피고로 기소되었다. "공민권으로 보호받고 있는 세 사람의 젊은 노동자에게 정당한 절차를 밟지 않고, 그 생명 또는 자유를 빼앗기 위해 공모했다"는 것이 기소 이유였다. 이 두 번째 재판에는 다음과 같은 증거가 제출되었다. 세 사람은 군 보안관 대리에 의해 체포되어 투옥되었다. 이런 상태로 보호를 받고 있을 때 사람들이 모여들었다. 세 사람은 풀려났으나 고속도로에서 추적당해 다시 체포되었다. 그리고 살해되었다. 그 시체는 댐공사현장으로 운반되어 불도저로 매장되었다.

증인 중 한 사람은 이렇게 증언했다. "모든 생물은, 백인 옆구리를 찌른 가시다. 그 가시는 빼야 한다"고 말해 살해를 인정했다.

10월 20일, 전원이 백인으로 구성된 메리디안의 배심원은, 새로운 공모혐의에 대해 피고 중에서 일곱 명을 유죄로 결정했다. 이들은 모두 10월 23일까지 각자 5천 달러의 보석금을 내고 석방되었으며, 여덟 명은 무죄가 되었다. 세 사람에 대해서는 배심원이 판결을 내리지 않고 미종결 심리가 선고되었다.

처형은 치사량 주사로

— 치사량 주사에 의해 처형된 최초의 사형수

• **찰리 브룩스**(미국)

40세의 흑인 죄수 찰리 브룩스는 1982년 12월 7일, 텍사스주 한츠빌 교도소에서 법률사의 한 페이지를 장식하게 되었다. 그곳에서 그는 사형수로서 최초로 치사량 주사에 의해 처형되었다. 치사량 주사를 놓은 사람의 이름은 분명치 않으나, 그는 의사가 아니라 임상 기사였다. 약제는 티오펜탈 나트륨(보통 펜탈나트륨이라고 하며 '자백약自白藥'으로 알려져 있다)과 팬크레오남브로마이드(상표명 라브론의 이완제)와 염화칼륨의 혼합제다. 브룩스는 포트워스의 중고차 세일즈맨인 데이비드 그레고리를 살해한 죄로 1976년에 사형이 선고되었다.

사형폐지론은 별도로 하고, 이 사형은 법률적인 면과 윤리적인 면에서 광범위하게 사회적인 반향을 일으켰다. 이 사건에는 위디 루돌즈라는 공범이 있었다. 차의 시승을 두 사람에게 시킨 그레고리를 사살한 죄 때문에 두 사람에게 사형이 선고되었다. 두 사람 중에서 어느 쪽이 실제로 발포하여 그레고리를 사살했는지 재판에서는 끝까지 확인되지 않았다. 그러나 루돌즈는 배심원의 선정에 미비한 점이 있었다고 하여 상소했다. 상소심에서 그에 대한 판결은 40년의 금고형으로 감형되었다. 그 결과 루돌즈는 1988년 이후에는 가석방을 신청할 자격을 얻게 되었다.

브룩스는 사형이 집행되고 공범은 감형되었다. 이상한 일이 아닐 수 없었다. 그 자체가 논쟁의 대상이 되었다. 그러나 이 논쟁은 의학분야에서는 심각한 양상을 띠었다. 의학계는 인간의 생명을 빼앗을 목적으로 의사를 동원하는 데 맹렬히 반대했다. 미국 의사회는 다음과 같은 성명을 발표했다.

"사형수의 생명을 끊기 위한 수단으로서 치사량의 주사를 집행하는 것은 의사의 직업적인 이미지를 높이는 것이 아니다……. 이것은 의사에게 적절한 역할이라고 볼 수 없다."

브룩스는 1976년 미국 대법원이 사형제도를 개정한 후로 미국에서 사형이 집행된 여섯번째 사형수가 되었다. 그리고 흑인으로서는 최초였다(오늘날 살인에 대해 사형을 선고하는 나라는 선진국 중에는 소련과 남아프리카와 미국뿐이다). 치사량 주사를 놓기 몇 분 전에 브룩스의 변호사는 제출중인 상소가 연방고등법원에서 수리될 때까지 사형집행 연기를 요구하고 즉석에서 상소했으나, 미국 대법원에서 6대 3으로 부결되었다.

미국의사회의 성명을 존중해(미국의사회에서는 2년 전에 윤리적인 이유로 의사는 치사량 주사를 놓지 않기로 결정했었다) 치사량 주사의 집행에는 임상 기사가 선정되고, 유자격 개업의가 이것을 감독하게 되었다. 브룩스는 오후 11시 30분에 병원용 왜건에 실려 사형집행실로 옮겨졌다. 옛날에는 가스실이었다.

이때 변호사는 그의 목숨을 건지기 위해 최후까지 노력을 계속했다. 따라서 사형담당자는 치사에는 관계가 없는 식염용액의 주사를 놓았다. 담당자는 거울 맞은편에 있었다. 담당자에게는 사형수가 보이지만 사형수 쪽에서는 담당자가 보이지 않았다. 브룩스의 팔은 왜건에서 삐져나온 판자 위의 덧받침에 동여매어져 있었다. 피하주사의 바늘이 혈관에 삽입되었다. 이 주사침에는 고무줄을 연결하여 방바닥에서 벽 구멍으로 통해 있고, 임상 기사가 의사의 감독 아래 작업을 하고 있는 옆 방까지 연장되어 있었다.

몇 분 후에 사형집행 연기를 요구한 상소가 기각되었다는 소식이 잭 파슬레이 소장에게 전화로 전해졌다. 그는 사형수에게 말했다.

"마지막으로 남기고 싶은 말은 없는가?"

브룩스가 대답했다. "예, 있습니다." 그는 여자친구인 버네사 샤프에게 얼굴을 돌렸다. 27세의 간호사로 브룩스의 요청에 의해 증인으로 입회가 허용되어 있었다. 브룩스와 샤프는 결혼은 하지 않았으나 서로 장래를 약속하고 있었다.

"당신을 사랑해!"라고 그는 그녀에게 말했다. 그리고 사형수의 독방에 갇혀 있는 동안에 이슬람교로 개종한 그는 두 사람의 이슬람 목회자와 함께 짤막한 이슬람 의식을 올렸다. 끝으로 목회자가 기도했다.

"알라신이여, 이 사람을 낙원으로 인도하소서!"

브룩스는 그동안에 줄곧 냉정해 보였다. 이 방으로 옮겨오기 전에 그의 독방에 이슬람의 목회자가 들어가 그에게 최후의 식사를 권했다. 그는 식사를 했다. 메뉴는 스테이크와 포테이토칩, 복숭아와 아이스티였다.

12시 7분, 정맥주사의 식염용액에 티오펜탈나트륨이 첨가되었다. 호흡을 막고 심장을 정지시키기 위해서였다. 입회인은 나중에 이렇게 말했다. 약이 효력을 발생하기 시작하자 그는 주먹을 쥐고, 머리를 위로 치켜올리고, 공기를 원하는 듯이 하품을 했다고. 그가 의식을 잃게 되자 다시 파브론과 염화칼륨이 주사액에 첨가되었다.

12시 12분, 텍사스주 교정국의 의무국장 랄프 글레이 박사가 그의 가슴에 청진기를 대었다. "앞으로 2, 3분 남았소"라고 그는 말했다. 다음에 또 한 사람의 교도소 의사인 바스컴 벤트레이 박사가 브룩스의 눈에 펜토치의 빛을 대고 집행담당관에게 물었다.

"주사를 끝냈나요?"

"아직은"이라는 대답이 들려왔다. 다시 한 번 심장의 고동을 확인하고 나서 글레이 박사는 최종적으로 확인해 본 후 "사망하셨습니다"라고 말했다.

12시 16분이었다. 그전에 휴스턴의 마약전문의인 데니스 버크 박사는 이 방법에 의한 사형집행을 '고통이 없고, 쉽고, 확실하고, 신속한' 수단으로서 권장하고 있었다.

이에 반대하는 전문가도 있었다. 교도소 밖에서 대기하고 있던 몇몇 시위자들 사이에서도 견해는 가지각색이었다. "치사량 주사는 너무 쉽다"거나 "목을 매는 밧줄을 사용하라"는 다른 의견도 보였다. 사형폐지론자는 브룩스가 죽었다는 소식을 듣고 촛불 기도를 올렸다. 브룩스가 죽은 날 밤까지 미국에는 살인죄로 사형이 선고된 사람이 1,100명 이상이나 있었다. 그러므로 많은 사람들이 두려워한 것은 치사량 주사에 의한 사형집행이 가까운 장래에 일반화되지 않을까 하는 것이었다.

천사 목장이라는 이름의 마魔의 매춘굴
— 80명이 넘는 젊은 여자의 사신, 멕시코의 악의 자매

- **델피나 곤잘레스** (멕시코)
- **마리아 곤잘레스** (멕시코)

　1963년의 일이었다. 멕시코 서해안의 과다라하라 경찰들은 이상하다는 생각을 했다. 젊은 여자의 행방불명 신고 숫자가 갑자기 증가한 것이다. 매춘부로 팔아넘기는 낌새까지 보였다. 젊은 여성의 대부분은 직장을 구하고 있었다. 가정부로 일하고 있다는 말을 들었는데 그후로는 얼굴이 보이지 않는다는 것이다.

　1963년 크리스마스 직후, 16세의 마리아 에르난데스가 행방불명이 되었다는 신고가 있었다. 그녀의 아버지는 병으로 자리에 누워 있었기에 마리아는 일자리를 찾고 있었다. 어느 날 그녀는 공원에서 볼에 반점이 있는 값비싼 옷차림을 한 여자를 만났다. 이 여자는 마리아에게 250페소(당신의 환산으로 6파운드, 또는 16달러)의 주급으로 가정부 일자리를 제공하겠다고 했다. 마리아는 소지품을 챙겨가지고 앞으로의 고용주를 만나러 산 후안 데 로스 라고스행 버스에 올라탔다. 그후로 그녀는 다시 보이지 않았다. 볼에 반점이 있는 여자라는 인상에서, 경찰은 그녀

가 조세피나 구티에레스라고 확신하게 되었다. 젊은 여자들을 꾀어내어 감옥과 같은 매춘굴로 알선하는 상습범이었다.

산 후안 데 로스 라고스의 매춘지역에서는 마리아 에르난데스와 비슷한 여자를 최근에 보았다는 정보는 없었다. 그러나 이 고장에 오래전부터 살고 있는 할머니 말에 의하면, 얼굴에 반점이 있는 중년 부인이 이곳 매춘굴에 가끔 드나든다는 것이었다. 경찰은 며칠 동안 그 매춘굴에 잠복한 끝에 얼굴에 반점이 있는 중년 부인을 체포했는데 그녀는 조세피나 구티에레스였다. 취조한 결과 그녀는 자기가 마리아 에르난데스에게 일자리를 알선했다고 실토했다. 그녀는 마리아가 버스에서 내리자마자 매춘굴 업자에게 넘기고, 1,000페소(26파운드 또는 70달러)의 보수를 받았다고 했지만 마리아는 이 고장의 매춘굴에는 있지 않았다. 딴 곳으로 데려간 것이 분명했다.

여자를 꾀어내는 것이 전문인 이 여자는 입이 무거웠으나, 경찰이 보호를 약속하자 드디어 입을 열고 그 매춘굴 주인의 이름을 일러주었다. 델피나 곤잘레스와 마리아 데 지저스 곤잘레스 자매라는 것이었다. 그녀들은 과나파트주에 있는 목장을 소유하고 있었다. 란초 엘 안헬(천사목장)이라고 하여 매춘굴도 겸하고 있는데 그 정확한 장소는 알 수 없으나 그곳에서 가장 가까운 곳은 샌프란시스코 데 린콘이라고 말했다.

샌프란시스코 데 린콘 근처의 레온 경찰서장은 란초 엘 안헬이라는 이름은 들어본 적이 없었다. 그러나 조사 결과, 그곳이 거리에서 상당히 떨어진 돌투성이인 길이 막힌 곳에 있다는 것을 알아냈다. 높이 둘러친 울타리에 에워싸여 있고, 입구에는 총을 든 경비원이 감시를 하고 있었다. 무장한 경찰이 총을 들이대자, 경비원은 저항을 못 하고 일행을 안으로 들여보냈다.

경비원은 자진해서 입을 열었다. 그의 말에 의하면 경찰은 아슬아슬한 순간에 나타난 것 같았다. 곤잘레스 자매는 뛰어난 정보망을 갖고 있는지, 멕시코 시당국이 하리스코주 파울 아란다 토레스 검찰관에게 인신매매의 근절을 위해 모든 수단을 강구하도록 허용한 것을 이미 알고 있었다.

경찰이 덮쳤을 때 자매는 없었다. 목장 처분을 위해 프리마 데 브스토스에 갔던 것이다. 자매는 재산을 처분한 돈을 가지고 미국으로 도망칠 예정이었다.

자매가 없을 때 목장 관리를 맡고 있는 여성도 경찰에 협조적이었는데 이름을 루실러라고 불렀지만 성은 모른다고 했다. 중년 부인으로 보였으나 실제로는 28세라는 것이었다. 17세 때 꾀임에 빠져 곤잘레스 자매에게 팔려 강요에 못 이겨 매춘부가 되었다고 한다. 5년쯤 지나니 얼굴이 수척해졌으며 그녀의 말에 의하면 얼굴이 수척해진 여자는 대개 죽인다고 했다. 그러나 그녀의 경우에는 연하의 매춘부들을 단속하는 재능이 있었다. 그래서 관리자로 승진했다는 것이다.

경찰은 목장의 여러 방에서 13명의 소녀들을 발견했다. 그녀들은 각자 자기 방에 갇혀 있었다. 거의가 젊고 아름다워 보였다. 그들 중에 마리아 에르난데스도 있었다. 마리아는 이곳에 끌려온 지 아직 3주일밖에 되지 않았다. 그러나 그동안에 그녀가 경험한 고생은 차마 귀로 들을 수 없는 것들뿐이었다.

산 후안 데 로스 라고스 매춘굴의 첫날밤에, 여러 명의 남자 손님이 그녀를 다루었다. 독한 술을 그녀의 목에 억지로 쏟아붓고, 몸에 걸친 것을 모조리 벗기고, 교대로 그녀를 성폭행했다.

이튿날 아침에 그녀는 자리에서 일어날 수도 없었다. 목장의 감시원 (경찰에 협조적인)으로 있는 두 남자가 멍이 생길 정도로 그녀를 호되게 때렸다. 그날 밤에도 몇 사람의 손님을 받았다. 그후 샌프란시스코 데 린콘의 다른 매춘굴에 배속되었다가 마지막으로 이 목장에 굴러들어왔다. 마리아는 거의 공황상태에 빠져 있었으므로 그녀를 즉시 집으로 돌려보냈다. 그 밖에 지난해 11월에 레온에서 유괴되어 이곳에 왔다고 하는 14세의 소녀도 집으로 돌려보냈다.

소녀들이 학대를 받은 이야기는 처참하기만 했다. 조금이라도 반항하는 기색을 보이면 벽을 향해 무릎을 꿇게 하고 양손에 기와장을 하나씩 들고 있어야 했다. 머리에도 기와장을 이고 있어야 했으며 그런 자세로 매를 맞았다. 임신을 하면 천정에 달아맨 링에 양손을 매달고 배를 계속 때려서 유산시켰다. 병에 걸리거나 나이 든 여자는 죽였으며 목장에서 발견된 소녀들 중에 몇 사람은 성병에 걸려 있었다.

경찰 수색이 시작되자 살인이 사실로 드러났다. 80구에 이르는 여자의 시체와 갓난아기의 시체가 발굴되었다.

이 사건은 전 멕시코에 큰 충격을 주었다. 여자들은 헤로인과 코카인을 강요당해 중독되어 있었다. 도망치려는 엄두를 내지 못하게 하기 위해서였다. 이 때문에 여자들이 명대로 살지 못했으며, 일찍 죽어도 아랑곳하지 않았다. 다른 여자로 얼마든지 보충할 수 있었기 때문이다. 에르네스티나라는 소녀가 감시원을 매수하여 탈출을 꾀한 적이 있었지만 곤잘레스 자매에게 발각이 되었다. 에르네스티나는 평판이 좋은 아이였으므로, 그녀를 죽이면 전면적인 폭동이 일어날 우려가 있다고 자매는 생각했다. 그래서 자매는 언니며 마약중독자인 아데일라에게 여동생인 에르네스티나를 처리하라고 지시했다. 언니 아데일라는 에르네스티나의 머리를 쇠망치로 갈겨 죽여버렸다.

곤잘레스 자매가 이 악마의 사업을 10년 동안이나 계속해 온 것은 경찰의 움직임을 사전에 알 수 있게 한 정보망의 위력 때문이었다. 자매가 경영하는 '천사 목장' 근처에 에르메네힐드 투니가라는 전 육군 장교 출신의 부유한 목장주가 살고 있었다. 그는 멕시코 사회의 각 방면에 유력한 연줄을 갖고 있었으므로 자매는 이 사람의 정보를 돈으로 사들였다. 사업경영의 요령은 이 밖에도 있었다. 미국에서 계절 노동으로 지갑을 두둑히 채우고 돌아온 철새족 멕시코인의 살해가 그것이었다. 이들 자매가 경영하는 매춘굴에 오면 자매는 술에 강한 마취제를 타서 마시게 했다. 그러고 나면 그들은 그대로 없어진다. 발굴된 시체 중에서 11구는 남자였던 것이다.

자매는 경찰의 단속을 미리 알고 프리스마 데 브르토스에 잠복했지만 며칠 후에 들켜서 체포되었다. 자매는 목장에서 발굴된 시체는 병으로 자연사한 여자의 것이라고 우기며 경찰이 파악한 증거를 부인했다.

자매는 재판에서 40년의 징역을 선고받았다. 사건전모에 대한 경찰의 조사는 그후 2년 동안 계속되어 공범자가 계속 검거되었다. 그들에게는 각자 장기형이 선고되었으며 곤잘레스 자매가 축적한 거액의 재산은 억울하게 죽은 자의 유가족과 간신히 살아남은 희생자에게 보상금으로 분배되었다.

피해자 어머니의 역습
— 자기가 죽인 아이의 어머니에게 법정에서 사살된 살인범

• 클라우스 그라보우스키(서독)

1970년, 클라우스 그라보우스키는 어린이 성희롱 상습범으로 경찰에 이미 이름이 올려져 있었다. 그런데 그의 경우는, 비슷한 부류의 범죄자와 비교하면 얌전한 편이었다. 그가 즐긴 것은 어린이의 팬티를 벗기거나 성기를 만지거나 간지럽게 하는 것이었다. 1970년, 이런 장난을 친 어린이의 어머니 중 한 사람이 그를 경찰에 신고해 주의를 촉구했다. 그는 경범죄로 처리되어 정신과 치료를 받으라는 권유를 듣고 석방되었다.

1975년 1월 어느 날이었다. 그는 여느 때와 마찬가지로 어린이를 아파트로 데리고 와서 팬티를 벗기자 아이가 소리 내어 울기 시작했다. 그가 당황한 나머지 아이의 입을 손으로 막자 아이는 가사 상태에 빠진 것 같았다. 찬물을 얼굴에 끼얹어 숨을 돌리게 하고 집으로 돌려 보냈다.

법정은 성적인 신경불안증 환자 수용소에 그를 보낼 것을 명령했다. 그는 보호감시소에서 생애를 보내게 되었는데 고환제거수술에 동의하

고 석방되었다. 이 수술을 받게 되면, 성범죄자 중에서 99퍼센트는 남을 괴롭히지 않는 인간으로 갱생된다. 그라보우스키는 그 중에서 드문 예외의 한 사람이었다. 그의 어린이 성기에 대한 관심은 조금도 변하지 않았다. 그는 대상을 신중히 고르게 되었다. 사탕이나 장난감을 사주면서 자기 아파트로 유인한 다음 집에 가도 부모에게는 절대로 말해서는 안 된다고 다짐하게 했다. 1980년 1월 그라보우스키는 밤슈트라세의 방이 두 개 있는 아파트로 옮겼다.

5월 5일 아침, 마리 안 바하마이어는 최근에 경영권을 사들인 티파사타반이라는 카페의 내장공사를 감독하기 위해 집을 비웠다. 그래서 일곱 살 된 딸 안나만 집에 남게 되었다. 한 부인이 집을 보러 와주었다. 안나는 밖으로 놀러 나갔다. 그런데 12시 반이 지나도 집으로 돌아오지 않자 그 부인은 바하마이어에게 전화를 걸어 이 사실을 알렸고 어머니는 급히 집에 돌아와 딸을 찾았다.

경찰에서 조사한 결과 클라우스 그라보우스키가 바하마이어의 집 근처에 살고 있다는 것이 판명되었다. 고환제거수술을 받았다고는 하나 이 남자가 의심스러웠다. 그라보우스키가 꼬마 여자아이들에게 말을 걸며 고양이와 놀지 않겠느냐고 유인하는 것을 보았다는 목격자도 나타났다. 다시 조사해 보니 그라보우스키는 호르몬 주사를 맞고 있으며, 여자친구의 말에 의하면 생식능력도 있다고 한다. 경찰은 그를 더욱 의심하게 되었다.

추궁한 결과 그라보우스키는 자백했다. 타이즈로 안나의 목을 조르고, 시체를 거리의 동쪽 끝에 묻었다는 것이었다. 그는 경찰에 연행되었다.

그라보우스키의 재판은, 1981년 3월 3일에 시작되었다. 변호사측은 그가 자기 의사에 따라 고환제거수술을 받은 것을 역설했다. 증인으로 출정한 어느 전문가는 안나 바하마이어를 죽인 것은 성범죄가 아니라 울분에 대한 반응에 불과하다고 증언했다. 그라보우스키는 어린이에게 성적인 감정을 갖고 있지 않았다고 주장하면서 그 아이에게 자기 아파트로 오라고 말한 것은 다만 어린이를 좋아했기 때문이라는 것이었다. 그러나 안나는 방에 들어오자 먼저 돈을 달라고 지나치게 졸라서 타이즈로 그 아이의 목을 죄었다고 주장했다. 재판관은 검찰측이 그라보우스키가 먼저 그 아이의 타이즈를 벗긴 이유를 추궁하는 것을 인정할 수 없었다. 변호사측은 교살을 과실치사로 경감할 것을 요구했다. 이 날은 이것으로 폐정이 되었다. 클라우스 그라보우스키는 비교적 가벼운 징역으로 풀려날 것 같다는 것이 일반적인 분위기였다.

3월 6일, 재판이 속개되었다. 그라보우스키는 피고석에 등을 돌리고 앉아 있었다. 그때 마리 안 바하마이어가 자기 자리에서 벌떡 일어나더니, 법정을 가로질러 피고석으로 다가와 5.6밀리 권총으로 그라보우스키를 쐈다. 그라보우스키는 마루에 쓰러져 즉사했고, 바하마이어는 그 자리에서 권총을 버리고 조용히 체포되었다.

사회의 동정은 그녀에게 쏠렸다. 바하마이어가 지금까지 살아온 생애가 자세히 보도되자 그 여론은 압도적으로 바하마이어에게 기울어졌다. 그녀는 나치의 SS(히틀러의 친위대)에 근무하는 장교의 딸로, 하노버 근처의 정치범 수용소에서 태어났다. 9세 때 돈과 사탕을 준 남자에게 성적인 희롱을 당했다. 16세 때에는 임신해 집에서 쫓겨났다. 18세 때 다른 남자의 아이를 다시 임신했다. 아이가 태어나기 직전에 강간을 당하기도 했다. 한 아이는 친정으로 보내고, 또 한 아이는 고아원에 넣었다. 안나가 태어나자, 그녀는 이 아이만은 남의 손에 맡기지 않겠다고 마음속으로 맹세했다. 이 아이의 아버지는 그 고장 레스토랑의 주인이었다. 그는 그녀에게 파키스탄인 주방장과 결혼하도록 설득했다. 유능한 주방장이 국외로 추방되는 것을 막기 위해서였다.

변호 비용 격려금이 곧 수천 마르크에 달했다. 그러나 어느 순간부터 매스컴은 바하마이어에게 불리한 정보를 흘리기 시작했다. 교도소 안에 다른 여죄수가 그녀를 교만하고 건방지며 슈퍼스타인 체한다고 말했던 것이다. 그녀는 비탄에 빠진 어머니의 역할을 떠맡기 위해 마음이 들떠 있으며, 사실은 딸의 죽음 따위는 별로 생각이 없다고 말하는 사람도 있었다. 변호 비용 격려금은 급속히 줄어들었다.

1982년 3월 초에, 그녀는 과실치사로 6년의 징역을 선고받았다. 필자가 이 원고를 쓸 당시에 그녀는 보석으로 출옥하여 상소중에 있었다.

하수도에 숨은 범인

— 세 명의 우체국장과 여자 상속인을 죽인 블랙 판서(검은 표범)

• **도널드 닐슨(영국)**

1972년 2월 16일, 아직 어두컴컴한 이른 아침에 랭카셔주 헤이우드의 우체국장 레슬리 리처드슨은 집 안에 사람이 침입한 기색이 있어 눈을 떴다. 그는 총을 들고 두건을 쓴 침입자에게 덤벼들다가 총이 발사되어 천정에 구멍을 뚫었다. 우체국장이 그 남자의 두건을 가까스로 벗겼더니 놀랍게도 백인으로 서인도제도 사투리를 썼다. 침입자는 뒷문을 열고 도망쳐 버렸다.

두건을 쓴 침입자가 사람을 죽인 것은 그후 2년이 지나서였다. 1974년 2월 15일, 그 남자는 다른 우체국 사택에 침입했다. 창문에 세 군데의 구멍을 뚫고 들어왔다. 그는 막내 아들 리처드 스케퍼의 침실로 들어가 금고의 열쇠를 내놓으라고 명령했다. 그 아이가 말한 장소에는 열쇠가 없었다. 남자는 부모의 침실에 들어가 두 사람을 깨웠다. 그러자 도널드 스케퍼 우체국장은 잠결에 외쳤다.

"이놈을 잡아라!"

그러나 그는 즉시 사살되어 아내의 팔에 안겨 숨을 거두었다. 저격자는 도망쳤다.

같은 수법으로 우체국 사택 강도는 이것으로 13건이 되며, 피해 총액은 2만 파운드를 넘어섰다. 1974년 9월 6일, 경찰에는 또 한 건의 살인 사건이 보고되었다. 아크린턴 근처의 하이어 박센덴의 델렉 아스틴 우체국장은 이상한 소리에 눈을 떴다. 한 남자가 침실에 침입해 있었다. 그는 침대에서 벌떡 일어나 남자에게 덤벼들었다가 그 자리에서 사살되었다. 그의 아내와 두 어린이가 범인을 보았는데 남자는 키가 작고 몸집이 갸름하고 고수머리를 하고 있었다.

요크셔주 경찰은 경비가 엄중했으므로 블랙 판서(검은 표범이란 뜻을 가진 테러 단체가 있었음)의 범인은 다음 목표를 우스터주의 랭레이로 정했다. 중년의 시드니 그레이랜드와 마가릿 그레이랜드 부부가 이곳에서 특정 우체국을 경영하고 있었다. 11월 중순의 밤 일곱 시경에, 그레이랜드 부부는 현금 계산을 마치고 남편이 금고실로 들어갔다. 그 직후에 총소리가 들려왔다.

아내도 금고실로 뛰어갔다. 남편은 마루에 쓰러져 있었다. 그녀가 남편 위에 몸을 굽히는 순간 머리를 얻어맞고 정신을 잃었다. 그녀가 의식을 회복한 것은 병원이었는데 머리가 깨져 있었다. 사건이 일어난 지 몇 시간이 지나 두 사람의 경관이 근처를 순찰하다가 금고실에 불이 켜져 있는 것을 보고 이상하게 생각했다. 조금만 늦게 발견했더라면 그레이랜드 부인마저 출혈이 심해 죽었을 것이다. 이미 남편은 죽어 있었다. 범인은 금고에서 약 800파운드의 돈을 꺼내가지고 도망쳐 버렸다.

1975년 1월 14일 아침, 슈롭셔주의 하일레이 마을의 드로시 호이틀은 17세의 딸 레슬리가 아침식사를 하러 내려오지 않아 이상하게 생각했다. 오빠인 로널드가 여동생 레슬리를 차로 학교에 데려다 주기로 되어 있었는데 레슬리의 침실은 텅 비어 있었다. 그런데 글자가 적힌 테이프가 발견되었다. 5만 파운드의 몸값을 요구하며 경찰에 연락해서는 안 된다고 하였다. 그리고 저녁 때 키더민스터의 쇼핑센터에 전화로 메시지를 전달할 터이니 거기서 기다리라는 내용이었다.

그러나 메시지는 오지 않았다. 로널드 호이틀은 경찰에 연락해 유괴사건은 그날 저녁의 텔레비전 뉴스에서 시청자들에게 보도되었다. 그러자 로널드 호이틀이 고대하던 전화는 아무 데서도 걸려오지 않았다. 이튿날 밤에, 유괴범은 훔친 차를 우스터주의 다드레이에 세워두고, 근처에 있는 수송 터미널 사무실을 향해 걸어가고 있었다. 그 사무실에 로널드 호이틀에게 보내는 메시지를 맡길 참이었다. 그때 경비원이 이 초라한 옷차림을 한 몸집이 작은 사람에게 용무가 뭐냐고 물었다. 남자가 분명한 대답을 하지 않자 경비원은 무심코 경찰에 연락하겠다고 말하면서 등을 돌린 순간 그의 등에는 여섯 발의 탄환이 발사되었다. 경비원은 불량배의 모습을 경관에게 말하고 나서 정신을 잃었지만 목숨만은 건지게 되었다.

이튿날 밤 11시 45분, 로널드 호이틀의 전화가 울렸다. 전화의 목소리는 그에게 다음과 같이 명령했다. "스토크 온 트렌트 근처인 키즈글로브의 공중전화 박스에 돈을 가지고 와라. 그곳에 메시지가 놓여 있다. 그것을 읽어봐라."

형사가 회선을 연결한 다른 전화로 이것을 듣고 소리를 테이프에 녹음했다. 이튿날 이른 아침에 로널드 호이틀은 지정한 장소에서 다이노 테이프에 찍힌 메시지를 발견했다. '근처의 버스풀 공원으로 차를 몰고 가면서 차의 라이트를 깜박여라. 이쪽에서는 회중 전등을 켜서 신호를 하겠다' 는 내용이었다. 그러나 이것은 시간 낭비로 끝났다. 로널드 호이틀은 실망하여 하일레이로 차를 몰고 돌아왔다. 한편 경찰에서는 이 지역의 모든 주차장에 머물러 있는 차의 번호를 남김없이 조사했다.

수송 터미널에 남아 있는 약협(탄환의 화약이 들어 있는 작은 통)도 현미경으로 검사했다. 그 결과 이것은 지금까지 각처에서 특정 우체국장을 사살한 총과 같은 총으로 판명되었다. 이것은 레슬리 호이틀의 유괴범이 블랙 판서임을 의미하는 것이었다.

도둑맞은 차도 발견되었다. 안에 레슬리의 슬리퍼가 굴러 다녔다. 또 범인이 보내온 메시지도 있었다. 로널드 호이틀에게 라드레이 동물원으로 오라는 내용이었다. 레슬리가 녹음한 테이프도 있었는데 유괴범에게 협력해 달라는 내용이었다.

그후에도 범인측에서 한 번 전화가 걸려왔으나 사태의 진전에는 아무 기여도 하지 못했다. 로널드 호이틀은 전화를 걸어온 남자가 진짜 범인인지 확인하고 싶다고 말했다. 그 남자는 레슬리에게 몇 가지 질문을 하고 전화를 다시 걸겠다고 약속했다. 그러나 그 전화는 걸려오지 않았다.

로널드 호이틀과 사건을 담당한 부스 형사는 함께 텔레비전에 나가 사건 내용에서 의견이 대립되는 것으로 연극을 꾸미기로 했다. 그 줄거리는 이러하다. 로널드 호이틀은 여동생이 무사히 돌아오는 것이 목적이니 경찰에 협력하기를 거부한다. 이에 대해 경찰측은 노발대발한다. 이것을 시청하면 유괴범은 호이틀에게 다시 한 번 접촉하고 싶어할 것이다.

텔레비전이 방영된 다음날인 3월 6일, 경찰은 중요한 단서를 입수했다. 그 몇 주일 전에 학생이 버스풀 공원에서 회중 전등을 주웠는데 거기에는 오렌지색 다이노 테이프가 붙여져 있었다. 그리고 테이프에는 "슈트케이스를 구멍에 떨어뜨려라" 하고 녹음되어 있었다. 학생은 그것을 교장에게 전했다. 교장은 텔레비전을 보고 이것이 사건과 관계가 있다는 것을 처음으로 알게 되었다. 그래서 교장은 경찰에 신고했다. 경찰서에서는 유괴범이 이 밖에도 단서를 남기고 있을 것이라고 생각해 경찰견을 동원해 공원을 수색했다.

이튿날 맨홀 구멍으로 내려갔던 경관이, 알몸이 된 여자의 시체를 발견했다. 레슬리 호이틀이었다. 목에 밧줄을 감고 매달려 있었다. 시체 위의 폭이 좁은 언덕에는 흑갈색 침낭이 놓여 있었다. 또한 버스풀 공원 아래 지하도와 파이프는 그물처럼 뻗어 있었다. 그러므로 이 증거는 블랙 판서가 이곳을 이상적인 은신처로 삼고 있다는 것을 말해 주는 것이었다.

경찰은 그날 해가 질 때까지 수사를 계속했다. 많은 실마리가 나타났으나 살인범에 관한 실마리는 모두가 도중에 끊기고 말았다. 그러다가 1975년 12월 11일 판서가 체포되었는데 우연한 사건 때문이었다. 두 사람의 경찰관 토니 화이트와 스튜어트 매켄디가 노팅감셔의 맨스필드 위드하우스를 차로 순찰하고 있었다. 밤 11시 45분, 검은 가방을 손에 든 수상한 남자가 우체국 근처를 서성거리고 있었다. 두 사람의 경관은 직무상 차를 세우고, 그 남자를 검문했다. 남자는 직장에서 집으로 돌아가는 중이라고 말하면서 주머니 속에서 갑자기 자루를 잘라버린 작은 총을 꺼냈다. 남자는 화이트에게 차의 뒷자석에 앉으라고 명령하고, 자기는 조수석에 앉아 총구를 매켄디의 옆구리에 들이대었다. 그러고는 약 10킬로미터쯤 떨어진 브리드워스로 향하라고 명령했다. 차가 사우스웰가를 달리기 시작하자, 남자는 로프가 없느냐고 물었다. 화이트는 로프를 찾는 시늉을 하면서 남자 쪽을 바라보았다. 마침 총구 끝이 그의 동료에게서 벗어나 있었다. 그는 그 총을 손으로 쳐서 떨어뜨렸다. 매켄디는 급히 브레이크를 밟았다. 가까이에 생선구이를 파는 가게가 있어 두 사람은 도움을 청했다. 총이 발사되었으나 화이트의 손을 스쳐갔다. 상점 옆 행길에서 두 사람의 시민이 달려와 가세하여 남자는 체포되었다.

체포한 직후에 찍은 사진에서 남자 얼굴은 무참히 일그러져 있었다. 경관이 남자를 철책에 얽어매고 그의 소지품을 조사하자 두 개의 두건이 발견되었다. 두 사람의 경관은 영국 최대의 살인혐의를 가진 수배자를 체포한 것을 그제서야 비로소 알게 되었다.

경찰에 연행된 남자는 무척 애를 먹이다가 겨우 입을 열었다. 이름은 도널드 닐슨, 나이는 39세로 프랫퍼드의 소나비에 있는 그랜디필가에서 아내와 딸과 함께 살고 있었다. 그곳 다락방에서 경찰은 두건, 총, 주거침입용 도구 등을 압수했다.

닐슨은 본명을 나페이라고 불렀다(영국에서는 아기의 기저귀를 나피라고 하는데, 이것이 이름을 바꾼 이유라고 생각된다). 그는 그곳에서 15년 동안 살아왔으나 이웃 사람들은 그에 대해 거의 모르고 있었다. 모두들 그를 독신자로 알고 있었으며 그는 택시 운전과 목수 일을 하다말다 했다. 그는 주로 집안에 틀어박혀 있었으며, 머리 운동이 된다고 하며 딸에게

'전쟁놀이'를 하자고 자주 강요하기도 했다. 사회에 대해 큰 불만도 품고 있었다.

닐슨은 먼저 레슬리 호이틀을 살해한 죄로 재판을 받게 되었다. 그에 대한 변호 내용은 로널드 호이틀이 버스풀 공원에 온 날 밤에 붙들어맨 언덕에서 그녀가 실수해 아래로 떨어졌다는 것이었다. 그는 경찰차가 돌아다니는 것을 보고, 자기에게 올가미를 치고 있는 것으로 생각했다고 말했다. 그러나 그녀의 목에 밧줄이 감겨 있었던 것을 생각하면 우연히 아래로 떨어졌다는 말은 성립되지 않았다. 배심원은 레슬리 호이틀을 죽인 닐슨을 유죄로 판정했다. 세 명의 우체국장을 죽인 이유로 기소된 제2의 재판이 계속 열렸다. 변호사측은 모두 오발이라고 주장했으나, 이 재판에서도 유죄를 선고했다. 수송 터미널의 경비원인 제럴드 스미스도 결국 죽었다. 닐슨이 쏜 총에 맞은 지 1년 5개월 후였다. 이것은 기간이 너무 길어 살인으로 인정되지 않았다. 도널드 닐슨에게는 살인으로 인한 종신형 그리고 유괴죄로 61년의 징역이 선고되었다.

4 정신이상자와 살인

가이아나 교회 사건
— 교인들에게 집단자살을 명령한 망상증의 구세주

• **제임스 윌렌 존스**(미국)

　제임스 윌렌 존스는 1931년 5월 13일, 개신교 교세가 강한 인디애나 주에서 가난한 집안의 외아들로 태어났다. 12세 때 그는 꼬마아이들 앞에서 처음으로 지옥불에 대한 설교를 했다. 1947년에 간호사인 마세린 볼드윈과 결혼하고, 조그만 마을에서 감리교회에 소속되어 포교 활동을 시작했다. 주로 가난한 흑인층이 포교 대상이었다. 1954년, 그는 감리교회에서 추방되었다. 1957년에 인디애나폴리스에서 그는 교회를 설립했다. 그는 카리스마가 넘치는 사람으로 성령치유를 했다. 인종차별주의자들은 그를 '검둥이 편'이라 하여 그의 집 창문에 돌을 던지고 뜰에 폭발물을 던지곤 했다. 1963년 그는 지지자들에게 이렇게 말했다.

　"앞으로 핵 폭발에 의해 인류가 전멸할 거란 계시가 내게 내렸다. 세계는 핵의 독으로 파멸될 것이다. 다만 두 군데만 안전하게 남게 된다. 그곳은 캘리포니아주의 유키아와 브라질의 오리산테다."

　1965년, 그는 많은 추종자들과 함께 미니버스로 캘리포니아주로 이

동했다.

그는 유키아에서 눈부신 성공을 거두었다. 1970년에는 레드우드 발레에서 샌프란시스코로 교회를 옮겼다. 소수의 백인도 섞여 있었으나, 여기서도 그의 추종자들은 거의 가난한 흑인이었다. 지지자들은 현금을 모았다. 존스는 이 돈으로 로스앤젤레스에도 교회를 세우고 경호원과 부관副官을 이끌고 비행기로 전국을 돌아다녔다. 그리고 그레이하운드 버스 한 대도 구입했다.

그는 추종자들에게는 성적인 금욕을 요구했으나, 자기 자신은 신도들을 농락했다. 그는 성적으로 난잡했다고 생각된다. 여신도 중 적어도 세 여인에게 아이를 낳게 했으며 어떤 여성은 그의 아이를 낳느니, 차라리 낙태 쪽을 택한 사람도 있었다. 존스는 점점 '박해' 받는다는 망상에 사로잡히게 되고, 스스로 '혁명적인 자살'의 예행연습을 신도들에게 요구하기도 했다. 그것은 교회 전체의 집단자살이다. 이 예행연습을 그는 '흰 밤'이라고 불렀다.

그에 대한 사회적인 비판은 점점 거세어졌다. 매스컴은 노골적으로 적의敵意를 드러내어 공격했다. 그는 가이아나로 옮길 결심을 했다. 추종자들의 모금은 100만 달러에 달하였다. 이 돈으로 교회는 존스타운이라는 것을 그 지역에 건설했다. 1977년에는 약 1,000명의 지지자들이 가이아나로 옮겼다. 이듬해에 〈샌프란시스코 크로니클〉은 현지 르포 기사에 다음과 같이 썼다.

"남미 가이아나의 정글 속에 교회가 있다. 멀리 떨어진 곳에서 존스는 공공연히 사람들을 때리고 50명의 무장한 감시원을 두고 1,000명의 추종자를 집단자살의 공포로 끌어들이려 하고 있다."

캘리포니아 출신 레오 라이언 하원의원이 이 말을 듣고 연방정부의 개입을 요청했다. 라이언 의원은 패티 허스트 사건을 연구하여 세뇌의 사례에 대해 잘 알고 있었다. 1978년 11월 14일, 라이언 의원과 신문 기자 일행이 존스타운을 방문했다. 존스는 일행을 극진히 대접했던 모양이다. 라이언 의원은 만찬 석상에서 다음과 같은 연설을 했다.

"이것이 자기에게 가장 바람직한 일이라고 믿고 계신 분들이 이곳에는 많이 있다고 나는 생각합니다."

일행 중 어느 멤버의 관찰에 의하면, 존스는 이 '광경'에 놀라기도 하고 한편으로는 매료된 표정을 지었다고 한다. 그는 사람을 때린다는 것을 분명히 부인했으나, 여자 관계에 대해서는 솔직히 인정했다. 그리고 추종자들에게 성적 접촉을 인정하지 않는다는 소문을 부인하고 이렇게 말했다.

"농담 말아요. 1977년 이곳에 온 후로 30명의 아이가 태어났어요."

일행은 두 사람의 탈퇴자를 데리고 존스타운을 떠나기로 했다. 존스는 몇 사람의 심복을 데리고 일행을 쫓아와서 발포했다. 라이언 의원과 세 명의 기자와 두 명의 탈퇴자가 사살되었다. 존스는 곧 존스타운으로 돌아와 집단자살을 명령했다. 아기에게는 시안화물을 스포이트로 입속에 투여했다. 어린이들은 나란히 서서 시안화물이 섞여 있는 음료를 컵에 받아 마셨다. 그후에 어른은 전원이 독을 마셨다. 마지막으로 존스는 오른쪽 관자놀이에 권총을 대고 방아쇠를 당겨 자살했으며 겨우 몇 사람의 추종자만이 도망치는 데 성공했다.

이 집단자살 이후에 존스의 초기 유키아 시대의 내연의 처로서 자식과 함께 참가한 적이 있는 백인 미국인 교수는, 다부다처多夫多妻의 잡혼雜婚이라는 점에서 이 교회는 19세기의 존 험프리 노이에스의 오나이다 공동체와 비슷하다고 설명했다. 그 교수에 의하면, 집단자살이 있은 후에도 캘리포니아에 남아 있던 멤버들은 존스가 아직도 살아서 자기들을 죽이러 오지 않을까 사뭇 두려워했었다고 한다.

존스의 열여덟 살 된 아들 스테판은 집단자살을 할 당시에 가이아나에 있지 않았다. 가이아나의 농구팀 일원으로 원정 경기중이었는데 아들은 아버지에 대해 이렇게 말했다.

"나는 그분을 미워하였지요. 그분은 내가 살아갈 목표를 부숴버렸어요."

지배욕이 만든 허상

— 캐녹 체이스의 유아 살해범

• 레이몬드 레슬리 모리스(영국)

1965년 9월 8일, 버밍검 교외의 이스턴 거리에서 6세의 마가릿 레이놀즈가 학교로 가는 도중에 행방불명이 되었다. 광범한 수색을 했으나 전혀 단서를 찾지 못했다. 12월 30일, 그 근처의 블롬위크에서 다섯 살의 다이안 티프트는 자기 집으로 돌아가기 위해 할머니의 집을 나간 뒤에 돌아오지 않았다.

경찰에서는 1년 전에 여덟 살 난 여자아이를 차 안으로 끌어들여 어두운 곳으로 데리고 가서 성희롱을 했던 범인이 살인자로 다시 등장한 것으로 짐작했다. 1년 전의 사건에서 희생자는 목이 졸리고, 몹시 구타당했으나 의식을 되찾아 경찰에 범인의 모습에 대해 설명할 수 있었다.

1966년 1월 12일, 자전거를 타고 가던 탄광부가 캐녹 체이스의 들판에서 여자아이의 시체를 발견했다. 행방불명이 된 두 여자아이의 집에서 북쪽으로 불과 몇 킬로미터 떨어진 장소였다. 시체를 들었더니, 그 밑에 또 한 구의 시체가 도랑 하수구에 가라앉아 있었다. 아래 시체는 마가릿 레이놀즈고 위의 시체는 다이안 티프트였다. 아래 시체는 훨씬 오랫동안 그곳에 버려져 있었던 것으로 판명되었다.

1966년 8월 14일, 열 살의 제인 테일러가 자전거를 타고 집을 나간 채 없어졌다. 그녀는 체샤이어의 올드링검에서 가까운 모바레이에 살고 있었다. 캐녹 체이스 지구의 북쪽을 지나가는 국도 A34와 인접한 장소였는데 그녀의 시체는 발견되지 않았다.

1967년 8월 19일, 일곱 살 먹은 크리스티스 다비가 월슬의 거리에서 친구들과 놀고 있을 때, 차가 옆에 멈춰서더니 웬 남자가 콜드모어 그린으로 가는 길을 물었다. 어린이들이 도로의 방향을 가리키자 차를 운전하는 남자는 크리스티스에게 차에 타서 길을 가르쳐 달라고 말했다. 남자가 앞문을 열어주자 크리스티스는 조수석에 앉았다.

차는 도로에 들어서자 어린이들이 놀라서 떠드는 소리를 뒤로하고는 콜드모어 그린과는 반대방향으로 달렸다. 어린이들은 그 남자가 이곳 사투리를 쓰면서 '콜드모어 그린'을 이 고장 사람처럼 '카머 그린'이라고 발음했다고 말했다. 다른 소녀들과 마찬가지로 크리스티스도 없어졌다.

2일 후에 크리스티스의 구두 한짝이 국도 A34 근처에서 발견되었다. 그리고 그 근처에서 크리스티스의 팬티도 발견되었다. 약 5천 명의 자원봉사자가 동원되어 캐녹 체이스 지구를 중심으로 수색하다가 5일 후에 자원봉사자 중 한 사람이 크리스티스의 시신을 발견했다. 소녀의 성기는 무참하게 손상당해 있었다. 죽은 원인은 질식이었으며 코와 입을 손으로 막은 것으로 추정되었다. 어린이들의 말에 의하면 차는 대형으로 색깔은 회색이었다고 한다.

이 지역에서 회색 대형차를 소유한 사람들은 모두 체포되었다. 이들 중에는 레이몬드 모리스도 포함되어 있었는데 그는 기계공장의 직공장으로 윌슬 근처에 살고 있는 남자였다. 모리스는 크리스티스 다비가 없어진 토요일 오후에는 아내와 함께 쇼핑을 갔다고 진술했다. 그의 아내도 이것을 확인했다.

1967년 11월 4일, 열 살의 마가릿 올턴은 윌슬의 자기 집 근처에서 가이 포크스 기념일 횃불을 오빠와 함께 만들고 있었다. 오후 7시 45분에 한 남자가 차에서 내려 이 아이들에게 불꽃이 필요하냐고 물었다. 마가릿은 그렇다고 말하고 그 남자를 따라 차가 있는 쪽으로 갔다. 남자는 운전석 문을 열고 손가락으로 가리키면서 "불꽃은 저기 있어" 하고 말했다. 그리고 남자는 마가릿의 팔을 붙잡아 차 안에 밀어넣으려고 했다. 그녀는 저항을 했다. 남자는 달래면서 말했다.

"그럼 저쪽 문을 열어줄게." 남자는 차를 한 바퀴 빙 돌았다. 마가릿은 그 틈에 뛰어 도망쳤다.

이웃에 사는 웬디 존스라는 여자가 이 광경을 지켜보고 있었다. 그녀는 마가릿에게 그 남자를 알고 있느냐고 물었다. 남자는 핸들을 잡은 채 실망한 얼굴로 운전석에 앉아 있었다. 마가릿은 그 남자를 알지 못한다고 했다. 존스 부인은 그 차의 번호를 기억하고 있었다.

그날 밤 그녀는 경찰에 전화를 걸어 자기가 목격한 일을 알려주었다. 그녀는 그 차가 그린이고, 지붕만 흰 색이었다고 말했다. 경찰이 찾고 있는 차와는 상당한 차이가 있었다. 게다가 그녀는 번호의 두 자리 수를 반대로 외고 있었다. 경찰에는 429 LOP라고 통보했지만 그러나 실제는 492 LOP였다. 492 LOP는 회색의 앤그리아로, 이 차는 요크셔주를 벗어나지 않은 것이 확인되었다. 경찰에서는 이 초기 수사의 부정적인 결과에도 실망하지 않고, 숫자의 모든 결합을 검토해 보았다. 가능한 결합의 하나는 오토바이였고, 또 하나는 승용차였다. 그린의 코르세아 주인은 레이몬드 모리스였다.

이튿날 경찰은 올드베리에 있는 모리스의 직장으로 찾아가서 경찰에 출두할 것을 요구했다. 같은 날 오후 인상 감정의 대열에 모리스가 끼게 되었다. 그러나 마가릿 올턴이나 웬디 존스도 그를 지목하지 못했다. 그는 혐의가 풀려 경찰서 문을 나섰다.

그러나 모리스의 경력을 조사할수록 수상한 점이 나타났다. 아무래도 이 남자가 용의자 같았다. 모리스는 전에 소유하던 차가 회색 오스틴 켐브리지였다는 것을 인정했다. 이것은 경찰이 찾고 있는 차와 일치했다. 1966년 10월부터 이 차의 소유자를 여자아이를 성희롱한 혐의자로 지목하고 있었다. 두 여자아이를 리전트 하우스 20번지의 자기집에 데리고 가서 각각 다른 방에서 옷을 벗겼다는 것이다. 그러나 여자아이는 방이 각각 달라서 서로의 증거를 확인하지 못했기 때문에 사건으로 취급할 수 없었다. 크리스티스 다비에 관한 처음 취조에서는 그의 아내가 알리바이를 증명했으므로, 그에 대한 혐의는 일시적으로 풀려버렸다.

그러나 사태의 새로운 전개로 인하여 그에 대한 혐의는 깊어갔다. 1년 전에 살인자의 마수에서 도망쳤던 여자아이의 기억에 따라 작성한 몽타주와도 그는 비슷했다.

경찰에서는 그를 다시 불러 취조했다. 먼저 문제의 토요일 오후에 아내와 함께 쇼핑하러 갔다는 상점을 대라고 요구했다. 그는 한 집밖에 기억나지 않는다고 주장했다. 그후에도 두 사람의 형사가 그의 아파트의 모든 남성들에 관한 정보를 수집하고, 그를 다시 한 번 조사했다. 그는 분명히 불안한 태도를 보였으며 그 몽타주와도 확실히 비슷했다. 그리하여 경찰은 그의 혐의를 거의 확정했다.

경찰은 그의 구속을 정당화할 증거를 확보하였다고 단정했다. 이튿날 그는 체포되자 수갑을 채운 형사에게 말했다.

"어떻게 된 거요? 아내가 배신한 건가요?"

그는 자기의 알리바이가 무너진 것으로 생각했다.

남편이 체포되자, 모리스의 아내는 앞에서 말한 알리바이가 거짓말이었다는 것을 인정했다. 모리스는 이것을 알고 양손에 얼굴을 묻고 중얼거렸다.

"아, 그년이 그런 짓을……!"

크리스티스 다비의 시체가 발견된 장소 근처에서 회색 승용차와 그 운전사를 목격한 남자는 경찰에게 모리스가 범인이 맞는다고 진술함으로써 모리스는 살인으로 기소되었다.

모리스의 방을 수색했더니, 거의 알몸으로 양쪽 다리를 벌리고 누워 있는 5세 여아의 스냅 사진이 여러 장 발견되었다. 그 중의 한 장에는 그 여아를 만지고 있는 양손이 비쳐져 있었다. 자동 셔터를 사용한 모양이다. 한쪽 손목에는 타이맥스의 손목시계를 차고 있었다. 경찰이 조사를 시작했을 때 모리스는 이 타이맥스 손목시계를 오른쪽 발목에 감추려고 했는데 이제 그 이유가 드러났다. 사진은 친척 여자아이였다. 언니와 함께 두 번 모리스의 아파트에 온 적이 있었는데 언제나 성기 부분이 뜨끔뜨끔한 상태로 집에 돌아왔다. 그러나 이상하게도 그 아이는 그렇게 된 상황을 아무에게도 말하지 않았다.

이 몇 장의 스냅 사진을 보고 모리스의 아내 캐롤은 그에게 불리한 증언을 하려고 결심했다. 그녀는 자신이 남편의 사건과 전혀 관계가 없으므로 귀찮게 말려들고 싶지 않았기 때문에 가짜 알리바이를 댔다고 실토했다. 그러나 남편이 범인으로 밝혀졌으니 재판을 받기를 바란다고 말했다(그녀는 처음엔 알리바이에 대해 착각을 했다고 주장했으나, 법정에서는 그것이 거짓말이었다는 것을 인정했다).

모리스는 재판 과정에서 모든 수단을 동원하여 진행을 훼방하고 자백을 일체 거부했다. 그에게 불리한 증거는 기본적으로는 정황 증거였으나, 대개는 설득력이 있는 강력한 것이었다. 배심원들은 서슴지 않고 그를 유죄로 단정하여 그에게 종신형을 선고하였다.

레이몬드 레슬리 모리스는 1929년 8월 13일 월슬에서 태어나, 19세에 처음 아내 뮤리엘과 결혼했다. 그는 미남이었으며 지능도 평균 이상이었다. 사진이 취미였고 그 작품은 프로 수준에 도달해 있었다. 그리고 시를 쓰며, 시의 낭독을 좋아하고, 연기도 곧잘 했다. 그의 장기는 험프리 보가트나 레슬리 차테리스의 성인(그가 좋아한 가공의 인물)의 역할이었다. 아무도 그가 흥분한 것은 보지 못했다. 대부분의 사람은 그를 냉정하고 무표정한 사람으로 알고 있었다. 첫 아내는 그를 가리켜 매우 상냥하면서도 순간적으로 변덕이 심했다고 증언했다. "이런 일도 자주 있었어요. 함께 텔레비전을 보고 있으면 갑자기 옷을 홀랑 벗으라는 거예요. 내가 곧 그대로 하지 않으면 싸늘한 눈으로 노려보고 얼굴이 창백해지는 거예요."

두 사람은 결혼한 지 9년 만에 이혼했으나 1주일에 한두 번 관계를 갖기 위해 그가 그녀의 집으로 가는 것을 허용하지 않으면, 위자료를 낼 수 없다고 주장했다고 한다. 그는 그녀에게 테이블 위에 엎드려 '동물의 체위'를 취할 것을 명령했다고 하였다. 그런데 두번째 아내인 캐롤에게는 이런 새드적인 성격은 보이지 않았던 것 같다. 그녀는 그를 가리켜 부드럽고 다정한 남편이라고 말하고 있다.

이런 여러 가지 증언에서 짐작할 수 있는 인간상은, 일종의 월터 미티(J. G. 사버의 단편소설의 주인공, 터무니없는 성공을 꿈꾸는 평범한 인간)로 재능이 뛰어나고, 예술가적 기질에 다소 여성적인 취향을 지니고, 터무니없는 공상적인 생활을 하는 타입이었다. 그러나 그는 자기가 태어난 잉글랜드의 중부 지방에 있는 작은 읍에서 한걸음도 밖으로 나가려 하지 않았다. 좀더 넓은 무대에서 자기의 재능을 시험해 보려고도 하지 않았다. 그의 지배의식, 자기 주장, 아내가 자기 말을 따르지 않을 때 보여준 심한 분노는, 모리스가 반 보크트(SF 작가)가 말하는 '과격한 남자'였다는 것을 말해 주고 있다. 그는 어떤 경우에도 자기 잘못을 인정하려 하지 않는 타입의 인간이다.

그의 첫번째 아내인 뮤리엘은 어린애처럼 몸집이 작고 사치스러웠다. 두번째 아내는 육체미가 있는 편이었고, 그보다 열네 살이나 연하였다. 그녀는 모리스의 완전한 지배하에 있었다. 어린이에 대한 모리스의 이상한 흥미는 남성의 절대적인 지배욕의 표현이기도 했다. 그는 현실세계에서는 도달할 수 없는 성자나 제임스 본드와 새드 후작의 꿈 같은 결합체라고 볼 수 있다.

2천 파운드를 넘는 범인 수배의 상금은 웬디 존스 부인과 다른 세 사람의 목격자가 나눠 갖기로 했다. 그중의 한 사람은 크리스티스 다비가

유괴되었을 때 함께 있었던 어린이다. 모리스의 회색 오스틴 켄브리지
는 후에 경매로 어떤 사람의 손에 넘어갔다. 그는 하나의 의식의 차원
에서 이 차를 불태워버렸다.

독살에 매혹된 사나이
― 독극물의 힘에 매력을 느꼈던 독살마

• **그레이엄 영**(영국)

그레이엄 영의 어머니는 그가 태어난 지 몇 달이 지난 1947년 11월에 사망했다. 그레이엄은 외톨박이 아이가 되었고 그는 나치스를 선호하고 히틀러를 동경했다. 그는 머리가 좋았는데 주위 사람들을 경멸했다. 집에 화학실험실을 만들고 폭발물을 조제하기도 했으며 빅토리아 왕조 시대에 살았던 윌리엄 팜이라는 독살자를 존경하고 있었다.

1961년 겨울에 그는 소량의 주석산 안티몬을 음식에 섞어 식구들에게 먹이고 가슴을 졸이면서 효과가 나타나기를 기다렸다. 누나인 위니프릿은 위가 메슥거리는 증세가 그치지 않는 것을 알게 되었다. 길을 걸어갈 때 갑자기 복통이 일어났던 것이다. 한 번은 그레이엄 자신도 무심코 그 음식을 입에 넣었다가 메스꺼움을 느낀 적도 있었다. 계모도 1962년 4월에 사망했다. 그레이엄은 계모를 무척 좋아했으나, 약물작용에 대한 호기심은 억제할 수 없었다. 어느 날 아침에 홍차를 마시다 맛이 씁쓸한 것을 알게 된 누나는, 뭔가 이상하다고 의심하기 시작했다. 그녀는 곧 홍차를 토해 냈으나 하루종일 머리가 어지러웠다. 병원에 갔더니 베라돈나(가지과의 유독 식물로 약에 쓰인다) 중독이라는 진단이 내려졌다. 아버지도 점점 눈에 띄게 쇠약해졌다. 영은 주석산 안티몬을 계속해서 음식에 섞었다. 병원에서는 아버지의 병을 비소중독이라고 진단했는데 그레이엄은 그 진단을 비웃었다.

"비소 중독과 안티몬 중독도 구별 못 하다니!"

그레이엄의 언동이 점차 이상해지는 것을 가족들이 알아차렸다. 그리하여 그는 체포되었다. 주석산 안티몬의 병을 셔츠 호주머니에 감추고 있었으므로 그의 소행이 분명했다. 그레이엄은 독물 혼입을 인정했으므로 브로드모어의 정신이상자 전용 교도소에 송치되었다.

9년 후인 1971년 2월에 그는 석방되었다. 교도소에 수용되어 있을 때에도 동료 죄수 한 사람이 영문 모를 상황에서 독극물 중독으로 사망했다. 23세 때 영은 존 하드랜드사社에 취직했는데 하트포드셔주 보빈던의 사진회사였다. 몇 주일이 지나 창고계장인 밥 에글은 위에 심한 통증을 느낀 후 1971년 7월 19일에 사망했다. 그레이엄은 사장의 부탁으로 화장에 입회했다. 그것이 끝나자 영은 에글이 죽은 원인에 대해 자신만만하게 떠들면서 상당한 의학지식을 과시했다.

그레이엄의 직장에서는 많은 직원들이 원인을 알 수 없는 복통에 시달리기 시작했다. 그들은 알지도 못하면서 그 원인에 '보빈던 벌레' 라는 이름을 붙였다. 1971년 10월, 또 한 사람의 창고계 직원인 프레디 빅즈의 병상이 악화되었다. 그레이엄은 그의 홍차에 탈륨을 섞었다. 그리고 그레이엄은 10월 30일의 일기에 이렇게 썼다.

"특별히 조제한 치사량을 F에게 먹였다." 탈륨은 신경계통을 서서히 마비시킨다. 병원에서 프레디 빅 즈를 진찰한 의사는 진단을 망설였다. 그후 19일이 지나 그는 고통 속에 몸부림치면서 죽어갔다.

하드랜드사에서는, 또 두 사람의 사원이 위통과 다리 마비를 일으켰다. 이 두 사람은 머리칼도 빠지기 시작했다. 12월 11일, '보빈던 벌레'의 정체를 규명하기 위해 의사들이 하드랜드사에 초대되었다. 의사들은 모든 사원을 개별적으로 면접하고 질문을 했다. 이 조사로 보건부 약제담당관 로버 하인즈 박사는 한 사원에 대해

법정에서 3분간 촬영 허용한 험악한
범인의 인상

놀라움을 금할 수 없었다. 그는 그레이엄으로 박사에게 의학상의 여러 가지 전문적인 질문을 던졌다. 탈륨 중독에서는 그 증상이 일정하냐고도 물었다. 의혹은 그에게 집중되었으나 증거가 있는 것은 아니었다. 경영자측은 전사원의 신원을 조사하였는데 그레이엄이 가장 늦게 들어온 사원이었다. 런던 경시청에서 그에 대한 조회가 오자 이것을 읽고 하드랜드사의 사장은 감전이라도 된 듯이 깜짝 놀랐다. 그후 몇 시간이 지나 그레이엄 영은 살인용의자로 체포되었다. 일기도 압수되었다. 그러나 영은 자기가 구상하고 있는 소설 줄거리의 메모라고 설명했다. 또한 그의 호주머니에서 탈륨이 발견되었는데 그것은 체포되었을 때 자

살하기 위해서였다. 오래도록 애를 먹인 후에 그는 밥 에글과 프레디 빅즈의 독살을 자백했다.

재판에서 종신형이 선고되었다. 그의 누나인 위니 프릿은 저서《독살에 매혹된 사나이》에서 그를 가리켜 "세상에 인정받기를 갈망하고 있었다"고 말하고 있다. 그레이엄은 다른 사람보다 자기가 우수하며, 세상에서 인정받을 가치가 있다고 생각했던 것이 분명하다. 남에게 독을 마시게 함으로써 그는 우월감을 느낄 수 있었다. 그는 "당신의 친애하는 이웃인 프랑켄슈타인"이라고 자칭하기를 좋아했다. 그런데 누나의 저서에 의하면, 체포되기 직전에 그가 몹시 풀이 죽어 찾아와서 자기는 고독하다고 말했다는 것이다. 누나는 여러 형태의 사회 참여를 권했으나 그는 이렇게 대답했다고 한다.

"인제는 그것도 안 돼. 내 속에 어쩔 수 없는 차가운 피가 흐르고 있어."

이것은 대부분 정신이상의 살인자에게 공통된 묘비명일지도 모른다.

동기 없는 대량살인

— 공상의 세계에 살며, 동기 없이 대량살인을 저지른 남자

• **한스 반 존**(네덜란드)

반 존은 1942년 네덜란드의 유트레히트에서 태어났다. 그는 전형적으로 외탁을 하여 어머니의 성격을 닮았다. 어머니는 남편이 사회적으로 인정을 받지 못하는 노동자인 것을 언제나 탐탁치 않게 여겨왔다. 그래서 아들에게는 훌륭한 사람이 되어야 한다고 입버릇처럼 말했다. 그는 얌전하지만 생기가 없는 아이였다. 어른들에게는 착실한 아이로 보였다. 자기보다 나이가 적은 아이들과 놀기를 좋아했으며 자폐증自閉症 기미가 보여, 자기 외의 일에는 흥미가 없는 아이로 보였다. 학교를 졸업하고 나서 직장을 얻어도 얼마 안 되어 해고 당하기 일쑤였다. 이 것이 되풀이되었는데 원인은 사소한 거짓말에 있었다. 그는 공상의 세계에 살고 있는 것 같았다.

16세 때 그는 암스테르담으로 갔다. 그는 값진 고급 양복을 사 입고 거짓말로 처세하게 되었다. 자기를 학생이라고 속였지만 그러나 그 말투는 학생답지 않았다. 그는 카톨릭 학교에서 공부해야겠다는 구실로

신부에게서 돈을 빌렸으나 갚지 않았다. 그리고 학교에 입학은 했으나 곧 도망쳐 버렸다. 항상 태연한 얼굴로 우아한 모습을 하고 있어서 그를 따르는 사람들도 많았는데 여성만도 아니었다. 1964년 9월, 그는 사람을 죽였는데 아마도 이것이 그의 최초의 살인일 것이다. 즉 에리 하겔 세이코브라는 처녀를 어느 날 저녁에 거리로 데리고 나왔다. 문득 그녀를 죽이고 싶은 충동을 느꼈다. 그날 밤 늦게 그는 마지막 기차를 놓쳤다면서 그녀의 집으로 가자 그녀는 자고 가라고 말했다. 두번째 관계를 그녀가 싫다고 거절하자 그는 그녀의 목을 졸랐다. 그러고는 옷을 벗기고 그녀의 목을 나이프로 찔렀다.

자백에 의하면(그러나 나중에 철회함) 1965년 암스테르담에서 그는 크로드 버클레이라는 호모(동성애) 영화의 감독을 죽였다고 했다. 그는 호텔의 가정부로 일하는 카로린 기리라는 여자에게 자기를 도와달라고 설득하여 결혼했다. 1967년 초에, 그녀는 그가 자기를 죽이려 했다고 경찰에 고발했는데 그는 다른 경범죄로 보호관찰중이었다. 경찰은 그를 1개월 교도소에 유치했는데 석방되자 아내는 그를 데려갔다.

그 해 4월에 그는 코비 반 델 볼트라는 여성을 죽였다. 그런데 이 여자와는 전부터 가깝지도 멀지도 않은 사이로서 관계를 맺고 나서 그는 핑크빛 분말을 혓바닥으로 핥아먹었다. 섹스의 자극제라고 속였지만 사실은 단지 핑크빛 사탕 과자였다. 그녀는 자기도 조금 먹고 싶다고 말하자 그는 강한 수면제를 그녀의 입에 넣었다. 그러고는 납으로 된 파이프로 그녀를 때려죽였다. 옷을 벗기고 나이프로 찌르고 시체와 관계를 가졌다. 그후에 그는 술을 마시다가 우레 놀이라는 전과자에게 무심코 그녀를 죽였다고 자랑하자 우레 놀은 그의 약점을 이용하여 사람을 좀더 죽이자고 유인했다. 80세의 불꽃 만드는 근로자가 희생자로 뽑혔다. 1967년 5월 31일, 반 존은 얀 돈제라는 공장에 가서, 코비 반 델 볼트를 때려 죽인 파이프로 이 불꽃 만드는 근로자를 때려 죽였다. 8월에는 헤이스바크에 혼자 살고 있는 라이아 데 부르인이라는 농부를 납으로 된 파이프로 때려 쓰러뜨리고, 목을 나이프로 찔러 살해하였다. 우레 놀이 전에 접근하려다가 거절을 당한 적이 있는 부인을 반 존이 습격하여 돈을 빼앗고 죽었다고 믿고 돌아가는데, 그녀는 가까스로 목숨을 건진 후 많은 현금이 없어진 것을 알게 되자 경찰에 신고하여 반 존은 체포되고 우레 놀도 구속되었다. 그리하여 우레 놀은 7년 징역, 반 존은 종신형을 선고받았다.

망상의 자연보호주의자

— 일본계 오타 일가를 살해한 캘리포니아의 낙오자

• **존 린레이 프레이저**(미국)

1970년 10월 19일, 캘리포니아주 산타클로스의 노크엘 근처에서 빅터 오타 박사의 집이 불길에 휩싸여버렸다. 달려온 소방대원은 풀장 속에서 다섯 명의 시체를 발견했다. 오타 박사, 그의 부인 버지니아, 두 자녀인 11세의 타가트와 12세의 델릭, 오타 박사의 비서인 드로시 카드와라였다. 오타 박사는 세 발의 총탄을 맞았다. 다른 네 사람은 뒤통수에 한 발씩 맞고 있었는데 그것은 마치 처형당한 모습으로 보였다. 박사의 롤스로이스는 차도를 가로막으려는 듯한 형태로 주차되어 있었다. 차의 앞면 유리의 와이퍼에 다음과 같은 메모가 끼워 있었다.

"1970년 할로윈(Halloween ; 10월 31일 전야), 오늘 제3차세계대전이 시작된 것이다. 자유 우주의 국민들이 너희들에게 선언한다. 오늘 이후로 자연환경을 악용하여 이를 파괴하는 자는 개인이든 단체든, 자유 우주의 국민의 이름으로 죽음의 제재를 받게 될 것이다. 나와 나의 동지는, 이 혹성惑星의 자연의 생명을 존중하지 않는 모든 인간에게 죽음이 아니면 자유의 타협 없는 투쟁을 오늘부터 개시할 것이다. 물질주의여, 죽어라. 그렇지 않으면 인류는 멸망이 있을 뿐이다."

여기에는 다음과 같은 서명이 있었다. '윈즈의 기사騎士 – 펜타클의 기사 – 스워드의 기사.' 이것을 쓴 것은 타로카드를 잘 알고 있는 사람으로 추정되었다. 오타 부인의 스테이션 왜곤은 산 로렌스강 근처의 철도 터널 속에서 발견되었다. 화물열차가 다가왔으나 다행히 서행하고 있었다. 분명히 큰 사고를 일으키기 위해 그곳에 방치한 모양이지만, 열차는 이것을 터널에서 밀어내는 형태가 되었다. 차의 내부는 찢겨지고 방화한 흔적도 있었다.

사건은 이 근처에 공포를 불러일으켰으며 공교롭게도 가까운 산림에는 히피족이 모여 있었다. 무자비한 살해, '돼지'와 부르주아에 대해 항의하는 살해가 또 일어났다. 경찰이 히피족을 취조하자 차츰 윤곽이 좁혀졌다. 살해는 여럿의 범인이 한 짓이 아니라 단독범이었다. 존 프레이저라는 산타클로스의 24세 된 자동차 수리공이 용의자로 부상되었다. 그는 사건을 일으키기 전에 마약을 복용하고 있었다. 메스칼린 mescaline을 복용하면 '몽롱한 상태'에 빠지면서 일종의 계시를 받는다는 것이었다. 그는 일을 그만두고 아내와 헤어져, 히피족이 많이 살고 있는 페르턴 마을로 와서 오두막에 정착했다. 이곳에서 그는 타로카드를 알게 되고, 생태학과 환경보호에 대한 책을 읽었다. 그는 점차 '물질주의와 사회'에 대한 심한 적대감을 품게 되었다.

증인의 한 사람은 프레이저가 오타 박사의 집에 침입하여 쌍안경을 훔쳤다고 말했다는 증언을 하면서 오타 일가는 '굉장한 물질주의'에 빠져 있으므로 죽여야 한다는 말도 했다고 증언했다. 프레이저를 조사해 보았더니 전과가 있었는데 주거침입으로 체포된 적이 있었던 것이다. 그리고 어떤 여자는 몸집이 작고 수염이 자란 프레이저로 보이는 남자가 사건 직후에 오타 부인의 스테이션 왜곤을 운전하고 있는 것을 보았다는 정보도 입수되었다.

그후 며칠이 지나 프레이저는 자신의 어머니의 농장 근처 오두막에서 체포되었다. 그러나 그는 자백하지 않았으며 재판에서도 완전히 묵비권을 행사했다. 그의 지문이 롤스로이스의 문에 남아 있었고 타버린 집에서 발견된 맥주 깡통에서도 같은 지문이 검출되었다. 이것이 그의 범죄를 증명하는 계기가 되어 그는 사형을 선고받고, 1971년에 사형선고가 폐지된 후로 산 퀸틴 교도소에서 처형을 기다리는 사형수의 대열에 들게 되었다.

증언으로 밝혀진 바에 의하면, 프레이저는 이 살인을 며칠 전부터 계획하고 있었다. 아내에게는 이제 필요하지 않을 것이라고 말하면서 운전면허증을 넘겨주었다. 세 사람의 히피 동료들에게는 "월요일에 굉장한 일이 일어날 거야"라고 예언했는데, 그날이 범행일이었다.

경찰에서는 범행 경과를 다음과 같이 추정했다. 즉 프레이저는 범행 당일 오후 3시 조금 전에 오타 박사의 집으로 갔다. 그리고 집에 혼자 있는 오타 부인에게 38구경 권총을 들이대었다. 그리고 부인의 양손을 돌려 스카프로 묶고, 그녀의 22구경 권총을 빼앗았다. 다음에 그는 오타 부인을 '처형' 했다.

3시 조금 지나 학교 선생님이 오타 박사의 사무실에 전화를 걸어, 오타 부인이 전화를 받지 않는다고 알리면서, 차로 자녀를 데리러 오라고 했다. 오타 박사는 별로 신경을 쓰지 않았다. 비서인 카드와라 부인에게 한 아이를 마중하러 보냈다. 박사는 또 한 아이를 차에 태우고, 도중에 산타클로스에 살고 있는 어머니 집에 들렀다. 카드와라 부인은 오타의 집에 도착하여 살인범을 만났다. 프레이저는 새로 나타난 두 사람의 손을 묶고, 오타 부인의 권총으로 두 사람의 뒤통수를 쏘아 죽였다. 5시가 조금 지나서 오타 박사가 또 한 남자아이를 데리고 집으로 돌아왔다. 박사는 순순히 묶이는 척하다가 갑자기 덤벼들었던 모양이다. 프레이저 박사에게 38구경 권총을 세 번 쏘고, 다음에 아이를 22구경 권총으로 사살한 후에 그는 집에 불을 질렀다. 그러고 나서 롤스로이스로 차도를 가로막고, 스테이션 왜곤을 운전하여 현장을 떠났다.

'환경의 파괴'라는 비난은 오타 박사에게는 아무 관련이 없는 일이었다. 박사는 시가 30만 달러의 저택 주위의 자연환경에 대해서도 손을 대지 않도록 특히 주의했다. 그리고 '물질주의자'라는 오타 박사에 대한 프레이저의 또 하나의 비난도 전혀 이유가 되지 않았다. 오타 박사가 그때까지 걸어온 발자취는 결코 평탄한 것이 아니었다. 그는 일본인 이민의 아들로 미국이 전쟁에 돌입한 1941년에 인턴이 되었다. 20세가 된 1943년에 오타는 미국 육군에 입대가 허용되었다. 그의 형은 유럽 전선에서 전사했다. 전후에 그는 몬테나 주립대학에서 공부하였으며 철도인부로 일했다. 의과대학에 진학한 후에도 택시 운전사로 일했다. 군의관으로서 공군에 2년 동안 근무한 후에도, 그는 안과 의사가 되기 위해 공부를 계속했다. 그동안 의사로 일하면서 가족의 생계까지 이끌어왔던 것이다(오타 박사에게는 두 딸이 있었다. 사건 당시에는 대학에 재학중이어서 집에는 없었다). 그리하여 안과 의사로 사회에 나와 자립한 것은 상당히 나중의 일이었다. 그의 전문은 백내장白內障 절제로, 이 분야에서 눈부신 성공을 거두었다. 그는 산타클로스 지역의 도미니칸 병원 설립자의 한 사람이며, 그 병원에는 상당한 액수의 후원도 하고 있었다. 환자 중에는 치료비를 낼 형편이 못 되는 사람도 있었는데 그런 사람들에게 그는 무료로 치료하는 의사로도 알려져 있었다. 프레이저가 말하는 '물질주의자'는 반대로 그런 성공을 할 만한 마음이 넓고 부지런히 일하는 인물이었다.

맨슨 패밀리의 경우도 그렇지만, 환각제가 프레이저의 망상적 경향의 주요한 원인으로 생각된다. 그의 아내는, 남편이 전에는 선량한 사람이었으나 점점 화를 잘 내는 성격으로 변했다고 말했다. 동시에 이 살인에는 방향감각을 상실한 인간에게 흔히 있는 계획성의 결여를 볼 수 있다. 그는 범행한 후 집에 불을 질렀다. 아마도 지문을 없애기 위해서였을 것이다. 그는 경찰에서 취조를 받은 전력이 있었는데도 장갑을 끼고 범행하는 초보적인 주의도 게을리하여, 롤스로이스에 지문을 남겼다. 경찰은 이 지문을 보유한 기록과 대조해 봄으로써 범인의 이름이 밝혀졌던 것이다.

매춘부이자 살인 무녀巫女
— 광신 집단의 무녀가 된 몬테레이의 매춘부

• **막달레나 소리스**(멕시코)

1963년 초의 일이었다. 멕시코인 산토스 에르난데스와 카에타노 에르난데스 형제는, 제르바 브에나라는 벽지 마을에서 손쉽고 즐거운 처세법을 발견했다. 두 사람은 마을 사람들에게, 산에 사는 잉카 신들은 예배하고 제물을 바치는 자에게 기꺼이 보물로 갚아준다고 믿게 했다. 제물이란 돈과 섹스를 위한 육체의 사용이었다. 고승 카에타노는 남자를 좋아했고, 형인 산토스는 여자 쪽에 흥미가 있었다(이 마을의 농부들은 잉카족은 페루에 살고 있었다는 것과 자기들의 고대 신들은 아마도 아즈테카족이라는 것을 모르고 있는 모양이었다).

그러나 마을의 농부들은 잉카 신이 보물을 전혀 주지 않으므로 불평하기 시작했다. 승려들은 잉카의 신들 중에서 중심이 되는 두 분이 곧 이 곳에 강림한다고 달래서 불평을 가라앉혔다. 그리고 형제는 몬테레이에 와서 엘리자와 막달레나 소리스 남매에게 잉카 신들의 역할을 맡아달라고 부탁했다. 금발의 막달레나는 매춘부, 오빠인 엘리자는 여동생의 호객꾼이 되었다. 막달레나는 레즈비언, 엘리자는 카에타노와 마찬가지로 호모였다.

에르난데스 형제는 막달레나와 그녀의 오빠가 극적으로 모습을 나타내는 무대 장치를 할 계획을 세웠다. 산에서 그들의 종교상의 의식을 올리는 동굴벽을 광신 집단의 멤버들이 갈고 닦았다. 그중에서 발광성發光性의 한줌 가루와 같은 것이 화로에 던져졌다. 그러자 연기 속에서 남신과 여신이 나타났다. 마을의 농부들은 엘리자를 아시시의 프란체스코 성인(중세 이탈리아의 카톨릭 성자)이 다시 나타난 것이라고 생각했다. 이런 그들의 생각을 받아들여 그는 자기가 프란체스코라고 말했다.

아름다운 막달레나가 곧 종교의식을 집행하자 마을 사람들은 크게 만족했다. 에르난데스 형제는 셀리나 사르바나라는 아름다운 10대 처녀를 첫째 시녀로 삼았다. 그녀는 지금까지 승려 산토스와 성적 접촉을 해왔지만 앞으로는 산토스와 여신 막달레나가 그녀를 공용하기로 했다. 하지만 막달레나가 질투하게 되자 산토스는 그녀를 포기하고 막달레나에게 주었다.

한편 엘리자와 카에타노는 농부들을 정화淨化하고, 마을 소년들에게 호모를 체험하게 하는 일로 분주했다. 이곳에서 어떤 일이 일어나고 있는지 아는 마을 사람은 지저스 루비오라는 사람뿐이었다. 그는 처음부터 에르난데스 형제의 신원에 대해 의문을 품고 있었으나 드디어 그들의 측근이 되어 자기 몫을 차지하는 신분이 되었다.

그러나 보물이 주어질 기색은 전혀 없었다. 그래서(이 사건을 다룬 브래드 스타이거의 저서 《대량살인》에 의하면) 막달레나 소리스는 자기의 신자에게 이렇게 말했다고 한다.

"다른 신들과 여신들이 마을 사람들에게 그들 중 불신자를 '제물'로 바칠 것을 요구하고 있다."

이리하여 불신자 중의 수령급 두 명이 즉시 타살되어, 그 피를 닭의 피에 섞어, 사람들이 제물을 드리는 술잔에 따라 마셨다. 그후 두 달 사이에 다시 여섯 명의 불신자가 이 피의 의식을 위해 살해되었다. 그러자 몇 명의 마을 사람들은 이웃 마을로 도망쳤다.

그런데 첫번째 시녀 셀리나 사르바나는 산토스의 사랑을 갈망하기 시작했다. 그녀가 남자의 품 안에 있다는 말을 들은 막달레나는 살기가 등등하여 몸을 부르르 떨었다.

다음의 섹스 의식은 1963년 5월 28일에 거행되었다. 여기서 10대의 아름다운 셀리나 사르바나는 제물의 십자가에 결박되어 의식을 잃은 채 막달레나에게 짓밟혔다. 그리고 모여든 광신 집단에 의해 맞아죽었다. 이곳을 마침 지나가던 세반스찬 게렐로라는 14세의 소년이 이 광경을 목격했는데, 이 소년은 의사 지망생으로 날마다 27킬로미터의 길을 걸어서 빌라 글란에 있는 학교에 다니고 있었다. 그러므로 자기 마을에서 일어나고 있는 기괴한 의식에 대해 아무것도 모르고 있었으므로 그는 공포에 떨면서 몰래 참극을 보고 있었다.

소녀를 때려 죽인 마을의 광신 집단은 그 시체의 주위에 나뭇가지를 쌓아올리고 불을 질렀다. 다음에 막달레나가 또 한 사람의 불신자를 가리켰다. 그 농부는 즉시 도끼에 맞아죽었다. 소년은 제정신이 아닌 상태에서 빌라 글란으로 달려가 경찰서에 자기가 눈으로 본 광경을 설명해 주었다. 경찰은 처음에 그 소년의 말을 의심했다. 루이스 마르티네스라는 경관이 자진하여 이 정보의 진위를 확인하기 위해 차를 몰아 제르바 브에나로 향하였다.

아무리 기다려도 마르티네스와 소년은 돌아오지 않았다. 5월 31일, 타마우리파스주의 수도 시우다 빅토리아의 경찰은 그들이 행방불명이 되었다는 통보를 받았다. 경찰관과 군대의 수색대가 제르바 브에나 마을로 급히 달려갔다. 그곳에서 경관과 소년의 토막난 시체가 발견되었는데 경관의 심장은 시체 밖으로 튀어나와 있었다.

수색대가 동굴에 접근하자, 라이플총으로 일제히 사격을 퍼붓는 바람에 경찰관 세 사람이 부상당했다. 그러나 군대의 화기火器가 이윽고 광신 집단을 제압하여 산토스 에르난데스는 총탄에 명중되어 쓰러졌지만 동생 카에타노의 모습은 보이지 않았다. 광신 집단의 멤버들은 잉카 신들이 자신들에 대한 모독죄로 두 사람을 벌했을 것이라고 경찰에게 진술했다. 실제로 두 사람의 잉카 신은 마리화나로 깊은 잠에 빠져 있다가 모두 체포되었다.

지저스 루비오는 자기가 카에타노를 처치했다고 결국에는 시인했다. '고승'의 지위에 오르기 위해 그는 카에타노를 살해했던 것이다.

막달레나와 그의 오빠는 다른 12명의 광신 집단의 멤버와 함께 재판에 회부되었다. 1963년 6월 13일, 모두에게 30년의 징역이 선고되었다.

무법자의 신비주의

— 노만 메일러의 주선으로 가출옥한 후 다시 살인한 범죄자

● 잭 헨리 아보트(미국)

　유명한 소설가 노만 메일러는 겔리 길모어를 주인공으로 한《사형집행인의 노래》를 집필하는 도중에 잭 헨리 아보트라는 35세의 죄수로부터 한 통의 편지를 받았다. 아보트는 1956년 열두 살 때 처음으로 교도소에 들어간 후 33년 동안에 세상 공기를 마신 것은 불과 3개월 반에 지나지 않았다. 여기에는 탈옥한 짧은 기간이 포함되어 있는데, 이 기간에 은행 강도를 저질렀다. 1966년에는 동료인 죄수를 찔러 죽이고 14년의 선고를 받게 되었다. 이 재판에서 그는 재판관에게 물주전자를 집어던지면서 정신이상을 주장하였다. 그러나 정신과 의사는 그를 재판을 받을 수 있는 상태라고 진단했다. 엄중히 경계하고 있는 교도소에서 아보트는 철학자와 사회과학자들의 저작을 읽고, 마르크스주의자가 되었다. 메일러는 그의 편지에 있는 정열적인 내용과 뛰어난 문장에 감명을 받고, 랜덤하우스사를 설득하여 그가 쓴 글의 일부를 출판하게 주선하였다. 《야수의 가슴속》이라는 제목의 이 책은 곧 베스트셀러가 되

었다.

메일러는 교도소 당국자에게 그를 가리켜 '필력이 뛰어난 미국의 중요한 문학가'라고 칭찬했다. 이 메일러의 주선으로 아보트는 가출옥으로 석방되었다. 그후 얼마 동안 메일러의 조사담당 비서와 같은 일을 했으나, 저명한 작가로서의 생활에는 전혀 적합하지 않았던 것 같다. 그의 대리인의 보고에 의하면, 아보트는 칫솔이 다 떨어졌는데 어디 가면 살 수 있느냐고 전화로 자기에게 물었다고 한다.

1981년 7월 18일 밤중에 아보트는 두 사람의 여자친구들과 함께 뉴욕의 2번가에 있는 '비니본'이라는 야간 레스토랑에 들어갔다. 그리고 리처드 아단이라는 웨이터에게 남자 화장실을 사용할 수 없느냐고 물었다. 아단은 배우 겸 극작가 견습생인데 이 레스토랑에서 아르바이트를 하고 있는 청년이었다. 그는 그곳은 손님용이 아니라고 설명했고 그 말을 들은 아보트는 잠시 나가 얘기하자고 한 뒤에 밖으로 나오자마자 나이프로 아단의 심장을 찔렀다. 구급차가 도착했을 때 아단은 이미 숨이 끊어져 있었다. 아보트는 동행한 여자친구의 한 사람인 여대생 수잔 록서스에게 "이곳을 나가지. 나는 지금 남자 하나를 죽였어" 하고 말했다. 수사가 두 달간이나 계속되었으며 그런 가운데도 아보트의 책에 대해서는 호의적인 서평이 계속 실렸다. 그는 루이지애나주의 유전에 임시 직원으로 고용되어 일하다가 발각되어 뉴욕으로 호송되었다.

비평가의 한 사람은 '무법자의 신비주의'라는 말을 사용하고 있다. 아닌게아니라 아보트의 저작은 이상한 충동으로 가득차 있는데 특히 반항과 육체적인 폭력을 찬양해야 한다는 전제조건이 있는 것으로 생각된다.

"거기에는 어떤 색다른 것이 있다. ……프라이드와 고결성과 명예의 망토다. 그것은 우리의 폭력과 힘에 대해 본래적으로 품고 있는 높은 존경심이다. 그것이 우리에게 사는 의미를 준다. 그 판단이 타인이나 세계와 부딪치는 인간 단독의 감정을 빼고 행동하며, 계산과 살인의 원로로 행동하는 위험한 살인자…… 그들은 평소에 법률의 집행을 회피한다. 이것은 언어의 가장 높은 의미에서 인류에 대해 죄수인 상태가 지닐 수 있는 개념이다."

연방법정으로 향하는 범인

이 글의 기본 바탕이 되는 전제조건은, 인간이 충분히 격한 감정을 경험하면 그것을 해방하는 것은 완전히 정당화될 수 있다는 것이다. 이것이 아보트가 리처드 아단에게 저지른 행위였다.

이 사건은 에드거 하버트 스미스 사건의 경위와 비슷하다. 스미스는 1957년에 뉴저지주에서 15세의 빅토리아 지린스키를 죽인 혐의로 기소되었다. 용의자로 지목된 것은, 피가 묻은 스미스의 청바지였다. 트렌턴 교도소의 스미스는 이 청바지를 친구에게 빌려주었다고 주장했다. 트렌턴 교도소의 사형수 독방에서 보낸 14년 동안에, 스미스는 작가인 윌리엄 F.버클레이에게 자기가 쓴 글을 계속해서 보냈다. 스미스에게서 거의 3천 페이지에 이르는 글을 받은 버클레이는, 그의 무죄를 믿게 되어 석방 캠페인을 시작했다. 스미스도 두 권의 저술을 냈는데 그 한 권인《죽음에 항의하는 증언》은 베스트셀러가 되었다. 스미스는 1971년에 석방되었으나, 5년 후에 자동차 안에서 수표를 훔치다가 들키자 그 소유자인 부인을 칼로 찔렀다. 절도미수로 재판중에 스미스는 소녀 지린스키를 살해한 것을 인정했다. 성교를 거절했으므로 야구 방망이로 때려 죽였다고 한다.

1982년 1월 뉴욕에서 열린 아보트에 대한 새로운 재판에서, 한 남자가 법정에서 메일러에게 화를 내면서 외쳤다. "너는 이것을 부끄럽게 여기고 목을 매야 해. 이 사람을 석방해서는 안 되었던 거야."

노만 메일러는 나중에 이렇게 말하고 있다.

"내가 이 사건으로 경험한 것은, 이 가엾은 남자의 가족의 인내는 아보트 자신이 경험한 것에 비하면 아무것도 아닙니다. 세계는 어디나 이런 황무지뿐입니다."

살인을 명하는 텔레파시

— 캘리포니아주 산타클로스의 망상증 대량 살인마

• **하버트 마린**(미국)

하버트 마린은, 1947년 4월 18일에 캘리포니아주 살리나스에서 태어났다. 어머니는 믿음이 독실한 카톨릭교도였다. 후에 자백한 바에 의하면, 그는 종교적으로 중압감을 느끼면서 자랐다. 그러나 아주 건전한 소년처럼 보였다. 반에서 '장래에 성공할 가능성이 가장 많은 학생'으로 득표를 제일 많이 얻은 것은 그였다. 17세 때 여자친구가 생겨 약혼했다. 딘이라는 친구도 있었다. 그리고 두 사람은 '제로'라고 자칭하는 학교의 운동선수 그룹에 속해 있었다. 이 딘이 1965년 7월에 교통사고로 죽었다. 그러자 마린은 후에 13건의 살인을 저질렀는데, 그 원인이 된 정신분열증은 이 친구의 뜻하지 않은 죽음이 관련이 있다고 생각된다. 그는 자기의 침실에 친구의 사진을 놓고 신전처럼 꾸몄다. 여자친구에게 자기는 동성연애자인지도 모른다고 말했다.

군대에 들어갈 나이가 되자 그는 징병을 기피했다. 그래서 아버지가 군인이었던 여자친구는 약혼을 파기했다. 21세가 된 1969년 2월, 그는 종교를 공부하러 인도에 가고 싶다고 말했다. 그 무렵부터 "점점 현실에서 멀어지는 경향이 눈에 띄기 시작했다"고 가족들은 말하고 있다. 그후 한 달쯤 지나 식구들과 함께 저녁식사를 할 때 그는 의형義兄의 말과 행동을 모두 모방하기 시작했다. 가족들은 그를 설득하여 정신병원에 입원시켰다. 그는 그 병원에 6주 동안 있었으나 결코 협조적이 아니었다. 요가나 색다른 종교의 이야기만 계속했다.

1969년 10월에 마린은 완전히 망상에 사로잡히는 정신분열증에 걸려 있었다. 면도칼로 머리를 박박 밀고, 페니스를 담배불로 지지라는 명령을 하기도 했다. 그는 오랫동안 마리화나 담배를 피우고, 환각제를 복용하고 있었으므로 이것이 정신착란의 한 원인이 된 것은 충분히 생각할 수 있다.

그 해 가을에 정신병원으로 돌아온 그는 만난 적도 없는 사람들에게 수십 통의 편지를 쓰면서 '인간 제물 하버트 마린'이라고 서명했다. 그는 정신병 치료약을 먹고 한 달 후에 퇴원했다. 그러던 1970년 6월 부모의 반대를 무릅쓰고 그는 하와이로 갔다. 그리고 얼마 못 가서 다시 정신병원에 입원했다.

이윽고 부모가 캘리포니아로 돌아올 비용을 송금하자 비행기에 올라탈 때까지 경관이 보호하면서 귀환시켰다. 산타클로스에 돌아와서도 괴상한 행동이 많아 경찰서의 신세를 지기도 했다. 1971년 6월에 샌프란시스코로 옮겨가 싸구려 호텔에서 살았지만 1972년 9월이 되자 이 호텔에서 쫓겨나 집으로 돌아왔다. 그러는 동안에도 정신착란은 계속되었다. 그는 사람을 죽이라고 명령하는 텔레파시의 메시지를 받기 시작했다.

1972년 10월 13일, 그는 산타클로스 산맥의 쓸쓸한 고속도로에서 차를 운전하다가 그 길을 터벅터벅 걸어가고 있는 노인을 발견했다. 그는 차를 세우고 그 노인에게 엔진을 보아달라고 부탁했다. 그러자 노인은 자동차 보닛 위로 몸을 굽혔는데 뒤에서 야구 방망이로 때려 죽였다. 그는 시체를 길가에 팽개쳐둔 채 도망쳤는데 노인은 후에 로렌스 화이트로 밝혀졌다.

10월 24일, 그는 카브리로 대학의 학생 메어리 길포일을 만나게 되었다. 그는 산타클로스의 번화가를 빠져나가면서 수렵용 나이프로 그녀의 심장을 푹 찔렀다. 그녀는 즉사했다. 그는 사람이나 차가 다니지 않는 한적한 곳에 가서, 나이프로 사체를 가르고 내장을 꺼냈다. 그녀의 시체는 그곳에 방치되어, 독수리의 먹이가 되다가 그녀의 백골 시체가 발견된 것은, 4개월 후의 일이었다. 그 한 주일 후인 11월 2일, 그는 로스 가토스에 있는 세인트메리 성당의 고해실에 들어가 앙리 토메이 신부를 찔러 죽였다.

이 무렵에 마린은 그에게 자기를 죽여달라고 부탁하는 장래의 희생자들의 목소리를 듣기 시작했다고 한다. 그는 1972년 12월에 총을 구입했다. 이듬해 1월 25일, 그는 브란스포르테까지 차를 몰고 가서 짐 갸네라라는 남자를 찾았다. 몇 해 전에 그에게 마리화나를 가르쳐 준 남자였다. 그가 자기의 정신을 파멸시켰다고 믿고 있었다. 갸네라가 옛날에 살고 있던 초라한 오두막 문을 열어준 것은 29세의 캐시 프란시스라는 여자였다. 그녀는 갸네라는 이제 이 집에서 살지 않는다며, 산타클로스 시내의 새로운 주소를 가르쳐 주었다.

마린은 그곳으로 차를 몰고 가서 갸네라를 총으로 쏘았다. 죽어가는 남자 위에 아내가 몸을 굽히자 그녀의 등을 나이프로 찌르고 총을 쏘았다. 그러고는 다시 본래의 오두막으로 돌아와 한 침대에서 자고 있는 캐시 프란시스와 그녀의 두 어린 아들을 살해하였다. 캐시 프란시스의 남편은 이때 집에 없었다.

1월 30일, 그는 산타클로스의 루터파 목사에게 가서 자기 신상의 문제를 상담했다.

"사탄이 사람들의 마음속에 들어와 그들에게 자기가 원치 않는 일을 시키고 있어요." 그는 신비스런 이야기를 하면서 더 이상 자기의 생각을 말하려고 하지 않았다.

2월 6일, 마린은 아무 목적도 없이 산타클로스의 주립공원에 소풍을 갔다가, 그곳에서 접어서 개는 식으로 된 텐트를 보았다. 그는 텐트 속에 있는 네 명의 소년들에게 이곳에서는 캠프를 하지 못하게 되어 있으니 보고해야겠다고 말했다. 10대인 소년들은 그것만은 하지 말아달라고 그에게 부탁했다. 그러자 마린은 갑자기 권총을 꺼내 네 소년들을 차례로 사살했다. 그리하여 희생자 수는 12명이 되었다.

그후 며칠이 지나 마린은 부모의 집에 보낼 장작을 마련하고 있었다. 그때 또 이상한 텔레파시 소리가 그에게 누군가를 죽이라고 명령했다. 2월 13일이었다. 그는 자기의 스테이션 왜곤을 세우고, 뜰에서 일하고 있는 프렛 페네스라는 노인에게 다가가서 권총으로 사살했다. 스테이션 왜곤이 달려가고 프렛 페레스가 몸을 웅크리고 쓰러지는 것을 이웃집 여인이 창문에서 보고 있었다. 그녀는 즉시 경찰에 전화를 걸었다. 그리하여 몇 분 후에 마린은 체포되었다.

법정에서 마린은 자기가 사람을 죽인 이유를 설명했다. 그는 예컨대 다음에 일어나게 될 샌프란시스코의 대지진과 같은 재해를 피하고 수천 명의 인명을 구했다고 믿고 있는 것 같았다. 살인이 곧 자연의 재해를 줄인다는 것이 그의 생각이었다. 그는 법적으로는 책임 능력이 있다는 진단이 내려져 10건의 살인에 대해서만 유죄 판결을 받게 되었으며 13건의 살인이 모두 기소되지는 않았다. 그에게 보석의 자격이 주어지는 것은 다음 세기인 2020년이다.

마린의 사건을 테마로 한 저서 《죽음의 노래》에서 정신과 의사 도널드 T. 룬드는 당시의 레이건 캘리포니아 주지사의 경제정책으로 이 주의 많은 정신진료시설이 폐쇄되어, 마린과 같은 사람이 수용과 치료를 받지 못하게 된 것은, 다른 측면에서 보면 더 많은 경비와 인명의 희생을 가져온 잘못된 정책이라고 비난했다.

살인 예행 연습

— '예행 연습'을 위해 살인한 부유한 사업가의 아들

• 스튜어트 골드스타인(미국)

1970년 10월 20일, 라스베가스 경찰에 제보가 있었다. 시저즈 팔레스로부터 여성 소믈리에가 행방불명이 되었다는 것이었다. 사라진 아리스 디터(통칭 제비)는 이혼한 31세의 여성으로 세 자녀를 두고 있었다. 동료의 말에 의하면, 전날밤 자정이 지난 한 시경에 그녀가 대형 세단차로 도착하는 것을 보았다고 한다.

시간이 지나고 사막의 도로에서 번호판을 벗긴 캐딜락 세단이 버려져 있는 것이 발견되었다. 제비 디터는 세단을 타고 그대로 자취를 감춰버렸다. 그 차를 면밀히 조사해 보았더니 앞의 좌석과 바닥의 매트에 핏자국이 있었다. 그리고 문에는 총탄 흔적이 보였다. 차 안에서 22구경의 카트리지 케이스가 몇 개 발견되었다. 조사해 본 결과에 의하면 차는 스큐어트 골드스타인이라는 남자가 시카고에서 빌린 것으로 판명되었다. 신혼중에 연약한 아내를 데리고 휴가차 이곳까지 드라이브왔던 것이다. 골드스타인은 시저즈 팔레스에 숙박하고 있었으나, 제비 디터가 행방불명이 되었다는 신고가 제출된 날에 이 호텔을 체크아웃하고 있다. 또한 부부는 라스베가스에서 캐딜락을 빌렸다.

경찰 조사에 의하면 이들 부부는 라스베가스에 오기 전에, 북부의 와이오밍주 코디의 관광목장에서 3주간 머문 것을 알아내었다. 조사를 위해 이 목장에 출동한 라스베가스 경찰의 담당형사는 골드스타인이 이 목장을 소유주로부터 사들이려는 교섭을 한 사실을 알게 되었다. 이것을 부부 스와핑의 사교장으로 만들어 시카고의 부자들을 주말놀이에 끌어들이려는 것이 그의 계획이었던 것 같다. 목장 주인에게는 현재는 자금을 갖고 있지 않지만, 가까운 장래에 형편이 펼 것이라고 설명하였다고 한다. 골드스타인은 코디에 머물러 있는 동안에 22구경의 자동권총을 구입했다.

1개월 후에 골드스타인은 자진하여 경찰에 출두했다. 그는 경찰에서 자기를 찾고 있다는 말을 듣고 출두했다고 설명했다.

취조가 진행되자, 골드스타인은 살인을 자백했다. 그는 부부 스와핑용 관광목장의 설립 자금을 구하지 못해 고심하고 있었다. 아버지는 그런 일에 돈을 내놓을 사람이 아니지만, 그러나 캘리포니아에는 부유한 숙부가 있었다. 이 숙부가 죽으면 그에게 유산의 일부가 돌아오게 되어 있었으므로 골드스타인은 기다리느니 이 숙부를 죽이기로 결심했다. 그런데 과연 자기가 사람을 죽일 수 있을까? 그는 자신이 없었다.

그래서 먼저 '예행 연습을 위해' 사람을 죽여보기로 했던 것이다. 그는 결혼한 지 얼마 되지 않아 시저즈 팔레스에서 소믈리에게 친밀하게 말을 걸어, 밤 근무가 끝나면 함께 놀러 나가지 않겠느냐고 유인했다. 제비 디터는 이런 유혹에는 일체 응하지 않기로 했으나, 이 부부는 안전할 것이라고 생각했다. 그녀의 안내로 라스베가스의 유명한 도박장들을 한 시간쯤 돌아본 후에, 골드스타인의 스무 살 된 아내는 시저즈 팔레스의 자기 방으로 먼저 돌아오고, 골드스타인이 제비 디터를 자기 집까지 데려다주기로 했다. 그는 그녀를 차에 태워 라스베가스의 북부 블루 다이아몬드 거리까지 가자, 그곳에서 그녀를 사살했다. 그리고 옷을 벗겨 알몸으로 만들었다. 성범죄로 가장하기 위해서였다. 그의 자백에 따라 경찰은 제비 디터의 시체를 라스베가스의 시가지에서 20킬로미터쯤 떨어진 곳에서 발견했다. 신혼의 아내는 이 살인에 대해 아무것도 모른다고 말했으며, 거짓말 탐지기에 의해 사실임을 경찰은 확인했다.

경찰은 간단 명료한 사건으로 보았으나, 라스베가스 경찰은 뜻밖에도 법률상의 제동制動에 직면하게 되었다. 골드스타인의 변호사가, 그의 자백은 법률상의 권리를 통고받지 않은 상태에서 자행한 것이므로 증거로 인정할 수 없다고 주장했던 것이다. 한편 시체의 발견에 관한 그의 진술도 자백의 일부이므로 시체에 대한 증거 사실도 법정에 제출할 수 없다는 것이었다. 그러나 네바다주 최고재판소는 최종적으로 이 제의를 기각했다.

교도소에서 골드스타인은 동료죄수에게 일리노이주의 찰스 퍼시 상원의원의 딸인 발레리 퍼시를 죽인 것도 자기라고 말했다. 4년 전에 자기 집에 침입한 남자에게 몽둥이로 얻어맞고 사살된 사건을 두고 하는 말이었다. 다만, 사살의 동기에 대해서는 애매하였다. 이와 비슷한 자백을 골드스타인은 10건 이상이나 하고 있다.

법정에서 정신과 의사는 골드스타인을 가리켜 길을 비키지 않는 사람을 몽둥이로 때리는 어린이와 같은 성격을 지닌 도덕 관념이 결여된 인간이라고 진술했다. "그는 사회의 적입니다. 전혀 후회하는 마음 없이 사람을 죽이는 인간입니다." 골드스타인은 처음에는 책임 능력이 없다는 이유로 무죄를 주장했으나, 후에 번복하여 유죄를 인정했다. 1974년 그는 종신형을 선고받았다. 그러나 이것은 10년이 지나면 가석방의 자격을 얻게 된다는 것을 의미한다.

새디스트 독살마

— 1972년에 종신형이 선고된 새디스트의 살인마

• 세프 라이크 (네덜란드)

1971년 1월, 윌리 마스라는 18세의 여자가 한 주일 동안 위통으로 시달리다가 죽었다. 네덜란드의 유트레이트에서 있었던 그녀의 장례식에는 약혼자 세프 라이크도 참석했다. 슬픔에 깊이 잠겨 있었다. 죽게 된 원인은 식중독으로 추정되었다.

윌리 마스가 죽자 라이크는 곧 다른 젊은 여성과 약혼했다. 미엔테 맨더스라는 전부터 알던 여자였다. 그런데 3개월 만에 그녀도 위통으로 신음했고 죽은 것은 1971년 4월 2일이었다. 라이크는 그녀의 침대 옆에 앉아 그녀의 손을 잡고 눈물을 흘렸다.

유트레이트 경찰에서는 이 우연의 일치를 이상하게 생각했으나, 라이크를 의심할 이유는 아무것도 없었다. 그에게 약혼자를 살해할 동기가 있다고는 생각되지 않았기 때문이었다.

여기서 놀라운 사태가 발생했다. 두번째 약혼녀가 죽은 지 불과 3주일밖에 지나지 않았는데, 라이크가 또 결혼한 것이다. 그러나 이 결혼은 6주일밖에 계속되지 못했다. 라이크는 병적으로 질투가 강했다. 그와 18세의 아내 마리아 허스 사이에는 큰 싸움이 그치지 않았다. 그녀는 그와 헤어져 이혼서류를 제출했다. 라이크에 대해 은밀한 조사를 계속하고 있던 경찰은 마리아를 만나 위통을 느껴본 적이 없었느냐고 물었다. 함께 생활하기 시작한 그날부터 위통이 시작되었다고 대답했다. 그러나 지금은 나았다고 했다.

그후 얼마 안 되어서 다른 젊은 여자가 라이크와 동거를 시작했다. 그녀도 위통을 느꼈다. 그녀는 어머니에게 라이크도 자신과 똑같은 음식을 먹었으나 그는 매우 건강한 것 같다고 말했다. 그러자 어머니는 딸에게 간식을 하지 않느냐고 물었다. 그녀는 땅콩 버터를 좋아하여 그것을 간식으로 먹는다고 대답했다. 모녀는 그 병을 살펴보았다. 뭔가 금속과 같은 맛이 났다. 그녀는 그것을 보건소에 가지고 가서 분석을 의뢰했다. 분석한 결과 그 땅콩 버터에 '쥐약'이 섞여 있던 것이 판명되었다.

경찰은 라이크에게 자기 아내나 애인에게 독을 먹일 동기가 있을 것 같지 않아 다른 용의자를 찾았다. 그의 집에는 몇 해 전부터 중년부인이 청소를 하러 왔었다. 두 사람 모두 '쥐약' 같은 것은 알지도 못한다고 잡아뗐다. 그런데 근처의 꽃집 사람이 라이크에게 '쥐약'을 몇 차례 판 적이 있었던 것을 생각해 내자 조사는 그에게 집중되었다. 그러자 라이크는 갑자기 모든 것을 포기하고 윌리 마스와 미엔테 맨더스를 독살하고 다른 두 사람에 대한 독살 미수도 했다고 자백했다.

그는 여성이 괴로워하고 있는 것을 보면 쾌락을 느낀다고 하면서 그러나 죽일 생각은 전혀 없었다고 주장했다. 그에게는 법적으로 책임 능력이 있다고 판단되어 1972년 1월에 재판이 열렸다. 윌리 마스가 죽은 지 불과 1년이 지나서였다. 그는 종신형을 선고받았다.

독물을 사용한 새디스틱한 살인은 매우 보기 드문 일이다(앞에 적은 예로서는 그레이엄 영의 항목 참조). 라이크의 경우에는 그의 병적인 질투가 독살로 이어지는 것으로 생각된다.

안락사 살인사건

— 스칸디나비아반도 최악의 대량 살인범

• **아핀 네세트**(노르웨이)

아핀 네세트는 노르웨이의 중앙부에 있는 너싱홈(부유한 노인들이 입원하는 가정적인 사립병원)의 경영자였는데 자기 병원의 노인들의 정맥에 클라시트라는 독을 주사하여 22명의 환자를 살해하였다는 혐의로 체포되었다. 재판은 5개월 동안 계속되었는데 이것은 노르웨이의 재판사상 최장 기록이었다. 1983년 3월 11일, 그는 드디어 유죄판결을 받게 되었다. 클라시트란 남미의 인디언들이 독화살에 바르는 클라레라는 독사에게서 추출한 물질을 가리키며, 호흡기 계통을 마비시켜 숨이 막혀서 고통을 당하다가 죽게 되는 극약이다. 네세트는, 노르웨이의 법률에서 살인범에게 내리는 최고 징역 21년과 최고 10년의 예방 구금이 선고되었다.

환자가 살해된 것은, 1977년 5월에서 1980년 11월까지의 3년 반 동안이었다. 인원수만으로도 46세의 이마가 벗겨지고 안경을 낀 남자를 스칸디나비아반도 전체에서 근래에 최대 대량 살인범으로 지목하기에 충분한 수였다. 그런데 이 남자가 이런 방법으로 죽인 노인의 수는 이것을 훨씬 웃도는 숫자였다. 오라프 야케른 국선변호사의 말에 의하면, 네세트는 경찰의 예비취조에서 다음과 같이 말했다고 한다.

"많이 죽였으므로 한 사람 한 사람은 도저히 기억하지 못하고 있습니다."

그는 1962년 이후에 그가 근무하던 의료기관에서 사망한 모든 환자의 리스트를 보여달라고 요구했는데 기억을 되살리기 위해서였다. 그 결과 1982년 11월에 재판이 개시될 때까지 합하면 62명이라는 놀라운 숫자였다. 20년 동안의 인원이다. 클라시트는 인체에서 일정한 기간이 지나면 추적하기 어려우므로 검시에 의한 조사는 하기가 어려운 독이었다. 마지막 희생자가 죽은 것은 1980년 11월이었는데 경찰이 수사에 착수한 것은 이듬해 3월이었다. 재판이 시작되자, 네세트는 그때까지의 자백을 모두 뒤집었다. 그리하여 기소의 대상이 된 것은 불과 25건의 살인에 그쳤는데 검찰측에서는 입증이 가능하다고 생각한 수로 한정했던 것이다. 네세트는 그 전체에 대해 죄를 부인했다.

그가 살해한 것으로 보이는 환자는 여성이 14명이고 남성이 11명이며, 그 연령은 67세에서 94세에 걸쳐 있었다. 150명을 넘는 증인이 증거를 제출하기 위해 법정에 출두했다. 이 사건의 특징은 네세트가 환자의 목숨을 빼앗는 주사를 놓는 것을 본 사람이 하나도 없었다는 점이었다. 다만 몇몇 증인은 환자가 피하주사의 흔적을 보이고 죽어갈 때, 네세트가 그 환자와 단 둘이 있는 것을 보았다고 증언했다.

판결문 낭독에 15분이 걸렸으며 배심원들이 판결에 합의하는 데 3일이 필요했다. 22건에 대해 유죄가 선고되고 나머지 2건의 살인혐의에 대해서는 무죄가 되었으며, 환자의 돈 1,200파운드(1,800달러)를 다섯 차례에 걸쳐 횡령한 것도 유죄 판결을 받게 되었다. 이 돈은 본래는 구세군과 전도사업에 기부하기로 되어 있었다.

오크달 바레이 너싱홈이 수상하다고 처음으로 의심을 품게 된 것은 이 지역의 여성 신문기자였다. 네세트가 상당한 분량의 클라시트를 주문했다는 밀고를 그녀가 했다. 그후 이 너싱홈에서는 노인이 잇따라 사망했다. 그러자 그녀는 경찰에 알렸으며, 경찰에서 조사한 결과 1981년 3월 9일에 네세트를 체포했다. 오랫동안 취조가 계속되었으나 범행의 동기가 분명히 드러나지 않았다. 검찰측에 의하면 네세트는 처음에 클라시트를 개에게 사용하기 위해 주문했다고 주장했으나, 후에 27명의 환자를 살해하였다고 자백했다. 이 너싱홈을 그가 1977년에 경영하기 시작한 이후에 일어난 사건들이었다. 이 살해에 대해 그는 몇 가지 이유를 들었다고 하는데 안락사를 위해, 재미있기 때문에, 자기 과시욕이 겹친 정신분열증으로 인하여, 어쩐지 죽이고 싶어서 등이 그 이유였다고 한다.

그를 진단한 정신과 의사는, 클라시트를 환자에게 주사했을 때 네세트는 정신이 말짱하여 자기 행위를 자각하고 있었으나 그때까지의 '정서적 성장'에는 결함이 있었다고 말했다. 네세트는 노르웨이의 서해안에 있는 작은 농촌에서 사생아로 태어났는데 마을 사람들은 누구나 예전부터 서로 알고 지내는 보수적인 지역사회였다. 그는 자기가 원해서 이 세상에 태어난 것이 아니라고 생각하고 있었으므로 정서적으로도 고립감을 언제나 느끼고 있었다. 그에게 열등감과 상황에 따라서는 갑자기 분출하는 공격적인 경향도 두드러지기 시작했다. 또한 자기가 한 일의 결과에 대해 일절 아랑곳하지 않는 사람처럼 보였다. 후회나 죄의식 같은 것은 전혀 찾아볼 수 없는 인간이 된 것이다.

알프 노프스 변호사는, 네세트의 자백은 그가 정신적으로 패배한 상태에서 경찰이 강요했기 때문이라고 반론을 내세웠다. 환자의 사망은 모두가 안락사며, 네세트는 자신을 자기가 관리하고 있는 나이 든 환자에 대해 생사의 권한을 갖고 있는 성직자로 생각하고 있었다는 것이 변호사측의 주장이었다. 네세트가 인정한 것은 3천 크로나(320파운드, 460달러)의 횡령뿐이었다. 칼 솔버스 부장판사와 두 사람의 판사는, 안락사에 관해 변호사측과 검찰측의 주장을 경청한 후에 앞에서 말한 판결을 선고했다.

여배우 샬론 테이트의 살해

— 계획적인 대량 살인으로 전세계를 뒤흔든 히피의 두목

• **찰스 맨슨**(미국)

찰스 맨슨의 어머니는 캐슬린 매독스라는 젊은 매춘부였다. 맨슨은 이 어머니의 이름을 따서 단지 '이름이 없는 매독스'로서 1934년에 세상에 태어났다. 아버지가 누구인가에 대해서는 이야기가 많았다. 1936년에 이 매독스라는 여성은 아기의 양육 문제로 스코트 대령(이름은 알 수 없다)이라는 사람에게 소송을 제기하여, 켄터키주 보이드군郡의 법원은 그녀의 아기 찰스 밀즈 맨슨의 양육을 위해 25달러의 돈과 매달 5달러의 돈을 받을 권리를 그녀에게 주었다.

매스컴의 보도에 의하면, 맨슨은 그후에 자기 어머니가 매춘부였다는 것을 부인하고 '플라워차일드(평화와 사랑의 상징으로서 꽃을 갖고 있는 젊은 히피)'였다고 말했다. 진상은 어쨌든 이 여성은 그가 아직 아장아장 걸어다닐 무렵에 무기를 휴대한 강도질을 저질러 5년형을 선고받았다. 그후 어린 맨슨은 여러 가정을 전전하게 되었으며 9세 때에는 소년원에 들어갔다. 12세 때에는 다른 소년원으로부터 도망쳐서 어머니에게

돌아왔으나 어머니가 내쫓았다. 그러자 13세 때 처음으로 무기를 들고 강도를 했으며 17세 때에는 보호관찰 기간중에, 연하인 남자아이에게 호모의 강간도 했다. 18세 때에 맨슨은 이미 '호모로 공격적인 경향을 가진 위험 인물'로 경찰의 감시자 리스트에 올라 있었다.

1954년 그는 보호관찰을 계속한다는 조건으로 웨스트버지니아주 맥메켄의 숙모의 집에서 살게 되었다. 이곳에서 그는 17세의 로자리라는 웨이트레스를 만나 결혼했다. 두 사람이 캘리포니아로 이주하고 나서 아내와 그와의 사이에 아들이 태어났으나, 1958년에 이들은 이혼했다. 그후 잠시 교도소 신세를 지고 나서 1960년에는 10년 형기의 나머지를 복역하기 위해 다시 교도소로 돌아갔다. 비도덕적인 목적으로 젊은 여성을 주의 경계를 넘어 이동시킨 것, 수표 위조, 크레디트카드의 부정 사용, 자동차 절도가 그의 죄목이었다. 이 교도소의 복역기간 중에 그는 앨빈 크리피 카피스의 주목을 받게 되었는데 그는 악명 높은 갱으로 14명을 살해한 마 바커 갱의 중심 멤버였다. 카피스는 맨슨에게 기타를 가르쳤다.

"신바람이 나면 비틀즈보다 내가 한수 위야" 하며 후에 자랑할 정도로 그는 숙달되었다. 1966년 맨슨은 석방에 대비하여 워싱턴주 맥닐 아일랜드의 주교도소에서 캘리포니아주 선 패드로로 이관되었다. 그에 관한 당시의 관찰 자료는 다음과 같이 그의 장래를 예언하고 있다.

"맨슨의 범죄적인 성격과 자기 폐쇄적인 경향에는 하나의 패턴이 있으며, 이것은 그의 10대로까지 거슬러올라간다. 이 패턴이란, 자유로운 사회나 통제적인 사회를 막론하고 기질적인 불안정성이라는 패턴이다. 이 인간의 생활태도나 행동양식에 앞으로 변화를 기대하기는 어려울 것이다."

1967년에 그때까지 인생의 절반 이상을 철창에서 보내고 나서 바깥 사회에 나온 맨슨은, 세상과 정면으로 맞서기가 두렵다고 자기의 마음 속을 털어놓고 있다.

"나는 교도소에서 별로 나오고 싶지 않았으나, 그들이 나가라고 하는 바람에…… 35달러와 전에 입던 옷이 들어 있는 슈트케이스를 내주었어."

교도소의 통제된 벽에서 그는 샌프란시스코의 거리에 나서게 된 것이다. 처음 며칠 동안은 버스만 탔다. 그는 버스 속에서 자기도 했지만 변신과 사회에 대한 적응은 생각보다 간단하여 빨리 할 수 있었다. 그가 처음 접촉한 사회에서는 플라워파워(평화와 사랑의 상징인 젊은 히피)의 전성시대로 거리에는 장발의 젊은 남녀들이 넘쳐났다. 젊은이들은 월남 징병의 기피에 열을 올리고 있었으며 일에는 으레 게으름을 피웠다. 화이트 아슈베리 지구에서는 LSD와 코카인에 취해 혼음하고, 사회적인 상식을 비웃는 것이 유행되고 있었다. 그것은 맨슨에게는 반도덕적인 문을 쉽사리 빠져나가는 것과 같았다. 맨슨은 먼저 매리 브루너를 만나 그녀와 어울렸다. 후에 째지는 목소리를 내는 리넷 프롬이 가세했다. 선량한 중류 가정의 딸로 집에서 언쟁 끝에 뛰쳐나와 맨슨을 만나게 된 것이다. 이 3인조는 이윽고 그룹을 형성하고, 맨슨이 리더가 되어 1967년 '사랑의 여름'의 화이트 지구를 떼를 지어 함께 방황하게 되었다.

초기의 동료로 패밀리의 중심 멤버가 된 사람으로 수잔 애킨스와 패트리시아 클렌윙켈이 있다. 애킨스는 맨슨을 처음 만났을 때 아직 20세

밖에 되지 않았으나, 메리 브루너와 프롬이나 클렌윙겔과는 달라서 강도죄로 3개월간 교도소 신세를 진 경험이 벌써 있었다. 클렌윙겔도 21세였으나, 그녀는 용모가 추하면서도 남에게 칭찬을 받을 궁리만 하고 있었다. 그녀는 히피의 밴드에 참가하기 위해 어느 날 비서일을 갑자기 그만두었다. 그녀의 아버지는 (그해 여름의 많은 아버지들과 마찬가지로) 딸이 맨슨의 최면술에 걸렸다고 믿고 있었다. 그러나 의론의 여지가 없는 사실은 패밀리의 모든 멤버에 대한 맨슨의 지배는 완벽하여, 그것이 절대적인 악을 지향하고 있다는 것이었다.

맨슨은 머리와 수염을 예수 그리스도의 스타일로 하고 그에게 이끌려 모여든 모든 젊은 남녀를 환각유발 약제와 비정상적인 성교로 마비시켜 그의 지배력을 굳히고 있었다. 그는 패밀리의 멤버에게 LSD로 기분이 고양되면 알몸이 되라고 명령하고 혼음에 가담할 것을 요구했다. 아직 13세나 14세의 소년 소녀도 있었다. 맨슨은 패밀리 멤버의 한 사람 한 사람에게 특정한 섹스 형태를 혐오해서는 안 된다고 가르쳤다. 소돔(남색) 행위, 성폭행, 펠라티오(구강 성교), 그 밖에 여러 가지였다. 그는 패밀리가 주시하는 앞에서 이것을 실천하여 본을 보여주었다. 아무도 이것을 거부하지 않았다. 수잔 애킨스는 맨슨의 명령에 대한 모두의 복종을 다음과 같이 설명했다.

"그가 왕이고 나는 여왕이에요. 여왕은 왕의 명령대로 움직이는 거예요. 왕이 누구냐구요? 그의 이름을 들으면 누구나 알 거예요. 맨슨이에요. '인자人子'예요. 하느님이 있다는 것을 눈으로 볼 수 있는 증거예요. 교회에서는 아무도 가르쳐주지 않았던 증거 말이에요."

패밀리의 또 하나의 증거는 맨슨을 십자가에 매달고, 혼음을 하면서 그를 그리스도로 간주한 유사 십자가형의 분위기에 젖게 하는 것이었다. 패밀리 거의가 대단히 젊은데다가 약제의 마력이 이에 가세한 것으로 생각되는데, 맨슨은 이 난잡한 섹스와 약제의 마력을 이용하여, 그가 명령하면 모두가 주저하지 않고 살인도 저지를 수 있을 정도의 압도적인 지배력을 쌓아올렸다. 플라워파워가 살인 의식으로 변모하는 데 불과 2년밖에 걸리지 않았다.

1967년 가을에 맨슨은 기타 연주자와 가수로서도 '비틀즈보다 위대해'지려고 결심했다. 그는 그랜드 피아노를 팔고 폴크스바겐의 버스를 구입하여, 캘리포니아주의 각 지역을 순회했다. 폴크스바겐에 모두 수용할 수 없을 만큼 패밀리의 수가 늘어나자 중고 스쿨버스로 대체하여 남쪽으로 떠났다. 네바다주, 애리조나주, 뉴멕시코주에서 아칸소주로, 다시 최남단 각 주의 성서 지대(미국, 특히 남부에서 보수주의가 지배적이고 목사가 세력을 갖고 있는 지역)를 돌아 캘리포니아로 돌아왔다. 이번에는 로스앤젤레스로 갈 참이었다. 인근 각처를 돌아다닌 끝에, 일행은 스파이럴 스테어케이스(나선 계단)로 알려진 클럽이 달린 집이 있는 곳에 캠프를 설치했다. 이곳에서 맨슨은 기타를 치고 노래를 불렀다.

그에게는 확실히 다른 연극인이나 예능 에이전트의 주목을 끌 만한 재능이 있었다. 그는 레코드와 영화도 제작했다(그러나 모두 기대한 만큼의 명성과 돈을 그에게 가져다주지는 않았다). 살인을 계획한 것도 이 시기였다. 맨슨은 보비 보소레이유라는 젊은 연주가를 알게 되었다. 마술魔術 연구자인 아레이스터 클로리(신비주의 연구가, 마약중독자이기도 했다)의 열렬한 팬이었다. 한편 보소레이유는 맨슨에게 겔리 힌만이라는 또 한 사람의 연주자를 소개했다. 이 사람은 후에 많은 돈을 집에 저축했다는 소문이

나돌아, 맨슨의 명령에 따라 살해되었다.

매리 브루너(맨슨이 '마음에 들어하는 여자')가 아들을 낳은 것도 이 무렵이었다. 당시에 약 20명쯤 되었던 패밀리 전원이 출산에 입회했으며 맨슨이 배꼽을 잘랐다. 그후 유복한 주식 중개인의 딸인 샌드라 굿이라는 패밀리의 멤버가 스펀 무비 목장에 대해 맨슨에게 말했는데 이 목장은 로스앤젤레스에서 약 50킬로미터쯤 떨어진 체트워스 교외의 시미 힐즈라는 구릉 지대에 있는 한적한 곳으로, 히피 밴드의 인원수가 늘어나도 수용이 가능한 규모였다. 전에는 무성영화 시대의 카우보이의 스타였던 윌리엄 S. 하트의 소유였으나, 지금은 존 스펀이라는 사람의 소유로 서부 여러 주의 주민들에게 빌려준다는 것이었다.

맨슨은 1967년 가을에 잠시 이곳으로 옮겨왔다. 그후 80대의 장님에게 가까운 스펀셔(자기보다 60세나 아래인 쩨지는 목소리를 내는 프롬에게 약간 반해 있었다)를 잘 설득하여, 농장 안쪽 오두막에서 패밀리가 살게 되었으며, 1년 반 후에는 이곳이 살인 사령부가 되었다.

한편 맨슨은 모하베 사막에서 무비 목장과는 반대쪽에 있는 데스 바레이에 핵폭발에서도 안전한 피난처를 만들 꿈을 꾸고 있었다. 소련이 핵 미사일을 미국에 발사할 때를 대비하자는 것이었다. 그는 그날이 멀지않았다고 믿고 있었다. 이것을 전제로 하여, 그는 패밀리에게 총과 나이프로 무장하고, 사막을 이동할 수 있는 '사막용 자동차'의 조립을 명령했다. 한편 그에게는 아직 미국 사회의 부유층과 성공한 자들에 대한 질투가 있었다. 그것은 35달러를 호주머니 속에 넣고 교도소를 나온 날에 느낀 것과 같은 질투였다. 그는 운명의 날이 닥쳐왔을 때 이 세상에서 말살해야 할 적의 살인 리스트를 작성했다. 워렌 비티나 줄리 크리스티 등의 영화 스타, 가수 도리스 데이의 아들 텔리 멜커(맨슨이 레코드를 제작할 때 계약을 맺은 사람), 마약의 의식에 혐오를 느껴 보통사람의 생활로 돌아간 몇몇 패밀리 멤버 등이 이 리스트에 올라 있었다.

이 총결산의 날에 대비한 맨슨의 작전 암호명을 '헬터 스켈터'로 결정했다. 이것은 비틀즈의 레코드에서 취한 것으로, 이것이 유원지의 놀이기구를 의미하는 줄은 미처 몰랐던 모양이다. 그것은 어쨌거나, 헬터 스켈터의 날이 돌아올 때까지 맨슨은 이 스펀 무비 목장을 패밀리의 사령부로 계속 사용했다. 그곳은 사는 것만이 목적은 아니었다. 크레디트 카드부터 차량에 이르는 여러 가지 훔친 물건(그중에는 값진 장식품을 부착한 NBC 텔레비전의 대형차도 있었다)을 처분하는 기지이기도 했다.

이와 병행하여 그는 캘리포니아의 이지 라이더로 알려진 오토바이 폭주족과도 우호 관계를 돈독히 했다. 적에 대한 장래의 싸움에서 동맹자가 될 수 있다고 생각했기 때문이다. 그가 취한 수단은 여전히 거칠기는 했으나 효과를 발휘했는데 패밀리의 여성 멤버들의 서비스 제공 때문이었다. 이런 오토바이 폭주족 갱의 하나에 '악마의 노예'라는 것이 있었는데 후에 이 이름이 잘못 전해져서 패밀리 전체를 가리키게 되었다.

한편 이 동안에 맨슨은 어디 살고 있건 어떤 그룹과 동맹을 맺으려고 애쓰건 간에, 그가 '제자'라고 부르는 사회의 젊은 드롭아웃(이탈자)을 계속 포섭했다. 그것은 마치 개가 벼룩을 잡는 것처럼 대단히 간단한 일이었다. 전성기에는 패밀리의 수가 40명을 넘었다.

1969년 여름에 맨슨과 그 제자들은 환각유발 약제의 마력에 의해 살인을 공공연히 화제로 삼게 되었다. 이 해 7월에 맨슨은 바너드 클로라는 흑인 마약판매인을 총으로 쏘았는데 맨슨은 그가 죽은 것으로 생각했다. 패밀리의 텍스 왓슨이 클로의 소매용 대마초를 구입하라고 준 2,400달러를 착복했다고 하여, 클로가 보복하겠다고 위협한 것이 원인이었다. 흑인을 싫어하는 맨슨은 그의 복부를 쏘았다. 클로는 상처가 회복되었으나, 일을 시끄럽게 만들려고는 하지 않았다. 이 작은 집에서의 맨슨의 지배력은, 이것으로 더욱 강화되었다.

7월 25일, 맨슨은 보비 보소레이유, 수잔 애킨스, 메리 브루너 등 세 사람을 겔리 힌만의 집에 보냈다. 표면상의 용건은 데스 발레이에의 이동에 참가를 요청하는 것이었으나, 실제는 그가 집에 감춰두었다고 소문이 나도는 2만 달러를 빼앗으려는 것이었다.

이윽고 보소레이유에게서 전화가 걸려왔다. 힌만은 2만 달러를 가지고 있지 않다고 주장한다는 것이었다. 맨슨은 '마법의 검(칼날 길이가 약 60센티미터 가량 되는 손수 만든 검으로 사탄 그룹이 선물한 것)'을 들고 즉시 힌만의 집으로 차를 몰았다. 그는 이 검으로 힌만을 내리쳤다. 귀가 잘려 나갈 지경이었다. 메리 브루너가 그것을 꿰맸다. 그동안에 보소레이유가 돈을 찾았다. 집에서 나올 때 맨슨은 힌만을 죽이라고 명령했다. 고문에 못 이겨 힌만은 피아트의 스포츠카와 또 한 대의 폴크스바겐 버스를 양도하는 서류에 서명했다. 그리고 나서 보소레이유는 힌만을 찔렀다. 힌만은 피를 많이 쏟고 숨을 거두었다. 보소레이유는 벽에 피로 '정치 돼지'라고 갈겨썼다. 그리고 여기에 표범의 발바닥과 비슷한 표시를 했다. '블랙 판서(검은 표범)'라는 흑인 테러조직의 범행을 가장하여 경찰의 수색을 방해하기 위해서였다.

힌만의 시체가 발견된 후 한 주일이 지나 피아트를 운전하고 있던 보소레이유는 차를 세우라는 경관의 명령을 받고 정차했다. 경찰은 그 차의 소유를 증명하는 서류 제출을 요구했다. 그는 힌만이 서명한 양도서류를 보여주었으나, 조사를 계속하기 위해 경찰에 유치되었다. 이틀 후에는 메리 브루너와 샌드라 굿도 훔친 크레디트카드를 소지하고 있다가 체포되었다. 이 말을 전해 듣고 맨슨은 패밀리에게 명령했다.

"헬터 스켈터의 때가 드디어 왔다."

이것은 공포에 대한 순간적인 반응이었는지, 또는 체포된 패밀리 세 사람의 조기 석방을 노린 약제의 환각에 의한 거친 행동계획이었는지 지금에 와서는 분명치 않다. 여배우 샬론 테이트의 살해는 보소레이유의 석방을 노린 힌만의 살해의 재현이었다고 수잔 애킨스는 나중에 말하고 있다.

베네딕트 캐니온의 시세로 드라이브에 있는 폴란스키의 집이 습격 목표가 된 것은 맨슨의 살해 리스트에 올라 있는 텔리 멜커가 전에 이 집에 살고 있었기 때문이었다. 샬론 테이트는 영화감독 로만 폴란스키와 결혼했는데 이 무렵 감독은 유럽으로 여행중이었다.

1969년 8월 8일 밤 〈인형의 골짜기〉의 스타, 26세의 임신한 지 8개월 반인 샬론 테이트는 집에서 세 사람의 손님을 접대하고 있었는데 그들은 제이 세브링, 아비게일 폴거, 워지시에치 프라이코스키였다. 제이 세브링은 테이트의 전 애인이고, 프랑크 시나트라, 폴 뉴먼, 스티브 맥퀸, 피터 로포드 등과 사귀고 있는 헤어 디자이너인 아비게일 폴거는 커피 왕의 뒤를 이을 처녀고, 워지시에치 프라이코스키는 그 애인으로, 폴란스키와는 친한 작가였다. 폴거와 프라이코스키는 모두 마약 상습자로서, 피살된 후에 그 시체에서 MDA(환각제)가 검출되었다.

텍스 왓슨이 폴란스키 집 밖의 전선주에 올라가 전화선을 절단했다. 그리고 왓슨, 수잔 애킨스, 패트리시아 클렌윙켈 세 사람이 담장을 넘어 뜰로 뛰어내렸다. 왓슨은 22구경의 권총을 갖고 있었다. 세 사람은 모두 나이프와 상당히 긴 나일론 밧줄도 휴대하고 있었다. 차도를 걷기 시작했을 때 집 쪽에서 한 대의 차가 다가와 헤드라이트가 그들의 모습을 비췄다. 차를 운전하고 있었던 것은 배달부인 스티븐 알 페어렌트라는 소년으로 폴란스키의 심부름을 했으며 그의 친구인 윌리엄 갤레슨을 만나고 돌아오는 중이었다. 페어렌트는 차를 서서히 몰면서 "누구요? 용건이 뭐요?" 하고 물었다.

왓슨은 대답 대신에 소년의 머리에 22구경을 대고 네 발을 쏘았다. 그리고 그는 유아용으로 준비한 육아실을 통해 집안으로 들어가 현관문을 열고 두 사람을 안으로 들어오게 했다. 패밀리의 넷째 멤버인 린다 카사비언은 망을 보기 위해 밖에 남아 있었다. 이 린다 카사비언은 그날 밤의 대량 학살에 질려, 후에 경찰측의 증인이 되었다.

거실의 소파에 누워 있던 프라이코스키는 인기척이 나서 눈을 뜨자 왓슨이 총을 겨누고 서 있었다.

"누구야?" 하고 물었더니 왓슨이 대답했다.

"나는 악마야. 용건이 있어서 이곳에 왔어."

침입한 갱들은 집안에 몇 사람이 있는지 알지 못했다. 수잔 애킨스는 집안을 살펴볼 겸 프라이코스키의 입을 막을 타월을 가지러 2층에 올라가, 먼저 아비게일 폴거의 침실을 들여다보았다. 이 커피 왕의 후계자인 처녀는 그녀의 모습을 보자 방긋 웃었다. 그녀도 덩달아 손을 흔들었다. 두 사람 모두 몸에서 마약 기운이 상당히 돌고 있는 상태였다.

그러므로 상황이 이상한 것을 얼른 알아차리지 못했다. 애킨스는 문 틈으로 샬론 테이트의 방도 엿보았다. 제이 세브링과 여배우는 이야기를 주고받으면서 그녀를 의식하지 못했다. 애킨스는 2층에 세 사람이 있다고 왓슨에게 보고했다. 그러자 왓슨은 그들을 모두 아래층으로 데리고 내려오라고 명령했다. 그녀는 나이프를 세 사람에게 들이대고, 아래층으로 내려왔다. 왓슨은 세브링에게 얼굴을 아래로 향하고 마루에 엎드리라고 명령했다. 그러자 세브링은 왓슨으로부터 날쌔게 권총을 빼앗으려고 하므로 왓슨의 손가락이 방아쇠를 당겼다. 탄환은 세브링의 폐를 관통했다.

다음에 침입자들은 돈을 요구했다. 수잔 애킨스는 아비게일 폴거를 2층으로 끌고 올라가, 그녀의 핸드백에 들어 있는 것을 모두 마루에 털어놓았다. 그리고 현금(72달러)과 크레디트카드를 모두 빼앗았다.

애킨스는 다시 아비게일 폴거를 끌고 아래층으로 내려왔다. 왓슨은 쓰러져 있는 제이 세브링의 목에 나일론 밧줄의 한 끝을 감고, 또 한쪽을 천정 들보에서 아래로 매어달고 두 여자의 목을 매었다. 질식을 피하려면 서 있어야 하는 상태였다. 이때부터 살해가 시작되었다.

왓슨은 수잔 애킨스에게 프라이코스키를 나이프로 찌르라고 명령했다. 프라이코스키는 틈을 보아 뜰로 도망치자 애킨스는 그를 쫓아가 뜰에서 그의 등을 찔렀다. 그리하여 피해자가 고함을 지르자 망을 보던 린다 카사비언이 애킨스에게 중지하라고 말했다.

"이미 늦었어" 하고 그녀는 대답했다. 이제는 이 집에서 아무도 살아서 밖으로 나가게 할 수는 없었다. 다음에 왓슨은 프라이코스키를 두 번 쏘았다. 총이 막혀 탄환을 발사할 수 없게 되자 개머리판으로 그의 머리를 연달아 때렸다. 거실에서는 두 사람의 여성이 목을 맨 밧줄에서 벗어나려고 필사적으로 버둥거렸다. 애인 프라이코스키와 마찬가지로 아비게일 폴거도 마당으로 뛰어갔다. 수잔 애킨스가 이들을 쫓아가 나이프로 잇달아 찔렀다. 제이 세브링을 나이프로 숨지게 한 왓슨도 여기에 가담했다. 다음에 두 사람은 배가 부른 샬론 테이트에게 덤벼들었다.

왓슨은 애킨스에게 그녀를 나이프로 찌르라고 명령했다. 그러자 여배우는 뱃속에 들어 있는 아기를 위해 목숨만은 살려달라고 애원했으나 애킨스는 싸늘한 웃음을 띠며 말했다.

"무슨 잠꼬대를 하는 거야. 그 따위 일로 내가 당신에게 자비라도 베풀 줄 알고 있나?"

그래도 애킨스는 약간 마음이 흔들리는 것 같았다. 그러자 왓슨이 본을 보여주었다. 애킨스와 패트리시아 클렌윙켈이 곧 여기에 가담하여 세 사람은 그녀를 16회나 찔렀다. 여배우가 절명한 후에도 몇 번 더 찔렀다. 끝으로 수잔 애킨스는 샬론 테이트의 피를 타월에 적셔 거실문에 'pig(돼지)'라고 갈겨썼다.

세 살인자는 밖에서 기다리고 있던 린다 카사비언의 차 안에서 옷을 갈아 입고, 피로 얼룩진 옷을 둑에 버렸다(이것은 나중에 신문기자가 발견했다). 차를 몰고 가다가 뜰에 호스가 있는 집이 보였다. 그들은 이 호스로 차를 씻었다. 그 소리에 이 집 사람이 잠에서 깨어나, 도망치는 차의 넘버를 기록해 두었다.

이들이 무비 목장에서 돌아오자, 맨슨이 예정보다 일찍 돌아온 이유를 물었다. 그러나 그 집에 있던 사람을 모두 죽여버렸다는 보고를 받고 만족스러운 표정을 지었다. 자기들이 죽인 상대가 누구인가를 그들이 알게 된 것은 이튿날 텔레비전 뉴스를 보고나서였다. 희생자 중에 샬론 테이트와 같은 유명한 사람이 있었다는 것을 알고 수잔 애킨스는 미칠 듯이 기뻐했다.

"기분이 후련해!" 하고 그녀는 말했다.

당연히 이 잔인한 살인에 대해 헐리우드는 몸서리를 쳤다. 그리하여 경찰의 순찰, 보디가드, 수색견 등의 장비가 강화되었다. 크게 만족한 맨슨은 좀더 강렬한 일격을 돼지들의 심장에 가하라고 제자들에게 명령했다. 다음의 습격은 맨슨이 직접 지휘했다. 왓슨, 애킨스, 클렌윙켈, 카사비언 등 샬론 테이트를 살해한 네 명 이외에, 크렘 그로건과 레슬리 반 호텐에게 참가를 명령했다.

이번에도 미리 전원이 마약으로 기분을 돋구었다. 희생자로 뽑힌 사람은 슈퍼마켓의 주인 레노 라비앙카(44세)와 그의 아내 로제마리였다. 맨슨이나 패밀리의 누구도 알지 못하는 사람들이었다. 따라서 이들 부부는 그들과 전혀 관계가 없었다. 이 부부의 불행은 맨슨과 애킨스가 전에 방문하여 불쾌한 인상을 받은 집 이웃에 살고 있었던 데서 비롯되었다.

맨슨은 총을 가지고 밤 한 시 조금 지나 라비앙카의 침실에 쳐들어갔다.

"당신들을 해칠 생각은 없어" 하고 맨슨은 이들 내외를 묶으면서 약속했다. 그러나 그는 차로 돌아와 왓슨, 클렌윙켈, 반 호텐에게 집에 들어가 부부를 죽이라고 명령했다.

"놈들은 얌전히 묶여 있어" 하고 맨슨은 말했다.

"나와 그로건, 카사비언은 이제부터 다른 집에 쳐들어가서 그곳 돼지들을 죽일 테니, 왓슨 등은 이 집 일을 마치면 무비 목장으로 가도록 해" 하고 맨슨은 지시했다.

라비앙카 부인은 그녀의 침실에 끌려가 베개에 머리를 얹고 바닥에 엎드리라는 명령을 받았다. 아래층에서는 왓슨이 그녀의 남편 목을 찌르기 시작했다. 상처를 내기 위해서지, 죽이기 위해서가 아니었다. 라비앙카 부인은 남편의 비명을 듣고 따지듯이 물었다.

"당신네들, 남편에게 뭘 하고 있는 거예요?"

이때부터 그녀에 대한 살해도 시작되었다. 클렌윙켈이 그녀의 등을 찌르자 척추가 갈라졌다. 왓슨도 이에 가세했으며 반 호텐도 가담했다. 그녀는 라비앙카 부인의 엉덩이를 나이프로 16회나 찔렀다. 라비앙카 부인은 전신에 41군데의 자상을 입었다. 그리고 그녀의 남편에게는 나이프로 찔린 자상이 12군데 있었으며, 큰 포크로 찔린 상처가 14군데나 있었다. 그의 배에는 war(전쟁)이라는 글자가 커다랗게 쓰여 있었다. 방 벽에는 'dead to pigs(돼지들에게 죽음을)', 'raise(일어서라)', '헬터 스켈터' 등의 글자를 피로 갈겨 써놓았다. 살해자들은 샤워를 하고 식사를 마친 다음 세 마리의 개에게 먹이를 주고 나서 집을 떠났다. 이 세 마리의 개는 몇 시간 전에 이웃 사람이 왔을 때에는 크게 짖어대었으나 살해의 현장에서는 끽소리도 하지 않았다. 개들은 먹이를 주자 세 사람의 손바닥을 핥았다고 한다.

그후 일주일도 지나지 않아서 맨슨은 다른 20명의 패밀리 멤버들과 함께 체포되었다. 그러나 경찰이 무비 목장을 습격한 것은 살인 혐의가 아니라 차를 훔친 혐의 때문이었다. 증거가 없기 때문에 결국 전원이 석방되었다. 그러나 그들의 운명에 종말을 고할 날이 다가왔다. 1969

년 10월이었다.

패밀리의 멤버에 키티 루트싱거라는 여자가 있었는데 보비 보소레이유의 여자친구였다. 그녀는 일단 그룹을 떠났으나 다시 자진하여 돌아왔다. 이 여자가 힌만을 죽인 혐의로 체포되었는데 그녀는 살해한 것은 자기가 아니고, 수잔 애킨스와 메리 브루너라고 말했다. 그리고 다른 경범죄로 유치장에 갇혀 있던 애킨스도 힌만의 살해에 관여한 것을 부인했으나, 교도소의 동료 죄수에게 샬론 테이트를 죽인 것은 자기라고 말

장기간의 재판에서 처음으로 촬영이
허용된 찰스 맨슨

했었다. 이 소식이 즉시 경찰에 통보되었다. 1969년 12월 1일 로스앤젤레스 경찰서장은 왓슨, 클렌윙켈, 카사비언 등 세 사람의 패밀리 멤버가 살인 용의자로 기소되었다고 발표했다. 얼마 후에 맨슨을 비롯하여 수잔 애킨스, 레슬리 반 호텐도 같은 용의로 기소되었다.

그들의 재판은 1970년에 시작되었다. 패밀리의 멤버를 대상으로 하는 많은 재판의 시초였다. 이 세 사람과 패트리시아 클렌윙켈은 모두 사형이 선고되었다. 그후의 재판에서 다른 몇 사람의 멤버도 마찬가지로 사형이 선고되었다. 그러나 캘리포니아주 최고재판소가 1972년 2월에 투표로 살인에 대한 사형의 폐지를 결정하자, 사형에서 종신형으로 감

형된 자도 있었다. 주요 판결내용도 다음과 같다.

맨슨, 애킨스, 클렌윙켈, 반 호텐 등 네 명은 테이트와 라비앙카의 살해로 1971년 4월 19일 사형을 선고받았다.

맨슨, 브루스 데이비스, 콜렘 글로건 등 3명은 겔리 힌만과 도널드 시(단역인 카우보이 배우로, 무비 목장의 종업원)의 살해로 후에 유죄 판결을 받아 종신형이 선고되었다. 시의 시체는 발견되지 않았다.

찰스 텍스 왓슨은, 7건의 제1급 살인을 공동으로 모의한 죄로, 1971년 단독 재판에서 유죄판결을 받아 사형이 선고되었으나 후에 종신형으로 감형되었다. 보비 보소레이유도 살인죄로 유죄판결을 받아 종신형이 선고되었다. 수잔 애킨스는 힌만의 살해로 유죄가 인정되어 종신형을 선고받았다. 그녀에게는 '평생 동안 감금해야 한다'는 판사의 권고까지 있었다.

메리 브루너와 린다 카사비언은 검찰측에 증거를 제공함으로써 기소되지 않았다.

맨슨 패밀리가 저지른 살인자 숫자는 정확하게 파악되지 않았다. 테이트, 라비앙카를 수사한 빈센트 브르리오시 검사는 그의 저서 《헬터 스켈터》에서 다음과 같이 말하고 있다.

"맨슨은 패밀리 멤버인 판 프린에게 지금까지 35명을 죽였다고 자랑했다. 판이 이것을 처음으로 내게 말했을 때, 나는 맨슨이 제자에게 한 자랑에 구역질을 느꼈다. 그러자 이제 증거가 나타난 셈이다. 이것이 사실이 아니라 하더라도 살해당한 숫자는 이에 가깝거나 혹은 이것을 약간 웃돌 것으로 생각된다."

그리고 빈센트 검사는 이렇게도 쓰고 있다.

"제1급 살인에 대한 캘리포니아주의 평균 감금 기간은 10년 반에서 11년이다. 그들이 저지른 범죄의 잔인성으로 보아 정상을 참작할 여지가 전혀 없는 것을 고려하면, 그들은 모두 이 평균 기간보다 더욱 오랫동안 복역하게 될 것이다. 여자의 경우는 15년에서 20년, 남자의 경우도 맨슨을 제외하면 거의 같은 기간이 될 것이다. 패밀리의 두목은 적어도 25년, 아마도 한평생 교도소에 갇혀 있게 될 것이다."

그후 맨슨은 몇 차례 보석을 신청했으나, 번번이 기각되었다. 이윽고 괴상한 정보가 날아들었다. 맨슨이 경기구輕氣球로 탈옥을 한다는 것이었다. 그는 캘리포니아주의 바카빌 교도소의 엄중히 감시되는 독방으로 이송되었다. 그가 전에 수감되었던 교도소에서는 열기구熱氣球의 카탈로그, 실톱, 깡통 오프너, 밧줄, 액체 연료가 들어 있는 깡통 등 갖고 있을 수 없는 품목들이 발견되었다.

영매의 예고된 말로

— 체포된 직후에 사살된 대량 성폭행한 살인귀

• 폴 존 노레스(미국)

노레스는 세워둔 차나 빈집털이를 전문으로 하는 이를테면 좀도둑이었다. 19세인 1965년부터 1972년에 걸쳐서 평균 해마다 6개월은 교도소에서 살았다. 플로리다주의 라이포드 교도소에서 전보다 조금 긴 형기를 보내고 있을 무렵에 그는 점성술에 흥미를 갖고 〈미국 점성술〉이라는 잡지에서 알게 된 안젤라 코빅이라는 이혼녀와 편지를 주고받기 시작했다. 이윽고 그녀는 플로리다에 와서 그를 만나 결혼에 동의했다. 그리고 보석에 필요한 변호사도 고용했다. 보석에는 시간이 걸려, 이루어진 것은 1974년 5월 14일이었다. 키가 크고 불그스레한 머리에 볼이 여윈 이 남자는 미래의 아내를 포용하고 그녀가 알선한 직장에 부임하기 위해 샌프란시스코까지 비행기로 날아갔다.

그러나 그 이전에 안젤라 코빅은 영매로부터 다음과 같은 지시를 받고 있었다. "너는 대단히 위험한 인간을 자기 인생에 끌어들이려고 한다." 노레스가 그녀의 집에 모습을 나타내었을 때 그녀는 본능적으로 큰 불안을 느껴 그와 결혼할 생각을 바꾸었다. 그리하여 그녀는 어머니의 집에 그를 묵게 했는데 어머니는 노레스가 마음에 들었다. 4일 후에 안젤라는 그에게 결혼할 의사가 없다고 말하며, 그를 플로리다로 떠나는 비행기편에 태웠다.

노레스가 후에 변호사에게 말한 바에 의하면 첫날 밤에 그녀가 그를 집에서 쫓아내자 그는 샌프란시스코의 거리를 방황하면서 세 사람을 죽였다고 했다. 안젤라 코빅은 노레스가 전화를 걸어왔으나, 남편과 화해하였다며 얼굴도 보고 싶지 않다고 거절했다.

플로리다로 돌아온 노레스는 술집에서 싸움을 하여 잭슨빌의 경찰서에 갇혔으나 열쇠를 훔쳐 도망쳤다. 1974년 7월 26일 밤 늦게, 노레스는 65세의 여교사 앨리스 카티스의 집에 침입하여 그녀를 결박하고, 입에 재갈을 물린 다음 돈과 차를 빼앗아 도망쳤다. 그러나 재갈을 너무 깊숙이 물려 목구멍이 막혀 그녀는 숨을 거두었다.

그후 며칠 동안 그는 잭슨빌을 방황했다. 그 무렵부터 경찰은 이미 카티스의 살해범인 그의 뒤를 쫓고 있었다. 그의 몽타주가 라디오와 텔레비전에 보도되었다. 그는 사람의 발길이 뜸한 길에서 훔친 차를 세웠다. 두 여자아이가 그의 얼굴을 흘끔흘끔 쳐다보았는데 두 아이의 어머니는 그의 가족과 아는 사이였다. 노레스는 아이들이 자기의 사건을 알아차린 것 같다고 생각하여 두 아이를 차에 밀어넣고 달아났다. 미레트 앤더슨(7세)과 언니인 릴리안(11세)의 시체는 후에 늪지대에서 발견되었다.

이튿날 그는 플로리다주 애틀랜틱 비치까지 차를 몰고 와서 마조리 하우의 집에 침입하여 그녀의 목을 나일론 스타킹으로 죄어 죽이고 텔레비전을 빼앗아 달아났다.

그후 며칠이 지나 정확한 날짜는 확인되지 않았지만 그는 10대의 히치하이커 소녀를 숲속에 데리고 가서 성폭행하고 양손으로 목을 죄어 죽였다고 나중에 자백했지만 그녀의 시체는 발견되지 않았다.

8월 23일, 뮤셀라에서 카티 피아스의 집에 침입하여 그녀의 목을 전화줄로 죄어 죽였다. 그녀의 세 살 난 아이가 보고 있는 앞에서 저지른 일이었는데 남자아이는 해치지 않고 그곳을 떠나 3일 동안 뮤셀라에 숨어 있었다. 목졸려 죽은 부인의 집 근처에서 도둑맞은 흰 차를 목격했다는 정보가 경찰에 들어왔지만 그는 다시 그곳에서 도망쳤다.

9월 3일, 오하이오주 리마 근처에서 그는 윌리엄 베이츠라는 회계사를 만나 술집 스코츠 인에서 술을 흠뻑 마셨다. 두 사람은 밤중에 술집을 나왔다. 그후 베이츠는 한 달 동안 행방불명이 되었다가 숲속에서 시체로 발견되었다. 근처에는 훔친 차가 버려져 있었으며 노레스는 베이츠의 흰 색 인파라를 몰고 어디론가 사라졌다.

베이츠에게서 훔친 돈과 크레디트카드로 노레스는 먼저 캘리포니아주 새크라멘토, 다음에 시애틀 그리고 유타주로 왔다. 네바다주 일리에서 그는 캠핑중인 트레일러를 보고 침입했다. 산 페트로에서 휴가를 즐기러 온 머리가 희끗희끗한 부부였다. 에메트 존슨과 로이스 존슨 부부는 각자 귀의 뒤쪽을 맞아 후에 시체로 발견되었다. 노레스는 이들 부부의 크레디트카드를 빼앗았다. 9월 18일이었다.

3일 후에 그는 세크인 근처의 길가에 주차한 여성을 목격했다. 그는 자기 차를 몰고 가서 옮겨타라고 말했다. 그러고는 그녀의 목을 죄고 성폭행했다. 그는 시체를 끌고 가서 철조망 울타리 밖으로 버렸다.

이틀 후에 앨라배마주 버밍검에서 노레스는 앤 도슨이라는 매력 있는 여성을 만났는데 그녀는 페어필드에서 미용실을 경영하고 있다고 말했다. 두 사람은 서로가 마음에 들었던 모양이다. 그후 6일 동안 그녀의 돈으로 두 사람은 여기저기를 여행하다가 9월 29일, 그는 여자를 죽였다. 그러나 그녀의 시체도 발견되지 않았다.

그후 2주일 동안, 노레스는 오클라호마주, 미주리주, 아이오와주, 미네소타주 등지를 차로 전전했으나, 이 동안에는 범죄를 저지른 것 같지는 않다. 그러나 10월 16일, 그는 코네티컷주 말브르의 어떤 집 옆에 차를 세웠다. 그 집주인이 현관으로 뛰어나왔다. 친구가 찾아온 줄로 생각했던 모양이었다. 노레스는 총을 들이대고 쳐들어갔다. 돈 와인을 침실로 끌고 가서 한 시간 동안 성폭행했다. 이윽고 그녀의 어머니 카렌 와인 부인이 돌아오자 노레스는 와인에게 식사를 준비하게 했다. 식사를 마치고 나서 그는 모녀에게 침실로 가라고 명령하고 두 여자의 옷을 모조리 벗기고 결박했다. 그는 와인 부인을 성폭행하고 나서, 모녀의 목을 나일론 스타킹으로 죄어 죽였다. 그리고 테이프 레코더와 돈의 록 레코드의 콜렉션을 빼앗아 도망쳤다. 시체는 그날 밤 늦게 와인 부인의 다른 딸에 의해 발견되었다.

다음에 노레스는 남쪽으로 향하였다. 10월 19일에는 버지니아주에 모습을 나타내었다. 프레드릭스버그의 남쪽에 위치한 우드포드라는 곳에서 어느 집 문을 노크했다. 53세의 도리스 호베이가 문을 열어주었다. 그는 총만 필요하므로 해치지는 않겠다고 말했다. 그녀는 남편의 총이 들어 있는 캐비넷을 열고 22구경 라이플총을 그에게 넘겨주었다. 노레스는 그 총에 탄환을 장전하고 그녀의 머리를 쏘았다. 그리고 라이플총의 지문을 깨끗이 닦아내고, 시체 옆에 놓아둔 채, 아무것도 빼앗지 않고 그곳을 떠났다. 그는 하고 싶은 일을 하는 것만이 목적이었다.

노레스는 다시 플로리다주의 키웨스트까지 갔다. 아직도 그는 베이츠에게 훔친 흰 색 인파라를 운전하고 있었다. 이곳에서 두 사람의 히치하이커를 만나 이들을 죽이려고 했다. 그러나 커브 지점에서 정차했기 때문에 교통경찰에게 불려갔다. 노레스는 체포당할 것을 각오했다. 그러나 경관은 서류를 훑어보고 한마디 주의만 주고 가보라고 일렀다. 이 경관의 직무태반으로 더욱 많은 사람들이 목숨을 빼앗기게 되었다.

마이애미에서 노레스는 히치하이커를 차에서 내려놓고, 그의 변호사에게 전화를 걸었다. 대리 변호사가 그를 만나자 노레스는 14건의 살인에 대해 이야기하고 싶다고 말했다. 변호사는 자수를 권했으나 노레스는 거절했으며, 자기의 말을 테이프에 녹음하는 것은 동의했다. 와인의 집에서 빼앗은 테이프 레코더를 사용했다. 그 테이프를 세르든 야비츠 변호사에게 넘겨주고, 자수에 대해 다시 한 번 분명히 거절한 다음에 자취를 감추었다. 야비츠 변호사가 이것을 경찰에 통보했지만 노레스는 이미 도주한 후였다.

11월 6일, 조지아주 메이콘의 게이버에서 노레스는 카즈웰 카라는 남자를 만나게 되었다. 두 사람은 건배를 하면서 술을 마셨다. 카는 노레스에게 자기 집에서 묵어가지 않겠느냐고 유인했다. 그날 밤중에 두 사람 사이에 언쟁이 일어났다. 카의 딸은 고함소리에 잠에서 깨어나 아래층으로 내려갔더니 노레스가 아버지의 시체 옆에 버티고 서 있었다. 노레스가 찔러 죽였던 것이다. 그리고 그는 15세의 딸마저 목졸라 죽여버렸다. 어찌 해보려고 했으나 뜻대로 되지 않았다.

노레스가 마이애미를 떠나 카를 죽이기까지의 사이에, 많은 사람들이 그의 손에 목숨을 빼앗긴 것이 확실하다고 생각된다. 메이콘 근처의 숲속에서 경찰은 에드워드 힐리어드라는 히치하이커의 시체를 발견했다. 그 근처에는 그와 히치하이커를 한 데이비드 그리핀의 소지품도 흩어져 있었다. 그러나 여성의 시체는 끝내 발견되지 않았다. 검시 결과, 노레스가 카를 살해하기 4일 전에 힐리어드가 살해된 것이 판명되었다.

11월 8일, 노레스는 애틀랜타에서 샌드 포크스라는 영국의 여성 저널리스트를 만났다. '볼이 홀쭉하고 핸섬한' 그의 용모가 마음에 들어, 그녀는 그의 댄스 신청을 받아들였다. 두 사람은 함께 식사를 했으며 마지막으로 잠자리를 같이했다. 그런데 노레스는 성적으로는 무능했으므로 그녀는 아직 그에게 경험이 부족하다고 생각했다. 그래도 두 사람은 마음이 맞았던지 이튿날에도 줄곧 함께 있었다. 노레스는 훔친 인파라로 그녀와 함께 애틀랜타를 떠나기로 했다. 그는 자기 이름이 다릴골덴이라고 하면서 사람을 많이 죽인 것을 암시하는 말도 했다. 모텔에서 두 사람은 저번 때보다는 어느 정도 나아진 섹스를 했다.

샌디 포크스는 그의 저서 《사라지는 시간》에서 노레스와 함께 보낸 며칠에 대해 쓰고 있다. 그는 때때로 정답게 보호하는 남편처럼 행동했다. 드디어 이별할 때가 되어 그녀는 다른 사람과 함께 '바'를 나섰다. 그후에도 노레스는 그녀를 기다리면서 '바'에서 오랜 시간을 보내다가 그날 저녁에 노레스는 그녀의 동료 세 사람과 함께 어울리게 되었다. 영국에서 온 지 얼마 되지 않는 짐 매켄지와 수잔 매켄지 남매도 있었다. 이튿날인 11월 11일, 노레스는 매켄지 남매를 만나러 갔는데 수잔만 혼자 있었다. 그녀는 미용실에 가야겠다고 말하자 노레스는 미용실까지 차로 데려다 주겠다고 했다. 도중에 그녀는 차가 딴 길로 가고 있는 것을 알아차렸다. 그는 그녀에게 관계를 맺고 싶다면서 자기 말대로 하면 해치지 않겠다고 말했다. 그는 차를 세우고 총을 그녀에게 들이대었다. 그녀는 기회를 노렸다가 차에서 재빨리 뛰어내려서 손을 들어 지나가는 다른 차를 불렀다. 노레스는 허둥지둥 도망쳐 버렸다. 수잔 매켄지는 자기가 당한 일을 전화로 경찰에 알렸다. 얼마 후에 경찰의 순찰차가 노레스의 차를 발견하고 정차를 명했다. 노레스는 개머리판을 절단하여 짧게 만든 짧은 총을 창에서 내밀고 위협했다. 경관은 멈칫하며 뒤로 물러섰다.

노레스가 다음에 간 곳은 웨스트 팜 비치였다. 그는 훔친 인파라를 처분해야겠다고 생각했다. 아무 데나 차를 세우고, 그는 가까운 집 문을 노크했다. 로카스트가였다. 손수레를 탄 부인이 나왔는데 그녀는 비바리 마비였다. 그는 세무서에서 왔다고 하면서 집안으로 들어와서는 태도가 일변하여 차가 필요하다고 말했다. 그녀는 여동생인 바바라 타커가 지금 왜곤으로 외출중이라고 말하자 노레스는 그렇다면 기다리겠다고 말했다. 이윽고 여섯 살짜리 아들을 데리고 타커가 돌아왔다. 노레스는 그 아들과 마비를 결박하고 바바라를 인질로 삼았다.

그날 밤에 노레스는 이 인질을 데리고 플로리다주 포트 피어스의 모텔에 가서, 이튿날 밤까지 그녀를 그곳에 감금했다. 나중에는 그녀를 결박하여 그 모텔의 한 방에 넣어두고 그녀의 차로 도망쳤다.

이튿날 아침에 경찰 캠벨은 한 대의 폭스왜곤을 주목했다. 그러나 그것이 통보된 문제의 차인지는 분명치 않았다. 노레스가 번호판을 바꿨기 때문이다. 경관은 아무튼 깃발을 흔들어 정차를 명령했다. 경관의 눈앞에 들어간 것은 개머리판을 절단하여 짧게 한 총구였다. 노레스는 경관 캠벨을 결박하고, 순찰차의 트렁크에 그를 밀어넣고, 앞좌석으로 들어와 시동을 걸었으나 이 순찰차는 브레이크가 좋지 않았다. 노레스는 조마조마했다. 그는 사이렌을 울려 때마침 지나가던 차를 옆에 정차시켰다. 이 차를 운전하고 있는 사람은 제임스 메이어라는 회사원이었는데 그도 결박당해 경관과 함께 메이어의 차 트렁크에 쑤셔넣었다. 노레스는 다시 새 차로 출발하여 파라스키군의 삼림지대에서 차를 세웠다. 그는 두 사람을 끌어내어 나무에 동여맸다. 그러고는 두 사람의 머리에 총을 쏘아 사살했다.

아직도 그는 조지아주에 머물고 있었다. 노레스는 앞쪽에 경찰의 도로 봉쇄 바리케이트를 목격하자 과속으로 이것을 돌파하려고 했다. 그러나 차가 미끄러지는 바람에 핸들을 제대로 잡지 못해 나무에 부딪혔다. 그러자 노레스는 재빨리 뛰쳐나와 숲속으로 도망쳤다. 200명의 경찰관, 헬리콥터가 그의 수색에 동원되었다. 어느 집 창문에서 텔리 클라크라는 젊은이가 노레스를 목격했다. 그 젊은이는 용감하게도 자기의 총을 들고, 이 흉악범과 대결하기 위해 밖으로 나왔다. 차에 무기를 잊어버리고 온 노레스는 모든 것을 체념하고 저항을 포기했다. 1974년 11월 17일이었다. 그의 광적인 살인은 약 4개월 동안 계속되어, 적어도 18명이 목숨을 잃었는데 노레스는 35명을 죽였다고 자기 입으로 말했다.

노레스는 예심 재판에 출정하였을 때 신문기자와 회견했다. 샌디 포크스는 그가 만족스러운 듯이 사람들에게 미소를 지어 보였다고 썼다. "그는 영광의 나날을 맞으려고 했다. 그의 인생에 출몰한 수많은 여자에 대해 신문에 보도되었다. 바람둥이 카사노바와 전설적인 악한 딜린저와 서부 개척시대의 흉악한 제시 제임스가 현재의 그에게 모인 듯한 것 같았다. 실의와 거부와 고독의 긴 나날이 끝나고 있었다. 그는 세상에 태어나 처음으로 자기가 어떤 인간인가를 알게 되었다. 역사상 가장 흉악한 살인마, 이것이 사회가 그에게 주려고 한 호칭이었다."

노레스는 "가족 중에서 내가 유일한 성공자"라고 말했다고 신문에 보도되었다. 체포된 날 노레스는 최고계엄교도소로 송치되었다. 경찰의 발표에 의하면, 이때 그가 수갑의 열쇠를 훔쳐내어, 간수의 총을 빼앗으려고 하자 FBI의 수사관 론 엔젤이 그 자리에서 그를 사살했다.

육체 내부에 있는 악령

— 3인을 살해한 외에 8건의 살인혐의도 짙은 젊은 정신이상자

• 패트릭 데이비드 맥케이(영국)

맥케이는 1952년 9월 25일에 미들섹스의 로열 파크 병원에서 태어났다. 아버지는 온유한 얼굴을 한 회사원으로 금요일이면 으레 술에 취해 집에 돌아와 폭력을 휘둘렀다. 패트릭이 아직 뱃속에 있을 때 아내의 배를 걷어차기도 했다. 패트릭은 자기보다 작은 아이를 구박하는 내성적인 아이로 자랐다. 거짓말장이에다 도둑질하는 버릇마저 있었다. 아버지가 죽었을 때 그는 열 살이었다. 그후 곧 그의 행위에는 새디스틱한 경향이 두드러지기 시작했다. 고양이나 토끼를 들볶고 애완동물인 거북을 산 채로 불에 구웠다. 죽은 새를 가지고 놀기를 즐기고, 죽음에 마음이 사로잡혀 있는 듯이 보였다. 곧 상습적인 도둑질을 하게 되었다. 촛불로 천주교회에 방화한 적도 있다. 그러나 다트포드 소년재판소는 그를 보호관찰로 판정하는데 그치자, 이 아이가 그 고장에서 추방되기를 바라고 있던 마을의 사람들은 격분했다.

13세 때 그는 가구들을 두들겨 부수거나 어머니와 여동생들에게 덤

벼들기도 하여 처음으로 정신병원 신세를 지게 되었다. 그러나 체격만은 훌륭히 자랐다. 15세 때에는 키가 180센티미터를 넘었다. 그래도 병원에는 인형을 가지고 가고 싶다고 떼를 썼다. 침대에서 밤에 함께 자기 위해서였다. 후에 맥케이가 주장한 바에 의하면, 병원에선 구박을 받는 등 푸대접이 심했다고 한다. 열다섯 살 무렵 그에 대한 경찰의 기록에는 이미 폭력 행위에 앞장 섰는데 어머니에 대한 교살 미수, 노상에서의 꼬마들에 대한 악질적인 구박 등이 그것이다. 후자의 경우에 대해서는 통행인이 보고 주의를 주지 않았더라면 그 아이는 죽었을 것이라고 기록되어 있다. 당시에 그를 진단한 정신과 의사는 맥케이를 가리켜 '냉혈ㆍ정신이상의 살인자'라고 쓰고 있다.

정신병원에서 퇴원할 때가 되자 병원담당자들은 거세게 반대했다. 퇴원한 후에 그는 두 사람의 숙모와 동거했는데, 그중 한 사람의 목을 조르려고 한 적도 있었다. 조금 커서는 술을 마시기 시작하여 술고래가 되었으며 시기와 질투심도 심했다. 한편 나치의 찬미자가 되어, 침실에 나치와 관련된 사진을 가득 붙이고, 나치의 군복 같은 것을 몸에 걸치고서, 지배자 '프랭클린 보르포트 1세'라고 자칭하며 으시대었다.

1973년, 어느 카톨릭 사제가 그에게 호의를 보였는데 그는 당시 63세인 안소니 크린 신부였다. 이 신부를 알게 되자 그는 신부의 집에 몰래 숨어들어가 30파운드의 수표를 훔쳐, 이것을 80파운드로 위조하여 사용하려다가 체포되었으나 20파운드의 벌금을 물고 석방되었다.

1974년 초에 경찰은 맥케이가 이미 여섯 명을 죽였다고 추정하고 있었다. 그의 손에 걸려든 것으로 추정하는 희생자는 다음과 같다. 1973년 7월에 하이디 니룩이라는 소녀가 뉴크로스 근처의 기차에서 떼밀려 떨어졌다(맥케이는 그 근처에 살고 있었다). 같은 1973년 7월에 켄티슈타운에서 메리 하인즈 부인이 자기 집에서 타살되었다. 1974년 1월에는, 스테파니 브리톤 부인이 네 살 난 손자와 함께 하트포드셔 하드레이 그린의 자택에서 사살되었다. 같은 달에 어떤 부랑자가 행거포드 다리에서 아래로 떼밀려 떨어졌다(이에 대해 맥케이는 후에 자백하고 있다). 같은 해 2월에 그는 런던의 첼시에서 84세의 이사벨라 그리피스라는 부인의 집 문을 노크하고, 혹시 물건을 살 일이라도 없느냐고 물었다. 그녀가 그를 집안에 들여놓지 않으려고 하자 맥케이는 몹시 화를 냈다. 그는 문고리를 잡아빼고 안으로 들어가 그녀의 목을 조르고 부엌에 있는 식칼로 그녀의 배를 찔렀다. 어느 사건도 성폭행한 흔적은 없었다. 맥케이의 기소 이유에서도 성폭행은 한 건도 없었다.

이사벨라 그리피스를 죽였을 무렵에 그는 북부 런던의 핀치레이의 친구 집에서 신세를 지고 있었다. 그는 자기에게 악령이 달라붙어 결국은 지옥에 떨어진 것으로 믿고 있는 것 같았다. 프랑켄슈타인의 모형을 만들어 그 눈을 불태우기도 했다. 거동이 수상하여 그의 친구는 그를 집에서 쫓아내었다. 그러자 그 집에 다시 들어가 물건을 훔치려고 하다가 체포된 맥케이는 교도소에서 6개월쯤 살았다.

1974년 가을에, 맥케이는 늙은 부인의 핸드백을 낚아채는 기술을 익혔다. 이윽고 경찰의 지도에는 이런 낚아채기의 발생을 나타내는 빨간 점으로 가득차 있었다. 후에 경찰에서는 맥케이가 이 기간에 다시 세 건의 살인을 범했다고 추측했는데, 즉 핀스베리 공원에서 납관(鉛管)으로 때려 죽인 62세의 담배 파는 부인, 해크니의 자기 집 현관 계단에서 타살된 92세의 세라 로드웰(그녀가 받은 5파운드의 크리스마스 보너스의 수표도 도난되어 있었다), 도끼에 맞아죽은 사우스첸드의 카페 여주인 아이비 데이비스였다.

1975년 3월 10일, 맥케이는 나이 많은 미망인 아데르 프라이스가 론데스 스퀘어에 있는 맨션의 자기 집으로 들어갈 때까지 뒤쫓아가서, 그녀가 열쇠로 문을 열려고 할 때 자기의 열쇠를 쩔렁쩔렁 소리를 내었다. 그녀는 무심코 그를 방으로 들어오게 했다. 그는 그곳에서 갑자기 기절한 체하자 그녀는 컵에 물을 따라 가지고 왔다. 그 순간 그는 그녀의 목을 죄었다. 그 직후인 3월 21일, 맥케이는 그레브스엔드의 어머니 집에 가서 그곳에서 머물면서, 그동안에 크린 신부 집을 방문했다. 집에는 자물쇠가 잠겨 있지 않았다. 자기 집에 돌아온 신부는 맥케이가 그곳에 있는 것을 보고 겁이 나서 밖으로 나가려고 했다. 신부는 욕실로 도망쳤으나 맥케이는 뒤쫓아가서 도끼를 들고 덤벼들어 무자비하게도 여러 번 내리쳤다. 신부는 뇌수가 밖으로 튀어나온 상태였다. 맥케이는 다시 신부를 나이프로 찔렀다. 그리고 욕실 바닥에 몇 분 동안 웅크리고 앉아서 신부의 숨이 끊기는 것을 지켜보았다. 욕조에 물을 채우고 손가락을 그 속에 담그고 한참 우두커니 있었다. 어머니가 자기를 기다리고 있다는 것을 상기할 때까지 어린 시절부터 자기에게 매달려 있는 죽음의 환영과 함께 그렇게 한 시간이나 앉아 있었다.

크린 신부의 살해로 맥케이의 혐의는 결정적이 되었다. 경찰은 2일 후에 그를 체포했다. 그러나 그동안에도 그는 어떤 늙은 부인에게 덤벼들었다. 그러나 이번에는 위해는 가하지 않았는데 상대방이 '싫어하는' 짓을 하지 않으려고 한 것이 그 이유라고 생각된다. 그는 크린 신부의 살해를 자백했다. 그리고 핸드백을 낚아챈 부인의 숟가락에서 그의 지문이 검출되었다. 맥케이는 종신형이 선고되었다. 팀 클라크와 존 페니케이트는 맥케이의 일련의 살인을 테마로 한 저서 《정신이상자》 속에서 맥케이와 같은 광포한 전력이 있는 어린이가 사회에서 자유롭게 헤엄치고 있는 상황 자체에 대해 의문을 제시하고 있다.

이중인격 살인사건

— 38명의 흑인 어린이들을 죽인 용의자, 애틀랜타의 살인마

• 웨인 윌리엄즈 (미국)

1979년 7월 어느 몹시 더운 일요일, 조지아주 애틀랜타의 니스케이 호수에서 두 사람의 시체가 발견되었다. 하나는 산탄총에 맞고, 다른 하나는 부패되고 들개에게 먹혀 사망 원인을 알기 어려웠다. 이 두 구의 시체는 후에 에드워드 스미스와 알프레드 에번즈로 확인되었다. 모두가 10대 흑인이었다. 애틀랜타에서는 살인이 일상적인 다반사였으므로 이 사건도 별로 사회의 관심거리가 되지 못했다. 9월에는 밀턴 하베이라는 10대 흑인이 행방불명이 되었다. 그러므로 이 사건도 마찬가지였다.

10월 21일, 9세의 유스프 벨에게 옆집 사람이 코담배 케이스를 가져다 달라고 부탁했다. 유스프는 전에 인권운동으로 이름을 날린 카미르 벨 여사의 아들이었다. 수학에 취미가 많고 심심풀이로 백과사전을 읽는 굉장한 수재였다. 이 아이도 행방불명이 되었다. 이번에는 약간 사회적인 관심을 불러일으켰다. 카미르 벨 여사는 그녀가 살고 있는 메카닉

스빌 일대에서 상당히 알려져 있었기 때문이다.

그후 한 주일이 지나 칼리지 공원 근처에서 썩은 시체가 발견되었다. 행방불명이던 밀턴 하베이로 확인되었다. 유스프의 시체는 초등학교에서 사용하지 않는 건물의 마루 밑에서 발견되었다. 목이 졸린 채 그곳에 들어가 있었다. 행방불명이 된 지 열흘이 지났으나, 죽은 지 5일 이상은 경과하지 않는 것이 분명했다. 몸에 걸친 옷은 빨래를 했으며, 시체에도 씻긴 흔적이 보였다. 이 무렵에 제플리 마시스가 없어졌다. 목격한 여자아이의 말에 의하면, 청백색 차에 타고 있었다고 한다.

1980년 3월 초에 12세의 흑인 소녀 엔젤 라니아가 나무에 매어 있는 것이 발견되었다. 목구멍에 쑤셔넣은 것은 팬티였다. 성폭행을 당한 흔적이 보였다. 그러나 이것이 지금까지 발생한 일련의 살인사건과 관련되어 있는지는 의문이었다. 흑인 어린이들이 '저 아저씨'라고 말한 살인범은 호모라는 전제가 있었기 때문이다.

그후에도 행방불명은 잇따라 일어났다. 5월 말에 엘릭 미들브룩스가 시체로 발견되었는데 구타당하고 사살되어 있었다. 6월 초에 크리스토퍼 리처드슨이 수영장으로 가는 도중에 행방불명이 되었다. 그 직후에 아론 와이치가 철교 밑에서 시체로 발견되었다. 경찰은 다리에서 떨어진 사고사로 단정했다. 그러나 소년의 부모는 그에게 고소공포증이 있었다고 주장했다. 시체를 해부한 결과 그가 폭력에 의해 살해된 것이 판명되었다. 6월 하순에는 라토니아 윌슨이라는 여덟 살의 여자아이가 집 근처에서 행방불명이 되었다. 7월 초에는 일련의 살인이 시작된 후 1년이 경과되었는데 이때까지 흑인 어린이 일곱 명이 피살되고 세 명이 행방불명이 되었다.

미국의 흑인들은 인종차별주의자인 백인의 범행이라고 생각했다. 그러나 경찰측에서는 이 가능성은 적다고 지적했는데 어린이들은 대부분이 흑인 거주 지역에서 행방불명이 되었다. 백인이 끼어 있으면 눈에 잘 띄는 지역이었다. 카미르 벨과 이 밖에 피살된 어린이 메리 맵의 부모는 어린이를 잃은 부모의 모임을 결성하기로 결심했다. 7월 초에 '부모의 모임'은 기자회견을 하고, 경찰의 수색에 대해 불평을 했다. 설사 범인이 흑인이라 하더라도 희생자가 백인이 아니기 때문에 경찰은 직무 태만이라는 것이었다. 이것이 '부모의 모임'의 취지였다.

7월 30일에는 아르 테렐이 없어졌다.

8월 30일에는 오거스트 쿨포드가 없어지고, 이튿날 목졸린 채 시체로 발견되었다. 경찰의 특별수사반은 다섯 명에서 25명으로 증원되었다. 시민의 살인범 정보에 대한 현상금은 10만 달러로 증액되었다. 운동이나 문화적인 행사에서는 흑인 어린이를 거리에 방치 않도록 배려했다. 나중에는 어린이에게 야간외출을 제한했다. 흑인 중에는 범인을 경관이라고 보는 자도 있었다. 그러나 경찰측에서는 범인은 주위 사람들에게 신뢰를 받고 있는 흑인 10대로 보았다. 한편 엔젤 라니아를 제외하고는 희생자가 폭행을 당하고 있지 않다는 사실은, 범행의 동기에 인종차별주의가 곁들여 있다는 견해의 유력한 근거가 되기도 했다.

9월 14일에는 다론 그라스가 행방불명이 되었다. 10월 9일에는 찰스 스티븐스가 없어졌다. 이 아이의 시체는 이튿날 발견되었는데 질식사였다. 9일 후에 삼림 지구의 수색에서 라토니아 윌슨의 시체도 발견되었다. 그러나 부패가 심해 사인을 알 수 없었다. 그러므로 애틀랜타 경찰서장 조지 나퍼는 속수무책인 것을 시인하지 않을 수 없었다. 11월 2

일, 아론 잭슨의 질식된 시체가 발견된 때에도 범인의 정체는 오리무중이었다. 1981년 1월 4일에 루비 기타가 쇼핑몰에서 없어졌다. 5일 후에 경찰은 애틀랜타의 남쪽 숲에서 행방불명이 된 두 어린이의 부패된 시체를 발견하였다. 크리스토퍼 리처드슨과 아드 테렐이었다. 루비 기타는 2월 초에 발견되었다. 이것으로 1981년 3월까지 20구의 시체가 발견되어 행방불명은 한 건만 남기고 있을 뿐이었다. 그러나 5월까지 희생자는 여섯 건이 늘었다.

5월 22일, 드디어 범인을 체포할 때가 왔다. 차타푸치강의 다리 근처에서 감시하고 있던 경찰대가 물보라소리를 들었다. 그 방향에서 한 남자가 스테이션 왜건에 올라타는 것이 보였다. 경찰은 곧 정차를 명했다. 차를 운전하는 사람은 뚱뚱한 젊은 흑인이었다. 이름은 웨인 윌리엄즈며 23세라고 했다. 음악 흥행사를 하고 있다는 것이었다. 이것저것 심문해 보았으나 구류할 만한 이유를 찾아낼 수 없었다. 그는 풀려났으나 엄중한 감시가 뒤따랐다. 이틀 후에 초기의 희생자 중 하나인 27세의 나사닐 케이터의 시체가 발견되었다. 강물에 떠 있었다. 시체의 음모陰毛가 윌리엄즈의 스테이션 왜건과 집에 있던 것과 일치했다. 케이터가 행방불명이 되기 직전에 윌리엄즈가 그와 손을 잡고 영화관에서 나오는 것을 보았다는 증인이 나타났다. 이 강에서는 또 한 사람의 희생자인 지미 페인의 시체도 발견되었는데, 윌리엄즈가 그와 함께 있는 것을 보았다는 증인도 나타났다. 윌리엄즈를 알고 있는 젊은 흑인이 오럴 섹스를 하면 돈을 주겠다고 그가 말했다고 증언했다. 그리고 다른 증인은 이런 증언도 했다. 차를 타라는 윌리엄즈의 유인을 받고, 차에 탔더니 그는 바지 위로 가랑이 사이를 만지작거렸다. 숲속에 차를 세우므로 자기는 차에서 재빨리 내려 도망쳤다고 했다. 이 증인은 윌리엄즈가 루비 기타와 함께 있는 것도 보았다고 증언했다. 다른 10명의 희생자의 피부조직과 음모가 윌리엄즈의 침실에서 발견된 것과 일치되는 것도 감식결과 판명되었다. 경찰은 이것을 확인하고 그를 체포했다. 기소 원인은 케이터와 페인의 살해뿐이었다.

웨인 윌리엄즈의 아버지 호머 윌리엄즈와 어머니 페이 윌리엄즈는 모두 학교의 교사였다. 부모가 40대 중반에 낳은 외아들로서 그는 머리가 좋았으나 응석받이로 자랐다. 망원경으로 천체를 관측하며 무선국無線局도 손수 만들었다. 그의 송신기는 1.6킬로미터나 멀리 가는 성능이 강력한 것이라 그 고장의 잡지나 텔레비전에 소개된 적도 있었다. 18세 때 학교를 마치자 그는 경찰이 하는 일에 흥미를 갖고, 표시가 없는 경찰차와 비슷한 자동차를 구입했다.

후에 검찰측은 그를 이중인격자로 단정했다. 총명하고도 학식도 재능도 있지만, 한편 굉장한 거짓말장이고, 우울한 몽상가로서 자기의 인생을 실패로 보고 있었다. 그는 젊었을 때부터 앞날의 성공을 꿈꾸어 먼저 텔레비전 카메라를 공부하여 사진작가가 되었다. 탤런트로 스카우트되기 위해 팝 그룹을 결성하고, 소울 뮤직을 노래한 적도 있었다. 몇몇 증인의 말에 의하면, 그는 다른 흑인을 싫어하여 '니그로'라고 모욕했다. 그래도 그는 11세에서 21세까지의 흑인 가수 지망생의 팜플렛을 만들어 예능계에 뿌리기도 했다. 희생자의 한 사람인 패트릭 로저스도 가수 지망생이었다.

그에 대한 증거는 모두 상황증거였다. 이것은 검찰측에서도 인정하고 있다. 재판관은 윌리엄즈의 기소 원인 이외의 살인과 관련해서는 증거를 보완할 것을 검찰측에 요구했다. 그의 재판은 1982년 1월에 시작하여 3월에 끝났다. 배심원은 12시간의 협의 끝에 두 건의 살인에서 그를 유죄로 인정하여 연속되는 2회의 종신형을 선고받았다. 다른 살인에 대해서는 의문을 제기했으나 유죄로 인정되지는 않았다. 윌리엄즈를 체포하자 '살인범의 파도'가 딱 그친 것도 사실이었다.

존 레논의 살해자

— 비틀즈의 창시자며 싱어송라이터인 존 레논을 살해한 팬

• **마크 채프만**(미국)

　이 사건은 존 레논이 살인을 도발한 것도 아니며 동기다운 것도 물론 찾아볼 수 없다. 그러나 존 레논은 살해되었다. 1980년 12월 8일의 일이었다. 그와 아내인 오노 요코가 스튜디오에서 녹음을 마치고 맨해튼의 고급 맨션으로 막 돌아왔을 때였다. 레논은 여느 때와 마찬가지로 사인을 요구하는 팬들에게 에워싸였다. 그에게는 적으로 알려진 사람은 없었다. 이 날 밤에 차에서 내린 부부에게 채프만이 다가왔다. 레논은 불과 몇 시간 전에 나온 그의 〈더블 판타지〉라는 앨범에 채프만을 위해 막 사인을 마쳤을 때였다.

　"레논씨입니까?" 하고 채프만이 물었다. 그러고는 가장 가까운 거리에서 권총 다섯 발을 쏘자, 탄환은 존 레논의 가슴에 명중되었다. 레논은 맨션의 로비로 다가가려고 손을 허우적거렸지만 곧 숨이 끊어졌다. 요코는 아무 피해도 입지 않았다. 채프만은 경찰이 체포하러 뛰어올 때까지 레논의 사인이 들어 있는 앨범을 안고 J. D. 샐린저의 《호밀밭의

파수꾼》을 읽으면서 밖의 보도에서 기다리고 있었다. 레논은 곧 병원으로 운반되어 가능한 모든 긴급조치를 취했으나 목숨을 건질 수는 없었다.

마크 채프만이 존 레논을 죽였을 때는 그가 뉴욕에 온 지 아직 일주일도 되지 않아서였다. 하와이에 살고 있는 채프만의 아내 글로리아의 말에 의하면 그는 그때까지 하와이에서 무직자였다. 남편은 비틀즈의 레코드를 모으며, 그룹을 만들기도 하고, 노래를 부른 적이 있다고 그녀는 말했다.

체포된 채프만은 정신감정 교도소에 수용되었는데 심리상태를 관찰하기 위해서였다. 이튿날 아침 제2급 살인으로 법정에 기소되었다. 이 예심에서 킴 보그레프 담당검사는, '사전에 면밀히 계획된 살인'이라고 단정했다. 채프만은 1,000달러를 소지하고 있었는데 그가 뉴욕에 온 것은 레논을 살해하는 것만이 목적이었다고 보그레프 검사는 추궁했으며 법정에서는 다음과 같은 것이 판명되었다. 채프만에게는 무장강도, 유괴, 마약의 전과가 있고 1977년에는 자살미수로 호놀룰루의 정신진료원에 입원한 적도 있었으므로 따라서 뉴욕에서도 재판을 받기 전에 정신진료원에 수용되었다.

1981년 8월 24일, 채프만은 뉴욕 재판소에서 살인죄로 20년의 금고형과 함께 종신형을 선고받았다. 정신의학의 치료를 받는 것이 바람직하다는 권고가 첨부되었다. 그 이전에 채프만의 조나단 막스 변호사는 채프만의 무죄 신청의 취하를 적극 반대하고, 최저의 판결도 선고해서는 안 된다고 판사에게 제의했다. 그 이유는 책임 능력의 결여라면서 막스 변호사는 채프만을 '불치병 환자'라고 주장하고 다음과 같이 말했다.

"모든 보고는 그가 책임 능력이 있는 인간이 아니라는 것을 보여주고 있습니다. 이것은 정상인간의 범죄가 아닙니다. 이것은…… 악마적인 부조리의 살해입니다."

이에 대해 검찰측에서는 채프만은 조심스럽게 존 레논에게 접근하여 그를 살해하고 전혀 후회하는 기색을 보이지 않았다고 논고했다.

자기를 변호하기 위한 발언을 허용하자 채프만은 《호밀밭의 파수꾼》의 한 구절을 읽었을 뿐이다. 이 한 권의 소설이 그의 보물이었다. 그리고 1년 후에 〈데일리 익스프레스〉의 기자가 교도소로 그를 찾아갔을 때에도, 채프만은 손때가 묻은 이 책을 읽고 있었다.

존재 증명으로서의 방화
— 26명의 목숨을 앗아간 방화범

• 브루스 리(미국)

리는 1960년에 태어났다. 이름은 피터 조지 딘스데일, 후에 쿵후로
유명한 홍콩의 영화 스타의 이름으로 바꾸었다. 어머니는 매춘부였는
데, 그는 태어났을 때부터 오른팔이 비뚤어지고 마비되어 있었으며 간
질 증세도 있었다. 경찰 당국은 후에 그를 가리켜, 파괴된 가정의 전형
적인 예라고 말하고 있다. 그의 어머니는 아기 리의 양육을 자신의 어
머니에게 맡기고 집을 나갔다. 3세 때에야 리는 어머니와 함께 살게 되
었다. 그러나 어머니의 내연의 결혼 관계가 깨지자 고향으로 돌아왔다.
16세까지 리는 지체장애자 학교에 다녔다. 그가 호모의 행위에 이끌려
들어간 것은 이 학창시절이었다. 검사의 말에 의하면, 이것이 "그의 범
행의 길을 결정하고, 검거의 계기가 되었다."

리는 방화 마니아(열광자)의 전형적인 예라고 하겠다. 후에 그가 진술
한 바에 의하면, 손가락 끝이 근질거리면 어딘가에 불을 지르지 않고서
는 견딜 수 없었다고 한다. 그의 처음 방화는 쇼핑 아케이트였는데 9세

때의 일이었다. 피해액은 1만 7천 파운드였으며, 수신함에 기름을 흘려 넣은 후에 성냥을 켜서 거기에 던졌다. 이것이 그의 상습적인 수법으로 사망자를 낸 최초의 방화는 1973년 6월이었다. 1977년 1월 5일에는 노인정에 방화했다. 불길 속에서 11명의 노인이 목숨을 잃고, 구조대원도 여섯 명이나 부상을 입었다. 또 이런 일도 있었는데 어떤 노인이 그의 귀를 잡아올렸는데 이유는 그 노인이 기르는 비둘기의 평화를 깨뜨렸다는 것이었다.

리는 이렇게 외쳤다.

"죽여버릴 테야!"

며칠 후에 비둘기들은 모두 목이 비틀려 죽어 있는 것이 발견되었다. 노인은 암체어에서 불에 타죽은 시체로 발견되었다. 이 당시에는 노인이 옷을 말리려고 하다가 실수하여 불이 붙은 것으로 추정했다. 그러나 사실은 리가 노인의 집에 몰래 들어가 노인이 졸고 있는 것을 보자, 석유를 끼얹고 불을 질렀던 것이다.

1980년에 할의 세르비가에 있는 이디스 헤스티 부인의 집에서 화재가 발생했다. 그녀의 세 아들이 모두 불에 타죽었다. 맨 위의 아들은 침실 창문까지 간신히 탈출했으나, 동생들을 구조하려고 하다가 불길에 휘말렸다. 경찰은 현관문 근처에서 석유가 묻은 신문지를 발견했다. 대규모 수사가 진행되었으며 이 근처에서 조사를 받은 사람은 모두 1만 8천 명이나 되었다.

헤스티 일가는 근처의 주민들에게 눈총을 받고 있었다. 아들들은 모두 처치곤란한 불량배로 소문이 나 있었으므로 변을 당한 이웃의 누가 보복으로 불을 질렀을 것이라고 대부분의 사람들이 생각하고 있었다.

그러나 새로운 사실이 나타났다. 찰스 헤스티가 호모와 관계하고 있다는 것이다. 현장에서 가까운 안라비 거리의 공중 변소마다 경찰이 잠복하여 40명의 용의자가 체포되었다. 브루스 리도 그 중의 한 사람이었으며 그 전해에 피터 딘스데일이라고 이름을 고쳤다. 모든 용의자들은 저마다 화재에 대해서는 알지 못한다고 했지만 브루스 리만은 이렇게 말했다.

"나는 그럴 생각이 없었어요."

그는 그때까지 11년 동안에 저지른 방화에 대해 모두 자백했다. 26명이 그의 방화로 목숨을 잃었다.

리는 26명의 고의적인 살인과 방화로 기소되었다. 그러나 수사당국의 지시로 병원의 특수시설에 무기한 수용되었다. 그리하여 재판은 몇 시간 만에 끝났으며 따라서 그의 범죄에 대해 자세한 내용은 전혀 밝혀지지 않았다. 검사는 이렇게 말했다.

"유감스럽게도 이것이 그의 인생의 유일한 존재 증명이라는 거죠. 그가 자랑스럽게 여기는 자기 표현도 이것뿐이구요."

리는 이렇게 말했다. "나는 언제나 방화에 대해서만 생각하고 있었어요. 불이 내 주인이니까요. 그래서 화재를 일으켰구요."

그에 대해서는 지능은 낮지만 동물적인 감각은 뛰어나다는 기록이 남아 있다.

종탑 위에서의 라이플 난사

— 18명을 하루에 사살한 정신이상자

• **찰스 호이트만**(미국)

　찰스 호이트만은 25세까지는 분명히 정상이었다. 1966년 3월 그때까지 플로리다에서 그의 아버지와 함께 살고 있던 어머니가 이혼을 하고 텍사스주의 오스틴으로 이주했다. 찰스의 아내인 캐슬린이 살고 있는 근처였다. 아버지는 성미가 사나워, 자식과 아내를 툭하면 구타했다.

　어머니가 오스틴으로 이주하고 나자, 호이트만에게는 이상한 언동이 두드러지기 시작했다. 그는 텍사스 대학에서 건축학을 공부했는데 3월 29일, 그는 대학의 정신과 의사에게 상담을 청했다. 때때로 미칠 듯한 분노가 치밀어 아내에게 화풀이를 하고 싶다는 것이었다. 그리고 라이플 총을 가지고 대학의 종탑에 올라가, 그곳에서 길가는 사람들을 난사하는 환상을 보기도 한다는 것이었다. 정신과 의사는 호이트만을 타인에 대한 공격성향과 적대 의지라고 진단했다. 그리고 다음번 병원에 와야 할 날짜에 그는 나타나지 않은 채 전화로 이렇게 연락해 왔다.

　"제가 혼자서 싸워 나가기로 했어요."

7월 31일, 호이트만은 글을 썼는데 내용은 자살하기로 작정하고 남긴 유서였다. "내 속에 도사리고 있는 격동을 이해할 수 없다. 아내를 죽이고 싶다"고 쓰여있었다. 어느 날 몇 사람의 친구가 놀러 와서 이런저런 이야기를 하면서 몇 시간을 함께 보냈다. 이때까지는 정상이었다. 그날 밤중에 그는 어머니의 아파트로 찾아가서 방에 있는 어머니를 찔러 죽였다. 그러면서 그는 진심으로 어머니를 사랑했다고 종이에 써서 그곳에 남겨놓았다.

텍사스 대학에서 제출한 범인사진

자정이 지나 자기 아파트로 돌아온 그는 침대에서 자고 있던 아내도 찔러 죽였다. 그는 유서의 마지막에, 자기는 아버지를 미워했으며, 인생은 살 만한 것이 못 된다고 썼다.

그러고는 해병대를 제대할 때 가지고 온 자루에 총기류를 쑤셔넣었다. 8월 1일 그는 손수레를 빌리고 총알을 구입했다. 그리고 대학에 가서 전망대로 올라갔다. 마침 그곳에서 접수처의 에드나 타운슬레이를 만났다. 라이플총의 개머리판으로 그녀의 머리를 때려 두개골을 박살내었다. 타운슬레이의 시체를 책상의 안쪽으로 끌어다 숨겨놓았을 때 젊은 한 쌍의 남녀가 나타났다. 여자는 마루의 피 흔적을 보고 깜짝 놀라며 눈썹을 찌푸렸다. 그러나 그곳에서 어떤 일이 있었는지 의심하는 것 같지는 않았다. 두 사람이 호이트만에게 웃어 보이자 그도 웃음을 지었다. 그리하여 두 사람은 그곳에서 무사히 빠져나갔다.

19세의 마이크 가버가 그곳에 나타나자 호이트만은 그를 산탄총 한 방으로 죽여버렸다. 그 뒤에 있던 두 사람의 부인에게 총을 들이대었다. 먼저 마이크의 숙모인 마르게리트 랜포트를 죽이고, 다음에는 그의 어머니에게 중상을 입혔다. 그 부인의 남편들은 괴상한 남자가 그곳에 있는 것을 알고, 시체를 간신히 계단 쪽으로 끌어내었다.

오전 11시 48분, 호이트만은 종탑에서 총을 난사하기 시작했다.

임신중이던 크레이 윌슨이 복부에 총탄을 맞고 몸을 웅크렸다(목숨은 건졌으나 태아는 죽었다). 19세의 토머스 에크만이 그녀의 옆에서 몸을 굽혔다가 총에 맞아 즉사했다. 이어서 20분 이내에 아홉 명이 사살되고, 여덟 명이 부상당했다. 종탑은 경찰에 포위되었다. 저격수를 태운 경비행기가 상공에서 이 미치광이를 사살하려고 했으나, 호이트만의 정확한 반격으로 쫓겨갔다.

난사를 하기 시작한 지 한 시간 반이 지난 후에 호이트만은 전망대로 쳐들어간 세 명의 경관에게 사살되었다. 그날 밤 이후 그는 21명을 죽이고, 28명에게 상처를 입혔던 것이다.

시체를 해부한 결과 호두알만한 종양이 뇌 속에서 발견되었다. 이것이 뇌의 공격중추인 편도체를 자극하여 통제불능의 분노와 최후의 대살육으로 치닫게 한 것으로 추정되었다.

5 성과 살인

보스턴의 살인마

— 1960년대 초 보스턴을 공포로 몰아넣은 살인광

• **앨버트 헨리 데살보**(미국)

앨버트 헨리 데살보는 금주·금연주의자였다. 그러나 '보스턴의 교살마'로 자칭하며 만족할 줄 모르는 성적 충동에 따라 불과 1년 반 동안에 13명의 여성을 성폭행하고, 성적으로 학대하고, 살해하였다. 그러나 끝내 살인죄로는 기소되지 않은 불가사의한 남자가 되었다.

살인으로는 기소되지 않았지만 데살보는 1967년에 종신형이 선고되었다. 이것은 그가 '그린의 남자(범행을 할 때에는 언제나 녹색 바지를 입고 있었다)'라는 별명으로 알려져 있던 무렵에 범한 일련의 성적 범죄와 주거침입이 기소의 원인이 되었다. 13건에 이르는 살인의 기소원인 중에 자백 이외에는 결정적인 증거가 없었기 때문이다. 그러나 공공의 안전을 지켜야 한다는 의미에서 이 사람을 사회에서 격리시켜야 한다는 것에 판사측이나 검사측, 변호사측은 의견의 일치를 보았다. 그 결과의 타협이 판결로 나타나게 된 것이다.

앨버트 데살보는 1931년 6남매 중의 셋째로 매사추세츠주 예르시에서 태어났다. 그는 아버지를 미워했지만 한편으로는 두려워했다. 아버지는 아내나 자식들을 자주 때렸으며 감옥에도 두 번이나 다녀왔다. 그러다가 1944년에 어머니 데살보 부인과는 결국 이혼했다. 데살보는 10대에 이미 주거침입죄로 전과前科를 기록하였다.

17세가 되자 군대에 들어가 점령군으로 독일에서 근무하였다. 그곳에서 그는 프랑크푸르트 출신의 일름가르트를 만나 결혼했다. 데살보는 체구는 작았으나 괴력에 가까운 체력을 갖고 있었으므로 유럽 주둔 미군 미들급 권투 챔피언이 된 적도 있었다. 그는 독일에서 미국으로 돌아와 제대할 날을 기다리게 되었다. 그가 처음으로 성범죄를 저지르게 된 것은 1955년 1월의 일이었다. 포트 딕스라는 마을에서 아홉 살 난 여자아이에게 성적인 장난을 했다. 그러나 그 아이의 어머니는 세상에 알려지는 것이 두려워 고발을 하지 않았다. 그래서 사건은 무마되었고, 군대에서도 아무 조치를 취하지 않았으므로 데살보는 1956년 명예제대를 하게 되었다.

그는 체포되기 전에도 아내와의 성생활에서 트러블이 그치지 않았다. 하루에 5회에서 6회 정도 아내에게 성교를 요구했다. 일름가르트가 거부하면 그는 아내가 냉담해졌다고 생각해서 입만 열면 아내에게 사랑한다고 했다. 그러면서도 그는 성적 분출구를 밖에서 찾았다. 1955년 여자아이에 대한 성희롱은, 이 절박한 문제에 대한 최초의 외부 처리였다. 1958년에 첫 아기가 태어나자 데살보는 더욱 절박해졌다. 저축한 돈마저 한 푼도 없었다. 같은 해에 그는 주거침입으로 집행유예 선고를 받게 되었다. 그후 한 달이 지나 다시 체포되어 집행유예가 다시 선고되었다. 그의 범행의 모든 동기는 만족할 줄 모르는 성적 충동이었다. 그래서 그의 별명은 '치수 재는 남자'가 되었다.

이 별명은 헤아릴 수 없이 많은 아파트를 가가호호 방문하여 문을 열어준 여성에게 모델 회사에서 모델을 구하러 왔다고 거짓말로 접근하는 이상한 남자에게 경찰이 붙여준 이름이었다. 만약 여성이 그의 거짓말에 조금이라도 흥미를 느끼면 남자는 안으로 들어가 호주머니에서 줄자를 꺼내어 바스트, 웨스트, 히프 등 신체의 각 부분을 만지면서 치수를 재었다. 그러나 위해를 가하지는 않았다. 치수를 다 재고 나면 데살보는 후에 계약을 하기 위해 회사에서 담당자가 찾아올 것이라고 말했다. 물론 후에 담당자가 찾아오는 일은 없었다. 저항하는 여자도 있었으나 모두가 저항한 것은 아니었다. 데살보는 나중에 자랑삼아 자기 얘기를 떠벌렸는데 많은 여자들을 간단히 정복했으며, 많은 여성들이 기꺼이 협력했다고 떠들었다.

1960년 3월 17일, 매사추세츠주 케임브리지의 경찰은 도둑으로 추정되는 남자를 추격하여 붙잡았다. 이 남자는 장갑과 양복 재단용 줄자를 갖고 있었다. 그리고 도망치는 도중에 버린 드라이버도 입수했다.

취조과정에서 그는 자기가 '치수 재는 남자'라는 것을 자백하고, 그 아이디어는 텔레비전 드라마에서 얻었다고 말했다. 그러나 주거침입에 앞서 아파트를 미리 조사해 두지 않았나 하는 의혹이 남아 있었다. 그는 주거침입 미수, 무수한 폭행 구타, '외설과 호색적인' 행위로 기소되었다. 그러나 재판에서는 주거침입 미수의 혐의로 2년 징역이 선고되었다. 성범죄는 인정하지 않았기 때문에, 그후 그의 범죄는 주거침입 전문으로 기록되었다. 매사추세츠주 경찰은 나중에 이 남자를 풀어준 나머지 뼈아픈 보복을 받게 되었다.

　그는 교도소 생활에서 모범수로 11개월을 복역하고 석방되었다. 그러나 그것은 성적 프러스트레이션(욕구 불만)이 쌓인 11개월이기도 했다. 집으로 돌아온 그에게 아내가 선언했다. "정상적인 인간으로 돌아오기 전에는 부부생활을 거절한다"는 것이었다. 그는 할 수 없이 이번에는 '그린의 남자'로 변신했다. 이 그린의 남자는 치수를 재는 남자에 비하면 훨씬 위협적이고 위험한 인물이었다. 그린의 남자는 본고장인 보스턴뿐만 아니라 이웃 코네티컷주까지 행동 반경을 넓혔다. 이 사람은 뛰어난 말솜씨로 집안으로 들어가거나 또는 억지로 밀고 들어가 상대방이 혼자인 것을 알면 몸을 묶고 성폭행하기도 했다.

　그의 말에 따르자면, 이 경우에 모든 여성이 저항한 것은 아니었다. 이것도 후에 그가 자랑한 이야기지만 하루에 오전중에만 여섯 명과 관계를 맺은 적도 있었다. 많은 여성들이 그에게 협력했다면서 "100달러 드릴 테니 또 와요" 하고 제의한 여자도 있었다고 한다. 경찰에서는 이런 피해자를 약 300여 명으로 추정했다. 그러나 데살보의 말에 의하면 '치수 재는 남자'와 '그린의 남자'를 합치면 1,000명을 넘는다는 것이었다.

　그는 스스로 '보스턴의 살인마'라고 이름을 붙였다. 1964년 가을에 '치수 재는 남자'와 '그린의 남자'가 올린 전과기록은 여자 살해 13명으로 늘었다. 희생자의 나이는 19세에서 85세까지였다. 그 무렵 학생 신분으로 결혼한 여성이 케임브리지 경찰에 어떤 남자가 자기 집에 침입하여 자기를 묶고 폭행을 했다고 신고했다. 그녀가 설명한 사람의 인상과 상투적인 수법은 '치수 재는 남자'와 똑같았다. 데살보는 붙잡혀 기소되었다. 죄상은 주거침입, 폭행 구타, 공갈 협박, 강압에 의한 외설적인 행위의 강요였다.

그는 8,000달러의 보석금을 내고 석방되었으나 조사는 계속 받아야만 했다. 같은 해 여름에서 가을에 걸쳐서 일어난 일련의 유사한 수법의 범행을 조사하고 있던 코네티컷주 경찰은 그가 '그린의 남자'라는 것을 확인했다. 비슷한 피해 신고가 곳곳에서 보고되었다. 케임브리지 경찰이 최종적으로 정리한 수많은 성폭행은 매사추세츠주뿐만 아니라, 코네티컷주, 뉴햄프셔주, 로드아일랜드까지 걸쳐 있었다.

데살보는 10만 달러의 보석금으로 유치되어 재판을 받기 전에 35일 동안 통상적인 관찰을 위해 브리지워터의 정신병원에 송치되었다. 그런데 도무지 믿어지지 않는 이야기지만, 이 당시 그를 수배중이었던 '보스턴의 살인마'로 생각하는 사람은 없었다. 컴퓨터 분석이 그를 '침입마侵入魔'라고는 밝혔으나, '성폭행죄를 저지른 악마'라고는 하지 않았기 때문이다. 정신과 의사의 처음 진단은 "그는 현저한 정신분열증과 우울증 경향이 있는 변태성욕이 특징인 반사회적 인격이상자"였다. 이것은 다시 말하면 겨우 재판을 받을 만한 책임 능력은 있다는 것이었다.

그러나 그는 밤이 되면 자살을 하겠다고 소란을 피워 주위의 사람들을 위협했다. 그래서 다시 조사받기 위해 같은 병원으로 보내졌다. 이번에 내린 의사의 진단은 "자살할 가능성이 높은 과도의 정신분열증"이었다. 이 진단은 재판을 받을 책임 능력이 없다는 것이었다. 1965년 2월 4일, 에드워드 A. 페크 판사는 데살보를 정신적으로 병든 인간이라 하여 브리지워터 정신병원에 보내고 '법원의 다음 명령이 있을 때까지' 그를 그곳에 유치하도록 명령했다.

데살보의 가면을 벗기고 그가 보스턴 살인마라는 것을 확인한 것은, 이 명령과 또 한 죄수의 '직관' 덕분이었다. 그는 제1급 살인사건의 용의자로, 데살보와 마찬가지로 재판을 앞두고 정신과 의사로부터 정신상태를 관찰받는 중이었다.

데살보는 브리지워터 정신병원에 송치된 지 4일이 지나 한 죄수와 같은 방에 있게 되었다. 그는 조지 낫서인데, 주차장 종업원 살해 혐의로 관찰을 받고 있는 중이었다. 낫서는 하루 종일 성관계의 성공담을 주절주절 늘어놓는 데살보야말로 교살마가 틀림없다고 확신했다. 그는 곧 이 사실을 자기 변호사에게 말했는데 그 변호사는 F. 리 베일리였다. 이 변호사는 해군 전투기 조종사 출신인데 그 당시 인기가 한창 치솟고 있는 보스턴의 젊은 법률가였다. 그의 명성은 이미 미국 전체에 알려져 있었다. 베일리가 데살보에게 묻자 그는 사실대로 자백했다. 낫서의 말대로였다. "내가 살인을 했소. 11건의 살인사건만이 아니라, 이밖에도 두 건이 더 있어요. 한 건은 메리 브라운이라는 69세의 여자였고, 또 한 사람은 이름은 잊었지만 80세쯤 되는 노파였어요. 내가 아파트로 들어가자, 노파는 곧 내 팔에 안겨 심장마비로 죽었어요."

희생자들에게서는 모두 이 살인마의 독특한 수법을 찾아볼 수 있었다. 최초의 희생자는 안나 슬레서즈였다. 전쟁중에 라트비아에서 망명해 온 중년 재봉사로 보스턴의 제인즈버리 거리에 살고 있었다. 1962년 6월 14일, 그녀는 납으로 된 추로 머리를 세게 얻어맞고, 폭행을 당한 다음에 목이 졸린 채 죽었다. 발견되었을 때에는 옷이 벗겨진 채 큰 대大 자로 팔다리를 뻗고 있었다. 시신을 보는 순간 어떻게 죽었는지 알 수 있을 것 같았다. 하우스코트의 끈이 목에 단단히 감겨 있었고 턱

아래에는 나비 매듭이 매어져 있었다. 살인사건 담당 형사들은 피해자의 팔다리의 모양과 나비 매듭을 한참 들여다보고 기억해 두었다.

2주일이 지나고 이번에는 메리 말렌의 차례였다. 그녀는 85세였다. 그녀는 데살보가 자백하기 전에는 살인마의 소행이라고 생각되지는 않았다. 처음 시체로 발견되었을 때에는 자연사自然死로 추측했다. 데살보는 작업원을 가장하고 아파트의 그녀의 집으로 들어갔다.

"이 사건에 대해서는 말하고 싶지 않아요" 하고 데살보가 말했다. 메리 말렌의 모습이 아마도 자기의 할머니를 생각나게 했을 것이다.

"지금 생각나는 것은 이 사람의 목 주위로 내 팔이 간 것…… 몹시 약해빠져서 아무 짓도 하지 않았어요. 내 팔에서 그대로 무너져내렸어요……"

세번째 희생자는 6월 30일에 살인마의 손에 목졸려 죽었다. 첫번째 희생자가 죽은 지 불과 3주일 후에 일어난 사건이었다. 헬렌 블레이크라는 65세의 간호사가 아파트 자기 방에서 폭행을 당하고 교살되었다. 침대 위에서 얼굴을 아래로 향한 자세로 발견되었다. 시신 위에 치아 형태의 마크가 있었다. 양쪽 다리는 큰 대 자로 벌려져 있었고, 브래지어와 양말이 목에 단단히 감겨 있었다. 이번에도 데살보는 작업원을 가장하고 아파트에 사는 헬렌의 방으로 들어갔던 것이다.

그날 그의 두번째 사냥감은 니나 니콜즈라는 60대 부인이었다. 이번에도 데살보는 "물이 새나 살펴보러 슈퍼에서 왔어요" 하고 실내로 들어갔다. 몹시 무더운 오후였다. "어찌나 더운지, 나는 머리가 어지러울 지경이었어요" 하고 그는 말했다. "나는 그 여자의 뒤에서…… 그래도 아직 살아 있었으므로 벨트로 그녀의 목을 감아 죽이려고 했는데 벨트가 끊어졌어요. 여자의 손톱이 내 등에 박혔으나…… 숨이 끊어지자 힘이 빠졌어요."

　시체로 발견된 그녀의 목에는 나일론 양말이 감겨 있었다. 그녀의 경우에는 폭행을 당한 후에 다시 포도주의 볼트가 꽂혀 있었다. 실내에는 물건을 뒤진 흔적이 보였으나 아무것도 없어지지 않았다. 데살보는 대개 희생자의 방을 뒤죽박죽으로 어질러놓았으나 물건을 훔친 적은 한 번밖에 없었다. 안나 슬레서즈의 방 난로 위에 놓여 있던 20달러짜리 지폐를 한 장 호주머니에 넣었을 뿐이었다. 이 날 데살보는 또다시 충동을 느껴 세번째 희생자를 찾았다. 그 운명이 누구에게 떨어질지는 알 수 없으나, 다행스럽게도 이 날은 두 번으로 끝났다.

　다섯번째 희생자가 된 것은 75세의 아이다 이르가로서 8월 19일의 일이었다. 찾아온 젊은 작업원에게 등을 보인 순간, 그 남자는 그녀의 목에 팔을 감아 힘껏 죄었다. 그후 그녀는 교살체로 발견되었다. 폭행을 당하고, 몸에는 잇자국이 나 있었다. 양쪽 다리는 의자 다리에 각각 동여매어 크게 벌려져 있었고, 엉덩이 밑에는 베개를 대고 있었다. 그리고 베개 커버가 목에 꽉 매어져 있었다.

　여섯번째 희생자인 제인 설리번이 당한 것은 그 이튿날이었는데 67세였다. 그녀는 언제나 문에 체인을 걸어놓고 있었다. 그러나 결국 젊은 작업원을 방으로 들어오게 했다. 체격이 좋은 아일랜드계의 그녀는 최후까지 맹렬히 저항했다. 그러나 드디어 힘에 부쳤다. 그녀의 시체는 조카가 전화를 걸어올 때까지 10일 동안이나 발견되지 않았다. 살인마는 시체를 욕실 수도 옆에 무릎을 꿇게 하고 머리를 물에 젖은 모습으로 방치했다. 실내의가 어깨까지 걷어올려지고 그 아래는 나체였다. 폭행을 당하고, 범인은 분노를 표시하는 듯이 빗자루를 박아두었다.

보스턴 전체가 이 미친 남자의 소문과 공포로 떠들썩하게 되었다. 늙은 여자를 노려 교살하고 나서 인간이 상상조차 하기 싫은 가장 수치스럽고 비열한 행위를 가했다.

한동안 잠잠하던 살인마가 건재함을 보여준 것은 그후 몇 달이 지나서였다. 그 희생자의 시체가 발견되었을 때, 자기가 안전하다고 생각한 여성은 보스턴에는 아무도 없었다. 이번의 희생자는 20대의 젊은 여성이었기 때문이다.

1962년 12월 5일은 데살보의 결혼기념일이었다. 그에게 다시 성적인 충동이 일어났다. 그것도 상당히 강렬하여 그는 어느 아파트의 문을 노크했다. 아무도 없었으므로 화가 치밀었다. 이번에는 닥치는 대로 노크했다. 걸린 사람은 소피 클라크라는 25세의 흑인 여성인데, 그보다 10센티미터나 키가 컸다. 소피는 흰 드레스에 검은 양말을 신고 있었다. 데살보에게는 어려운 상대였으나 동시에 절호의 먹이로서 군침이 돌았다. 그는 잠시 사용하지 않았던 '치수 재는 남자' 수법을 사용하기로 했다. "모델 회사에서 왔어요. 몸의 치수를 재려구요."

"필요 없어요."

그녀가 등을 돌리자 그는 여자의 목을 조르고 폭행했다. 언제나 했던 살인마의 트레이드마크를 모두 남기고 떠났다. 그녀는 일곱번째의 희생자가 되었다.

여덟번째 희생자는 23세의 파트리시아 빈셋으로 1962년 12월 30일의 일이었다. 데살보는 그녀의 아파트를 잘 알고 있었다. '치수 재는 남자' 시절에 와본 적이 있었으며 빈셋양은 사람을 의심할 줄 모르는 아름다운 비서였다.

"커피를 끓일게요" 하고 그녀는 그를 안으로 들어오게 했다. 이번에도 그녀가 등을 보이자 뒤에서 덤벼들어 팔을 목에 감고 힘껏 죄어 죽이고 폭행을 했다. 그녀의 블라우스와 양말이 목에 감겨 '나비 매듭'을 하고 있었다. 그녀의 시체는 사무실까지 함께 출근을 하기 위해 들른 회사 상사에 의해 이튿날 아침 일찍 발견되었다.

해가 바뀌어 1963년 2월 18일, 그의 희생자 제9호가 될 예정이었던 여성—가트루트 그루엔(가명)—은 유행성감기에 걸려 침대에 누워 있었다. 그녀의 아파트 문을 '작업원'이 노크했다. 그녀는 남자를 마지못해 들어오게 했으나 그가 공격하자 죽을힘을 다해 싸웠다. 그의 손가락을 물어뜯고 크게 소리를 질렀다. 남자는 도망쳐버렸다.

실제 제9호 희생자가 된 것은 69세의 메리 브라운이었다. 데살보가 많은 후보자 중에서 그녀를 택한 데에는 이유가 있었다. 현관 문패에 '메리 브라운 부인'이라고 쓰여져 있었으므로 미망인이거나 이혼한 여자가 살고 있다는 것을 눈치챈 것이다. 이번에는 (작업원으로서) 문을 노크하기 전에, 무거운 놋쇠 파이프를 준비했다. 그는 파이프로 그녀의 머리를 박살내고 나서 성폭행을 했다. 그리고 요리용 포크로 가슴을 여러 군데 찌르고, 그 포크를 가슴에 꽂은 채 떠나버렸다. 검시檢屍한 결과 죽은 원인은 두부 좌상挫傷이라고 했으나, 손으로 목을 조른 흔적도 분명히 남아 있었다. 그러나 이 살해는 그 방법이 극단적으로 잔인했으므로 교살마의 짓으로 생각되지는 않았지만 데살보의 자백으로 비로소 진범이 밝혀졌다. 목 주위에 '나비 매듭'이 없었고 시체에는 시트가 덮여 있었으므로 경찰에서는 침입한 강도와 싸운 끝에 살해된 것으로 추정하고 있었다.

10명째의 희생자는 23세의 비버리 사만즈였다. 장소는 케임브리지의 대학로였으며, 5월 6일 아침 8시 반경이었다. 데살보는 일하러 가기 위해 차를 몰고 케임브리지 근처까지 왔을 때 다시 충동을 느꼈다. 이번에도 그는 닥치는 대로 상대를 골랐는데 비버리라는 대학생이었다. 그녀의 시체는 친구가 찾아온 5월 9일에야 겨우 발견되었다. 그녀의 입은 수건으로 틀어막혀 있고 눈은 가려져 있었으며, 양다리는 큰 대 자로 벌려져 침대 기둥에 매어져 있고, 나일론 양말로 목이 조여져 있었다. 검시 결과 22군데에 자상刺傷이 나 있고, 성폭행당한 것으로 판명되었다. 범인이 부엌 싱크대에 남겨놓고 간 잭나이프에는 지문指紋이 없었다. 이 살해도 데살보가 자백하기 전에는 경찰에서 교살마의 짓인지, 그것을 흉내 낸 모방범죄인지 분간하지 못했다.

11명째의 희생자가 된 것은 에블린 코빈이었다. 그녀는 58세의 이혼녀였다. 9월 8일, 약속한 점심 시간에 그녀가 나타나지 않자 친구가 이상하게 생각하여 아파트의 그녀 방에 가보았는데 이미 교살마가 떠난 후였다. 에블린 코빈은 침대에 눕혀져 있었으며 상반신에는 시트가 씌워져 있었고 두 개의 나일론 양말이 목에 매어져 있었다. 양다리는 큰 대 자로 벌려져 있고 하반신을 무참하게 노출하고 있었다. 세 개째 양말이 왼쪽 발목에 '나비 매듭'으로 매어져 있었다. 검시 결과 손으로 목조른 것이 판명되었다.

살인사건이 이 지경에 이르자, 일반 시민의 불만은 드디어 폭발했고 이제는 주정부가 개입했다. '특별수사본부'가 설치되었는데 그래도 살인은 계속되었다. 공포가 보스턴 시민들을 사로잡기 시작했다. 직장에 출근하여 집을 비우는 남성들은 하루에 20통이나 집에 전화를 걸어 안전을 확인하기 시작했다. 풀 가동되고 있는 경찰서에도 공포에 떠는 여성들의 전화가 쇄도했다. 그러나 멋대로 잔인한 짓을 태연스럽게 저지르는 범인을 아무도 저지하지 못했다. 그는 기분이 내키는 대로 남의 아파트에 침입하여 일을 저지르고 단서 하나 남기지 않고 떠나곤 했다.

케네디 대통령이 암살된 다음날인 1963년 11월 23일, 23세의 존 그라프가 피살되었다. 그라프는 로렌스 출신의 모형 디자이너며 주일학교의 교사기도 했다. 데살보는 여느 때와 마찬가지로 작업원을 가장하고 실내에 들어가 나이프로 위협하여 성폭행하고 교살했다. 나일론 양말과 검은 레오파드가 목에 감겨 있었다. 목조른 후에 데살보는 차를 몰고 집으로 돌아와 아내가 빨래하는 것을 도와주고 두 아이와 함께 놀다가 텔레비전을 보고 잠자리에 들었다. 그가 텔레비전을 볼 때 존 그라프의 살해가 뉴스 초점으로 보도되었다.

"그 짓을 한 것이 나라는 건 알고 있었어. 그러나 무엇 때문에 그 짓을 했는지 알 수 없었지. 그 밖에 저지른 짓도 마찬가지야……별로 흥분도 하지 않았는데 그 짓은 생각하지 않기로 했다. 저녁 식탁에 앉았다. 그 짓이 전혀 머리에 떠오르지 않았다."

최후의 희생자는 보스턴의 찰스 거리에 사는 19세 처녀 메리 셜리번으로, 그것은 1964년 1월 4일의 일이었다. 데살보는 그녀를 주먹으로 때리고 나이프로 위협하여 옷을 벗긴 후 결박하고 강간했다. 일을 마치고 나서 몸을 누르고 양손으로 목을 졸랐다.

"그 계집애는 눈을 크게 뜬 채 나를 빤히 바라보고 있었지. 깜짝 놀란 것 같았어. 내가 자기에게 저지른 짓을 불만스러워하는 것 같았어……

그 애는 좋은 사람이었어. 그렇지만 난 해치웠지."

그는 여느 때와 마찬가지로 상대방의 양쪽 다리를 큰 대 자로 벌리고 스타킹을 목에 감고, 목을 졸라 죽인 다음 그곳을 떠났다. 그는 미치광이 짓을 되풀이하여 빗자루를 국부에 꽂고, 실내에서 찾아낸 새해인사 카드를 오른쪽 발에 함께 동여매었다. 그 카드에는 '해피뉴이어' 라고 쓰여 있었다.

F. 리 베일리 변호사는 테이프에 녹음한 그의 자백을 특별수사본부의 형사들에게 들려주었다. 다만 처음에는 목소리의 주인공이 누구인지 알지 못하게 플레이백의 속도를 바꾸었다. 데살보가 들려준 이야기의 내용은, 범행을 저지른 방의 상황이나 성폭행의 자세한 정황이었다. 그의 자백에 의하면 그는 희생자들을 모두 마음이 내키는 대로 선택했다. 그리고 그 교살마의 '나비 매듭' 은 그가 사람을 묶을 때의 버릇으로 딸 주디의 엉덩이에 붕대를 감아줄 때에도 이런 방법으로 한다는 것이었다.

보통사람이라면, 이것으로 사건은 끝났다고 생각할 것이다. 그러나 살인사건은 표면에 드러난 것만으로는 단정할 수 없다. 그렇게 단순하지만은 않은 것이다. 수사본부에는 이밖에도 취조해 볼 만한 용의자가 있었다. 그리고 이런 유명한 사건에는 미치광이 같은 자들이 속출하여 오직 사람들의 이목을 끌려는 목적으로 멋대로 '자백' 을 하는 경우도 많았다. 그리고 경찰에서는 데살보가 '치수 재는 남자' 나 '그린의 남자' 의 용의자로 취조를 받았을 때 이런 자백을 하지 않은 것도 중요하게 생각했다. 정신과 의사나 형사들 중에서는 낫서가 오히려 살인마가 아닌가 하고 의심하는 사람도 있었다. 데살보와는 달리 낫서는 제1급 살인죄에 의한 기소를 눈앞에 두고 있었다. 그리고 그는 무자비하고 교활한 정신이상자로 간주되고 있었다. 낫서는 자기 자랑을 하기를 좋아하는 데살보를 적당히 구슬려, 자기가 교살마라고 '자백'하게 하여 그 것을 미끼로 자기의 재판을 유리하게 끌고 나가려고 하지 않았을까? 이런 '억측'도 불가능한 것은 아니었다.

한편 수사본부에서는 다른 문제도 안고 있었다. 즉 마지막 두 사람의 희생자인 존 그라프와 메리 셜리번에 대한 범행 현장 또는 그 근처에서 교살마로 믿어지는 남자를 본 중요한 증인이 앨버트 데살보를 교살마로 확정하지 못했다. 그리고 1963년에 교살마에게 습격을 당했으나 간신히 물리친 가트루드 그루엔도 데살보를 그때의 범인이라고 단정하기를 주저했다. 그리고 사태를 복잡하게 한 것은 조지 낫서가 그때의 범인 같다는 심증을 밝힌 것이었다. 그때의 쇼크로 그녀는 부분적으로 기억을 잃고 있었다. 가장 중요한 열쇠인 살인마의 얼굴을 그녀는 기억하지 못했다.

데살보는 F. 리 베일리 변호사에게 낫서와 마찬가지로 자기도 변호해 줄 것을 의뢰했다. 베일리 변호사는 법원측에 대해 데살보가 진범임을 거듭 강조하고, 그에게 법률에 따라 벌을 줄 것이 아니라 그에게 참으로 필요한 의료 조치를 하여, 공공의 안정을 유지해야 한다고 주장했다. 그런데 범인을 확인하는 문제 말고도 해명이 필요한 문제가 있었다. 그것은 검시에 의한 사실 관계와 데살보 자신의 기억이 가끔 일치하지 않는 것이었다. 그런데 13건의 살인 이외에 1,000건이 넘는 성범죄를 인정하고 있는 남자로서는 이것도 있을 수 있는 일이었다.

한편 이 불일치는 현장에 일절 지문이 남아 있지 않은 것을 함께 고려하면 1952년부터 1964년 사이에 여러 명의 살인마가 있었을 가능성도 없지 않다는 것을 반증하는 것이었다. 끝으로 데살보는 정신병환자라고 해서 판사의 명령으로 주의 시설(병원)에 수용되었다. 정신병환자라면 교살마로서 법정에 내세워도 그에게는 일정한 법적 권리가 인정되어, 법원은 이것을 전적으로 받아들여야만 한다.

한편, (진범만이 알 수 있는 사실을 말함으로써) 그가 13건의 살인사건에 대해 모두 사실을 그대로 말했다고 판정하고, 법의 제재를 받을 만한 책임 능력이 있다고 한다면 범행 시점에 그가 정신적으로 정상이었는가를 정신과 의사가 감정해야 한다. 범행 당시 정신적으로 정상상태가 아니었다는 감정이 나오면, 그의 변호는 이것으로 확정되는 것이다. 그를 교도소나 그 밖에 적합한 시설에 수용하게 될 것이다.

그러나 범행 당시 그가 정신적으로 정상상태였다고 전문가가 감정하면, 변호사측은 그 의무로서 데살보가 공개 법정에서 그 자백을 되풀이하는 것을 금하는 것이 된다. 그러므로 자백을 되풀이하게 하는 것은, 법률에 의한 보호의 권리를 그에게서 빼앗는 것이 된다. 한편 역설적으로는 이 자백이 없으면, 사건 자체가 성립되지 않는다.

진퇴양난이라 관계자들은 여러 가지 의논을 한 결과 하나의 타협점을 찾아내었다. 앨버트 데살보는 '그린의 남자'로서 저지른 범행에 대해서만 재판을 받게 한다는 것이었다.

그의 정신상태에 관한 증명은, 주州의 정신과 의사가 제출하게 되어 있었다. 이 증명에 의해 그가 정신이상이었다고 감정되면, F. 리 베일리 변호사는 피고에게 보스턴 살인마로서의 범행의 자백을 인정하지 않는다는 것이다.

'그린의 남자'에 대한 재판은 1966년 6월 30일에 시작되었다. 재판의 시작과 함께 법률가, 경찰 관계자, 의사, 언론 관계자 등 방청인이 전세계에서 모여들었다. 데살보의 가족은 한 사람도 모습을 나타내지 않았다. 정신과 의사가 의견을 진술한 후에 베일리 변호사는 데살보에게 다음과 같이 물었다.

　"앨버트, 자네는 앞으로도 정신과 의사의 치료를 받기를 원하는가?"

　"제가 언제나 원했던 것은 치료입니다. 저는 지금까지 한 번도 이 치료를 받아본 적이 없어요" 하고 그는 대답했다.

　"자네는 교도소에 들어가는 것이 걱정이 되는가?"

　"걱정되지 않습니다. 그러나 마음에 걸리는 것은 그 치료를 받을 수 있을까 하는 겁니다…… 치료를 받지 못하면 살아서 무엇하겠습니까?"

　데살보의 소원은 결국 이루어졌다. 1967년에 그는 종신형으로 월포르 교도소로 송치되었다. 그러나 그는 그곳에서 6년을 살고 형기를 마치게 되었다. 교도소의 한 죄수에게 심장을 찔린 것이다. 그것이 누구의 소행이었는지는 영원히 수수께끼로 남아 있다.

근친상간하는 아내에의 복수

— 아내의 동생을 살해하여 아내의 근친상간을 보복한 독일인

• **한스 아펠**(서독)

1974년 1월 7일, 한 대의 메르세데스가 서독 프랑크푸르트 거리의
보도로 튕겨 올라오자 운전하던 사내가 도로에 나뒹굴었다. 그가 일어
나려고 할 때 차에 함께 타고 있던 사내가 그를 가까운 거리에서 두 번
쏘고 차에서 나와 유유히 언덕길로 사라졌다.

피살된 남자는 디터 페쉬케로 확인되었는데 자동차 수리공장의 기계
공으로 그때 나이 21세였다. 그리고 차는 그의 것이었다. 경찰조사에 의
하면, 그는 작센하우젠의 방 두 개 달린 아파트에서 아내 실비아와 형 율
겐과 누나 레나테와 함께 살고 있었다. 그들은 신혼이었다. 디터가 살해
되었다는 소식을 듣고 세 사람은 강한 충격을 받았다. 그러나 원인을 전
혀 모르겠다고 입을 모았다. 목격자에 의하면 범인은 키가 크고 튼튼한
체격에 수염을 짧게 깎았다는 것이다.

경찰의 질문에 디터의 어머니 안나 페쉬케 부인은 살인 동기를 가진
인간이 한 사람 있다고 지목했다. 그는 바로 레나테의 남편 한스 아펠

을 두고 하는 말이었다. 한스는 건설회사의 사주였다. 한스와 레나테의 결혼은 모두 재혼으로 각자에겐 자식이 있었다. 후에 레나테는 한스와의 사이에 딸 하나를 두었다. 동독의 감옥에 있던 율겐은 1973년 앰네스티의 사면요청으로 서독으로 돌아와 한스와 레나테의 집에 얹혀 살았다. 그후 레나테와 율겐은 한스의 집을 나와 동생인 디터와 함께 살게 되었다. 한스 아펠을 잡고 보니 외모가 목격자의 증언과 일치했다.

한스 아펠은 처남을 죽인 것을 자백했다. 그의 말에 의하면 율겐이 그의 아파트에 와서 살게 된 지 얼마 지나지 않은 어느 날 밤 자신이 딸아이를 침대에서 재우고 있을 때, 비밀을 알려주겠다고 하면서 딸아이가 이렇게 말했다.

"마미와 율겐 아저씨가 낮에 침대에 발가벗고 함께 누워 있었어."

이 말을 듣고 아펠은 깜짝 놀랐다. 그리하여 두 사람을 추궁하자 그들은 그 사실을 부인하지 않았다. 아펠은 율겐에게 집에서 나갈 것을 요구했고, 레나테도 함께 나가 버렸다. 아펠은 그래도 아내에게 미련이 남아 있었으므로 아내에게 돌아오라고 끈덕지게 설득했다. 보석도 모피 코트도 그 밖에 뭐든지 사주겠다고 약속했지만 그녀는 모든 것을 거절했다.

디터 페쉬케와 한스 아펠은 이때까지는 우호적이었다. 어느 날 오후, 차를 수리하러 온 아펠에게 디터는 우이스바덴에서 자기 차에 타라고 권했다. 마침 잘됐다 싶어 아펠은 율겐과 레나테의 관계를 손아래처남에게 말했다. 그는 디터가 자기 편이 될 거라는 기대를 하고 얘기를 한 것이다.

"네 형과 누나가 근친상간을 한다는 걸 믿을 수 있어?"

디터는 아펠을 바라보며 말했다.

"믿구말구요. 형과 나는 언제나 레나테 누나와 관계해 왔어요."

아펠은 머리를 한 대 세게 얻어맞은 느낌이었다. 뭔가가 자기의 내부에서 폭발하는 것 같았다고 후에 진술했다. 그는 레나테가 집을 나간 후 언제나 몸에 지니고 다니던 권총으로 디터를 쏘아 죽였다.

1974년 7월, 그는 21개월의 금고형을 선고받았으나 곧 보석으로 석방되었다. 이 판결에 대해 그는 상소했으나 기각되었다. 그의 아내는 남편에게 돌아가기를 거부하고 오빠인 율겐과의 생활을 계속했다.

살인은 파리 축제에서 시작되다

— 성감을 얻기 위해 청년을 죽인 프랑스의 처녀들

- **장 무상**(미국)
- **피에르 비송**(프랑스)

1981년 7월, 프랑스 보졸레 지방의 숲길에서 차를 몰고 가던 삼림 감독관은 주차되어 있는 피아트 옆에 남자가 쓰러져 있는 것을 발견했다. 그 남자는 이미 죽은 상태였다. 리옹 제철공장에 다니는 라우르 뒤프레시스라는 근로자로 신원이 밝혀졌다. 몇 군데 칼에 찔린 상처가 있었는데, 이것이 사인死因이었다. 유일한 실마리는 근처의 풀 위에서 발견된 여성용 머리핀이었다. 검시한 결과 두 개의 서로 다른 나이프에 찔린 것으로 판명되었는데 부엌용 칼로 추정되었다. 희생자는 두 사람의 히치하이커를 태웠다가 그 두 사람에게 살해되고 돈도 빼앗긴 것으로 경찰은 추측했다.

뒤프레시스가 죽음을 당한 날에는 여러 명의 히치하이커가 있었다. 경찰에서는 그 많은 차들을 일일이 조사했지만 그중에는 범인이 없었다. 그런데 이 날 몇 사람의 운전사가 미니스커트 차림의 두 여성에게 흥미를 느꼈었다는 것을 알아냈다. 경찰은 이 두 여자의 행방을 찾는

데 어려움을 겪었지만 드디어 그녀들을 찾았다는 운전사가 나타났다. 그의 말에 의하면 두 사람은 마콩에서 왔다고 한다. 마콩 경찰에서는 이 두 여자를 18세의 피에르 비숑과 16세의 장 무상이라고 단정했다. 두 처녀는 중산층 가정의 딸들인데 위장병으로 마콩의 병원에 입원했을 때 서로 알게 되었다. 7월 14일 파리축제가 시작되자 두 처녀는 몰래 병원을 빠져나와 리옹까지 히치하이크로 여행을 떠났다. 마콩의 모든 철물점을 조사해 보니 그날 아침에 이 두 처녀가 대형 칼을 구입한 것이 밝혀졌다.

두 처녀는 마콩으로 돌아오자마자 체포되었다. 대형 칼은 체포 당시 장 무상이 갖고 있었는데 칼자루에는 그때까지 피가 묻어 있었다. 두 사람은 살해를 시인했다. 그녀들의 자백에 의하면 처음부터 사람을 죽이고 돈을 빼앗기 위해 적당한 상대를 물색하고 있었다. 두 사람이 라우르 뒤프레시스에게 함께 숲으로 놀러가자고 유인하자 그는 기꺼이 응했다. 도중에 한 사람이 머리핀을 길에 떨어뜨렸다. 그는 그것을 주워주려고 몸을 굽혔다. 그때 그의 등을 장 무상이 찔렀다. 두 사람은 다시 두 번 그를 찔렀다. 그러고 나서 그가 피를 흘리면서 죽어가는 것을 그 옆에서 한 시간 반 동안이나 바라보고 있었다. 두 사람은 시체를 뒤져 4프랑을 훔쳤다. 정신과 의사의 진단에 의하면 두 처녀는 상당히 방탕한 생활을 하면서, 새디스트적인 행위나 그 밖에 여러 변태적인 행위에 의해서만 성적 만족을 느낀다는 것이었다.

두 사람은 미성년이기 때문에 잠시 교도소에 구치되었을 뿐이다.

아내와 애인의 남편을 죽인 의사

• **칼 커플리노**(미국)

칼 커플리노는 키가 크고 잘생긴 의과대학 학생이었다. 1958년에 롱아일랜드 의과대학을 졸업하고, 카메라 뮤제트와 결혼했는데 둘은 대학 동기생이었다. 카메라의 아버지는 뉴저지주의 부유한 의사로 커플리노의 학자금도 대주었다. 커플리노는 뉴저지주 레드뱅크의 리벌브 병원의 마취 전문의였다. 그런데, 1961년에 이 병원의 마취담당 간호사에게 계속 협박편지가 배달되었다. 그 내용은 병원에서 나가라는 것이었다. 병원 자체적으로 조사한 결과 커플리노가 썼다는 것이 밝혀졌고 그도 순순히 그 편지를 쓴 것을 인정했다. 병원측에서는 이 일을 공표하지 않는 대신 그에게 퇴직을 요구했다. 커플리노는 협박편지를 보내기 직전에 2만 달러의 폐질환 보험에 들어두었는데 그는 심장질환을 내세워 이 보험금을 청구할 수 있게 되었다. 그리고 의사인 아내의 수입도 있었으므로, 퇴직하여 빈둥빈둥 살아갈 수 있는 여유도 동시에 얻었다.

커플리노 부부는 윌리엄 파버 대령 부부와 친하게 지냈다. 대령의 아내는 마주리였다. 이들은 50대 중반의 부부였다. 마주리는 굉장한 애연가였으므로 카메라 커플리노는 파버 대령에게 최면을 통해 마주리의 담배를 끊게 하는 것이 어떻겠느냐고 제안했다. 마주리 파버는 대단히 매력 있는 여성이었으므로 칼 커플리노와 그녀는 금세 애인 사이가 되었다. 칼이 휴일에 플로리다에 갈 때면 그와 동행하는 사람은 언제나 마주리 파버였다. 이런 일이 자주 있었지만 윌리엄 파버는 그때마다 마지못해 참을 수밖에 없었다.

그러나 꼬리가 길면 잡히는 법이다. 둘 사이에 파국이 다가왔다. 윌리엄 파버는 자기 아내와 칼 커플리노가 은밀한 사이라는 것을 알고 노골적으로 불쾌감을 표시했고, 커플리노는 마주리에게 대령을 죽이겠다고 말했다.

사건이 났을 때 마주리는 자기는 최면 때문에 완전히 커플리노의 명령대로 휘둘렸다고 말했다. 커플리노는 그녀에게 약물과 주사기를 넘겨주고, 남편이 잠들어 있는 사이에 주사를 놓으라고 지시했다. 그러나 결정적인 순간에 그녀는 마음이 흔들렸다. 그래서 다리에 소량의 독약만을 주입하였다.

남편이 눈을 뜨며 기분이 언짢다고 말해서 그녀는 커플리노에게 와서 보아달라고 부탁했다. 커플리노는 다시 파버 대령의 머리에 비닐을 씌우려고 했으나, 마주리는 그것만은 못 하게 말렸다. 회복된 파버가 그에게 집에서 나가라고 소리치자 커플리노는 그의 얼굴에 베개를 가져다 대고 파버가 질식할 때까지 내리눌렀다.

1963년 7월 30일 밤이었다. 파버의 두 아이가 어머니를 찾으러 커플리노의 집으로 왔다. 아이들의 말에 의하면 아버지가 깨어나지 않는다는 것이었다. 카메라가 그의 집으로 갔을 때 파버는 이미 숨이 끊긴 상태였다. 커플리노는 아내에게 사인이 심부전이라고 말하고 사망증명서를 끊도록 지시했다. 그리고 더 이상 아무 조사도 없이 파버는 매장되었다.

그후 2년이 지나 커플리노 부부는 플로리다주로 이사를 하게 되었다. 집을 구입하는 자금은 카메라의 아버지가 주었다. 커플리노 부부는 대퍼 근처의 사라노타군 롱보트키에 집을 마련했다. 그후에 마주리 파버도 플로리다주로 이주하여, 커플리노 부부의 이웃에 집을 샀다. 그런데 그곳에서 그녀는 커플리노에게 새로운 여자가 생겼다는 것을 알게 되었다. 메리 깁슨이라는 30대 후반의 여성으로, 두 사람은 브리지 클럽에서 알게 되었다.

커플리노는 카메라에게 이혼을 요구했지만 그녀는 거절했다. 1965년 8월 28일 아침 6시, 커플리노는 이 지역의 의사 줄리엣 캐롤에게 전화를 걸어, 아내가 심장발작으로 죽었다고 말했다. 그 전날 밤에 그녀는 가슴이 아프다고 했는데 아침에 눈을 떠보니 아내가 죽어 있었다는 것이다. 의사 캐롤은 좀 수상쩍은 점이 있다고 생각하였다. 30이 될까 말까 한 여자가 심장발작으로 갑자기 죽는 경우는 좀처럼 없는 일이었다. 그러나 그 의사는 의사기도 한 남편의 진단에 따라 사망증명서에 서명했다. 그후 며칠이 지나 커플리노는 메리 깁슨을 아내로 맞아들였다.

그해 11월 파버 부인은 캐롤에게 면담을 신청하여 카메라 커플리노는 피살되었다고 말했다. 캐롤은 그녀의 주장을 군郡 보안관에 전했다. 파버 부인은 그녀의 남편이 죽음을 당한 자초지종을 모두 털어놓았다.

조사를 위해 두 구의 시체가 파헤쳐졌다. 카메라 커플리노의 시체를 조사한 뉴욕주의 헬펀 주임검시관은 엉덩이에 주사바늘을 꽂은 자리를 발견하였다. 커플리노에게는 석시닐콜린이라는 약물을 사용한 혐의가 있는데 이 약은 신경계통을 마비시키는 클라레라와 비슷한 효과가 있는 마취약이다. 이것은 급속히 호박산瑚珀酸과 콜린으로 분해되는데, 검시관은 이런 물질이 시체에 많이 남아 있는 것을 확인했다. 한편 검시관의 동료로 엉덩이의 지방질을 분석한 찰스 앤버거 박사도 그 지방질에는 다량의 석시닐콜린이 포함되어 있는 것을 알아내었다.

커플리노의 변론은 저명한 변호사 F. 리 베일리가 맡게 되었다. 베일리 변호사는 마주리 파버가 '여자의 질투심'에서 피고에게 함부로 죄를 뒤집어씌웠다는 내용에 변호의 논점을 집중시켰다. 두 사람의 기소배심원은 칼 커플리노를 두 건의 제1급 살인죄로 기소했다.

처음 재판은 1966년 9월에 뉴저지주에서 열렸다. 그런데 법의학상의 해석이 구구하고 사건의 내용이 복잡하게 얽혀 어떤 배심원은 그가 무죄라고 주장했다.

한편 그후 플로리다주 재판에서는 앤버거 박사가 제출한 증거가 결정적 증거로 채택되어 배심원은 커플리노 부인이 석시닐콜린 주사로 살해된 것을 인정하고 피고를 제2급 살인죄로 판정하여 커플리노에게는 종신형이 선고되었다.

재판이 끝나자 F. 리 베일리 변호사가 신문과 텔레비전에서 검찰측과 증인을 맹렬히 비난했다. 그러므로 이 사건은 세상에 씁쓸한 뒷맛을 남기게 되었는데, 검찰측은 이에 보복하여 베일리 변호사가 1년 동안 뉴저지주에서 변호사 활동을 못 하도록 정지시켰다.

어린이 살해는 최고의 기쁨

— '스릴'을 위해 어린이를 납치하여 살해한 '늪지대의 살인자'

• 이안 브레이디(영국)
• 마이라 힌드레이(영국)

이안 브레이디는 사회생활을 하기에는 부적격자였다. 마이라 힌드레이도 외모는 보통사람이지만, 정상적인 인간의 감각이 결여된 여자였다. 두 사람은 1960년 초에 업무 관계로 만나게 되었는데, 곧 뜻이 맞아 악의 파트너가 되었다. 두 사람이 한결같이 매혹된 악, 그것은 나치의 유태인 학살과 새디즘과 외설 행위의 복합이었다.

배덕背德의 길로 먼저 끌어들인 것은 분명히 브레이디였으나, 힌드레이도 굉장히 열성적으로 악의 사도使徒의 길을 걸었다. 두 사람이 살인을 저지를 무렵에는, 당시 최고 재판관이었던 프레데릭 에르윈 존스경의 말을 빌리면, "그녀는 도공陶工의 손이 빚은 단순한 찰흙이 아니었다"는 것이다. 오히려 그녀 쪽이 주도권을 잡고 적극적으로 사건을 저질렀다고 볼 수 있는 사건도 있을 정도였다.

브레이디와 힌드레이는 서로 손을 잡기만 하면 불과 기름 같은 관계가 되었다. 하는 일마다 인간의 도리를 완전히 무시했다. 두 사람은 어느 날부터는 공공연한 동거를 시작했고, 빗나간 성욕에 빠지기 시작했다. 먼저 브레이디의 자동 카메라 앞에서 여러 가지 포즈를 취하면서 두건, 회초리, 애완용 발바리 등을 사용한 포르노 사진을 제작했다. 이일에 싫증나면 두 사람은 남의 집을 터는 강도짓을 모의했으나 용기가 나지 않았다. 그 대신 그들은 사람을 죽이기로 했다. 용기 없는 그들은 남을 의심할 줄 모르는 어린이를 희생물로 택했다.

변태적인 성욕이 두 사람 만남의 출발점이었다. 그 위에 여러 가지 죄악이 쌓여갔다. 유괴, 구박, 성적 학대를 한 다음에 기괴한 수단으로 살해한 레슬리 안 다우니와 존 킬브라이드라는 어린이의 경우에서도 전형적인 혐오스러움을 찾아볼 수 있다. 두 사람은 여러 가지 비열한 행위를 저지르는데, 그 대상이 된 어린 여자아이가 비명을 지르면 그것을 테이프에 녹음한다. 그리고 죽은 아이를 파묻은 무덤 위에서 포즈를 취하고 사진을 찍는다. 후에 그 비명과 그림을 재생하여 히죽거리며 즐기는데 모두가 성적인 쾌락을 높이기 위해서였다. 두 사람은 여기에서 '스릴'을 느낀 것이다.

변태성욕만이 아니다. 두 사람을 체포한 계기가 된 에즈워즈 에반즈의 살해는 '죽이는 실연實演'이 주요한 목적이었다. 마이라 힌드레이에게는 데이비드 스미스라는 처남이 있었다. 두 사람은 스미스를 전부터 동료로 끌어들이려고 했는데, 이를 위한 실연이었다. 당시 스미스는 17세였다. 두 사람의 눈에 이 소년은 이들이 생각한 역할을 잘해 낼 수 있는 적임자였다. 스미스에게는 성폭행의 전력도 있고 또 알코올중독자이기도 했다. 브레이디의 살인 조수로는 안성맞춤이었다.

스미스는 16세 때에 힌드레이의 여동생 몰린을 성폭행하여 몰린이

임신하게 되자 결혼했다. 그후 브레이디는 이 젊은이에게 새드와 알코올을 조금씩 주입하면서 조심스럽게 키웠다. 힌드레이도 이 젊은이를 끌어들이는 데 중요한 역할을 했다. 그녀는 자기가 운전하는 미니밴에 태워 모두를 늪지대로 데리고 갔다. 그곳에서 브레이디와 스미스는 남의 집을 터는 강도짓을 계획하고, 그녀가 마련한 권총으로 사격 훈련을 했다. 브레이디는 스미스에게 몇 번이나 자랑을 했다.

"나는 사람을 죽인 적이 있어. 그것도 한두 번이 아니야. 시체는 늪에 던졌지. 그걸 증명하는 사진도 있지. 난 서너 명 죽였어." 그는 이렇게 자랑삼아 덧붙였다. "난 더 많이 해치울 거야. 그렇지만 다음번은 석 달 뒤의 일이야. 반드시 해치울 거야. 그까짓것 아무것도 아니야."

에드워드 에반즈의 살해는 믿어지지 않을 정도로 처참하고 잔혹했다.

손도끼를 사용했으며 전기 코드로 목을 졸랐다. 그런데 그 끔찍한 일을 스미스가 보는 앞에서 저질렀던 것이다. 이안 브레이디는 자신이 일단 입 밖에 낸 말은 반드시 실행하는 인간이라는 것을 스미스에게 알려 주는 것이 하나의 목적이었고, 앞으로의 범죄를 위해 그를 공범으로 끌어들이려는 것이 또 하나의 목적이었다. 범행은 해터슬레이의 워들 블록가의 시영주택의 한 방에서 저질러졌다. 당시 브레이디와 힌드레이가 살던 방이었다.

할머니는 아래층에서 떠드는 소리에 잠을 깼으나, 힌드레이가 적당히 얼버무려 무마했다. 힌드레이는 이 날 스미스를 교묘히 꾀어 현장으로 끌어들였다. 밤 늦게 그의 집에 간 그녀는 집까지 바래다 달라고 그에게 부탁했다. 집 가까이 오자 좋은 포도주가 있으니 마시고 가라고 집으로 끌어들였다.

그후에 "스미스, 그를 도와줘!" 하며 이번에는 살인에 그를 유인했다. 스미스가 거실로 뛰어갔더니, 브레이디가 손에 도끼를 들고 울부짖는 남자아이에게 올라타고 미치광이처럼 그 아이의 머리를 향해 도끼를 내리치고 있었다(후에 검시의가 조사한 바에 의하면, 길이가 3센티미터에서 13센티미터까지 되는 상처가 두개골에 열네 군데나 있었다). 그러고는 "이 녀석은 꽤 시간이 걸리겠는걸" 하고 쿠션으로 질식시키고, 마지막으로 전기 코드로 목을 졸라 끝장을 냈다. 그러자 브레이디가 힌드레이에게 말했다.

"이제 끝났어. 이 녀석은 가장 오래 걸렸어."

두 사람은 스미스를 살해에 끌어들일 기회를 놓치지 않았다. 브레이디는 손도끼를 그에게 넘겨주었다.

"그 무게를 손으로 느껴봐." 그는 이렇게 말하고 곧 손도끼를 되돌려 받았다. 도끼 자루에는 스미스의 지문이 남아 있었다. 세 사람은 핏자국을 씻기 위해 몹(자루 달린 걸레)으로 말끔히 씻었다. 스미스는 겁이 나서 거절할 수 없어 브레이디를 거들어주기까지 했다. 죽은 소년의 무릎을 턱에까지 닿게 접어 닭처럼 동여매고, 자루에 넣어 처리하기 위해 위층으로 운반했다. 브레이디는 시체를 운반하면서 농담까지 했다.

"이거야말로 데드웨이트야."

세 사람은 일을 마치고 아래층으로 내려와 홍차를 마셨다. 그때 힌드레이가 말했다.

"스미스도 그 애의 얼굴을 똑똑히 보았어야 하는데…… 도끼로 내리쳤을 때의 그 눈을."

그녀가 미니밴을 늪지대에 주차시키고 있을 때, 경관이 검문했다는 말을 스미스에게 알려줬다. 희생자의 시체가 차 뒤의 트렁크에 들어 있었으며 시트를 씌워놓았다. 브레이디는 밖에서 무덤을 파고 있었다.

"경찰차가 멈춰서더니, 경관이 다가와서 '무슨 일이 있었습니까?' 하고 묻지 않겠어. 내가 대답했지. '플럭plug이 젖어서 말리고 있어요.' 그랬더니 경관은 그만 꺼져버렸어."

스미스는 시체를 힌드레이의 차로 운반하려면 손수레가 필요하니 이튿날 가지고 오겠다고 힌드레이에게 약속하고 집으로 돌아갔다. 집에 들어서자마자 그는 갑자기 심한 구역질을 느꼈다. 그는 모든 것을 아내에게 털어놓았다. 배신을 당했다고 생각하면 브레이디가 무슨 짓을 할지 알 수 없으므로 두 사람은 날이 밝기를 기다렸다. 그리고 나이프와 드라이버로 무장하고, 조심스럽게 공중전화의 박스에 들어갔다. 스미스는 브레이디가 흉기를 갖고 있다고 경찰에 전화로 알렸다.

오전 8시 40분, 빵집 배달원 복장을 한 형사가 워들 블룩가에 있는 브레이디의 집 문을 노크했다. 힌드레이가 문을 열자 형사는 곧 신분을 밝히고 안으로 들어갔다. 또 한 사람의 형사도 따라 들어갔다. 두 형사는 소파에 누워 있는 브레이디를 발견했는데 속옷 차림이었다. 집 안을 수색하다 보니 침실 문이 잠겨 있었다. 힌드레이에게 열쇠를 넘겨받고 그 방을 조사하니 에반즈의 시체가 있었다. 몸을 웅크린 채 자루에 들어 있었다. 브레이디는 살인혐의로 그 자리에서 체포되고, 힌드레이도 다음주에 체포되었다. 브레이디가 스미스에게 죽였다고 자랑한 '3, 4명'에 대해서도 경찰은 수사를 확대했다. 발견된 시체로 인해, 늪지대의 살인과 두 사람을 연결하는 단서가 선명하게 포착되었다.

늪지대의 살인범은 과연 어떤 인간인가?

이안 브레이디는 스코틀랜드계의 웨이트레스의 사생아로 1938년 1

월 2일에 태어났지만 아버지가 누구인지 알 수 없었다. 그는 양자로 남의 집에 가게 되었는데, 어머니는 가끔 찾아오곤 했다. 그는 글래스고의 가장 가난한 빈민가인 고발즈에서 양어머니의 손에서 자랐다. 12세 때 친어머니는 남부의 맨체스터로 이주하여, 그곳에서 패트릭 브레이디라는 사람과 결혼했다. 아들 이안은 글래스고에 남았는데, 이 무렵부터 그에 대해 태아성胎兒性 정서불안이라는 소문이 나돌고 있었다. 다른 아이들을 괴롭히고 동물을 학대하는 등 가학적인 행동이 엿보였다. 주거침입이나 절도로 여러 번 보호관찰의 대상도 되었다. 1954년에 법원은 그에게 맨체스터로 돌아가 친어머니와 함께 살면서 보호관찰을 계속 받으라는 판결을 내렸다. 그는 10대때부터 술을 배우고, 자잘한 범죄에 손을 대기 시작했다. 18세 생일이 지나고 한 주 후, 2년 기한으로 보슬(불량소년수용소)에 수용되었는데 물건을 훔쳤기 때문이다. 살인하기 전의 그에 대한 판결은 1파운드의 벌금으로, 이것은 이안 단칸 스튜어트라는 그의 실명實名에 내려진 판결이었다. 음주와 외설 행위에 대한 형벌이었다.

고발즈와 체스터 순회법정에서 판결을 내릴 무렵에, 브레이디는 히틀러와 그의 강제수용소 살인집단을 숭배하게 되었다. 힌드레이와 만날 때까지 히틀러의《나의 투쟁》을 원문으로 읽고 있었는데 그녀가 그를 인텔리라고 생각한 것은 이 책의 영향이 크다. 같은 기간에 그의 독서 경향은 다음과 같았다.

《고문拷問의 역사》,《성적 범죄자》,《마키 드 새드의 생애와 사상》,《뉴른베르크 일지》,《하인리히 히믈러》,《회초리의 키스》,《변태 성욕》. 인간에 대한 그의 사고방식은 그의 행위에 분명히 나타나 있다. 그는 다른 사람을 곤충, 멍텅구리, 구더기, 양배추라고 생각했다.

마이라 힌드레이가 처음으로 브레이디와 만난 것은 19세 때였다. 골초였으며, 별로 내세울 것 없는 노동자 계급 출신의 처녀였으며 그녀를 아름답다고 말하는 사람은 없었다. 그녀는 히프가 크고 어딘가 모르게 촌스러웠다. 또한 그녀는 코도 유난히 크고, 턱마저 앞으로 삐어져 나왔으며, 학교 학적부의 성격란에는 협조성이 부족하다고 쓰여 있었다. 그녀가 태어나서 자란 맨체스터 고턴 지역의 이웃 사람은 그녀를 어린이와 동물을 좋아하던 계집아이로 기억하고 있었다. 거리의 댄스파티에서 재즈춤을 추는 것을 좋아했으나, 남자아이들과 문제를 일으키는 일은 절대로 없던 소녀라는 인상이 남아 있었다. 그녀는 카톨릭 개종자로(젊었을 때에는) 일요일에는 반드시 성당에 나갔다. 그런데 아이러니컬하게도 브레이디와 그녀가 늪지대의 살인범이라는 것을 알게 된 계기가 된 것은, 카톨릭 교도로서 그녀가 처음으로 올린 첫 영성체를 기념하여 아버지와 숙모가 보내준 기도서 《영혼의 등산》 때문이었다.

에반즈가 살해된 후에 그녀의 소지품을 조사한 경찰은, 이 책의 안쪽에서 두 장의 수하물표를 발견했다. 이것은 에반즈가 살해된 전날에 그녀가 맨체스터의 중앙역에 맡긴 두 개의 슈트케이스의 보관증으로 만일의 경우 집이 수색당할 것을 예상한 예비 조치였다. 경찰은 이 슈트케이스 속에서 가발, 몽둥이, 가면, 은행의 경비 상태와 관련된 각종 메모류 그리고 새들워스 늪지대에 이미 매장한 레슬리 안 다우니와 존 킬브라이드의 살해와 직접 관련된 저주스러운 사진과 테이프를 발견했던 것이다.

힌드레이는 학교를 졸업한 후에 여러 가지 직업을 전전했다. 거의 사무원이었다. 1961년 1월, 그녀는 웨스트 고턴의 밀워즈라는 화학약품 도매상에 타이피스트로 입사했다. 여기서 그녀는 복도 맞은편 방에서 일하는 얼굴이 창백한 청구서 담당 사무원에게 홀딱 반했다. 점심 시간에는 《마인캄프(나의 투쟁)》를 원문으로 읽고 있는데, 그 남자가 자기를 무시하는 태도를 취하는 것 같았다. 그녀의 일기에는 이렇게 쓰여 있었다.

"오늘 이안은 나를 바라보았다. 그는 언제 나를 밖으로 불러내 줄까?…… 오늘 이안이 나에게 미소를 던진 것 같았다…… 나는 그를 사랑하고 있다…… 나는 사람 하나를 발견했다! 오늘 처음으로 데이트를 약속했다. 영화 보러 가기로 했다."

두 사람이 처음으로 함께 본 영화는 〈뉴른베르크 재판〉이었다. 여기에도 그들의 미래와 연관된 무서운 암시가 있는 것처럼 생각되었다. 고턴에 있는 그녀의 할머니 집으로 돌아가는 도중에 이안 브레이디는 그녀를 유혹했다. 이윽고 두 사람은 떨어질 수 없는 깊은 사이가 되었다. 그는 빨강과 은빛으로 된 화려한 모터사이클 뒤에 그녀를 태우고 거리를 누볐다. 그녀는 엘마 그레이제(나치강제수용소의 여간수로 새디스트. 제2차 대전 후 영국 점령군에 의해 '베르젠의 암캐'이라고 불렸다)를 흉내 내어, 머리를 갈색으로 물들이고 가죽 장화를 신었다. 브레이디는 이런 그녀가 마음에 들어 그녀를 '아이라 헤스'라고 불렀다.

그들은 혼자서 혹은 둘이 뒤얽혀서 포르노 사진을 찍었다. 브레이디는 이 사진을 팔아 돈을 벌려고 했으나 전혀 팔리지 않았다. 다음에 생각해 낸 것이 흉기를 들고 강도짓을 하는 것이었다. 이 무렵부터 힌드레이 쪽이 주도권을 잡게 되었다. 먼저 그녀는 리틀 라이플 클럽에 입회하여 사격훈련을 받았다. 다음에 그녀는 클럽에서 알게 된 사람을 적당히 구슬러 계획하고 있는 은행강도에 필요한 45구경의 웨블레이 연발권총을 입수했다. 도망칠 때에는 차를 운전해야 한다. 브레이디는 운전면허 시험을 치렀으나 끝내 합격하지 못했다. 그러자 그녀가 대신 연습하여 1963년 11월에 운전면허를 땄다. 그후 1965년에 체포될 때까지 그녀가 살인팀의 운전사로서, 그 기간에 세 대의 중고차를 구입하여 사용하였으며, 이것을 사용하지 않을 때에는 렌트카를 운전했다.

그들은 대체 몇 사람이나 죽였을까? 누가 최초의 희생자며, 몇 사람이 살해되었는지조차 분명치가 않다. 이 의문이 처음으로 제기된 것은 1965년 10월 13일이었다. 이 날 이 사건 담당 경찰이 기자회견을 했다. 체샤이어 경찰 수사과의 주임인 아더 벤필드 형사는 다음과 같은 사실을 밝혀냈다.

"지난 3년 혹은 4년 동안에 행방불명이 되어, 단서가 잡히지 않고 있던 여덟 명에 대해 조사하고 있다. 이들이 행방불명이 된 상황에 공통된 점이 있는지 여부에 대해서도 조사하고 있다."

폴린 리드는 당시 16세로서, 1963년 7월 12일 저녁에 댄스파티에 가는 도중에 없어졌다. 폴린은 고턴의 와일즈 거리에 살고 있었다. 이 집은 이후에 힌드레이의 여동생인 몰린과 결혼한 데이비드 스미스의 집과 불과 두 집 떨어져 있었으며, 힌드레이도 고턴의 바녹 거리에 살고 있었다. 이 집은 폴린의 집에서 모퉁이를 돌아간 곳에 있었으며, 힌드레이는 그녀를 잘 알고 있었다. 그리고 일부의 조사에서는, 그녀의 애인 이안 브레이디는 이 무렵에 이미 그녀와 동거하고 있는 것으로 알려져 있었다. 조사를 세밀히 하는 것으로 정평이 나 있는 《늪지대의 살인자》의 저자인 데이비드 마티벤크스는 다음과 같이 쓰고 있다.

"브레이디와 힌드레이의 관계는 그때까지 2년 동안 계속되고 있으나 주목할 만한 변화가 일어난 것은 폴린이 없어지기 한 달 전의 일이다. 즉 브레이디가 바녹거리에 있는 마이라의 집으로 옮긴 것과 마이라가 최초의 차를 구입한 것이다. 이것은 브레이디가 계획한 살인에는 반드시 필요한 조건이다."

폴린의 모습을 마지막으로 본 것은 고턴 철도협회의 댄스 파티에 가는 도중이며, 바녹 거리에서 가까운 공터를 가로질러 가고 있을 때였다. 그녀는 댄스 파티에 나타나지 않았으며 그후 아무도 그녀를 보지 못했다. 경찰에서는 경찰견이나 프로그맨 잠수자를 투입하여 수색했으나 시체를 발견하지 못했다. 외치는 소리나 울부짖는 비명도 전혀 들은 사람이 없으므로 그녀는 제 발로 가출했을 가능성도 부정할 수 없었다. 폴린은 기록상으로는 행방불명으로 되어 있었다.

1년 후에 케네스 베네트라는 12세의 초등학생이 행방불명되었다. 대가족 중의 일원이었던 그 아이는 1964년 6월 16일 저녁에 맨체스터의 롱사이트 지구의 모턴 거리에 살고 있는 할머니 집으로 가기 위해 콜턴 인메드록의 엔스턴 거리에 있는 자기 집에서 나왔다. 어머니는 오후 8시에 그 아이가 번잡한 스톡포트가를 횡단할 때까지 바래다 주고 그녀의 단골인 빙고 클럽으로 갔다. 그곳에서 모턴 거리는 가까웠으므로 그 아이가 혼자서 걸어간 거리는 얼마 되지 않았을 것이다. 그런데 케네스 베네트는 사라졌다. 우연한 일인지 모르지만, 모턴 거리는 일찍이 브레이디가 어머니와 함께 산 적이 있어 당시에도 가끔 찾아간 롱사이트 지구 웨스트랜드 거리와는 가까운 곳이었다. 그리고 브레이디와 힌드레이가 늪지대로 가기 전에 포도주를 산 주류 판매점도 이곳에서 가까운 곳, 즉 그들에게 낯익은 장소였다.

　케네스 베네트가 없어지고, 폴린 리드가 사라진 것을 다우니와 킬브라이드의 살해와 결부시키는 고리는 이것뿐이다. 다만 어느 경우에서나 상황이 매우 비슷한 것뿐이었다. 네 아이는 모두 맨체스터의 같은 지구의 공공 장소에서 대낮에 사라졌다. 이 지구는 브레이디와 힌드레이가 눈 감고도 찾을 정도로 익숙했고 자주 드나들었던 곳이다.

　에드워드 에반즈가 살해된 곳은 해터슬레이지만, 먼저 브레이디는 자기 집으로 데리고 왔다. 중요하게 생각되는 사실이 또 하나 있다. 여기에 이름을 나열한 다섯 명은 상황의 우연한 일치를 고려하더라도 늪지대의 살인과 어떤 관련을 갖는 것이 분명한데 이 인원수가 브레이디가 스미스에게 떠벌인 희생자의 최대 숫자와 일치하는 점이다.

　"나는 서너 명 죽였어. 이 석 달 동안에는 잠자코 있었지만 곧 또 해치울 거야. 이것은 살인 숫자에 들어 있지 않지만 말이야."

　브레이디의 생각에 에반즈의 살해는 '스릴'을 위해서만 범행한 것이 아니므로, 숫자에 들어가지 않았을 것이다. 이 범행의 의도는 스미스에게 실시하는 살인 교육의 중요한 최종 실습이었다. 힌드레이의 경우에 에반즈의 살해에서 얻을 수 있는 희열은 강 건너 불구경이며, 그 역할은 냉정하게 계산된 것이었다. 그녀는 브레이디와 동행하여 먹이가 될 희생자를 찾고 그 아이에게 어떤 운명이 기다리고 있는지 알면서 에반즈를 차에 태워 자기 집으로 데리고 갔다. 다음에 그녀는 에반즈를 살해할 시각에 맞추어, 스미스를 집으로 데리고 왔다.

　에반즈의 시체를 조사한 검시 의사의 소견에 의하면, 에반즈는 구두만 벗겨졌고 옷은 모두 입고 있었다. 재판에서 두 사람은 기소 사실을 모두 부인했다. 따라서 힌드레이의 잔혹한 즐거움은 에반즈를 죽이기 전에 브레이디가 희생자에게 괴상한 동성애 행위를 하는 것을 보는 데 있었는지, 아니면 살해행위 자체를 보는 데 있었는지 분명치가 않다. 스미스의 증언에 의하면 브레이디가 도끼로 에반즈를 내리쳤을 때, 그녀도 그 방에 함께 있었다. 이 기이한 성적 욕망의 문제는 검사의 심문에서도 처음부터 끝까지 매우 중요한 사안이었다. 검사는 브레이디를 심문했다.

"피고는 전에 에반즈와 만난 적이 있다고 법정에서 증언했는데, 동성연애자들이 자주 드나든다는 그 클럽에 대해 묻겠다. 피고는 그 클럽에 간 적이 있는가?"

"세 번쯤 갔습니다."

"동성애자들이 모인 곳에서 피고는 무엇을 했는가?"

"그들이 하는 것을 보고 있었습니다."

"피고와 힌드레이도 함께 갔는가?"

"아닙니다."

"힌드레이는 두 사람은 언제나 함께 있었고, '그가 하는 일을 저도 했어요. 그가 가는 곳이면 저는 어디나 따라갔어요'라고 대답했는데?"

"그것은 그의 말일 뿐입니다. 모터사이클이 있을 때에는 언제나 그녀와 함께 갔습니다."

"그날 밤에 거실에서 피고와 에반즈 사이에 어떤 동성애적 행위가 있지는 않았는가?"

"없었습니다."

"에반즈의 시체가 발견되었을 때, 바지 앞의 단추가 위에서 아래까지 벗겨져 있었는데 그건 피고가 벗긴 것이 아닌가?"

"그렇지 않습니다."

"에반즈의 상반신과 팬티의 안쪽에 음모가 있었는데, 이것은 피고와 에반즈가 동성애적 행위를 한 증거가 아닌가?"

"그렇지 않습니다."

"어떤 말로 에반즈를 워들 블룩의 집으로 유인했는가?"

"그 아이와 이야기를 나누는 동안에 뭔가 성과 관련된 것을 생각했고, 그 아이도 그걸 알아챘다고 느꼈습니다."

10세의 레슬리 안 다우니를 찍은 포르노 사진에 대해 질문했고, 그러자 브레이디는 자신이 10실링을 주겠다고 했으며, 그 아이가 스스로 포즈를 취했다고 주장했다. 그러나 그를 죽인 것은 완전히 부인했다. 검사는 다음과 같이 그를 심문했다.

"테이프와 레슬리 안 다우니의 나체 사진을 이용해 성적인 요소를 범죄와 결부시켰다면 대단히 큰 죄를 저지른 것인데, 피고는 이에 동의하는가?"

"그렇습니다."

"피고는 마이라 힌드레이가 그 아이의 살해에 가담하기를 꺼렸다고 했지?"

"그렇습니다."

"그 테이프는 열 살의 여자아이에 대한 야만스러운 성적 행위의 기록이 아닌가?"

"그렇지 않습니다. 테이프를 녹음했을 때, 옷은 벗기지 않았습니다."

"테이프에 어린이가 '제발 옷은 벗기지 말아주세요' 하고 항의하는 소리가 들렸는데?"

"어린이가 항의한 것이 아니라 부탁한 겁니다."

"테이프는 1964년 크리스마스에 만들었고, 우리가 그것을 발견한 것은 1965년 10월이었는데, 이 기간까지 테이프를 보관한 이유는 무엇인가?"

"그냥 가지고 있었던 겁니다."

"그것이 테이프를 보관한 가장 합당한 이유인가?"

"네, 그렇습니다."

"이런 테이프들이 변태들이나 호모들을 몰래 보려는 팬에게는 인기 작품이 아닌가?"

"저로서는 알 수 없습니다."

"주문이 있으면, 복사할 만한 가치가 있지 않은가?"

"그렇지 않습니다."

"끝으로 아이가 '내게 뭘 하시려는 거예요' 하고 묻고 있는데, 이것이 10실링짜리 사진을 찍을 것을 승낙한 아이의 질문인가?"

"그렇습니다."

"다음에 '그걸 넣는 거야' 하고 피고가 말했고, 다음에 어린이는 '발가벗는 건 싫어요. 제발 부탁이에요' 하고 말하자, 피고는 '안 돼, 그걸 넣어야 해' 하고 말했는데, 사실이겠지?"

"그건 제가 한 말이 아닌 것 같은데요."

"이 테이프에는 처음부터 끝까지 피고 이외의 다른 남자 목소리는 전혀 들리지도 않는데도 말인가?"

"귀를 기울여 들으면 잘 들리지 않는 목소리가 있습니다."

"이 테이프에는 피고들에게 유리한 내용은 하나도 없지 않은가?"

"없습니다. 그래서 마이라는 제게 그것을 처분하라고 했습니다."

"피고는 이 테이프에 녹음된 일을 시키고도 아이를 살려서 집 밖으로 보내지는 않았겠지?"

"그렇지 않습니다."

브레이디가 테이프를 녹음했을 때, 그들 세 사람은 모두 알몸이었다고 말한 것도 부인했다. 이에 대해 검사는 다음과 같이 심문했다.

"금요일의 증언에서 피고는 '일을 마치고 나서 우리는 모두 옷을 입고 아래층으로 내려갔습니다' 라고 말했잖아?"

"저는 그렇게 대답한 적이 없습니다."

"정말인가?"

"저는 그런 말을 제 입으로 한 적이 없습니다. 그 말을 어디서 들으셨는지는 알 수 없지만……."

두 사람의 부심검사와 배심원 한 사람이 브레이디가 실제로 그렇게 말한 것을 확인해 주었다. 존 킬브라이드의 살해에 대해 검사는 브레이디에게 다음과 같이 질문했다.

"존 킬브라이드의 이 시체 사진을 보게. 바지가 무릎 아래나 혹은 무릎 정도까지 끌어내려진 것이 보이지 않는가?"

"이 사진으로는 잘 알 수 없습니다."

"잘 보게. 몸에 붙은 흙은 별도로 치더라도, 무릎과 다리 사이가 분명히 드러나 있지 않은가?"

"아래에 옷 같은 것이 보입니다."

"이 사진에서 검찰측은 이 소년이 어떤 성적인 학대를 받았다고 생각하고 있는데, 이런 짓은 피고가 전부터 원하던 일이 아닌가?"

"그렇지 않습니다."

"이것이 1963년 11월 23일에 그 늪이나 그 밖의 다른 곳에서 피고가 이 소년에게 행한 일이 아닌가?"

"그렇지 않습니다."

검사는 레슬리 안 다우니에게 외설스런 사진의 포즈를 취하게 하고, 그 외치는 소리와 항의하는 소리를 테이프에 녹음한 마이라 힌드레이의 '세련되고 잔인한 솜씨' 그리고 체포되었을 때의 '언뜻 보아 기특한 듯한 수치심'에 대해서도 추궁하고 있다. 검사는 그녀에게 다음과 같이 심문했다.

"피고는 알몸이 된 아이가 외설스러운 포즈로 이 사진을 찍는 것을 즐겼는가?"

"그렇지 않습니다. 사진을 찍었을 때 저는 포즈를 전혀 보지 않았습니다."

"그럼 어디 있었단 말인가?"

"그 방에 있었습니다. 그렇지만 창문에서 밖을 내다보고 있었습니다. 그 방에서 일어나고 있는 일이 곤혹스러웠기 때문입니다."

"창문에 커튼을 치고 있었을 텐데, 그렇지 않은가?"

"그렇습니다."

"사진을 찍는 것이 유쾌하지 않았단 말인가?"

"네, 불쾌했습니다."

"불쾌했다구? 그것이 피고가 생각해 낸 가장 정확한 표현인가?"

"아닙니다. 좀더 정확한 표현이 있을 것입니다."

"구역질이 나는 부끄러워해야 할 일이야. 안 그런가?"

"그렇습니다. 옳은 말씀입니다."

"아이에게 포즈를 취하게 한 것은 누구인가?"

"모르겠습니다. 라디오에 귀를 기울이고 있었으니까요."

"그곳은 아르바이트 홀이 아니라 작은 방이었어. 피고는 그곳에 있었고. 다시 한 번 묻겠는데, 아이에게 어떤 모습을 강요했는가?"

"저는 모릅니다. 그 일에는 관여하고 싶지 않았습니다. 수치스러운 일이므로 곤혹스러웠습니다. 그래서 라디오를 듣고 있었습니다."

힌드레이는 자기의 행위가 '잔인한 범죄'임을 인정하고 그것을 부끄럽게 생각한다고 말했다. 그녀에 대한 심문은 계속되었다.

"이것은 아이들이 부르는 크리스마스 캐럴을 담고 있는 테이프가 아닌가?"

"아닙니다."

"이것은 피고가 어린이에게 저지른 짓을 위장한 것이 아닌가?"

"그렇지 않습니다."

"강압적으로 포즈를 취하라고 했을 때 어린이가 그것을 거부할 힘이 있었다고 가정한다면, 그 경우에 피고는 어떻게 할 예정이었나?"

"잘 모르겠습니다."

"어린이가 수건으로 입을 막는 것을 싫어했을 때, 피고는 '잠자코 있어. 그러지 않으면 무슨 짓을 할지 모르니까. 때려 줄 거야' 하고 말하지 않았는가?"

"그런 말을 했는지 기억이 나지 않습니다. 녹음에 나와 있다면 그렇게 말했을 테지요."

"사진 중에서 석 장에 피고의 지문이 있는데, 피고는 가끔 이 사진을 보면서 즐기지 않았는가?"

"그렇지 않습니다. 아이가 돌아간 후에 그것을 보았습니다. 그것이 제가 마지막으로 그 사진을 본 것입니다."

"피고는 외설 사진 판매나 유통에 대해 잘 알고 있겠지?"

"그렇지 않습니다."

"사진을 찍을 줄은 아는가?"

"알고 있습니다."

"어떻게 그것을 알게 되었는가?"

"브레이디가 제 사진을 찍었기 때문입니다."

레슬리 안이 "싫어요, 아줌마" 하고 외친 상대가 그녀였음을 힌드레이는 부인했다. 검사는 심문을 계속했다.

"이것이 피고가 아니고 대체 누구란 말인가?"

"글쎄요. 목소리가 희미해서…… 그 '여자의 목소리'는 브레이디의 목소리가 틀림없습니다."

"그는 무엇을 하고 있었는가?"

"손수건을 아이의 입에 쑤셔넣고 있었던 것으로 생각됩니다."

"어린이가 꼼짝도 하지 않았는데 피고는 어린이를 마구 때리지 않았는가?"

"별로 때리지 않았습니다. 그 아이를 건드리지도 않고 상처 같은 것은 입힌 적이 없습니다."

"피고는 개패듯 그 아이를 때리지 않았는가?"

"그렇지 않습니다."

"피고는 여러 번 '그걸 넣어야 해' 라고 명령하지 않았는가?"

"저는 다만 아이를 조용히 만들려고 했을 뿐입니다."

"그리고 피고는 '그만두라고? 안 돼' 하고 말했는데, 이 두번째 명령에는 무서운 협박이 들어 있다고 생각지 않는가, 미스 힌드레이?"

"그렇게 생각하지 않았습니다. 그건 필사적인 어조입니다."

"다음에는 가엾은 어린이가 토하는 듯한 소리가 들리는데, 이것은 아이의 목구멍에 그것을 밀어넣었기 때문이 아닌가?"

"그렇지 않습니다."

"그럼 이 아이를 발가벗긴 것이 누구란 말인가?"

"아이 혼자서 했습니다."

"그럼 이것을 어떻게 설명할 텐가? 어린이는 '발가벗는 건 싫어요. 제발 벗기지 말아요' 라고 말하고 있는데, 이것이야말로 피고가 어린이에게 하려고 했던 짓이 아닌가?"

"그렇지 않습니다. 저는 그런 짓을 한 적이 없습니다."

"그럼 녹음 테이프를 앞으로 돌려서 내용을 묻겠는데, 어린이가 '저 이제 돌아갈 거예요. 엄마와 함께 외출하기로 했어요. 보내주세요. 부탁이에요. 도와주세요' 하고 말했을 때, 피고는 마음이 흔들리지 않았는가?"

"그때 저는 그곳에 있지 않았습니다. 곧바로 아래층에 가서 스미스에게 올라가자고 말했어요."

"녹음 테이프를 다시 좀더 앞으로 돌린 내용을 묻겠는데, 브레이디가 아이에게 '이 손을 아래로 내려놓지 않으면 목을 자를 테다' 하고 말한 것은, 피고가 어린이의 우는 소리 때문에 방해를 받고 싶지 않았기 때문이 아닌가?"

"그렇지 않습니다."

"아이가 울기 시작하자, 피고는 '쉿, 조용해. 그걸 다시 입에 넣어. 그리고……' 하고 다시 '좀더 깊이 넣어' 하고 말했는데, 무엇 때문에 입속에 깊숙이 넣고 싶어했는가?"

"아이의 입에 손수건을 넣으려고 생각했습니다."

"무엇 때문에 더욱 깊숙이 넣어야 하는가?"

"잘 모르겠습니다."

"좀더 시간이 지나면 그 아이를 질식시키기 위해서가 아니었는가?"

"그렇지 않습니다."

힌드레이는 그 당시 브레이디와 자신이 그 여자아이와 마찬가지로 알몸이 된 것을 부인했다. 그리고 이때 두 사람이 성행위를 한 것도 부인했다. 검사는 그녀가 전에 자기가 한 일을 부끄럽게 여긴다고 말한 것에 대해 "피고의 수치심은 형식적인 대답이었나?" 하고 추궁했다. 그녀는 그렇지 않다고 대답했다. 존 킬브라이드의 살해에 대해 검사는 다음과 같이 질문했다.

"피고의 여동생인 몰린은, 피고가 해터슬레이에 이주하기 전에 일요일에는 언제나 아슈턴 마켓에서 쇼핑을 했다고 하던데 사실인가?"

"그건 그 애의 말입니다."

"그것이 사실인가?"

"아뇨, 사실이 아닙니다."

"아슈턴 마켓은 남자아이가 심부름을 자주 가는 곳이라는 것을 피고는 알고 있었겠지?"

"아뇨, 그건 알지 못했습니다."

"피고는 에반즈를 죽였을 때와 같은 역할을 킬브라이드 때에도 하지 않았는가? 즉 그곳에 차를 타고 가서 남자아이를 살해할 장소까지 옮긴 사실이 있지 않은가?"

"그렇지 않습니다."

"피고는 차를 빌려 계획한 살인에서 자기 역할을 수행하지 않았는가?"

"그렇지 않습니다."

"피고와 브레이디가 이 남자아이 존 킬브라이드를 만난 곳은 이곳이 아닌가?"

"그렇지 않습니다."

"피고는 브레이디에게 협력하여 결국 이 남자아이의 시체가 그 늪지대의 쓸쓸한 곳에 묻히게 했는데, 바로 이곳이 그 출발점이 아닌가?"

"저는 아슈턴 근처에는 가본 적이 없습니다."

브레이디와 마찬가지로 힌드레이도 끝까지 거짓말을 했다.

배심원에 대한 최종 재판에서 검사는 소녀 다우니가 그 시련을 감당해야 했던 '최고로 비열한 행위'에 대해 추궁했다. 그리고 팬턴 아트킨슨 판사는 그 최종 논고에서 외설 사진에 대해 이렇게 말하고 있다.

"사진을 다 찍고 나서 브레이디가 이런 말을 했어요. '우리는 모두 다시 옷을 입었다'는 말은 그곳에서 저질러진 행위에 대해 한 가닥 양심의 빛이 보이는 것으로 생각되지요."

에반즈를 살해하기 전에 브레이디와 힌드레이가 맨체스터의 중앙역에 맡긴 슈트케이스에는 두 개의 테이프가 들어 있었다. 이것은 모두 법정에 증거물로 제출되었다. 하나는 해터슬레이 근처에 사는 사람의 12세 딸로 그녀의 이름은 패트 호치스였다. 그들 사이에 주고받은 대화의 내용이다. 다른 사람에게는 이 대화가 아무 의미도 갖고 있지 않을 것이다. 그러나 브레이디와 힌드레이는 레슬리 안 다우니를 유괴하기 36시간 전에 늪지대에 있는 그들의 묘지에, 차로 패트 호치스를 데리고 가서 그녀에게 포도주를 억지로 먹이고 과거와 미래의 살인에 대해 은밀히 누리는 즐거운 시간을 보냈다. 없어진 아이를 찾는 소리가 들려오자, 두 사람은 그 지역의 신문을 패트 호치스에게 보여주면서, 그 아이의 천진스러운 감상感想을 테이프에 녹음했다.

이것도 살인에서 얻을 수 있는 또 하나의 '스릴'이었다. 그러나 이제 그들에게 악운이 다가왔다. 패트 호치스는 자기가 차로 끌려간 장소를 기억하여, 후에 경찰을 그곳으로 안내했다. 그리하여 다우니와 킬브라이드의 시체가 발굴되었다. 그런데 세상의 분노와 반발을 불러일으켜, 이 재판을 역사에 남기게 된 것은 또 하나의 테이프였다. 레슬리 안의 옷이 벗겨지고 살인자 앞에서 사진의 포즈를 강요당했을 때에 외치는 소리와 울음소리를 녹음한 테이프다. 법정에서 이 테이프가 공개되었다. 판사와 배심원, 보도기자, 일반 방청인들은 한결같이 큰 충격을 받았다. 그러나 음질音質은 좋지 않았다. 배심원에게는 필기할 기록지가 배포되었다. 거기에는 테이프 목소리의 남녀와 어린이를 각각 구분하라는 것이었다. 후에 레슬리 안 다우니의 목소리는 그녀의 어머니에 의해 확인되었다. 그리고 브레이디와 힌드레이의 목소리는 경찰측의 증인에 의해 확인되었다.

1966년 5월 6일, 브레이디와 힌드레이는 에드워드 에반즈와 레슬리

안 다우니를 살해한 죄로 함께 유죄가 선고되었다. 그리고 브레이디는 존 킬브라이드의 살해로 유죄, 힌드레이는 공범으로 유죄가 되었다. 브레이디는 이 세 건의 살인으로 각각 종신형이 선고되었다. 힌드레이는 에반즈와 다우니의 살인으로 종신형, 킬브라이드의 살해로 7년형이 선고되었다. 그 어느 경우에나 형기는 중복하여 적용되었다. 힌드레이는 상고했지만 수석 판사와 배석한 두 판사는 증거가 너무나 명백하다며 이를 기각했다.

엿보기가 겹쳐서 매주마다 살인으로

— 2년 동안에 20명 이상의 젊은 여자를 죽인 살인자

• 데오도어 밴디 (미국)

밴디(별명:테드)는 살인범으로는 이례적인 존재였다. 어떤 저널리스트
(존 놀트 하이머)는 다음과 같이 말하고 있다

"유타주의 법정에 그가 들어왔을 때, 그를 처음 본 사람들은 자기 눈
을 의심했다. 나는 그를 28년 동안이나 지켜보아 알고 있는 사람의 의
견에 동의하지 않을 수 없었다. 뭔가 크게 잘못된 것이 아닌가 하고."

그러나 모든 증거는 그가 강간살인에서 세운 기록을 잘 보여주고
있다.

1974년 상반기에 시애틀 지역에서 여성들이 자취를 감추기 시작했다.

1974년 1월 31일, 워싱턴 대학의 학생 린다 안 힐리가 하숙방에서 사
라졌는데 침대의 시트에는 피가 묻어 있었다.

싱크대에 걸어놓은 잠옷에도 피가 묻어 있었다. 4주일 전, 그곳에서
몇 구획 떨어진 장소에서 샤론 클라크라는 젊은 여성이 침대에 누워 자
다가 습격을 당했다. 금속 막대기로 머리를 얻어맞아 두개골이 깨졌으

나 다행히 회복되었다.

1974년 3월 12일, 워싱턴주 올림피아의 에버그린 주립대학생 도나게일 맨슨이 음악회에 가는 도중에 사라졌다.

1974년 4월 17일, 엘렌버그의 센트럴 워싱턴 주립대학생 수잔 캔코트가 독일영화를 보러 가는 도중에 없어졌다.

1974년 5월 6일, 코발리스의 오리건 주립대학생 로버트 캐슬린 파크스가 밤 늦게 산책을 나갔다가 돌아오지 않았다.

1974년 6월 11일, 워싱턴 대학에 다니는 로건 호킨스라는 학생이 남자친구와 헤어져 기숙사로 돌아오는 길에 사라졌다.

1974년 7월 14일, 도리스 그레이링은 워싱턴주의 사마니슈 호반의 피크닉 식탁에 앉아 있었다. 그때 팔을 다쳐 붕대를 어깨에 맨 핸섬한 젊은 남자가 다가와서, 차에 보트를 싣는 것을 좀 도와줄 수 없느냐고 물었다. 그녀는 주차장에 세워둔 그의 폴크스바겐까지 따라갔고, 그곳에서 남자는 보트가 언덕 위의 집에 있다고 말했다. 그러자 그녀는 거절하고 그곳을 떠나오는데 그는 기분좋게 미소를 지으며 여기까지 와준 것만 해도 고맙다고 말했다.

그후 몇 분이 지나 그녀는 그 남자가 금발의 어떤 여자와 함께 걸어가는 것을 목격했다. 그녀의 이름은 제니스 오트였다. 마침 가까이 있던 사람이 이름을 물었더니, 이 남자는 '테드'라고 말하며 차 위에 보트를 싣는 것을 도와달라고 그녀에게 부탁했다고 한다. 그후 제니스 오트가 살아 있는 모습을 본 사람은 없었다. 몇 시간 후에 데니스 나슬랜드가 호반 근처의 세면대로 걸어갔다가 그대로 사라졌던 것이다. 팔을 붕대로 어깨에 맨 젊은 남자는 그날 그 밖의 여자에게도 접근했으나 점잖게 거절을 당했다.

1974년 9월 7일, 두 사람의 뇌조雷鳥 사냥꾼이 사마니슈호에서 몇 마일 떨어진 언덕의 숲속에서 사람의 뼈를 발견했다. 시체는 이미 썩어문들어지고 육신은 이미 야생 동물들에게 먹혀 뼈가 흩어져 있었다. 그러나 두 개의 두개골은 제니스 오트와 데니스 나슬랜드의 것임이 확인되었다. 제3의 시체는 신원을 확인할 수 없었다.

'테드'라고 이름을 댄 남자에 대하여는 많은 정보가 수집되었다. 엘렌버스의 어떤 여성은 수잔 랜코트가 없어진 날 팔 부상으로 붕대를 어깨에 맨 젊은 남자를 보았다고 하였다. 어떤 젊은 여자의 정보에 의하면 붕대를 맨 그 남자가 시애틀의 번화가에서 자기를 유혹했는데 거절하자 어깨에 맨 붕대에서 팔을 빼더니 차를 몰고 사라졌다는 것이다. 그리고 다른 여성의 말에 의하면 인도를 걷고 있는데 갈색 폴크스바겐이 자기에게 다가와서 도망쳤다는 것이다.

1974년 10월 12일, 한 사람의 사냥꾼이 워싱턴주 클라크군에서 머리카락이 아직 붙어 있는 두개골을 발견했다. 지난번 장소에서 북쪽으로 약 210킬로미터 떨어진 지점이었다. 그후 경찰의 수색으로 젊은 여성의 시체가 두 구 더 발견되었다. 하나는 2개월 전에 오리건주 경계에서 가까운 워싱턴주 밴쿠버에 사는 캐롤 바렌스에라로 확인되었다. 또 하나는 신원을 알 수 없었다.

이윽고 경찰은 두 남자를 용의자로 압축했다. 한 사람은 월렌 포레스트라는 남자로 오리건주 포틀랜드에서 여자를 차에 태우고는, 자기가 근무하고 있는 공원에서 사진을 찍게 해달라고 부탁한 후 그녀의 발목을 묶고, 입을 테이프로 틀어막은 다음 공원으로 그녀를 끌고 와서 옷을 벗기고, 산탄총으로 그녀의 가슴을 쏘았다. 그런 후에 그녀를 성폭행하고, 목을 조른 다음 남자는 여자가 죽었다고 생각하고 도망쳤다.

그러나 이 여자는 죽지 않았다. 그리하여 범인이 포레스트라는 것을 확인했다. 친구들 사이에는 '조용하고 평범한 친구'로 알려진 남자였다. 1974년 11월 27일, 보니 스태스가 자기 집에서 사라졌다. 이때 언니는 그녀와 통화를 하고 있었는데 통화중에 이웃에 사는 남자가 문을 노크했다고 말했다. 그 언니의 판단으로는 남자가 그녀에게 잠시 집을 비우게 되었으니, 개를 돌봐 달라고 부탁한 것 같았다고 했다. 그는 젤리 테일러라는 남자로 꽤 많은 성적 범죄 기록을 갖고 있는 전과자라는 것을 알게 되었다. 여하튼 그런 후에 테일러도 사라졌다.

아무튼 여성의 행방불명은 이제 시애틀에서 유타주의 솔트레이크시로 확산되었다. 이 당시에는 테드 밴디도 용의자의 한 사람이었다. 어떤 여성의 전화 제보에 의하면 밴디가 바로 수배자라는 것이었다. 그러나 그 당시 이런 용의자는 2천 명이 넘었으므로 밴디도 그들 중의 한 사람에 지나지 않았다.

10월 2일, 낸시 윌콕스가 없어졌다. 10월 18일에는 미드베르 경찰서장의 딸 메리사 스미스가 올나이트 파티에 갔으나, 도중에 생각을 바꾸어 깜깜한 밤에 집으로 돌아오다 사라졌다. 그녀의 시체는 9일 후에 솔트레이크시의 동쪽에 위치한 와사치산에서 발견되었다. 성폭행을 당한 흔적이 있었고 목이 죄어 있었다. 10월 31일에는 승마가 취미며 신장이 183센티미터나 되는 롤러 에임이 자정이 넘어 올렘의 할로윈 파티에서 돌아오다가 행방불명이 되었다.

11월 8일, 솔트레이크시 경찰은 이 사건에 대해 처음으로 단서를 잡게 되었다. 쇼핑몰에서 옷차림이 말쑥한 남자가 캐롤 라론치에게 말을 걸어왔다. 그는 공무원과 같은 태도로 그녀가 타고 있는 차의 번호를 물었다. 그녀가 번호를 가르쳐 주었더니 남자는 자기가 형사라고 신분을 밝히면서 누가 그녀의 차에 억지로 타려 했다고 말했다. 그녀는 이 남자를 따라 자기 차를 세워놓은 곳까지 갔다. 그러나 차는 여전히 잠겨 있었다. 그녀는 '용의자를 가려내기 위해' 본서까지 동행하는 데 동의했다. 그녀는 그 남자의 폴크스바겐에 올라탔고, 그는 조용한 거리로 들어가 차를 세우고 그녀의 손목에 수갑을 채웠다. 그녀가 소리를 지르자 남자는 총을 그녀의 머리에 들이대었다. 그녀는 차에서 몸을 밖으로 내밀고 남자가 그녀의 머리에 쏘려고 한 권총을 꽉 잡은 다음 반대 차선으로 뛰어내렸다. 그때 어떤 차가 와서 급정차하자 그녀는 얼른 그 차에 올라탔다. 그 차에는 부부가 타고 있었다.

같은 날 저녁에 핸섬한 젊은 남자가 뷰몬트 고등학교에서 프랑스어를 가르치고 있는 젊은 여교사를 자기 차에 태우려고 했지만 여교사는 거절했다. 그 뒤 학생인 데이비스 켄트가 아이스링크로 동생을 마중하러 간 채 돌아오지 않았다. 경찰은 학교 교정에서 수갑의 열쇠를 발견했다.

한편 유타주 경찰은 용의자의 한 사람으로 테드 밴디라는 이름을 시애틀의 동료로부터 듣고 있었다. 그러나 캐롤 다론치로부터 유괴 미수의 통보를 받은 유타주의 경찰은 밴디의 사진을 그녀에게 보여주었지만 그녀는 이 남자가 아니라고 말했다.

11월 27일, 롤러 에임의 알몸 시체가 협곡 지대의 숲속에서 발견되었다.

1975년 1월 12일, 심장 의학 세미나가 콜로라도주의 스노마스 버렛지에서 열릴 예정이었으며 그곳은 스키의 행락지였다. 의사 레이몬드 가두스키도 약혼자인 캘린 칸벨을 데리고 왔는데 그녀는 그날 저녁에 와일드우드인의 자기 방에서 없어졌다. 그녀의 얼어붙은 알몸 시체는 2월 17일에 그다지 멀지않은 곳에서 발견되었는데 성폭행을 당하고 맞아죽었던 것이다.

　　3월 15일에는, 줄리 커닝검이 콜로라도주의 베일에서 술집에 근무하는 친구를 만나러 나간 채 소식이 끊겼다.

　　그 동안에 워싱턴에서는 행방불명이 된 두 젊은 여성의 시체가 테일러산에서 발견되었다. 치형에 의해 브렌다 볼과 수잔 랜코트의 두개골로 확인되었는데 그들은 1974년의 첫 희생자였던 것이다.

　　4월 15일에는 콜로라도주 네더랜드에서 멜라니 쿨리가 없어졌다. 그녀의 시체는 4월 23일 그곳에서 24킬로미터 떨어진 곳에서 발견되었다. 다른 희생자와는 달리 옷을 입고 있었으나 청바지가 아래로 끌어내려져 있었다. 성적 욕구가 동기였다는 것을 말해 주는 것이다. 그리고 그녀는 돌에 맞아 죽었다. 7월 1일에는, 셸리 로버튼이 콜로라도주의 골덴에서 사라졌다. 그녀의 알몸 시체는 8월 23일에 비소드 파스에서 가까운 광산에서 발견되었다. 7월 4일에는 주유소의 종업원 낸시 베아드가 콜로라도주 바운티풀의 직장에서 사라졌다.

　　체포된 밴디는 이윽고 교도소 내에서 유명해졌다. 그는 유식하고 핸섬했다. 도저히 대량 성범죄 살인자로는 보이지 않았다. 유머 감각도 있었으며 그는 자기 자신이 마치 변호사라도 되는 것처럼 행동했다. 법률책도 공부했다. 특별한 건강식품을 먹는 것도 허용되었으며 간수는 그가 수갑을 차지 않고 법정에 가는 것도 허용했다. 말도 잘하여 거짓말을 예사로 했으며 언제나 자기 수법을 관철시키므로 어딘가 사기꾼 같은 느낌을 주었다. 거의 일주일에 한 번 꼴로 성범죄 살인을 저지르는 타입으로는 도저히 보이지 않았다. 그러나 그가 범인임을 보여주는 증거는 너무나 뚜렷했다.

캐롤 다론치도 그가 자기를 납치하려던 남자라고 인정했다. 그리고 그의 크레디트카드의 영수증도 캘린 칸벨과 줄리 커닝검이 없어진 시기에 그곳에서 가까운 장소에 그가 있었다는 것을 입증해 주었다.

1977년 6월 7일, 테드 밴디는 콜로라도주의 아스펜에 위치한 교도소의 도서관 창문을 열고, 9미터 아래의 땅으로 뛰어내렸다. 이 탈주는 이 지방의 젊은이들의 눈에는 일종의 영웅적인 행위로 보였던 것 같다. 그는 8일 후에 스막글러산에서 붙잡혔다. 지칠 대로 지치고 굶주린 채, 오두막집에 몸을 웅크리고 있었다. 그리하여 사건 심리가 재개되었다. 여전히 변호사는 선임하지 않고 그는 스스로 자신을 변호했다. 그의 범죄를 입증하는 증거는 많았지만, 대부분이 정황 증거였으므로 이것이 그에게 유리한 점이었다. "밴디 자신이 믿기 어려운 우연한 연쇄적인 사건의 희생자가 아닌가" 하는 느낌마저 들었다. 그는 여러 가지 이의異議를 제기하여 심리를 연장하려고 시도했다. 법정에서는 피고를 동정하는 분위기가 감돌고 있었다.

한편 밴디 자신도 수인囚人의 신세가 지겨워 독방 천정의 조명장치 주위를 실톱으로 도려내었다. 1978년 12월 30일, 폭이 30센티미터쯤 되는 구멍을 통해 그는 다시 교도소 밖으로 나왔는데 탈주를 준비하면서 그는 미리 체중을 줄여왔다. 그는 먼저 시카고에, 다음에 덴버에 그리고 남쪽의 애틀랜타, 이어서 플로리다주의 탤러해시로 가서 그곳에서 방을 얻었다. 이 거처에서 2구획쯤 가면 플로리다 주립대학의 남자기숙사와 여자기숙사가 있었다. 1978년 1월 15일 밤, 한 사람의 여학생이 현관 밖에서 어떤 남자가 몽둥이를 들고 서 있는 것을 보았다. 경찰에 알릴까 말까 망설이고 있을 때 카렌 챈들러라는 여학생이 자기 방에서 비틀거리면서 나왔는데 얼굴에 피가 낭자했다. 그녀는 머리 부분을 몹시 얻어맞았던 것이다. 그리고 그녀의 룸메이트인 캐시 클레이너도 당했는데 턱이 깨져 있었다. 다른 방에서도 참극이 일어났다. 리사 레비와 마가릿 보만도 쓰러져 있었다.

그리고 보만은 이미 숨이 끊어져 있었다. 팬티스타킹으로 목을 졸리고, 매를 맞고 성폭행을 당했었다. 리사 레비는 병원으로 가는 도중에 숨을 거두었다. 그녀도 매를 맞고 성폭행을 당했다.

한 시간 반 후에 카이 오메가 여자기숙사에서 몇 구획 떨어진 곳에 있는 자기 방에서 잠을 깼다. 옆방에서 요란한 울음소리가 들려왔는데 여자의 울음소리였다. 전화벨이 울리자 울음소리가 딱 그쳤다. 누가 허둥지둥 밖으로 나가는 모양이었다. 경찰이 출동했을 때 체릴 토머스는 기절해 있었으며 출혈이 심했는데 두개골이 깨졌던 것이다. 그러나 아직 살아 있었다.

이곳에서 몇 구획 떨어진 곳에 살고 있는 크리스 헤겐이라는 이름을 사용하는 젊은 남자가 바로 테드 밴디일 거라고는 아무도 상상하지 못했다. 그는 훔친 크레디트카드로 살아가고 있었다. 2월 6일, 그는 거리에서 빵을 훔쳐서 이곳을 떠났다. 2일 후에 흰 색 밴 운전사가 잭슨빌에서 여자를 납치하려고 하다가 미수에 그쳤는데, 그 여자의 오빠가 차의 번호를 기억하고 있었다. 그날 밤에 밴디는 훔쳐낸 크레디트카드로 호리딘에 숙박했는데 이튿날 킨바리 리치라는 여학생이 분실물을 가지러 교실을 나섰다가 소식이 끊겼다. 그럴 즈음 크리스 헤겐(밴디)은 탤러해시로 돌아왔는데 그는 이곳에서 여자에게 멋진 식사 대접을 했다. 물론 훔쳐낸 크레디트카드로 말이다.

그러고는 이튿날 밀린 집세를 물지도 않고 비상구로 도망쳤다. 탤러해시를 떠날 때, 그는 오렌지빛 폴크스바겐을 훔쳤다. 3일 후에 펜사콜라에서 한 경관이 폴크스바겐의 번호판을 보고 그것이 도난차임을 알고 검문하자 밴디는 도망치려고 했다. 그리하여 격렬한 추격 카레이스가 전개되었으며 도중에 경찰은 발포를 하기도 했다. 24시간 후에 경찰에 의해 체포된 헤겐은 자기가 데오도어 밴디라는 사실을 시인했다. 그는 크레디트카드와 차를 훔친 혐의로 구류되었지만 경찰은 여자기숙사에서 참극이 일어났을 때, 크리스 헤겐이 탤러해시에 살고 있었다는 사실에 큰 관심을 갖고 있었다.

1978년 4월 7일, 고속도로의 순찰 경찰관이 스와니 리버 주립공원 근처의 낡은 곳간을 들여다보자 스니커즈를 신은 발이 보였는데 킨바리 리치의 썩은 시체였다. 골반에 상처가 보였으며 항문에 성폭행을 당해 죽은 것이다.

4월 27일, 경찰측은 저항하는 밴디를 억누르고 그의 치형을 떴다. 그의 범행임을 최종적으로 입증할 수 있는 것은 이 치형이었다. 여자기숙사의 리사 레비의 엉덩이에 이로 깨문 흔적이 남아 있었기 때문이다.

예상했던 대로 밴디는 탤러해시의 법정에서 무죄를 주장하며, 재판의 지연 전술을 썼다. 재판은 마이애미로 이관되었다. 탤러해시에서는 완전히 중립적인 배심원 12명을 채우기가 어렵다고 생각되었기 때문이다. 마이애미에서도 재판에 오랜 기간이 필요하다는 것을 차츰 알게 되었다. 텔레비전 카메라가 법정에 들어왔다. 밴디가 체포된 직후에 약 3시간쯤 취조한 형사가 증언을 했다. 그 증언에 의하면 밴디는 이 형사에게 이렇게 말했다.

"나는 성적인 문제를 갖고 있다. 시애틀에서는 여자를 좇는 것이 일거리였다. 길에서 젊은 여자를 보면 갑자기 뒤쫓아가고 싶은 심한 충동을 느꼈다. 그래서 그 여자가 집에 들어갈 때까지 뒤를 밟았다. 때때로 나는 내 자신이 흡혈귀吸血鬼라고 느꼈다."

그는 플로리다로 도망친 후에도 사고를 일으켰다. 킨바리 리치의 시체를 감춘 장소를 물었더니 밴디는 '보기만 해도 무서운 광경'이라고 말했다. 그러나 결정적인 증언을 한 사람은 치과 전문의였다. 그의 증언으로 리사 레비의 엉덩이에 남아 있는 치아 흔적은 테드 밴디가 한 짓이라는 것이 확인되었다.

1979년 7월 23일, 배심원들은 7시간에 걸친 협의 끝에 기소 사실에 대해 밴디를 유죄로 인정했다. 할 말이 없느냐는 질문에 밴디는 눈물 어린 목소리로 이렇게 주장했다.

"내가 하지 않은 일에 대해 자비를 구하는 것은 이상한 일이지요. 판결은 나에 대한 판결이 아니에요. 그것은 지금 이곳에 있지 않은 자에 대한 판결입니다."

이어서 재판장은 그에게 사형을 선고했다. 그러나 밴디의 어머니는 이것이 마지막이 아닐 것이라고 말했다.

"상고, 상고, 상고를 하지 않을 것인가?"

카워트 재판장은 재판을 마치면서 밴디에게 다음과 같이 일종의 동정을 베풀었다.

"자네, 몸조심하게. 나는 진심으로 자네에게 이 말을 하고 싶네, 이처럼 인간임을 포기한 것은 이 법정으로서도 비극이었네. 자네는 머리가 좋은 청년이야. 어쩌면 자네는 훌륭한 법률가가 되었을지도 몰라. 나는 자네가 이 법정에 변호사로 나섰더라면 얼마나 좋았을까 하고 생각하네. 자네에게 적의敵意를 전혀 갖고 있지 않네. 이것 하나만은 믿어주게. 자네는 길을 잘못 들어섰네. 몸조심하게."

카워트 재판장은 이 사건의 미스테리의 가장 깊은 곳을 찔렀던 것이다. 성범죄 살인범의 대부분은 '인격적인 부적격자' 다. 자신에게 콤플렉스를 느끼고 있거나 대부분의 경우에 지력知力이 없다. 밴디는 박식하고 사람을 이끄는 매력을 지니고 있었다. 탤러해시에서 그를 알게 된 사람들은 모든 면에서 그가 정상인이라고 생각하고 있었다.

그리고 성범죄 살인범의 대부분은 정신분열의 경향이 있다. 예컨대 요크셔의 찢어죽이는 살인마는 범행을 저지르고 나서 차 안에서 눈물을 흘리면서 울기도 했다. 자살의 충동을 느끼는 경우도 적지않다. 이것이 체포되고 싶다는 두려움으로 나타나기도 한다. 또한 주의력 결핍으로 사건을 해결하는 중요한 단서를 남기기도 한다.

그러나 밴디의 경우는 지성을 자기가 저지른 범죄를 정당화하는 데 사용했다. 이 점에서 그는 늪지대의 살인자인 이안 브레이디나 미국의 또 한 사람의 성범죄 살인자 멜빈 리스(1961년에 처형)와 비슷하다. 그러나 희생자의 수에서 그들은 모두 밴디에 훨씬 못 미친다. 그의 혐의는 18명의 살해지만 그는 재판 과정에서 실제의 수는 그렇지 않다는 의미의 말을 하고 있다(그리고 사마니슈 호반에서는 하루에 두 사람의 여성을 차로 유인하여 죽였는데, 이것도 이런 종류의 범죄에서는 전무후무한 일이라고 하겠다).

밴디의 광적인 성적 범죄의 열쇠는, 스티븐 미쇼와 휴 아이네스워스의 공저인《살아 있는 유일한 증인》에 상세히 분석되어 있다. 이 책에서 밴디는 자기 자신의 범행에 대해 고백하지 않고 있으나, 일반적으로 살인자와 자기 행위에 대해 자유롭게 생각할 줄 알고 있다는 것이다. 거기서 볼 수 있는 것은 한 사람의 전형적인 고독자다. 시애틀의 페이퍼백 서점에서 산 강렬한 포르노 잡지를 탐독한다. 여자를 성폭행하고 싶은 욕망이 날로 증대된다. 밴디는 변태적인 치한痴漢이 되어, 1973년에 처음으로 여자를 습격했다. 나무몽둥이로 여자의 머리를 때렸으나 그녀가 크게 소리 지르면서 도망쳐버렸다. 그 직후에 그는 린다 힐리를 납치하여 먼 곳으로 끌고 가서 그녀를 성폭행하고 목졸라 죽였다. 밴디가 하나의 '존재 실체'라고 말하는, 자기 내부의 악의 실체가 점점 그의 의식을 지배하여 여자에 대한 성적 학대로 치닫게 했던 것이다.

영원한 삼각관계

— 아내와 그 애인에게 살해된 부유한 지주

• 세일러 가비(영국)

맥스웰 로버트 가비는 1955년 6월에 미인 비서 세일러 왓슨을 아내로 삼아, 스코틀랜드 킨카티셔의 웨스트 칸벡 농장에서 살면서 9년 동안에 세 자녀를 두었다. 딸 둘에 아들 하나였다. 맥스웰 가비는 누디즘(나체주의)에 흥미를 갖기 시작하여, 자기가 중심이 되어 애버딘 근처에 누디스트 클럽을 설립했다.

한편 이 지역의 비행 클럽도 설립하여 모임을 주관하면서 자가용 비행기로 런던, 함부르크, 로테르담 등지를 여행하였다. 그리고 스코틀랜드 국민당의 지역구 지부도 창설했다. 그런데 세일러 가비와의 생활은 밖에서 보는 것처럼 그렇게 목가적인 것만은 아니었다. 그녀는 남편의 성적인 요구가 '비정상'이라고 불평하고 있었다.

스코틀랜드 국민당의 지역구 지부에 22세의 브라이어 테벤데르라는 당원이 있었다. 이 남자는 주말이면 가비의 농장에 나타나 이것저것 돕기 시작했다. 테벤데르는 가비 부부에게 자기의 누이인 트롤리 버스를 소개했는데 애버딘의 경찰관과 결혼한 부인이었다. 어느 날부터인가 그녀도 농장에 드나들게 되자 이 수상한 4인조는 이웃 사람의 입에 자주 오르내렸다. 1968년 3월에 세일러 가비는 브라이언 테벤데르와 브래퍼드로 도망을 하였지만 로버트 가비는 그녀를 설득하여 집으로 데리고 왔다.

1968년 5월 14일, 가비는 스코틀랜드 국민당의 회합에 참석하기 위해 밤 10시경에 집을 나섰는데 이것이 살아 있는 그를 본 최후가 되었다. 물론 그를 살해한 자를 제외하고 말이다.

5일 후인 5월 19일에 가비의 여동생 힐다 카가 오빠가 행방불명되었다고 말하자, 가비 부인은 비행 클럽의 모임에는 남편이 나타날 것이라고 말했다. 그러나 그 이튿날에도 그는 모습을 드러내지 않았다. 가비 부인도 남편의 행방불명을 인정하며 낡은 우물과 숲속을 샅샅이 수색했다.

가비의 차는 포든의 비행 클럽의 활주로 끝에서 발견되었다. 경찰의 관보에는 가비에 대해 이렇게 적혀 있다.

"씀씀이 헤픈 애주가, 정신안정제를 상용…… 여성과의 교제를 즐기지만, 호모적인 경향도 강하여 젊은 남자와 자주 교제…… 포르노 서적류를 즐겨 읽고, 누디스트 클럽의 열렬한 멤버."

이윽고 세일러 가비는 어머니인 왓슨 부인에게 남편이 죽었다고 말하며, 브라이언 테벤데르가 수상하다고 말했다. 왓슨 부인은 곤혹스러웠다. 그녀는 테벤데르와 자기 딸의 교제를 용납하지 않고 있었다. 그리고 맥스웰 가비에게는 그에게 만일의 사태가 일어나면 자식들이 테벤데르에게 의지하는 일이 없도록 자기가 돌보겠다고 약속했다.

왓슨 부인은 사건을 경찰에 맡기기로 했다. 그 결과 세일러 가비는 애버딘 근처의 박스번 경찰에 연행되었으며 테벤데르는 맥스웰 가비를 죽인 혐의로 체포되었다. 테벤데르의 친구인 앨런 피터스라는 젊은이도 체포되었다. 세 사람은 맥스웰 가비를 라이플총의 개머리판과 철봉으로 구타하고 머리를 총으로 쏜 혐의로, 1968년 8월 17일에 기소되었다. 시체는 세인트 사이러스 근처인 로리스턴 캐슬의 지하터널 속에서 발견되었다.

11월에 개정된 재판은 센세이션을 불러일으켰다. 각 피고들의 진술에 의하면, 가비 부부와 테벤데르와 그의 누나인 바스 부인으로 된 4인조는 주로 가비의 요구로 함께 어울렸다고 한다. 가비는 부자연스러운 성적 요구를 아내에게 강요했고 세일러 가비는 그것을 싫어했다. 그러나 바스 부인은 자기라면 기꺼이 "응할 수 있었다"고 말했다. 가비는 아내와 트루디 바스 셋이서 침대에 눕는 것을 좋아했다. 그리고 테벤데르와 자기가 어느 쪽이 먼저 세일러 가비와 자는가를 동전의 앞뒤로 결정한 적도 있었다. 그녀의 흥분을 두 사람이 서로 나눠 가지면서도 그녀와 테벤데르가 도망치는 것은 반대했다. 또한 테벤데르에게 돈을 주고 회초리로 때린 적도 두 번 있었다.

바스 부인에 의하면, 자기의 남편도 파티에 초대된 적이 있었다고 한다. 이 남편에게는 딴 여자가 있었다. 그리하여 '4인조가 6인조로 바뀐' 적도 있었다. 피고석에서 알프레드 바스는 가비가 걸친 옷의 일부를 처리한 것을 인정했다.

테벤데르는 증언에서, 가비는 아내와 마찬가지로 자기에게도 성적인 관심을 갖고 있었다고 암시했다. 아내보다도 테벤데르를 더 사랑했다고 가비가 고백했다고 진술했다. 테벤데르에 의하면, 자기가 가비 부부에게 전화로 호출을 받고 농장에 갔을 때에는 이미 가비는 죽은 후였다고 했다.

가비는 다시 아내에게 그 '부자연스러운 성적 요구'를 했으며 '그녀의 항문에 삽입하지 않으면' 총으로 쏘아 죽이겠다고 위협하자 총을 서로 빼앗으려고 했는데 총에 맞은 것은 가비 쪽이었다. 테벤데르는 시체의 처분을 도왔을 뿐이라고 주장했다.

그러나 앨런 피터스의 말은 이와 전혀 달랐다. 그는 이렇게 말했다.

"테벤데르를 따라 농장에 갔어요. 가비 부인이 침실에서 물러간 후에 테벤데르가 가비를 쏘았어요."

이 말은 피고석의 가비 부인의 진술과 일치했다. 그녀는 남편의 죽음과 그 시체가 발견되기까지 3개월 동안을 "즐겁게 보냈다"는 말을 단호히 거부했다.

배심원은 이 말도 믿지 않은 채, 세일러 가비와 브라이언 테벤데르를 기소 사실에 의해 유죄라고 인정했다. 두 사람에게는 모두 종신형이 선고되었다(관례상으로는 약 9년 동안의 교도소 생활을 의미한다). 배심원이 앨런 피터스의 혐의를 '증거불충분(이것은 스코틀랜드의 판결로 잉글랜드에는 없다)'이라고 말하자, 방청석에서는 놀랍다는 소리가 들려왔다.

프르 핼리스는 그의 저서 《가비의 재판》에서 가비 부인이 남편의 변태성욕을 그 변호의 중심 논거로 삼은 것은 그녀에게 도움이 되지 않았다고 지적했다. 그것은 동정을 불러일으키기는커녕, 반대로 맥스웰 가비를 죽일 동기가 그녀에게 충분했다는 반증이었다. 스코틀랜드에는 청교도의 전통이 아직 많이 남아 있다. 그러므로 실제로 이 사건이 지닌 섹스상의 엽기적인 측면은, 일반 사람들의 혐오감을 일으켰다. 재판이 진행되는 동안에 바스 부부는 성난 사람들에게 쫓겨 〈데일리 레코드〉의 사옥 안으로 피신해야만 했다.

일탈한 자기 탐구

— 영국의 최다 살인기록을 보유하게 된 호모의 대량 살인마

• 데니스 닐센(영국)

1983년 2월 8일 저녁, 마이켈 카트란이라는 배관配管 담당 기사는 일을 의뢰받았다. 지난 토요일부터 아파트의 화장실 물이 나오지 않으니 고쳐달라는 것이었다. 장소는 런던 북부 매스웰 힐의 클란데이 가든 23번지였다. 매스웰 힐은 상류층만 모여 사는 고급 주택지로 알려진 곳이지만 문제의 23번지만은 작은 방으로 나눠진 서민아파트였다.

주민의 한 사람이 하수도로 통하는 맨홀의 뚜껑을 카트란에 보여주었다. 그 뚜껑을 들어올린 카트란은 확 풍겨오는 악취에 질려 왈칵 구역질이 났다. 고기가 썩는 냄새가 틀림없다. 그는 쇠로 된 계단을 더듬어 아래 저수장으로 내려갔다. 하수가 막힌 원인이 그곳에 있었는데 그것은 부패가 진행중인 고깃덩어리였으며 흰 닭고기처럼 보였다. 카트란은 그것이 인간의 시체인 것을 직감하고 즉시 상사에게 보고했다. 상사는 이튿날 아침에 다시 조사하기로 했다.

이튿날 아침에 그들이 와서 살펴보니 하수가 통하고 있었다. 그런데

한 여성 주민이 그들에게 밤중에 꽤 오랫동안 계단을 오르내리는 발소리가 들렸다고 말했다. 그리고 그 발소리는 맨 위층까지 이어졌다는 것이다. 맨 위층의 방에는 데니스 닐센이라는 37세의 공무원이 살고 있었다.

저수장을 자세히 살펴보았더니, 사방이 20센티미터 가량 되는 고기 덩어리가 아직 남아 있었으며 손가락으로 보이는 뼈도 몇 개 보였다. 혼디 경찰서의 피터 제이 수사과장은 아파트 입구 사이에 잠복해 있었는데, 저녁에 데니스 닐센이 근무지인 켄티슈 타운의 직업소개소에서 돌아왔다. 그는 닐센에게 하수구에 대해 들은 적이 있느냐고 물었고, 닐센은 그를 자기 방으로 안내했다. 그 순간 제이 과장은 얼굴을 찌푸렸다. 고기 썩는 냄새가 코를 찔렀던 것이다. 그는 닐센에게 하수도의 저수장에서 인간의 시체를 발견했다고 말하면서, 시체의 나머지 부분을 어떻게 처리했느냐고 물었다.

"저기 들어 있어요. 두 개의 플라스틱 자루에 넣은 채……."

경찰차 안에서 제이 과장은 그 살덩이가 한 구의 시체인지 또는 두 구의 시체인지 물었다. 닐센은 아무 일도 없었다는 듯이 무표정하게 대답했다.

"모두 15명이나 16명쯤 됩니다."

키가 후리후리하고 금테 안경을 쓴 닐센은 말을 잘 했다(그는 이야기를 시작하면 그칠 줄 모르는 타입의 인간처럼 보였다. 그의 이야기는 몇 권의 노트로 쓰여 있었으며 앞으로도 자기 이야기를 쓸 작정이라고 말했다. 후에 교도소로 그를 면회하러 갔던 젊은 작가 브라이언 마스터즈는 그의 작품에 이 노트를 참고했다). 그가 경찰에서 털어놓은 얘기에 의하면 1981년 가을에 이주한 클란데이 가든의 집에서는 세 사람을 죽였으며, 그 전에 살던 크리클위드의 멜로즈 195번지에서는 12명인가 13명의 사람을 죽였다는 것이다.

매스웰 힐 아파트에서 압수한 플라스틱 자루에는 잘라낸 두 개의 머리와 살이 붙어 있지 않은 두개골이 하나 들어 있었다. 이것을 검시한 결과 솥에 끓인 것으로 판명되었다. 욕실에는 절단된 하반신이 그대로 방치되어 있었다. 그 밖의 부분은 플라스틱 자루와 찬장 속에 넣어두고 있었다. 멜로스가에서는 13일 동안 밤낮을 가리지 않고 발굴한 결과, 많은 사람의 뼈 이외에 수표장이나 옷조각도 발견되었다.

이 남자는 '영국 최대의 대량 살인범' 이라는 데 대해 어떤 자부심 같은 것을 갖고 있었다. 그는 1945년 11월 23일, 프레이저버리에서 태어난 스코틀랜드인이었다. 처녀 때 이름이 베티 화이트인 그의 어머니는 1942년에 오랄프 닐센이라는 노르웨이의 군인과 결혼했지만 행복한 결혼은 아니었다. 오랄프는 자주 집을 비웠으며 술고래였다. 두 사람은 결혼한 지 7년 만에 이혼했다.

1954년 닐센 부인은 재혼하여 베티 스코트가 되었고, 데니스는 조부모의 집에서 자랐다. 그는 조부인 앤드루 화이트를 몹시 따랐다. 할아버지는 아버지를 대신했는데 닐센이 7세 때 이 조부마저 세상을 떠났다. 그의 어머니가 데니스에게 유해를 보여주었는데, 이 경험은 그의 마음속에 오랫동안 상처를 남겼던 것 같다. 교도소에서 그는 노트에 이렇게 쓰고 있다.

"나의 문제는 그때부터 시작되었다."

닐센에 의하면 조부의 죽음으로 자신의 삶도 끝났다고 생각했을 정도로 큰 타격을 입었다는 것이다. 그후 며칠이 지나 그가 기르던 두 마리의 비둘기를 누군가 방공호 속에서 죽였다. 이것이 그의 마음에 더 큰 상처를 안겨주었다.

어머니가 재혼하자 가족은 프레이저버리에서 그다지 멀지않은 스트리켄으로 이사를 했고, 입대하기 전인 1961년 8월까지 닐센은 이곳에서 살았다. 그는 어린 시절 조용하고 무뚝뚝했다. 책 읽기를 좋아했으며 손재주도 있는 편이었다. 두 살 위인 형 오라프와는 사이가 좋은 편이 아니었으나, 여동생인 실비아는 귀여워했다. 어머니가 재혼해서 낳은 딸들과도 사이가 좋았다. 스코틀랜드인의 청교도 기질은 널리 알려져 있지만 그의 가족은 정말 엄격했다.

예컨대 어머니는 어린 자녀가 옷을 갈아입는 것은 침실이나 욕실에서 혼자 있을 때만 허용했다. 남자아이나 여자아이가 서로 상대방의 알몸을 엿보는 것은 경망스러운 일이라고 생각했다. 닐센은 새나 동물을 귀여워했는데 마음속의 부드러운 감정의 대상이 작은 새들이나 동물들에게 투사되었다. 이것 외에 다른 감정의 배출구가 없었으며 학교에서는 얌전하고 수줍음을 잘 타는 편이었다. 규율을 정확하게 지키는 것은 그의 체질에 맞는 모양이었다. 그는 군에 입대할 나이가 되자, 그 지역의 육군사관후보생이 되었다. 제복이 마음에 들어 군에 입대했는데, 16세가 되기 직전이었다. 3년이 지나 그는 군대의 취사반원이 되었다. 아덴, 페르시아만의 샤쟈, 키플러스, 베를린 등지에도 가보았다. 그러나 그는 어디서나 외톨이였다. 동물을 벗삼고, 책을 읽고, 시를 쓰고 사람과의 교제는 되도록 피했다. 당시에 찍은 그의 사진은 날카로운 입술을 가진 핸섬한 청년의 모습이었다. 아랫입술은 거의 여자처럼 관능적이기까지 했다. 결혼할 생각을 해보기도 했으나 내성적이어서 프로포즈를 하지는 못했다.

그의 군대 생활은 1972년까지 12년 동안 계속되었다. 제대한 후에 그는 런던에서 경찰관이 되었다. 그러나 경찰관 생활은 그의 기질에 맞지 않았다. 육군의 취사반에서는 행동도 상당히 자유스럽고 마음껏 먹고 마실 수 있으며 조직의 일원이라는 충족감도 있었다.

그러나 경찰관 생활은 상당히 갑갑했다. 동료의 대부분이 닐센보다 나이가 어렸다. 그는 대화를 하면 상대방을 설복시켜야 직성이 풀리는 기질이 있었다. 그는 어디서나 말을 많이 했다. 경찰 내에서는 호모 행위를 허용하지 않는 분위기가 조성되어 있었다. 이것이 그를 갑갑하게 만들었다. 그러나 동료들은 그의 호모적인 성향에 대해 전혀 알지 못했다. 그는 경찰의 제복과 권위가 마음에 들었으나 그 밖에는 물 밖으로 나온 물고기와 같은 생활이었다. 11개월 근무한 후에 경찰을 그만두었다. 그가 경찰로서 대부분을 근무한 킬번 경찰서는 후에 크리클위드 사건의 수사를 담당하였다.

그의 다음 직업은 경비원이었다. 환경성을 담당하여 정부기관 건물 순찰이 주요 업무였다. 이 직장도 오래 가지는 못했다. 다음에는 직업소개소의 사무원이 되었다. 업무의 내용은 구직자의 면담이었으며 그는 언제나 옷차림이 말쑥하고 유능한 직원으로 보였다. 직장은 소호의 덴마크가에 있었으며, 번화한 레스터 스퀘어에서도 가까운 곳이었다. 그는 런던 시내에서 수많은 노숙자나 호모들이 밖에서 잔다는 것을 알고 있었다. 결국은 이 직장이 닐센의 인생을 나쁜 쪽으로 돌려버린 결정적인 전환점이 되었다고 할 수 있다. 유혹이 바로 그의 코 밑을 간지르고 있었던 셈이다.

1975년에 닐센은 윌즈덴의 타인마우스가에 살고 있었다. 이곳에서는 그에 대해 이상한 이야기가 나돌았다. 어떤 젊은 남자가 경찰에 출두하여, 닐센이 아파트에서 자기를 공격했다고 말했지만 닐센은 이것을 부인했다. 이 사건은 없었던 일로 흐지부지되었다.

닐센이 자기보다 10세 연하인 데이비드 가리칸이라는 젊은 남자와 만난 것은 타인마우스가에 살고 있을 때였다. 가리칸이 그에게 아파트를 구하고 있다고 말하자 그는 자기와 같이 사는 것이 어떠냐고 제의했다. 그러나 타인마우스가의 아파트 방은 함께 살기에는 너무 비좁아서 두 사람은 좀더 넓은 방을 찾아다녔다. 다행히 멜로즈가에 적당한 방이 있었다. 1975년 11월에 이곳으로 이사했는데 가리칸은 닐센과 호모 행위는 하지 않았다고 증언했다. 이 말은 믿을 수 있는 것이다. 왜냐하면 그후에 많은 청소년들이 잠자리를 함께하자는 닐센의 제의에 따르고 있으나, 닐센은 '행위'를 하지 않은 경우도 있고, 상대방이 싫다고 거부하면 미련을 갖지 않고 그만두었다. 닐센은 딘 콜루르나 존 게이시의 경우처럼 섹스광은 아니었다. 그를 살인으로 몰아넣은 것은 고독감과 죽음에 대한 어두운 망상이었다.

고독감은 가리칸과의 관계를 통해 어느 정도 완화되었던 모양이다. 보통 가정과 같은 따뜻함이 조성되었다. 음식은 두 사람이 함께 만들었으며 가리칸은 정원도 손질했다. 두 사람은 개도 길렀는데 비프라는 암캐로, 일요일에는 공원을 산책할 때 데리고 나가기도 했다. 거리를 방황하는 고양이도 집에 데려다 길렀다. 닐센은 거리를 헤매는 동물을 보호하고 싶어했는데, 이것은 인간에 대해서도 마찬가지였다. 부랑자나 사회에서 소외된 자들을 그는 그대로 보아넘기지 않았다. 두 사람 사이에서 힘을 가진 사람은 가리칸이 아니라 닐센이었으며, 그는 언제나 말을 많이 했는데 화제는 대체로 정치 얘기였다.

그는 좌파 지지자로, 대처 수상은 그에게 있어 눈엣가시 같은 존재였다. 가리칸은 철도 포터(짐꾼) 자리를 얻게 되었다. 닐센에게 1976년의 크리스마스는 전과는 다른 날이 되었다. 보통 가정과 마찬가지로 크리스마스 트리를 장식하고, 칠면조를 식탁에 내놓고 술을 마시면서 명랑하게 떠들었다. 가리칸과 이런 생활이 계속되었더라면 닐센은 살인자가 되지 않았을 것이다. 닐센에 대한 가리칸의 감정이 어떠했는지 알 수는 없지만 닐센은 가리칸에게 깊은 애정을 느끼고 있었다. 이 관계는 지금까지 그가 바라고 있던 정서적인 안정감을 그에게 주었다.

그러므로 1977년 5월에 가리칸이 그의 곁을 떠나겠다고 선언했을 때 닐센은 큰 충격을 받았다. 가리칸은 시골에서 살고 싶어했으며 마침 골동품 상인이 직장도 마련해 주었다. 닐센은 깜짝 놀라 어찌할 바를 몰랐으나 감정을 드러내 놓고 표시하지는 않았다.

"그는 무슨 모욕이라도 당한 듯이 행동했어요. 그는 나에게 당장 집을 나가라고 했어요" 하고 가리칸은 말했다. 닐센은 가리칸이 자기를 싫어한다고 생각했다. 그것은 어린 시절부터 그의 마음속에 도사리고 있는 노이로제를 건드렸을 것이다. 왜냐하면 닐센에게 무엇보다도 중요했던 것은 자기 주장과 자존심이었기 때문이다. 지금까지 자기가 지배해 온 인간에게 '버림을' 받는다는 것은 최악의 모욕이었을 것이다. 그는 그후 싸늘하고 인정머리 없는 인간이 되어버렸다. 두 사람은 헤어진 후 반 년이 지나 함께 술을 마실 기회가 있었다. 가리칸이 새 주소를 알려주려 했으나 닐센은 그런 것은 필요 없다고 했다.

그가 살인을 시작한 것은 그후의 일이었다. 닐센은 술을 많이 마시게 되었다. 시간이 있으면 대개 펍(대중 주점)에서 술을 마셨다. 1978년 12월 말경에 그는 크리클우드 암즈의 젊은 아일랜드 노동자를 자기 아파트까지 데리고 와서 계속 술을 마셨다. 닐센은 그 젊은 남자에게 새해까지 자기 집에서 함께 보내자고 했다.

그러나 그는 다른 계획을 세우고 있었던 모양이었다. 후에 작가 브라이언 마스터즈를 위해 쓴 노트에서 닐센은 자신은 깊은 고독을 두려워했으며 사람과 헤어지는 고통에서 벗어나고 싶어서 살인을 했다고 고백하고 있다. 또 다른 '고백'에서는 어떻게 죽였는지 기억에 없으며 이튿날 눈을 떠보니 "옆에 시체가 있었다"고 말하고 있다. 닐센은 남자가 자고 있을 때 로프로 목을 졸랐다. 다음에 옷을 벗기고 시신을 깨끗이 씻었다. 이것은 그후에 그가 사람을 죽일 때마다 되풀이해 온 일종의 의식이었다.

다음에는 어떤 일이 일어났던가? 이것은 믿기지 않는 일일지 모르지만, 닐센은 그 시체를 1978년 12월 말부터 1979년 8월까지 자기 아파트의 방에 보관했다. 그는 시체에 다시 한 번 옷을 입히고, 마루 판자 밑에 넣었다. 그는 시체 강간에 대해서는 부인했다. 살해에 관한 세밀한 다른 진술이 솔직한 것을 고려하면 이것은 믿어도 될 것이다.

살해한 뒤 8개월이 지난 1979년 8월 11일, 그는 두 개의 플라스틱 통 속에 넣어둔 시체를 꺼냈다. 부패는 그다지 심하지 않았다. 그는 뜰에 불을 피우고 일정한 양의 고무와 함께 이름도 알지 못하는 희생자를 태웠다. 냄새를 속이기 위해서였다. 이 뜰은 후에 시체를 소각하는 장소가 되었다.

그가 살인을 저지른 것을 알게 되었을 때의 처음 반응은 그 수기에 의하면 두려움이었다. 그는 그날 중으로 체포될 것이라고 각오했다. 그러나 아무도 잡으러 오지 않았다. 그로서는 믿을 수 없는 일이었다.

최초의 희생자를 불태우고 3개월이 지나 닐센은 솔즈베리의 펍에서 젊은 중국인을 만나 자기 아파트로 데리고 왔다. 닐센에 의하면 그 중국인에게 섹스를 제의했으나 그는 섹스를 하고 싶지 않다고 말했다는 것이다. 닐센은 중국 청년의 양쪽 발목을 동여매고, 다른 로프를 그 남자의 목에 감고 죄어 죽이려고 했다. 남자는 용케 로프를 풀고 놋쇠 촛대를 그에게 집어던지고 도망친 다음 밖에 나가 경찰에 신고했다. 경관이 오자 닐센은 이 중국인이 "자기에게서 물건을 훔치려고 했다"고 말했다. 그는 체포될 것을 각오하고 있었는데 놀랍게도 경관은 이 말을 곧이곧대로 받아들였다.

다음의 희생자는 케네스 제임스 오켄덴이라는 23세의 캐나다인이었다. 그는 기술 견습과정을 마치고 취직 전이라 휴가를 얻었다. 호수 지방을 관광한 다음에 카셜턴 숙부의 집에 묵고 있었다. 그는 호모는 아니었다. 그가 1979년 12월 3일경에 하이 홀본의 프린시스 루이즈에서 닐센과 우연히 이야기를 나누게 된 것은 큰 불행이었다. 두 사람은 닐센의 아파트로 와서 햄과 달걀과 포테이토칩을 먹고 20파운드어치의 알코올류를 샀다. 오켄덴은 텔레비전을 보고 닐센은 록음악을 들었다. 그러다가 오켄덴은 이어폰을 귀에 꽂고 음악을 들으면서 텔레비전을 보기 시작했다. 이것이 그가 목숨을 잃게 된 원인이 되었을지도 모른다. 닐센은 이야기를 하고 싶었지만 이야기할 기회가 주어지지 않았다. 아마도 그는 오켄덴이 자기를 싫어한다고 생각했을 것이다.

"무슨 이런 손님이 다 있어, 하고 나는 생각했다……"고 그는 쓰고 있다. 자정이 조금 지나고 오켄덴이 여전히 이어폰을 끼고 있을 때, 그는 전기 코드로 이 손님을 목졸랐다. 오켄덴은 술에 상당히 취해 있었기에 저항다운 저항을 하지 못했다. 닐센도 몹시 취해 있었으므로 그도 살해한 후에 헤드폰을 끼고 몇 시간 동안이나 음악을 들었다. 그는 며칠 동안 시체를 마루 밑에 넣어두려고 했으나 불가능했다. 시체가 굳어지기 시작했으므로 시체의 경직硬直이 지날 때까지 기다려서 그는 시체를 여러 토막을 내었다. 오켄덴은 캐나다 지폐를 꽤 많이 갖고 있었다. 닐센은 그것을 모두 찢어버렸다. 스코틀랜드의 엄격한 교육을 받은 그로서는 남의 물건을 훔치는 것을 스스로 용납할 수 없었던 것이다.

이 살인으로 오켄덴의 가족들은 크게 충격을 받았다. 부모가 행방불명인 아들을 찾아 캐나다에서 영국으로 왔다. 닐센이 자기의 우발적인 살인이 불러들인 사태의 심각성을 알게 된 것은 오랜 시일이 지난 후의 일이었다.

1980년 5월, 닐센은 16세의 마틴 듀퍼라는 소년을 만나게 되었는데 그는 정육점에서 고기를 써는 일을 하고 있었다. 두 사람은 동성애를 즐겼다. 닐센에 의하면 이튿날 아침에 듀퍼는 마루 위에서 시체가 되어 있었다. 그는 그 시체를 마루 밑에 놓아둔 케네스 오켄덴의 옆에 나란히 놓았다.

그는 이 무렵에 살인이 또 일어나게 될 것이라는 생각에 사로잡혀 있었다. 다른 많은 살인자와 마찬가지로 그도 일종의 하이드(R. L. 스티븐슨의 소설의 한 등장인물. 평소에는 지킬 박사지만, 발명한 약을 마시면 하이드라는 극악무도한 인간으로 변하여 횡포를 부린다)가 되어가는 자기 자신을 의식했던 모양이다. 그 《고백》에서 이것을 암시하는 대목이 몇 군데 있다.

1980년 7월에서 9월 사이의 어느 날(정확한 날짜는 닐센 자신도 알지 못한다), 빌리 사저랜드라는 26세의 스코틀랜드인이 웨스트 엔드 근처의 펍에서 닐센과 술을 마신 다음 그와 함께 멜로즈가로 돌아왔다. 밤이 깊어지자 그는 사저랜드의 목을 매어 죽였다. 시체를 이틀 동안 그곳에 방치했다가 마루 밑으로 넣었다. 사저랜드는 여러 가지 점에서 닐센의 전형적인 희생자였다. 스코틀랜드 경찰의 신세도 지고 교도소에도 들어갔다. 여자친구가 아이를 낳고 그와 같이 살기 위해 런던으로 왔다.

그러나 그는 일자리를 구하지 못했으므로 그녀는 스코틀랜드로 돌아갔다. 이윽고 일자리를 얻게 되자 빌리는 그녀에게 런던에 와서 결혼하자고 편지를 썼다. 그러나 그녀는 런던에 대해 싫증을 느끼고 있었다. 그의 편지가 끊기자 그녀는 다시는 그를 만나는 일이 없을 것이라고 마음속으로 다짐했다.

다음 희생자는 멕시코인이 아니면 필리핀인이었다. 지난번 살인 후 2, 3개월이 지나 솔즈베리에서 만났던 사람들이다. 닐센은 이렇게 말하고 있다.

"자세한 것은 기억에 없어요. 여느 때와 마찬가지로 시체는 마루 밑에 넣었던 것 같아요."

닐센은 나무로 틀을 짜서 시체예치장을 만들고, 벽돌을 쌓아 일시적인 묘소로 썼다. 이 방에는 날마다 살균제를 뿌렸다.

살인에 대한 닐센의 이야기는 한결같았으며 거의 기계적으로 들렸다. 다섯번째 살인을 한 직후에 여섯번째로 또 사람을 죽였다. 아일랜드인으로 건설 현장의 노동자였다.

"나의 기억으로는 목을 졸라 죽였던 것 같아요."

희생자 7호는 영양실조 기미가 있는 부랑아였다. 체어링 크로스가의 사거리 상점 앞에서 만났었다. 닐센은 이 남자를 자기 집으로 데리고 와서 식사를 시키고, 잠들기를 기다렸다. 이윽고 닐센은 바칼디(단 칵테일의 일종)를 듬뿍 들이키고 거나한 기분이 되었다. 그는 끈을 꺼내 팔걸이 의자에서 잠들려고 하는 남자의 뒤로 돌아가 목을 졸랐다. 남자는 전혀 저항하지 않았다.

"그 남자는 몹시 말라 나는 거들떠보기도 싫었어요" 하고 그는 말했다. 그는 시체를 플라스틱 통에 넣어 전과 같이 불살랐다. 벽돌 예치장에서 썩고 있던 다른 시체도 이때 함께 불살랐다.

희생자 8호에 대해서 닐센은 거의 기억하지 못하고 있었다. 7호 직후("이 시기가 가장 활동적이었어요")다. 얼마 후에 그는 마루 밑에서 그 시체를 꺼내 세 부분으로 절단하여, 본래의 장소에 도로 갖다 놓았다. 이것은 1년 후에 소각했다

희생자 9호는 딘가의 골덴 라이온이라는 펍에서 만났다. 18세 전후의 금발을 짧게 깎은 스코틀랜드인 소년이었다. "말탄 것같이 양다리로 깔고 앉아 목을 졸라 죽인 기억이 나요."

10호에 대해서 닐센은 '이 남자'로만 기억하고 있을 뿐이다. '빌리 사저랜드와 같은 타입'이었다. 닐센은 이튿날 아침에 남자가 옆에서 죽은 것을 발견했다. 마루 밑에, 미처 처리하지 않은 두 구의 시체와 토막낸 시체를 나란히 놓았다.

희생자 11호는 영국식 억양을 가진 머리를 박박 깎은 남자로 자기가 얼마나 건장한지를 자랑하고 있었다. 이 남자도 닐센의 아파트 팔걸이

의자에 잠들어 있었다. 그의 입에서 군침 같은 것이 스며나왔다. 닐센은 남자를 목졸라 침대에 눕혔다. 이 젊은이의 몸에는 문신紋身이 새겨져 있었으며 목 주위에 "이곳을 자른다"고 쓰여 있었다. 이 시체를 처리할 때 닐센은 문신의 문구대로 해주었다. 1981년 5월이 되자, 닐센은 뜰에서 지금까지 죽인 시체를 한꺼번에 소각해야만 하였다.

희생자 12호는 1981년 9월에 만났는데 이 남자는 울타리에 몸을 기대고 앉아 있었다. 발을 다쳐 잘 걸을 수가 없다고 닐센에게 말했다. 닐센은 이 남자를 자기 집으로 데리고 와서 구급차를 불러 병원으로 보냈다. 그러나 이튿날 이 남자는 호랑이굴에 제발로 찾아들었다. 다시 닐센의 집으로 찾아왔던 것이다.

닐센은 그에게 음식을 주었다. 그러자 남자는 바칼디를 마신 다음 수면제를 먹고 꾸벅꾸벅 졸고 있었다. 닐센은 그를 목졸라 죽였다. 이 살인에 대해 닐센은 귀찮은 일을 생략하는 것이 동기였다고 말했다.

"구급차를 불러. 어리석은 질문에 다시 대답하는 건 딱 질색이었어요."

그의 이름은 말콤 바로였으며, 멜로즈가의 마지막 희생자가 되었다. 닐센은 셋집에 살고 있었으므로 이 구역을 퇴거하면 1,000파운드의 '퇴거료'를 물게 되어 있었다. 그는 이것을 잘 알고 있었으므로 지금까지의 범죄를 말소하기 위해 마지막으로 시체를 소각했다.

1981년 10월 닐센은 크란레이 가든의 맨 위층 방으로 이사했다. 그리고 7주일이 지난 11월 25일, 닐센은 소호의 골덴 라이온에서 폴 놉즈라는 동성애자 학생을 만나 자기 방으로 데리고 왔다. 놉즈는 숙취로 고생하다 이튿날 아침에 눈을 뜬 것밖에는 아무것도 기억하고 있지 않았다. 그는 검사를 위해 대학병원으로 갔다. 의사는 목에 상처가 있는데 이것은 누군가가 목을 졸랐던 흔적이라고 말했다. 놉즈는 아무 치료도 받지 않기로 했다. 이에 대해 닐센은 이렇게 말하고 있다.

"끈으로 놉즈의 목을 조이기 시작하다 갑자기 나는 내가 무슨 짓을 하는지 알아차리게 되었어요. 그래서 그의 얼굴에 찬물을 끼얹어 되살아나게 했지요."

매스웰 힐에서 피살된 최초의 희생자는 존 하우렛이라는 남자였다. 그는 닐센의 희생자 중에서 가장 맹렬히 저항했다. 닐센이 그의 목을 조르려고 하자 하우렛이 정면으로 대적하므로 닐센은 그의 머리를 침대의 딱딱한 앞부분에 내동댕이쳤다. 그리고 그가 축 늘어지자 목을 죈 다음 계속 짖어대는 개를 달래서 방에서 나왔다. 한참 후에 방에 되돌아와 보니 하우렛이 숨을 쉬려고 했다. 닐센은 남자를 욕실에 끌고 가서 얼굴을 물속에 처박았다. 그런 다음 시체를 벽장 속에 넣었다.

친구가 와서 며칠 머물 예정이었으므로 하우렛의 시체는 처분해야만 했다. 그래서 닐센은 시체를 욕실에서 토막을 내어 큰 솥에서 끓였다(이 솥은 그후 런던 경시청의 브래크 박물관에 전시되어 있다).

1982년 5월, 닐센은 카르 스토터라는 동성애자를 만났다. 별명을 칼러 루폭스라고 불렀는데 스토터는 목숨을 건지게 된 사람 중 하나다. 그는 캄덴 하이가의 블랙 캡이라는 펍에서 닐센을 만나 그의 방으로 왔다. 닐센은 그에게 위스키를 권하고 침대를 제공했으며 그리고 슬리핑백의 지퍼는 위험하다고 주의를 주었다. 이튿날 아침에 스토터는 눈을 떴다. 아직 컴컴했다. 누가 목을 누르고 있었다.

그는 "당신, 뭐 하는 거요?" 하고는 의식을 잃었다. 다음에 그가 알아차린 것은 썰렁한 욕조 속이었다. 닐센이 그의 머리를 누르고 있었다. 다음에 그가 느낀 것은 소파 위였다. 개가 그의 얼굴을 핥고 있었다. 닐센은 그가 지퍼에 죄어 질식할 뻔한 것과 그를 살려내기 위해 욕조의 찬물 속에 담가두었다고 그에게 말했다. 살인을 마치기 전에 닐센에게서 죽이려는 충동이 사라진 것이었다. 그는 지퍼는 위험하다고 미리 스토터에게 경고하고 알리바이와 같은 것을 설정했으나 그때 이미 살해의 충동이 도중에 사라지는 것을 예감하고 있었는지도 모른다.

이튿날 아침에 닐센과 숲속을 산책하던 도중에 스토터는 목을 세게 얻어맞고 쓰러졌다. 그러나 닐센은 태연스럽게 그를 안아일으키고 그대로 산책을 계속했다. 두 사람은 헤어질 때 다시 만나기로 약속했다. 그러나 스토터는 그 약속을 지키지 않기로 했다. 그가 경찰서로 달려간 것은, 그후 1년이 지나 신문에서 닐센을 체포한 기사를 읽고 나서였다.

최후의 희생자 15호는 마약환자였다. 닐센은 그가 체포되기 8일 전인 1983년 2월 1일에 고스레트 야드의 조지 상점에서 만났다. 두 사람은 집으로 들어와 텔레비전 앞에 앉아 있었는데 닐센은 위스키와 맥주를 마셨다. 남자는 손수 자기 몸에 마약을 주사했다. 닐센은 록 오페라 〈토미〉를 다 듣고 나서 그를 죽였다. 그는 죽인 기억이 전혀 없다고 주장했으나 후에 브라이언 마스터즈에게는 죽인 사실을 인정했다.

시체는 담요를 덮어서 며칠 동안 침실에 방치해 두었다. 그리고 닐센은 머리를 절단하여 솥에서 끓였다. 끓는 동안에 그는 개를 데리고 펍으로 갔다. 바로 이튿날인 토요일에 아파트의 주민들이 하수구가 막힌 것 같다고 불평하기 시작했다. 닐센은 스스로 그 원인을 제거했더라면 체포되지 않았을 것이다. 그러나 닐센은 원인을 제거하지 않고 시체를 토막만 내었을 뿐이었다.

마이켈 카트란이 하수도에 인간의 살덩이가 막혀 있는 것을 발견한 것은 이튿날 화요일이었다. 닐센은 자기가 체포될 때가 시시각각으로 다가오는 것을 느끼게 되었다. 그날은 평소와 마찬가지로 출근하여 충실히 하루의 일과를 마쳤다. 긴장하거나 낙심한 얼굴은 아무에게도 보이지 않았다.

그의 재판은 1983년 10월 24일에 시작되었다. 요크셔의 난도질 살인과 피터 새트크리프의 재판이 2년 전에 이 법정에서 있었다. 닐센은 15건의 살인과 7건의 살인미수를 자백했으나, 기소 원인은 6건의 살인과 2건의 살인미수였다. 닐센은 그의 '영광의 순간(?)'을 마냥 즐기고 있는 듯한 인상을 주었다. 변호인측은 그의 책임능력에 의문이 있으므로 모살謀殺이 아니라 과실치사죄를 적용해야 한다고 주장했다.

이 문제에 대해서 그들은 오랫동안 심의했다. 그는 미친 사람인가, 악한 사람인가? 닐센은 자기는 미친 사람이 아니라고 주장했다. 법정도 최종적으로는 이 견해를 채택하게 되었다. 닐센 자신의 이론은 이러했다. 자기는 창조적 정신병환자지만, 알코올의 영향으로 파괴적인 정신병환자가 되었다는 것이다. 그의 주장에 의하면 그 범죄의 근원에는 "사회로부터의 완전한 소외감과 섹스의 정체성에 대한 집요한 탐구"가 있었다고 했다.

폴 놉즈와 칼 스토터는 그에게 불리한 증언을 했다. 더글라스 스튜어트라는 '목숨을 건진' 또 한 사람의 스코틀랜드인 바텐더도 마찬가지였다. 그는 1980년 11월 12일에 멜로즈가의 집에서 살인미수로 살아난 사람이었다. 닐센은 스튜어트의 목을 조르고 나이프로 협박했으나, 나중에는 살인을 단념하고 그를 집으로 돌려보냈다. 스튜어트는 풀려나 자마자 자초지종을 경찰에 알렸다. 그러나 닐센은 '부부싸움'과 같은 것이라고 경찰을 설득했다. 그러자 경찰에서는 그 말을 믿고 사건으로도 취급하지 않았다.

변호사측의 정신과 의사 제임스 매캐이스 박사는 아버지가 없는 것, 할아버지의 사망, 고독감 등으로 닐센은 깊은 정서적 불안에 빠졌다고 말했다. 그는 닐센이 10세 때 바다로 카누를 저어가다가 물속에 빠져 죽을 뻔했다는 말도 했다. 의식을 되찾게 되자 그는 알몸으로 백사장에 눕혀져 있었다. 젖은 옷은 옆에 놓여 있었다. 가슴 위가 끈적끈적한 느낌이 들었다. 가까운 16세의 소년이 자기를 도와주었다고 생각했는데 그 소년은 자기의 가슴 위에 정액이 분출된 흔적을 남긴 채 어디론가 사라졌다.

닐센에 의하면 그는 후에 자기 몸에 탤킴 파우더(땀띠약)를 발라 시체처럼 하얗게 만들고, 거울 앞에서 마스터베이션을 하는 버릇이 있었다고 고백했다. 그는 희생자의 시체에 파우더를 바르고, 거울에 비친 시체와 자기의 모습을 바라보았다.

또 한 사람의 정신과 의사인 패트릭 골웨이 박사는 닐센은 '자기불신증후군' 환자라고 말했다. 1983년 11월 4일, 닐센은 배심원 투표에서 10대 2로 모든 살인 혐의에 대해 유죄 판결을 받고 종신형이 선고되었다.

그런 뒤에 닐센은 교도소에서 데이비드 마틴이라는 총잡이를 알게되었다. 그는 경찰관을 사살하고 탈옥했는데 그 도망과정의 일거수일투족이 전국에 생중계되다시피 하여 모든 영국인들의 이목을 집중했던 살인자였다. 그는 남자와 여자를 가리지 않고 상대하는 성도착자며, 복장도착자服裝倒錯者기도 했다.

닐센은 마틴에게 강한 애착을 느꼈다. 다만 마틴 쪽에서 어느 정도 호응해 올지 분명치는 않았다. 마틴을 숨긴 젊은 여자가 범인은닉죄로 기소되었다. 닐센은 경찰이 이 여성을 괴롭히지 않으면 아직 자백하지 않은 살인에 대해서도 상세히 밝히겠다고 말했던 모양이다(이 여성은 후에 6개월 징역을 선고받았다). 그러나 이 말의 배후가 진실이었는지는 의심스럽다. 닐센은 진땀을 흘리며 상세하게 자백하고 있었다. 그 모습을 보니 몇 가지 살인을 '잊어버린' 사람이라고는 도저히 생각되지 않았다.

그럼 닐센에 대해 어떤 결론을 얻을 수 있을까? 그를 알고 있는 사람들의 말에서 얻을 수 있는 인간상의 가장 두드러진 특징은 지배력이다. 사람들에 의하면 그가 지배력이 있는 인간인 것이 분명하다. 그를 아는 어떤 사람은 이렇게 말하고 있다.

"그 사람에게서 불쾌감을 느낄 수 있는 것은 오직 눈이었어요. 흘끔 노려보는 거예요. 그런 눈을 가진 사람은 좀처럼 볼 수 없지요."

그가 쓴 글을 봐도 그가 지능지수가 매우 높은 인간인 것을 알 수 있다. 지배력과 지적인 힘을 가진 인간은 그 지배력을 표현할 수 있는 수단을 반드시 찾는다. 이런 타입의 인간에게는 호평을 받고, 칭찬을 듣고, 같은 수준의 사람들에게 인정받고 싶어하는 욕구가 있다. 이런 의미에서 볼 때 닐센은 같은 수준의 사람들과는 끝내 어울리지 못한 것이 아닐까?

'사회로부터의 완전한 소외감'을 놓고 볼 때 닐센은 분명히 그가 안고 있는 문제의 근본을 파악하고 있었던 것이다. 그가 브라이언 마스터즈를 위해 쓴 노트의 하나는 이렇게 시작된다. "나는 언제나 외톨이였어요."

저 '늪의 살인자' 이안 브레이디를 범죄로 몰고 간 것도 같은 기질氣質이었다고 생각할 수 있다. 고독감은 소외감과 타인에 대한 모욕으로 연결된다. 브레이디가 보통 사람을 '곤충'이라고 말한 그 감각 말이다.

섹스의 충동이 강한 것도, 지배력이 강한 인간 대부분의 공통된 특징이다. 이런 인간이 고립된 환경에서 살게 되면 어두운 관능이 쌓이고 쌓여 언젠가는 폭력으로 폭발할 가능성이 있다. 예컨대 1950년대 말의 위스콘신의 시체 강간자 에드 게인의 경우가 그러하다. 그는 무덤에서 여성의 시체를 파내어 그 시체와 성교를 하고 그 피부로 조끼까지 만들었다.

닐센에게는 인간의 시체와 죽음 자체에 대한 암울한 망상적 관념이 있었다. 이것이 고독감이 뿌리 박힌 비현실감과 겹치게 되었다. 1970년대 말에 그와 인터뷰할 기회를 가졌던 모든 정신과 의사들은 이구동성으로 이것이 위험신호였다고 말했는데, 사실 납득할 만한 이야기다.

중요한 결정적 요인은 말할 것도 없이 그의 동성애적인 경향이었다. 그리고 이것을 숨겨야만 하는 스코틀랜드의 작은 지역사회에서 자랐다는 사실이다. 아마도 이것이 원인이 되어 그는 16세에 군에 투신한 것으로 보인다. 그리고 군대를 떠났을 때 고향을 버리고 런던으로 간 것도 같은 맥락에서 생각할 수 있을 것이다. 닐센이 호모 행위에 대해서만 관심을 갖고 있었다고 생각하기는 어렵다. 그가 정신과 의사에게 한 말에 의하면, 동성애의 포르노와 마찬가지로 '정상적'인 포르노에도 그는 흥분했다. 그리고 남성 이외에 여성과도 섹스를 한 경험이 있다.

그는 결혼한 적도 있었는데, 이것은 그의 목적의 하나가 적어도 한 사람의 다른 인간과의 친밀한 접촉이었다는 것을 보여주고 있다.

그러나 살인에서 술에 취한 것이 결정적인 요인이 된 것은 의심할 여지가 없다. 술이 일종의 촉매가 되어 마음속의 윤리의 둑을 단숨에 뛰어넘어, 자기연민·분노·초조·모멸 등의 부정적인 감정을 쌓이게 만들어, 그것이 폭력이 되어 폭발했다고 생각할 수 있을 것이다.

그의 살인에는 후기로 올수록 변덕과 자포자기가 돋보이지만, 이것은 초기에는 우월했던 자존심이 나중에는 자기 연민 쪽으로 기울어지고, 체포된 후에는 "모든 것에 종지부를 찍고 싶다"는 소원으로 나타난 것으로 보인다. 같은 현상을 그의 교도소 생활의 초기에 일어난 사건에서도 희미하게나마 볼 수 있다.

교회에 나와 죄를 용서받아야 한다고 교도소 전속 목사가 한 말이 닐센의 귀에 들어갔다. 이에 대해 닐센은 다음과 같이 반박했다고 한다.

"나는 대량 살인자야. 비열한 위선자가 아니야."

영국의 역사에서 가장 많은 사람을 죽인 자라는 생각으로 그는 비뚤어진 자긍심을 확립했을까?

닐센의 인생에 대한 최종적인 인상은, 인간의 기본적인 욕구가 자기 발전인데 실제로는 그것으로부터 한없이 일탈해 간 남자의 비극이라고 말할 수 있다.

호모의 엽기일기

— 1978년에 처형된 어린이 상대의 호모 살인범

• **로널드 프랑크 쿠퍼**(남아연방)

이 사건에서 이상한 것은 26세의 살인범이 자세하게 일기를 쓰고 있다는 것이다. 그 일기에 의하면 이 사람이 대충 세운 계획은 30명의 소년과 여섯 명의 여성을 죽이는 일이었던 모양이다. 쿠퍼는 노동자지만 들어오는 일이 많아서 물질적 여유가 생겨 요하네스버그의 베레아 지구 세인트 킬다 호텔이라는 아파트에 살고 있었다. 1976년 3월 17일의 일기에는 이렇게 쓰여 있다.

"나는 호모 살인자가 되기로 결심하려고 한다. 사내아이들을 붙잡아 이곳에 끌고 온다. 그 녀석들을 범하고 나서 죽이는 것이다. 모두 같은 수법으로 죽이는 것은 아니다. 이 손으로 목졸라 죽이는 놈도 있고 전기 코드나 끈으로 죄어서 죽이는 놈도 있다. 가슴을 찌르는 놈도 있다. 목을 자르는 놈도 있다. 질식시키는 놈도 있다. 놈들의 나이는 7세에서 16세 가량이다. 처음에는 몇 놈을 각각 다른 방법으로 죽인다. 먼저 살인 제1호는 손으로 목을 졸라 죽인다……."

계속해서 그는 아홉 가지 살해 수단을 적고 있다. 베개로 질식시키거나 플라스틱 통으로 질식시키거나 익사시키거나 사살한다 등이다.

이 일기에 한정시켜 보면 고독한 공상에 빠진 성적 도착자의 모습이 떠오를 뿐이다. 그러나 공상이 공상으로 그치지 않은 데서 문제가 생기게 되었다. 한 달 전에 쿠퍼는 10세의 소년 트레스린 폴의 뒤를 밟았다. 소년은 요하네스버그의 파크타운 지구에 있는 아파트의 건물로 들어갔다. 그곳에서 그는 소년에게 총을 들이대고 자기를 따라오라고 명령하여 공원으로 데리고 갔다. 그러나 여기서 그는 갑자기 마음이 변했거나 아니면 마음이 위축되었을지도 모른다. 그는 소년에게 집으로 돌아가라고 말했다. 폴은 뛰어서 도망쳤다. 바로 후에 경찰은 제보에 따라 그 소년을 차에 태우고 그 일대를 찾았으나 남자의 모습은 보이지 않았다.

살해 계획을 일기에 길게 적은 4일 후에 쿠퍼는 다시 다른 10세의 사내아이의 뒤를 밟아 힐브라우 지구의 아파트로 들어갔다. 그는 그 소년을 벽에 밀어붙이고, 나이프 끝을 가슴에 대고 두 군데에 가벼운 상처를 입혔다. 그러나 소년이 소리를 질렀으므로 쿠퍼는 도망쳐 버렸다. 바로 그후에 쿠퍼는 또 다른 10세 남자아이의 뒤를 밟아 베레아 지구의 아파트 건물에 들어갔다. 엘리베이터에서 소년을 끌어내어 그가 목을 졸라 죽이려고 하자 소년은 크게 소리를 질렀다. 엘리베이터가 내려왔다. 쿠퍼는 허둥지둥 도망쳤다.

4회째는 끔찍한 결과가 되었다. 1976년 5월 16일, 쿠퍼는 12세의 소년 마크 존 가네트의 뒤를 따라가서 파크타운 지구에 있는 아파트의 건물에 들어갔다. 그 소년과 함께 엘리베이터에 올라탔다. 그러고는 갑자기 뒤에서 소년의 목을 붙잡았다. 소년이 버둥거렸다. 쿠퍼가 조금씩 힘을 가하자 소년은 의식을 잃어버렸다. 그는 소년의 목에 로프를 감고 바지를 벗기고 성폭행을 하려고 했으나 잘되지 않았다. 할 수 없이 그는 소년을 계단에 방치했지만 후회가 되었다. 소년이 살아날 것을 걱정하면서 그는 로프를 풀어주고 돌아왔다.

그는 집에 돌아와 그 살인의 장면을 세 종류로 나눠서 일기에 쓰고 있다. 그 하나에는 이렇게 쓰여 있다.

"일단 행한 일을 되돌릴 수는 없는 것일까? 참으로 무서운 일을 저지르고야 말았다. 이제 다시는 그런 짓을 하지 않을 것이다. 순진한 소년의 목을 죄다니 나쁜 짓이다."

다른 일기에는 이렇게 쓰여 있다.

"사람을 죽인다는 것은 좋은 일이 못 된다. 그것을 이제야 겨우 알게 되었다. 나는 참으로 한심한 짐승이다."

그는 공상과 현실 사이에는 깊은 어둠의 심연이 가로놓여 있다는 것을 알게 된 모양이다.

그러던 중에 그가 전에 놓친 적이 있는 소년 트레스린 폴은 쿠퍼가 살고 있는 곳을 알아냈다. 그 무서운 일이 일어난 지 3주일이 지난 일요일 아침에 소년은 영화관에 가서 어린이용 영화를 보았다. 그곳에서 폴은 먹잇감이 될 만한 소년을 물색하고 있는 쿠퍼가 앞줄 좌석에 앉아 있는 것을 보았다.

쿠퍼가 영화관을 나서자 소년은 그가 자기를 보지 못하도록 멈춰서 있는 차의 그림자에 숨으면서 뒤를 따라갔다. 그리하여 쿠퍼가 세인트 킬다 호텔이라는 아파트로 들어가는 것을 확인했다. 폴은 학교 친구인 마크가 살해당했다는 말을 듣고, 경찰에게 쿠퍼의 주소를 알려주었다.

경찰이 아파트 밖의 차 속에 앉아 그의 움직임을 감시하는데 쿠퍼가 아파트에서 나왔다. 그는 누가 자기를 감시하고 있는 기미를 알아차리고 옆 건물로 도망쳤다. 경찰과의 추격전 끝에 그는 체포되었으며 경찰은 그의 방에서 일기를 압수했다. 일기에는 이런 말이 쓰여 있었다. "30명의 소년을 죽인다. 그 중에서 네 명은 인간제물이며 죽인 후에 그 피를 마신다. 그후에 여자를 죽이기 시작한다. 적어도 여섯 명의 계집애와 성인 여성을 해치운다. 나이는 8세에서 50세 정도까지다.…… 아름다운 여자라면 나이는 문제가 되지 않는다. 성관계를 맺을 수도 있고 안 할 수도 있다."

쿠퍼의 어머니에 의하면 쿠퍼는 어렸을 때부터 문제아로서 아버지를 미워했다고 한다. 11세 때 벌써 여자아이의 목을 조르려고 했다. 1978년 1월 18일, 쿠퍼는 교수형에 처해졌다.

6 미스테리 살인사건

날치기 잭

— 런던의 템스 강변을 무대로 한 일련의 미해결 살인사건

• **잭 더 스트리퍼**(영국)

1964년 2월 2일, 해머스미스 부근의 템스강에서 뱃사공이 시체가 알몸으로 떠 있는 것을 발견했다. 한나 틸포드라는 매춘부로서 익사로 판명되었다. 스타킹이 발목에 감겨 있고, 팬티를 입속에 쑤셔넣은 채였다. 범죄살인으로 보기에 의심스러워 자살의 가능성도 배제할 수 없었다. 또한 그녀의 옷도 발견되지 않았다.

2개월 후인 4월 9일, 템스강에서 다시 알몸이 된 시체가 발견되었다. 한나 틸포드의 시체가 발견된 장소에서 불과 300미터도 떨어지지 않은 곳이었다. 아이린 록크위드로 신원이 밝혀졌는데 그녀도 매춘부였다. 남자손님이 바지를 벗고 있을 때, 지갑을 슬쩍 가로채어 도망치는 것이 장기였다. 그녀는 손님이 호인으로 보이면 한창 열이 올랐을 때 사진을 찍고, 그 사진으로 그 손님을 단골로 만든 적도 있는 대담한 여자였다. 사망 원인은 익사였으며 임신 4개월이었다.

이 두 가지 사건은 런던 일대의 매춘부들을 공포에 떨게 했는데 그전

에도 거의 비슷한 사건이 두 차례 있었던 것을 떠올렸기 때문이다. 1959년 6월 17일, 템스강의 제방에서 엘리자베스 피그라는 매춘부가 목졸린 흔적이 뚜렷이 남아 있는 시체로 발견되었는데 속옷만 걸치고 있었다. 1963년 11월 8일에는 구이네스 리스라는 매춘부의 백골 시체가 템스 강가의 쓰레기 처리장에서 정지작업을 하던 포크레인에 의해 발굴되었다.

같은 해 4월 하순에 아이린 록크위드 사건은 해결된 듯이 보였다. 케네스 아치블드라는 아파트 관리인이 노팅 힐 경찰에 자진출두하여 "내가 그녀를 죽였습니다"고 자백했다. 그러나 이 남자는 나중에 이 자백을 번복했다. 속상한 김에 허튼 소리를 했다는 것이었다. 판사는 그를 무죄로 석방했다.

얼마 후에 이번에는, 템스강에서 꽤 멀리 떨어진 장소에서 시체가 발견되었다. 헬렌 바세레미로 판명되었는데 그녀도 매춘부였다. 1962년에 남자를 블랙풀의 갯벌로 유인하여 돈을 훔친 죄로 유죄판결을 받은 여자로, 지금까지의 희생자와 마찬가지로 노팅 힐 지구를 근거지로 하는 매춘부였다. 그녀는 완전한 알몸으로 허리 주위가 거무스름하게 멍들어 있었다. 죽은 후에 팬티를 벗긴 것을 말해 주고 있었다. 이가 빠져 있었는데 그중에서 한 대는 그녀의 목구멍 안쪽에서 발견되었다. 분명히 우격다짐에 의해 떨어져나간 것이었다. 시체는 템스강에서 1.6킬로미터쯤 떨어진 브렌트포드의 운동장 근처에 버려져 있었다. 노팅 힐의 포트베로 지구에 있는 그녀의 방에는 자물쇠가 걸려 있지 않았으며 레코드 플레이어는 계속 돌아가고 있었고 테이블에는 커피 잔이 두 개 놓여 있었다. 시체에는 스프레이 페인트의 흔적이 남아 있었다. 그것은 여러 가지 빛깔이었으므로 다음과 같은 추정이 가능했다. 자동차 안에서 목졸라 가까운 도장 공장에 운반하여 24시간을 방치했다가 밤에 버린 것이다. 그녀의 목에서 정액이 검출되었는데 손님이 그녀에게 펠라티오를 했던가 혹은 도장 공장에 방치된 그녀에게 누가 그녀의 입술에 성행위를 한 것을 말해 주고 있었다. 이가 네 대 부러진 것으로 보아 이 가설假說이 들어맞을 가능성은 높은 것으로 생각되었다.

1974년 7월 14일 밤, 티즈위크 고속도로 근처에서 밤을 새워가며 작업을 하고 있던 많은 도장공들이 자동차 문이 쾅하고 닫히는 소리와 함께 막다른 골목 근처에서 한 남자가 밴 곁에 서 있는 것을 목격했는데, 이 남자는 도장공을 알아보고 당황하여 차를 몰고 도망쳤다고 한다. 이 '밴'은 막다른 골목에서 굉장한 속력으로 달려나와 마침 지나가던 차와 충돌할 뻔했는데 상대방 운전사는 화가 나서 경찰에 신고했다. 그러나 유감스럽게도 그 '밴'의 번호는 알지 못했다.

이튿날 아침에 여자의 시체가 알몸으로 차고의 문에 기대어 앉아 있는 형태로 발견되었는데 메리 프레밍으로 신원이 판명되었다. 두 아이와 함께 노팅 힐 지구에 살고 있는 매춘부였다. 그녀의 의치가 없어졌다. 또 목구멍에서 정액도 검출되었다. 시체에는 페인트를 스프레이한 흔적이 보였다. 그녀는 그때까지 3일 동안 행방불명이었다.

'찔러 죽이는 잭' 형의 흉악범이 노팅 힐 지구에서 암약하고 있는 것이 분명했다. 경찰측은 다음 살해사건이 일어나기 전에 범인을 체포하기 위해 최대의 수사망을 펴고 있었다. 빨간 등불이 켜져 있는 경계 구역을 두 번 이상 지나는 모든 차의 번호를 일일이 기록했다. 실제로 범인과 경찰 사이에 아슬아슬한 스침이 있었을지도 모른다. 그후 4개월 동안 살인사건은 발생하지 않았다.

그러나 방심할 수는 없었다. 매춘부에 오럴 섹스를 강요하여, 그 행위를 하는 도중에 상대방 여자를 질식시키는 잔인한 욕망에 사로잡혀 있는 흉악범이, 이 정도로 잠잠해지리라고는 생각할 수 없었다. 반드시 다음의 희생자를 구하기 위해 움직이고 있을 것이다. 1964년 11월 25일, 알몸의 시체가 켄딘턴의 혼턴가에서 발견되었다. 카펫에 둘둘 말려 있었다. 마거릿 맥고안이라는 매춘부로 한 달 전에 행방불명되었다. 이번에도 목구멍에서 정액이 검출되고, 시체에는 페인트를 스프레이한 흔적이 보였다. 이가 하나 떨어져 나가 있었다.

이듬해 2월 16일, 또다시 매춘부가 시체로 발견되었다. 브레이디 오하라로, 장소는 액톤의 히론 트레이딩 숲속이었다. 그녀가 생존해 있는 모습을 마지막으로 본 것은, 세퍼드의 부슈 호텔로 1월 11일이었다.

그녀의 시체는 부분적으로 미이라 상태였는데 아주 추운 장소에 방치한 것을 말해 주고 있다. 목 뒤에 지문도 있었으며 목구멍에선 정액이 검출되었다. 이도 몇 대 떨어져 있었다.

몇 가지 사실이 분명해졌다. 범인은 대체로 노팅 힐 지역에서 매춘부를 붙잡아 근처에 세워둔 밴으로 그녀를 데리고 가서, 펠라티오를 요구한다. 이 행위를 한창 신나게 하고 있다가 범인은 여자의 머리를 아래로 누른다. 페니스의 끝이 여자의 목구멍을 메운다. 여자는 숨이 막혀 죽는다. 그후에 범인은 아마도 도장 공장과 같은 피신처에 시체를 운반하고, 이를 몇 대 분지르고 다시 입술 능욕을 한다. 그러고는 시간 맞추어 시체를 밖으로 끌어내어 버린다.

그동안에 경찰의 열정적인 수사가 결실을 보아, 히론 트레이딩에서 발견된 시체를 숨겨둔 장소를 알아냈는데 도장공장의 사용하지 않는 창고 근처였다. 페인트를 분석해 본 결과 이것이 그 장소였다는 것이 확인되었다.

이 발견으로 경찰은 범인에게 몇 걸음 접근하게 되었지만 그러나 이 지역에는 수천 명의 사람들이 일하고 있었다. 사건 담당의 존 듀 로즈 형사는 히론 트레이딩에 비상망을 펴서, 2회 이상 비상선을 통과한 모든 차 번호를 기록했다. 그리고 로즈 형사는 미지의 흉악범과 신경전을 전개했다. 즉 텔레비전에 나가 경찰이 범인을 잡는 것은 시간 문제라는 힌트를 던졌다. 처음에 추정한 20명의 용의자는 세 명으로 압축되었다. 그중 한 사람이 스트레스를 이 이상 감당할 수 없다는 유서를 남기고 자살했다. 이 남자는 경비회사의 경비원으로 그 지역을 담당했으며, 문제의 도장공장은 야근을 하는 담당 구역이었다. 그는 또한 독신자였다.

듀 로즈는 그의 저서 《살인이 나의 일이다》에서 다음과 같은 의미의 말을 하고 있다. 이 범인의 최초 희생자로 생각되는 엘리자베스 피그가 오럴 섹스를 하는 중에 죽었다. 범인은 여자가 질식하여 죽는 순간의 오르가즘을 잊을 수 없었다. 그것을 또 경험하고 싶었다. 이리하여 마魔의 심연에 빠져들어갔을지도 모른다.

희생자는 모두 몸집이 작은 여자였다. 아마 범인도 키가 작은 남자였던 것 같다. 노팅 힐 지역에 살고 있는 매춘부를 대상으로, 1964년 이전에 오럴 섹스에 대해 돈을 지불한 손님을 받은 적이 있는지를 조사해 보았더라면, 희생자가 적은 단계에서 범인의 검거가 가능했을지도 모른다. 그러나 어쨌든 '날치기 잭'은 영국 범죄사에서 가장 베일에 싸인 살인자의 한 사람으로 '찢어죽이는 잭'과 함께 그 이름을 남기게 되었다.

뉴욕 경찰대 연속살인사건

— 뉴욕을 13개월 동안 공포에 몰아넣은 살인광

• 데이비드 바코비츠(미국)

1976년 6월 29일 밤, 두 사람의 젊은 여성이 뉴욕시의 불가에서 차 앞자리에 앉아 이야기를 나누고 있었다. 약사인 도나 로리아와 견습 간호사 조디 바렌티였다. 외출했다 집으로 돌아가던 도나의 부모가 그 차 앞을 지나면서, 두 여자에게 저녁인사를 건넸다. 심야인 한 시경이었다. 부모는 아파트에 도착하자마자 총소리와 함께 비명을 들었다. 어떤 남자가 두 여자가 타고 있는 올즈모빌 차에 다가와서 갈색 종이봉지에서 총을 꺼내 다섯 발을 쏘았다. 도나는 죽고 조디는 허벅지에 중상을 입었다.

이 사살에는 동기가 전혀 없었다. 경찰에서는 범인은 희생자의 이름도 모르고 다만 자기 욕구를 채우기 위해 사람을 죽이는 것으로 추정했다.

4개월 후인 11월 26일, 뉴욕 퀸즈의 프로럴 파크 지역에 있는 어떤 집 현관에서 두 사람의 젊은 여성이 이야기꽃을 피우고 있었다. 자정이 조금 지나서였다. 웬 남자가 다가오더니 길을 물어보려는 듯이 몇 마디 하다 말고 총을 꺼내 쏘기 시작했다. 총탄은 도나 데마슈와 조안 로미노에게 명중하여 두 여자는 중상을 입었다. 한 발은 조안의 등골에 박혀 그녀는 마비상태가 되었다. 현관문과 수신함에서 탄환을 **빼낸** 후 조사해 보았더니, 전에 도나 로리아를 죽이고 조디 바렌티에게 중상을 입힌 44구경에서 발사된 것과 같은 것임을 알아내었다.

이 당시 경찰측은 아직 알지 못했으나 같은 총으로 이미 다른 희생자를 내고 있었다. 약 1개월 전인 1976년 10월 23일, 칼 데나로와 그 여자친구인 로제마리 키난은 플래싱 지구의 어느 레스토랑 앞에서 스포츠카를 세워놓고 그 안에 앉아 있었다. 갑자기 몇 발의 총소리가 울려 퍼지더니 한 발이 뒤의 방풍 유리를 관통하여 데나로가 앞으로 주저앉았다. 즉시 병원으로 운반하여 목숨은 건졌으나, 가운뎃손가락은 평생 쓰지 못하게 되었다. 44구경 탄환이 차 앞에 떨어져 있었다.

이듬해인 1977년 1월 30일, 한 쌍의 젊은 커플이 뉴욕의 리지우드 지구에서 작별의 키스를 차 안에서 하고 있었다. 갑자기 폭발음이 공중에 울려 퍼지더니 앞유리가 깨져서 흩어졌다. 크리스티느 프로인트가 남자친구인 존 딜의 팔에 쓰러졌으며 몇 시간 후에 그녀는 병원에서 숨을 거두었다.

1977년 3월 8일, 아르메니아의 유학생 버지니아 보스켈리키안은 집으로 돌아오는 길에 습격을 받았다. 포레스트 힐즈의 어머니 집까지 200미터밖에 남지 않은 지점에서 총을 든 남자가 그녀의 앞을 막아서서 몇 미터밖에 안 되는 가까운 거리에서 그녀의 얼굴을 쏘았다. 그러자 그녀의 앞니가 날아갔다. 그녀는 즉사했으며 크리스티느 프로인트가 사살된 지점에서 약 300미터 떨어진 곳이었다.

이때 경찰은 세 명을 죽이고 네 명에게 중상을 입힌 탄환은 모두 같은 총에서 발사되었다는 것을 확인했다. 변태적인 살인광의 소행으로서 체포될 때까지 그는 살인을 계속할 것이 틀림없었다. 그러나 경찰측은 범인을 잡아낼 단서가 없었다. 어디서부터 뒤져야 할지 알 수 없었으며 살인한 현장에서 잡지 못하면 체포할 가망도 거의 없었다. 뉴욕의 빔 시장은 기자회견에서 다음과 같이 발표했다.

"이 뉴욕에 한 사람의 야만적인 살인광이 방치된 상태에 있습니다." 시장이 공포할 수 있는 범인의 윤곽은 다음과 같았다. 즉 백인으로 신장이 180센티미터가 조금 안 되고, 옷차림은 말쑥하며 머리형은 올백이다.

1977년 4월 17일 이른 아침에 또 두 사람이 피살되었다. 알렉산더 엣사우와 발렌티나 슬리아니였다. 살인광의 총탄이 명중했을 때, 두 사람은 주차해 둔 차 안에 앉아 있었으며 그곳은 브런크스 지구였다. 발렌티나는 즉사하고 엣사우는 병원에서 죽었는데 세 발의 탄환이 그의 머리에 명중했다. 도나 로리아와 조디 바렌티가 총에 맞은 곳에서 불과 몇 블록 떨어진 장소였다.

도로의 한복판에서 경찰이 봉투 한 개를 주웠다. 경찰서장인 조셉 보렐리에게 보내는 편지가 들어 있었다. 살인광이 쓴 편지였다.

"당신은 나를 가리켜 여자를 미워하는 자라고 말했는데, 불쾌하기 짝이 없다. 나는 그런 인간이 아니다. 나는 괴물이다. 악마의 자식이다. 나는 작은 악마지만……"

그의 아버지 샘은 야만적인 남자로 술에 취하면 가족들을 때리고, 밖에 나가 사람을 죽이고 오라고 그에게 명령했다고 하였다. 그리고 다음과 같은 대목도 있었다. "나는 사냥을 좋아한다. 고급 먹이를 찾아 거리를 서성거린다. 맛있게 잡아먹는다…… 퀸즈의 여자가 최고다……." 이것으로 누구나 연상하게 되는 것은 '찢어죽이는 잭'을 비롯하여 많은 '스릴 살인광'이 경찰에 보낸 도전장이었다. '남 못지않은 인간이고 싶다'는 충동, 사회를 놀라게 하고 싶다는 충동을 노골적으로 드러낸 것이었다. 뉴욕의 사회평론가 제임즈 브레슬린씨에게 보낸 한 통의 두서없이 갈겨쓴 편지도 동봉되어 있었는데 '악마의 아들'이라는 서명이 적혀 있었다.

　다음의 습격은 1977년 6월 26일에 일어났다. 전과 동일한 수법이었다. 일요일 시곗바늘이 겹쳐진 자정 무렵에 한 쌍의 젊은 커플이 차 안에 앉아서 데이트의 마지막 작별을 하고 있었다. 살바토레 루포와 주디 플라시드였다. 퀸즈의 베이사이드의 211번지 집 앞에 주차하고 있었다. 갑자기 앞유리가 박살이 나면서 사방에 흩어졌다. 네 발의 탄환이 발사되고 범인은 도망쳤는데 이번에는 실패했다. 두 사람 모두 가벼운 상처만 입어 곧 회복되었다.

　'악마의 자식'이 도나 로리아를 살해한 지 1년이 지났다. 이 무렵에 퀸즈 지구와 브런크스 지구는 경찰관들에 의해 밤마다 경비되고 있었다. '악마의 자식'이 가장 좋아하는 이 지역은 대단히 위태로우므로 다음 사냥은 어디 먼 곳에서 해야 한다. 7월 31일 로버트 비오란테와 스테이시 모스코비츠는 브룩클린 해안에서 가까운 주차장에 차를 세우고 차 안에 앉아 있었다. 일요일 새벽 한 시 반경이었다. 총소리와 함께 앞유리가 갑자기 깨졌다. 두 사람 다 머리에 총탄이 명중하여 스테이시 모스코비츠는 몇 시간 후에 병원에서 죽었으며 로버트 비오란테는 목숨은 건졌으나 장님이 되었다.

그러나 이 습격으로 살인광의 신원이 드디어 밝혀졌다. 그날 밤 어떤 부인이 개를 데리고 밖에서 산책하다가 베이 16번지 소화전 근처에 주차한 한 대의 차 안에서 두 사람의 경관이 티켓을 나누는 것을 이 부인은 목격했다. 그리고 몇 분 후에 한 남자가 그 차에 다가오자 뛰어내리더니 도망쳐 버렸다.

그 일요일 새벽에 코니아일랜드 지구에서 발행된 주차 티켓은 넉 장뿐이었다. 그리고 소화전 근처의 주차에 대해서는 한 장의 티켓이 발행되었을 뿐이며 티켓의 비고란에 그 차의 번호가 기입되어 있었다. 자동차 등록국에서 그 차의 소유자를 조사해 본 결과 즉시 판명되었다. 데이비드 바코비츠, 24세, 주소는 욘카즈의 파인가.

마지막 범행을 저지른 수요일, 형사대는 파인가에 있는 아파트 앞에 주차해 있는 문제의 포드 갤럭시를 발견하여 창틈으로 안을 들여다보았다. 총의 개머리판이 보였다. 뭐라고 갈겨쓴 종이 쪽지도 보였다. '악마의 자식'의 특징이 표시된 대문자와 같은 필적이었다. 형사들은 잠복근무에 들어갔다. 밤 10시 15분에 데이비드 바코비츠가 차에 손을 얹자 지휘자인 팀 다우드 경부가 소리쳤다. "헬로, 데이비드!"

바코비츠는 놀란 얼굴로 경부에게 말했다. "다우드 경부! 드디어 나를 잡았군!"

'악마의 자식'은 그가 천하에 이름을 떨친 공포에 비하면 다소 실망이 앞서는 인간이었다. 몸집이 작은 땅딸보로 희죽희죽 웃고 있었다. 조금 모자라는 듯한 외모로, 캔디를 훔쳐먹다가 들켜 기가 죽은 어린이처럼 보였다. 그는 망상적인 정신분열증에 걸려 있었다. 전구가 하나밖에 없는 방에서 혼자 살면서 항상 매트리스 위에서 자며 방바닥에는 빈 우유 깡통과 병이 구르고 있었다. 벽에는 다음과 같이 갈겨쓴 메시지도 눈에 띄었다.

'이 굴 속에 마왕이 살고 있다.'

'나는 주인이 되는 자를 위해 죽인다.'

'나는 어린이를 살인자로 만든다.'

그의 아버지는 브런스크 지구에서 철물상을 했으나, 도난을 당한 후에는 플로리다주 쪽으로 이사했는데 이 나트 바코비츠는 '악마의 자식'의 친아버지가 아니었다. 데이비드 바코비츠는 1953년 6월 1일 태생의 사생아로서 친어머니는 양부모에게 그를 양자로 보냈다. 그러므로 그는 처음부터 따돌림을 받으면서 자랐다.

이 가엾은 자기 이미지에 대해 그는 자랑하는 것과 거짓말을 하는 것으로 반발했다. 특히 섹스의 솜씨에 대해서도 그러했지만 실제로는 그는 여성 앞에선 수줍음을 타고, 체포되었을 때에는 분명히 동정童貞이었다. 그는 경찰에서 1974년부터 악마가 살인을 하도록 부추기기 시작했다고 말했다. 그러나 그를 면회한 어느 정신과 의사는 그것은 거짓말이며 '악마의 목소리'는 재판에서 정신이상의 변호를 노린 바코비츠의 조작이라고 단정했다.

그는 돼지우리와 같은 더러운 방에 혼자 살고 있었으며 트럭이 지나가는 소리나 개가 짖는 소리 때문에 밤에는 잠들기 어려웠다. 이런 상황 속에서 망상증이 점점 깊어갔다. 그는 아버지에게 편지로, 남들이 자기를 미워하고 길을 걸어가면 자기에게 침을 뱉는다고 쓰고 있다.

"여자애들은 나를 더럽다고 해요. 이것이 제일 불쾌해요." 1975년 크리스마스 전날 밤에, 그는 여자에게 복수를 하기 시작했다. 먼저 두 사람의 여자를 나이프로 위협했다. 처음 여자는 크게 소리를 질렀으므로 겁이 나서 도망쳤다. 두번째 여자는 15세의 여학생인데 나이프로 찔렀다. 한쪽 폐에 닿는 중상이었으나 목숨만은 건졌다. 그후 7개월이 지나 바코비츠는 처음으로 총을 들고 밖에 나가 살인을 범했다.

'샘(악마)' 이라는 이름은, 샘 카라는 이웃 사람의 이름에서 딴 것 같다.

이 사람의 검은 라브라돌 개가 짖어대는 바람에 바코비츠는 가끔 잠을 제대로 자지 못했다. 그는 이 사람에게 서명이 없는 경고의 편지를 여러 통 써보냈다. 1977년 2월 7일에는 이 개를 총으로 쏘았으나, 개는 죽지 않고 살아났다. 그는 자기를 구박한다고 생각하는 사람에게도 발신인의 이름을 쓰지 않은 편지를 띄웠다. 그는 여러 차례 '이상한 사람' 으로 경찰에 신고되었지만 그러나 그가 '악마의 자식' 이라고는 아무도 생각지 않았다.

그는 정신상태가 정상으로 진단되어 1977년 8월 23일에 재판을 받게 되었다. 그는 자기 죄를 인정했으므로 뉴욕은 이 사건에서는 재판 비용이 적게 들었다. 선고는 365년의 금고형이었다.

그후에 어떤 일이 일어났는가. 이에 대해서는 반드시 여기 기록해 둘 만한 필요가 있다. 욘카즈의 그의 아파트 블록은, 센세이션을 요구하는 사람들에게 일종의 명소가 되어 문의 손잡이가 도둑을 맞았다. 카펫을 찢어가고, 바코비츠의 방문의 페인트까지 깎아내었다. 또한 한밤중에 사람들이 몰려와서 "데이비드 밖으로 나와!" 하고 행길에서 크게 소리치기도 했다. 그러자 바코비츠의 방은 빌려 살겠다는 사람이 나서지 않았다. 아파트 주인은 남의 눈길을 따돌리기 위해 주소를 파운가 25번지에서 45번지로 변경했으며, 그로 인해서 그 빌딩에 살던 사람들의 4분의 1이 이사했다.

딩고 베이비 살인사건

• **앨리스 린디 챔버렌**(호주)

   1980년 8월, 오스트레일리아는 겨울이었다. 퀸즈랜드주의 서부인 마운트 이사의 챔버렌 일가는 휴가를 에이어스 록에서 캠핑을 하며 보내기 위해 차로 떠났는데, 그곳은 앨리스 스프링스 근처의 경치가 아름다운 관광지였다. 마이켈 챔버렌이 핸들을 잡았는데 그는 안식일 재림 교단에 속한 36세의 목사였고 옆에는 아내인 린디가 앉아 있었다. 그녀는 그보다 네 살 아래였다. 뒤에는 금발의 두 아들인 일곱 살의 아이단과 네 살의 리건 그리고 제일 어린 여동생으로 아직 아기인 아제리아('하나님의 축복을 받은 딸')가 손으로 운반하는 아기 바구니 속에 들어 있었다.

   앞으로 일어날 사건은, 2년 후에는 오스트레일리아의 '세기의 판결'이 되고, 중심인물은 린디 챔버렌이며, 딩고 베이비 살인사건으로서 전 세계의 영어권에 알려지게 되었지만, 캠핑을 떠나는 지금은 이것이 그 악몽과도 같은 여행의 출발임을 보여주는 것은 하나도 없다.

   챔버렌 부인의 말에 의하면 사건은 다음과 같이 일어났다. 한 마리의 딩고—오스트레일리아산의 야생견으로 양이나 토끼를 주로 잡아먹는다—가 휴가의 이틀쨋날 밤에 아제리아가 자고 있는 텐트에 들어와, 아기를 입에 물고 어둠 속으로 사라졌다. 그날 그 가족은 에이어스 록 근처의 언덕을 오르면서 여유롭게 하루를 보냈다. 에이어스 록이란 오스트레일리아 내륙의 삼림 지대에 있는 1,200미터 높이로 솟아 있는 하나의 거대한 레드스톤의 암괴로, (현지인의 전설에 의하면) 일찍이 한 마리의 거대한 딩고가 이곳에 숨어, 원주민 아보리진의 가족을 잡아먹었다고 한다.

린디 챔버렌은 캠프로 돌아오자 곧 아기를 침대에 눕혔으며 두 아들이 뒤이어 잠자리에 들었다고 경찰에서 말했다. 그리고 그녀와 남편이 저녁 식사 준비를 하고 있을 때, 천막에서 무슨 소리가 들려왔다고 했다.

"아기가 울고 있나?" 하고 남편이 물었다. 린디의 말에 의하면, 그녀는 알아보려고 텐트에 갔는데 그때 갑자기 한 마리의 딩고가 텐트에서 나오는 것이 보였다. 분명히 뭔가 입에 물고 있었다고 한다.

"한 마리가 놀란 듯이 차 앞을 뛰어서 빠져나갔어요" 하고 그녀는 말을 이었다.

"그렇지만, 나는 그것을 확인할 기분이 아니었어요. 곧바로 텐트에 들어갔지요. 무엇 때문에 아기가 울었는지 알아보기 위해서였어요. 텐트에 들어가 보니 아기의 담요가 텐트 속에 쫙 펼쳐 있었어요."

또 한 사람의 캠퍼가 가까운 천막에서 자고 있었다. 주디스 웨스트 부인이었다. 그녀는 린디가 외치는 소리를 들었다고 말했다. "어떡하나, 딩고가 내 아기를 잡아갔어요!"

목사 챔버렌은 사건을 알게 되자, 캠프를 친 일대를 뛰어다니면서 아기를 찾는 데 힘이 되어줄 사람을 모집했다. 약 300명의 캠퍼들이 안개가 자욱한 에이어스 록의 사면을 밤새 찾았다. 그러나 아제리아는 찾지 못했다. 챔버렌 부부는 노잔 테리트리 경찰에 사건의 경위를 기록한 서류를 제출하고, 휴가를 중단한 채 마운트 이사로 돌아왔다. 아기에 대한 정식 수사가 계속되었다. 아제리아의 시체는 발견되지 않았으나, 일주일 후에 아기의 피로 얼룩진 찢긴 옷이 발견되었다. 캠프를 친 곳에서 약 5킬로미터 떨어진 딩고의 은신처 부근이었다.

이 사건은 즉시 전국적으로 주목을 끌게 되었다. 아기의 생명에 대한 걱정과 아기가 사라진 상황에 관한 추측이 그 내용이었다. 1981년 2월에 앨리스 스프링스의 데니스 바리트 검시관의 기자회견이 있었는데 텔레비전으로 중계되었다. 검시관은 아기는 딩고에게 잡혀갔으며, 부모에게는 책임이 없다고 발표했다.

그러나 이 사건에 노잔 테리트리주의 폴 에브링검 지사가 개입하여, 경찰에 사건조사의 속행을 명령했다. 아데레이드의 법의학자 케네스 브라운 박사가 아기의 찢겨진 옷이 딩고의 짓이라는 생각에 의문을 던졌기 때문이었다. 브라운 박사는 이 의문의 근거를 런던의 저명한 검시의인 제임스 캐멜론 교수에게 의뢰했다. 제임스 교수는 오스트레일리아에 와서 독자적인 조사를 했다. 그 결과 옷의 피 흔적으로 보아 아기는 목이 잘렸다는 결론을 내리게 되었다. 런던에 사는 바너드 심즈라는 또 한 사람의 전문의도 조사에 참가했다. 피부나 옷을 개가 물었을 경우 등 많은 사건을 다룬 노련한 학자다. 캐멜론 교수는 개가 아기를 물어갔다는 생각에 브레이크를 걸었다. 바리트 검시관의 판단을 백지로 돌리고, 1982년 2월에 조사를 다시 시작했다. 그 결과 챔버렌 부부는 다윈에서 기소되어 재판은 9월 13일에 시작되었다. 챔버렌 부인의 혐의는 딸의 살해였고, 챔버렌씨는 사후死後 공범이었다.

이 재판은 오스트레일리아뿐만 아니라, 해외에서도 많은 사람들이 주목하게 되었다. 재판이 시작되자 이 사건을 테마로 하여 4권의 책이 계속 출판되었다. 방청권을 구하려고 취재경쟁이 벌어졌다. 법정에 미처 들어가지 못한 사람들에게 폐쇄회로 텔레비전으로 재판 광경을 중계할 정도로 인기가 대단했다.

이안 바커 검사는, 들개가 아기를 물어갔다는 린디의 말은 '조작'이라고 배심원들에게 설명했다. 검사측의 논고에서는 1980년 8월 17일 밤에, 그녀가 캠프를 친 곳에서 자기 차의 앞자리에 아제리아를 안고 앉아, 아이의 목을 잘랐다는 것이었다. 검사의 논고는 계속되었다.

"법의학상의 증거는, 아제리아의 목은 잘린 것을 보여주고 있다. 딩고의 이빨이 물어뜯은 것이 아니다. 5킬로미터쯤 떨어진 곳에서 발견된 피로 얼룩진 아기의 옷은 동물의 이빨에 의해 찢긴 것이 아니다. 가위와 같은 기구로 잘려진 것이다."

검사의 논고는 계속되었다. "텐트 속에서 발견된 피의 흔적은 챔버렌 부인이 남긴 것이다. 그녀가 죽이고 나서 아기를 묻은 것이다. 문제의 혈액을 테스트해 보았더니, 이것은 분명히 생후 6개월 이내의 아기의 피였다. 그런데 그 양이 너무 적다. 딩고가 아기를 물고 도망쳤다는 부인의 말과는 맞지 않는다."

논고는 다시 계속되었다. "들개가 아제리아를 물고 5킬로미터나 운반했다면 타액이 옷에 묻는다고 생각하는 것이 과학자의 상식이지만, 문제가 되는 아기의 옷에는 그런 타액의 흔적을 전혀 찾아볼 수 없다."

"이것은 살인이오" 하고 검사는 큰소리로 말했다.

"그리고 살인자는 어머니며 이것을 뒤집을 만한 것은 전혀 없어요."

그는 이렇게 덧붙였다. "시체는 벽 속에 넣어둔 것으로 생각돼요. 어딘가 숨겨놓았다가 흥분이 가라앉은 다음에 매장했을 거예요."

변호사측에서는 법의학의 권위를 동원하여 '딩고설'을 주장하며 정면으로 대립했다. 판사는 사건 요점의 설명에서 쌍방 전문가의 증언을 신중히 판단하라고 배심원에게 요청했다.

"우리는 명백히 흔들릴 수 없는 과학적인 견해 위에 서 있지는 않은 것 같습니다……. 오히려 이 중대한 점에 대해 과학적인 견해 자체가 두 갈래로 갈라져 있는 것 같습니다."

7주일 동안 계속된 재판이 끝날 무렵에 배심원들은 6시간 반에 걸쳐서 협의했다. 린디 챔버렌은 자기 아기를 살해하였다는 죄목으로 유죄가 되고, 그녀의 남편도 사후 공범으로 유죄가 되었다.

린디 챔버렌에게 먼저 형이 선고되었는데 뮤어헤드 재판장은 그녀에게 다음과 같이 말했다.

"내가 당신에게 내릴 수 있는 선고는 오직 하나뿐으로 그 선고는 중노동 종신형입니다."

이 형량은 오스트레일리아뿐만 아니라, 외국의 많은 사람들에게도 충격을 주었다. 너무 무겁다는 것이었다. 린디 챔버렌은 당시에 34세, 뱃속에는 다음 아기가 들어 있어 곧 출산할 예정이었다. 그런데 그녀는 베리마 교도소에서 이제부터 종신형을 복역하게 되었다.

남편에 대한 선고는 그 이튿날이었지만 그는 그전에 보석으로 교도소에서 나와 있었다. 피고석에서 선고를 기다리는 그의 얼굴은 창백하

고 경련을 일으키고 있었다. 변호
사측은 관대한 판결을 요구하여
다음과 같이 말했다.

"피고는 앞으로 다시는 사회로
돌아갈 수 없습니다. 그리고 안식
일 재림 교단의 목사도 될 수 없
습니다."

변호사측은 다시 덧붙여 말했
다. "어머니에 이어 아버지까지
교도소에 가야 한다면, 이 가족의
두 꼬마 아이들은 어떻게 되겠습
니까? 어린이들은 아버지를 필요
로 하고, 아버지는 아이들을 필요
로 합니다."

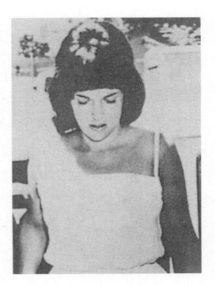

법정으로 들어오는 린디 챔버렌

챔버렌 부인에 대한 형의 선고를 고려하면 다소 의외였으나, 재판장
은 이에 동의했다. 판결은 집행유예 3년에 18개월 중노동으로, 500달
러(오스트레일리아 달러)의 추징금이 부과되었다. 그리고 재판장은 "이 판
결은 타당하며, 사법의 목적에 가장 합치된다"고 말했다. 챔버렌씨는
두 아들과 다시 만나 한없이 울었다.

재판은 끝났다. 많은 의문이 미해결인 채 남게 되었다. 린디 챔버렌
은 아기가 없어지기 직전에 한 마리의 딩고가 텐트에서 뛰쳐나온 것을
보았다는 말을 절대로 번복하지 않았다. 검찰측도 다음과 같이 말하고
있다.

"그녀가 아기를 죽인 방법은…… 엄밀한 의미에서 명백하지 않다."

시체도 흉기도 발견되지 않았으므로 검사의 논고도 이 점에서는 다소 뒷맛이 개운치 않다. 그러나 더욱 중요한 것은, 검찰측이 살해의 동기를 하나도 시사하지 못한 점이다. 아제리아가 완전히 정상이고 건강한 아기가 아니었다는 점도 확인하지 못했다. 따라서 많은 사람들의 마음속에 다음과 같은 의혹이 남는 것은 어쩔 수 없다. 재판의 판결에 잘못이 있지 않았을까? 정말로 딩고가 아기를 물고 도망친 것이 아닐까?

챔버렌 부인은 넷째 아기 카브리아를 교도소의 병원에서 낳았다. 그 후 3주일이 지나 판결에 대한 상소의 결과를 기다려 보석되었다. 1983년 4월 29일, 시드니의 연방재판소 판사는 그녀의 상소를 기각하고, 중노동 종신형의 판결대로 퀸즈랜드의 교도소로 돌아갈 것을 명령했다.

매스컴을 도발한 범인

— 캘리포니아의 대량 살인마

• **조디악**(미국)

1968년 12월 20일에서 1969년 10월 11일까지 약 10개월 동안에 조디악은 자신이 기억하고 있는 사람만 해도 다섯 명을 죽이고, 두 명에게 부상을 입혔다.

최초의 희생자는 샌프란시스코 근처인 바레호와 베니카 사이를 드라이브하던 부인이 발견했다. 스테이션 왜건이 주차해 있고 그 옆에 두 사람의 시체가 놓여 있었다.

경찰은 현장으로 급히 달려갔다. 10대 소년이 차 가까이서 쓰러져 숨을 거둔 뒤였다. 왼쪽 귀 뒤에 총을 맞은 흔적이 있었다. 그곳에서 조금 떨어진 곳에 여자아이 시체가 놓여 있었다. 배에 여러 군데 총을 맞은 상처가 보였다. 살인자에게서 도망치려고 한 위치였다. 시체는 고교생인 데이비드 파라디고, 여자아이는 베틸루 젠센으로 확인되었다. 살인 현장은 러버즈 레인(애인의 산책길)으로 알려진 장소였다. 살인의 동기는 알 수 없었다. 여자아이를 성폭행한 흔적은 보이지 않았다.

1969년 7월 5일, 굵고 탁한 목소리를 가진 남자로부터 바레호 경찰서에 전화가 걸려왔다.

"살인 두 건을 알려줄까?" 하고 남자는 말을 이었다.

"컬럼버스 파크웨이 동쪽에서 공원을 향해 1.6킬로미터쯤 가봐. 그곳에 서 있는 갈색차를 들여다봐. 병아리 두 놈이 죽어 있을 테니까. 9밀리 루거로 쏜 거야. 그리고 나는 작년에도 병아리를 죽였었지. 그럼 안녕!"

경찰은 그 남자가 알려준 장소에서 차를 발견했다. 그 차 속에는 한 쌍의 남녀가 있었는데 남자는 마이켈 마고로 중상이고 여자는 아기의 어머니인 다렌 페린으로 죽어 있었다. 마고는 나중에 경찰에서 다음과 같이 설명했다. 즉 자기와 다렌 페린이 주차장에 들어섰을 때, 차 한 대가 자기들 옆에 멎었다. 그 차는 곧 어디론가 갔다가 10분쯤 지나서 되돌아왔다. 누가 라이트를 비치므로 두 사람은 눈이 부셨다. 이 사람은 뚜벅뚜벅 걸어오더니 아무 말도 하지 않고 총을 쏘기 시작했다. 마고의 설명에 의하면 뚱뚱하고 중키에 둥근 얼굴, 곱슬머리고, 나이는 25세에서 30세 사이라고 했다. 살인자의 차가 초스피드로 도망치는 것을 목격한 사람도 나타났다.

8월 1일, 바레호의 〈타임스〉, 〈헤럴드〉와 샌프란시스코의 두 신문사에 편지가 날아들었다. 동그라미 위에 십자 마크가 달려 있었다. 조디악의 표시였다. 그 편지에는 범인이 아니면 알 수 없는 살해의 상세한 내용이 쓰여 있었다. 암호 몇 줄 같은 것도 적혀 있었다. 서명한 자는 세 통의 편지에 암호를 연결하면, 편지를 보낸 자가 누구인지 알 수 있을 것이라고 했다.

이 남자는 이 편지를 공개하지 않으면, 나는 미치광이처럼 날뛰어 10명 이상은 죽일 것이라고 위협했다. 구두점이 없어서 다소 난해했지만 암호 전문가의 해독으로는 다음과 같은 것이었다.

"나는 인간을 죽이기를 좋아한다. 아주 재미있다. 숲속에서 야생 동물을 죽이기보다 훨씬 재미있다. 왜냐하면 인간이 가장 위험한 동물이기 때문이다. 누군가를 죽이는 것이 가장 신나는 경험이다. 여자와 섹스하기보다 훨씬 좋다. 제일 좋은 일은 내가 죽어 낙원에서 새로 태어났을 때 내가 죽인 인간을 모두 노예로 삼을 수 있기 때문이다. 나는 이름 같은 건 대지 않을 것이다. 너희들이 내가 죽은 후에 거느릴 노예의 수를 줄이려고 방해하기 때문이다."

이 편지는 각 신문사에 공개되었다. 1,000명이 넘는 독자들로부터 범인의 신원을 알았다는 제보가 있었다. 그러나 그 어느 것도 단서와는 거리가 멀었다.

9월 27일, 이번에는 나파 경찰서에 굵고 탁한 목소리의 남자로부터 전화가 걸려왔다. 또다시 살인 두 건을 가르쳐 주었다. 경찰은 베리에 사호의 기슭으로 달려갔다. 남자와 여자가 쓰러져 있었다. 두 사람 다 찔린 상처에서 피를 흘리고 있었다. 가까이 세워둔 스포츠카에서 조디악의 사인이 적힌 쪽지에 갈겨쓴 글이 발견되었다. 희생자는 세실리아 세파드와 브라이언 하트너로 모두 퍼시픽 유니언 칼리지 학생으로 하트너는 아직 살아 있었다. 그는 사건의 경위를 경찰에서 다음과 같이 말했다. "후드를 쓴 남자가 다가왔어요. 후드에는 눈을 가린 언저리에 베어들어간 자리가 있고 조디악의 흰 표시가 새겨져 있었어요. 남자는 권총과 나이프를 들이대고 돈을 내라고 했어요. 후드의 베어들어간 곳에서 검은 선글라스와 엷은 갈색 머리칼이 보였어요. 남자는 우리 두 사람을 결박하고 말했어요. '난 말이야, 너희와 같은 놈들을 찔러죽일 거야.' 그러고는 그 말대로 여러 번 찔렀어요."

남자가 나파 경찰서에 연락한 공중전화는 경찰서에서 가까운 곳에 있었다. 경찰은 이 공중전화에서 세 가지 지문을 채취했다. 그러나 범인을 잡는 단서는 되지 못했다.

두 주일 후인 10월 11일, 살인자는 다시 흉악한 범행을 저질렀다. 샌프란시스코의 놉 힐의 꼭대기에서 택시 운전사 폴 슈타인의 뒤통수를 총으로 쏘았다. 그러고는 운전사의 지갑을 빼앗고 셔츠의 일부를 찢어 가지고 달아났다. 그의 목숨을 빼앗은 총탄은, 다렌 페린을 죽인 총과 같은 총에서 발사된 것이 판명되었다. 이튿날 샌프란시스코의 〈크로서클〉에 조디악의 편지가 배달되었다. 피가 흠뻑 묻은 셔츠 토막이 동봉되어 있었다. 발신자는 경찰의 솜씨가 형편없는 것을 책망하고 다음과 같이 쓰여 있었다.

"초등학교 어린이는 좋은 표적이다. 곧 오전중에 스쿨버스에 손을 댈까 한다. 먼저 타이어에 펑크를 낸다. 꼬마들이 버스에서 잇따라 뛰어내리겠지. 그걸 노려서 쏘는 거다."

택시 운전사를 죽인 것이 판명된 조디악의 마지막 범행이다. 10월 21일, 조디악이라고 자칭하는 자가 오클랜드 경찰에 전화를 걸어 다음과 같은 내용의 말을 했다. 유명한 변호사가 나서 주겠다면 자수할 생각이다. 예컨대 F. 리 베일리나 메르빈 벨리와 같은 변호사 말이다. 그리고 이른 아침 텔레비전 토크쇼에 자기를 위해 시간을 달라고 요구했다. 이것은 실행되었다. 텔레비전 방송국에서도 미리 일반인에게 예고했다.

그리하여 이 지역에 살고 있는 수천 명의 시청자들이 오전 6시 45분에 시작되는 짐 딘버 쇼에 채널을 맞췄다. 7시 41분에 소년과 같은 부드러운 목소리로 텔레비전 방송국에 전화가 걸려왔다. 상대방은 자기가 조디악이라고 말했다. 그는 무려 16회나 전화를 다시 걸어 살인과 자기가 안고 있는 고민에 대해 메르빈 벨리 변호사와 의논하고 싶다고 말했다. 그는 끝으로 달리 시티의 가게 앞에서 벨리 변호사와 만날 것에 동의하고 전화를 끊었다. 그러나 그는 나타나지 않았다.

조디악의 목소리를 들은 적이 있는 세 사람, 즉 브라이언 하트너와 여성 전화 교환수와 경찰은 텔레비전 방송국에 걸려온 전화의 목소리는 그들이 들은 살인자의 목소리를 전혀 닮지 않았다고 말했다.

한편 이 쇼가 있은 지 2개월이 지나 조디악에게서 메르빈 벨리 변호사에게 편지가 배달되었다. 필적은 조디악의 것으로 확인되었다. 그 택시 운전사의 피묻은 셔츠 조각이 동봉되어 있었다. 편지에는, 자기는 지금까지 여덟 명을 죽였으나 곧 아홉 명째 죽일 작정이라고 적혀 있었다. 텔레비전 쇼에 전화를 걸어온 남자가 가짜라면 이 편지에서 그것을 분명히 밝힐 심산이었다.

1971년 3월, 〈로스앤젤레스 타임스〉에 또 편지가 배달되었다. 그 편지에는 이렇게 쓰여 있었다. "경찰이 나를 붙잡으려고 한다면 똥구멍을 단단히 죄고 오라." 끝은 이렇게 맺고 있었다.

"내가 이 편지를 이 신문사에 낸 이유를 알겠나. 당신네 신문사에서는 다른 데와 달라서 뒤쪽 페이지에 작게 다루지 않을 것으로 생각하기 때문이야."

1974년에 들어와 샌프란시스코 경찰에 조디악으로부터 편지가 배달되었다. 편지에 자기는 지금까지 37명의 목숨을 앗아갔는데, 신문에서 좀더 크게 다루지 않는다면 '좀더 굉장한 짓'을 저지르겠다고 했다. 경찰이 조사해 본 결과 이 편지는 전의 편지와 필적이 같은 것이 판명되었다. 이것이 끝이었다. 그후 오늘에 이르기까지 9년 동안 조디악은 침묵을 지키고 있다.

여러 가지 면에서 이 남자의 범죄는 '뉴욕의 삼의 아들'이 저지른 범죄와 비슷하다. 텔레비전 쇼에서도 그는 자기를 '삼'이라고 말했다. 이 두 사람은 공통된 심리 상태에 있었던 것이 아닐까? 여성을 두려워하는 숫기 없는 남자, 그래서 남녀의 데이트를 유난히 싫어했다. 이렇게 생각해도 과히 틀리지 않을 것이다.

복숭아가 여물 무렵이면 감독은 미친다

— 6주일 사이에 부랑자와 막노동꾼 25명을 살해한 감독

• 판 코로나 (멕시코)

    1971년 5월 19일, 캘리포니아주 유바시 근처에 몇 그루의 과수를 소유하고 있는 일본인 농부가 자기 과수원을 돌아보고 이상한 것을 발견했다. 지면에 구멍이 뚫려 있었다. 길이는 2미터가 넘고 깊이는 1미터 조금 못 되었다. 그곳에서 별로 멀지않은 곳에선 감독인 판 코로나가 데리고 온 막벌이 일꾼들이 일하고 있었다.

    그날 저녁에 그 농부가 다시 한 번 돌아보니 그 굴은 메워져 있었다. 그는 자신의 땅에서 멋대로 행동하고 있는 데 대해 화가 났다. 경찰에 알려 그 굴을 조사해 보라고 요청했다. 경찰은 곧 한 부랑자의 시체를 발굴했는데 그것은 나중에 케네스 위타커로 확인되었다. 가슴을 찔리고, 머리는 손도끼에 의해 깨져 있었다. 위타커는 그날 아침에 끌려가 호모 행위 후에 피살된 것으로 생각되었다. 그의 호주머니에는 동성애에 관한 팜플렛 등이 들어 있었다.

    경찰은 유바시를 중심으로 탐문 수사를 시작했다. 5월 24일, 셜리반

농장의 트랙터 운전사가 무덤처럼 보이는 기분이 언짢은 흙더미를 발견했다. 그것은 두 그루의 나무 사이에 있었는데 경찰이 파보니 노인의 시체가 나타났다. 경찰은 이 농장을 철저히 수색하여 깊은 숲속에서 다시 몇 개의 무덤을 더 발견하였다. 그 속의 시체 하나는 아직 매장한 지 얼마 되지 않은 것이었다. 또 한 무덤에서는 '판 V 코로나'의 서명이 있는 두 통의 고깃집 영수증이 발견되었으며 그리고 시체의 하나는 존 헨리 잭슨으로 1971년 4월에 판 코로나의 막벌이 노동자 그룹에 배속된 나이가 지긋한 흑인이었다.

살해 동기에는 섹스가 얽혀 있는 것으로 추측되었다. 희생자의 일부는 바지가 발목까지 벗겨져 내려와 있었으며 바지가 전혀 보이지 않는 시체도 있었다. 살해에는 새디스트적인 요소도 보였다. 나이프로 찌르기만 해도 충분히 살해할 수 있으나, 대부분의 시체는 손도끼에 의해 머리가 깨져 있었다. 권총 탄환을 맞아 절명한 시체도 있었다. 발굴 작업은 6월 4일까지 계속되었는데 시체는 모두 25구였다. 경찰은 무덤 속에서 '판 V 코로나'의 서명이 있는 두 개의 은행 예금통장을 발견했다.

코로나는 1950년대 막노동을 하려고 이민해 온 멕시코인으로, 병을 앓고 있었는데 의사는 정신분열증이라고 진단했다. 현재 38세인 그는 감독관이 되어 이 셜리반 농장을 그가 거느린 일꾼들의 숙소로 쓰고 있었다. 경찰은 1970년에 이 근처인 메리즈빌에서 멕시코인이 관련되어 일어난 사건을 상기했다. '과다라하라'라는 카페의 화장실에서 젊은 멕시코인이 피를 흘리며 쓰러져 있었는데 그 남자의 머리 상처가 이번에 죽은 일꾼의 상처와 비슷했다. 이 카페의 소유자는 판 코로나의 배

다른 동생인 나티비다라는 동성애자였는데 젊은 멕시코인은 상처가 아물자 카페의 소유자를 습격했다는 이유로 고소했었다.

재판은 이 남자의 승소로 끝났다. 25만 달러의 손해배상금을 지불하라는 명령이 내리기 직전에 나티비다는 멕시코로 도망을 쳤다.

한편 코로나를 피고로 한 재판이 시작되었다. 변호사측은 괴로운 논쟁을 하지 않을 수 없게 되어 코로나의 혐의 근거가 희박하다는 점을 강조했다. 살인 동기가 동성애에 있다면 코로나에게는 죄가 없다. 왜냐하면 코로나는 이미 결혼하여 자식을 두고 있기 때문이다. 코로나는 동성애자가 아니라, '쌍수도雙手刀를 사용하는 사람'으로 알려져 있지 않은가. 코로나의 차 안에서 발견된 피의 흔적은 부상한 멕시코인 노동자의 피 흔적인 것으로 확인되었다. 케니스 위타커가 없어진 날에, 코로나에게는 알리바이가 있었다. 그러나 그것은 그의 아내의 주장이었다.

그리고 흥미있는 것은, 재판 과정에서 소문이 퍼진 적어도 두 사람에 의한 살해라는 주장이다. 트레이시 키더는 그의 저서 《유바 시티에의 길》에서 이렇게 쓰고 있다.

"살인범은—많은 사람들이 공범이 있다고 생각하지만—그 광기를 2월경부터 나타내기 시작했다. 날씨는 점점 따뜻해진다. 복숭아가 여물기 시작한다. 메리즈 빌에 들어오는 막벌이 일꾼의 수가 증가됨에 따라 그의 광기도 점점 심해갔다. 그리하여 마지막 단계에서 거의 매일같이 누군가 살해되었다. 희생자가 저항하면 광기가 더욱 기승을 부렸다. 그는 그 광기에 계획성을 가미시켰다. 그리하여 무덤을 적어도 두 개는 미리 파놓았다……."

배심원들은 협의에 45시간이나 소비했다. 코로나는 연속되는 25회의 종신형이 선고되었다. 살해는 다른 사람이 했다는 이유로 코로나가 상소했으나 기각되었다. 코로나 이외에 죄상을 추궁할 만한 사람은 없었기 때문이다.

이 코로나 살인사건은 딘 코루르나 존 게이시와 같은 다른 대량 살인사건에 비하면, 사회적인 반발이나 흥분을 그다지 일으키지 않았다. 아마도 희생자의 대다수가 알코올중독에 걸린 부랑자였기 때문이 아닌가 싶다. 그러나 사건 전반에 걸쳐 어딘가 의문이 남는 사건인 것만은 부인할 수 없다.

불륜 끝에 남편을 독살

— 여자 독살자를 추적한 병리학자의 집념

• 수잔 바버 (영국)

수잔 바버는 이미 8개월 동안이나 불륜의 사랑에 불타 있었다. 상대는 리처드 코린즈로 남편의 가장 가까운 친구며 이 고장의 더트 팀의 동료기도 했다. 1981년 5월 어느 날, 낚시에서 조금 일찍 돌아온 남편 마이켈 바버는 침대에서 알몸이 되어 서로 껴안고 있는 두 사람을 목격했다. 그는 아내 뺨을 후려갈기고 코린즈를 집에서 쫓아냈었다.

그러자 그 이튿날 그녀는 남편에게 복수를 했다. 반 스푼 정도의 농약을 남편이 저녁에 먹을 스테이크에 발랐다. 이것이 원인이 되어 남편은 일주일 후에 고통 속에 몸부림치면서 죽었다. 남편이 죽자 바버 부인은 곧 애인과 동거를 시작했다. 그러나 이 불륜의 사랑도 식을 때가 왔다. 그녀는 시민 밴드 라디오에서 '닌포'의 콜사인(국제협정으로 정해진 각 방송국의 호출 부호)으로 새 애인을 구했다.

그녀가 남편에게 먹인 농약은 그라모키슨으로, 파라코트라는 독성이 대단히 높은 농약의 일종이다. 스푼 두 개분을 마시면 즉사하고, 이보다 양이 적을 때에는 일정한 시간이 지나면 죽게 되어 있다(파라코트는 폐에 섬유증을 일으켜, 이 때문에 호흡이 갑자기 어렵게 된다. 그리고 중요한 기관에 침투하고 목에 염증을 일으킨다).

처음에 바버씨는 폐렴이 아닌가 하여 입원했다. 그후에 굿파스처증후군으로 진단되었는데 보기 드문 신경 증상이었다. 그는 웨스트 런던 하마스미스 병원으로 옮겼으나 그곳에서 죽었다. 그 당시에는 폐렴과 신부전에 의한 사망으로 진단이 내려졌다.

그런데 검시를 담당한 병리학자인 데이비드 엔버즈 교수는 진정한 사망 원인은 다른 좀더 무서운 일에 있지 않나 하고 의심했다. 교수는 파라코트 시험을 명령했다. 그러나 뉴크로스 병원의 국립독성시험기관에는 분석용의 시료試料는 발송하지 않았다. 그 이유가 분명치 않자 관련된 의사단이 시험결과를 요구했고, 시험을 했으나 파라코트 반응은 나오지 않았다는 회답이 돌아왔다.

이것은 분명히 이상한 일이었다. 에번즈 교수는 납득할 수 없었다. 그의 지도 아래에 있는 의사들은 협의 끝에, 바버씨의 시체에서 떼낸 기관을 조사하고 이것을 보존했다. 그리고 동시에 채취한 혈액 샘플을 국립독성시험기관과 농약 메이커인 ICI사에 보내어 감정鑑定을 의뢰했다. 어디에서나 파라코트의 존재를 확인할 수 있었다. 경찰측의 조사가 시작되었다. 살인이 발생한 지 7개월 후의 일이었다.

남편의 연금기금에서 1만 5천 파운드를 받은 바버 부인은 1982년 4월에 코린즈와 함께 체포되었다. 코린즈는 살인 공모로 기소되어 2년의 금고형禁錮刑이 선고되고, 바버 부인은 남편 살해로 종신형이 선고되었다. 수사를 담당한 에섹스 경찰의 존 클라리온 경위는 다음과 같이 재판관으로부터 칭찬을 받았다.

"사건이 발생하여 경과된 시간을 고려하면, 수사는 대단히 어려웠던 것으로 생각된다."

살인 용의자 피살

— 살인으로 기소중에 살인청부업자에게 당한 부자 의사

● 존 힐(미국)

조안 로빈슨은 텍사스의 석유 백만장자의 딸이었다. 여기수女騎手로서 챔피언이 된 적도 있고, 휴스턴에 개인 목장도 갖고 있었다. 1958년 26세 때 그녀는 세번째 결혼을 존 힐이라는 젊은 성형외과 의사와 했다. 존 힐은 아름다운 아내와 훌륭한 저택과 상류층과의 광범한 교제로 그는 곧 성공한 의사로 떠올랐다. 두 사람은 기질이 근원적으로 서로 달랐는데 그는 승마를 싫어했고, 음악과 문학을 사랑했다. 그래도 그들 사이에는 아들이 태어났으며 겉으로는 행복한 결혼처럼 보였다. 그러나 1960년대 중엽부터 남편에게 딴 여자가 생긴 것을 조안이 알게 되었지만 그후부터 그녀는 승마에 더욱 열중했다.

1969년 3월 17일, 조안 힐은 아침식사를 마치고 나서 속이 메스껍다고 하면서 음식을 토했다. 집에는 손님이 와 있었으나 그녀는 그날은 줄곧 침대에 누워 있었다. 이튿날 아침에는 얼음물밖에 마시지 않았다. 증세가 심해져 존 힐은 아내를 차에 태우고 심프스타운 종합병원으로 갔다. 그도 경영에 참가하고 있는 병원이었다.

이튿날 이른 아침에 그녀는 죽었다. 누구든 사망하면 감찰의監察醫에게 보고할 의무가 있다. 그런데 감찰의가 이 죽음에 대해 전해 들었을 무렵에 시체는 이미 방부조치를 마치고 있었다. 그러므로 영안실에서 부랴부랴 검시를 했을 뿐이었다. 검시의인 로제프 야킴직 박사는 시체를 간단히 관찰할 시간밖에 없었다. 시체는 서둘러 매장되었다.

조안의 아버지 아슈 로빈슨은 일의 진행과정에 대해 크게 불만을 품고, 늑장을 부려 딸을 죽음에 이르게 했다고 하여 사위를 책망했다.

아내의 장례식을 마치고 3개월이 지나자 존 힐은 앤 커스라는 이혼녀를 아내로 맞아들였다. 전부터 잠시 사귀어 온 여성이었다. 아슈 로빈슨은 이 무렵부터 딸 조안이 피살되었다고 생각하기 시작했던 모양이다. 그런데 이 결혼은 몇 달밖에 계속되지 못했고 힐은 또 결혼했다. 존 힐의 고문변호사는 아슈 로빈슨을 상대로 명예훼손과 중상모략의 배상금 500만 달러를 요구하는 소송을 제기하였다. 1969년 8월 야킴직 박사는 지방검사의 명령에 따라 조안 힐의 시체를 검시하려 했더니 뇌가 절제되어 있었다. 그리고 심프스타운 종합병원에서 제공한 뇌가 과연 조안 힐의 것인가에 대해서 의문을 제기하였다. 병원측의 담당의사는 이런 태도에 분노했다. 검시의 밀턴 헬펀 박사는 다음과 같은 소견을 발표했다.

"급성 염증에 의한 사망이다. 그러나 그 원인은 분명치 않다."

한편 아슈 로빈슨은 원인규명의 손길을 늦추지 않았다. 그 결과 1970년 4월, 존 힐은 아내의 사망으로 기소되었다. '당연히 해야 할 일을 하지 않았기 때문에 일어난 죽음'으로 규정했던 것이다. 쉽게 말해서 적절한 의학적인 조치를 취하지 않았기 때문에 아내를 죽게 했다는 것이 었다.

재판에서 어떤 증인은 피고의 바람기 때문에 조안 힐이 절망을 느꼈다고 말했다. 문제의 주말에 힐의 집에 온 손님은, 존 힐이 케이크와 타르트(과일파이)를 집으로 가지고 가서, 그 어느 쪽을 아내에게 줄까 하고 생각한 후 스스로 결정했다고 증언했다. 힐의 전처인 앤 커스는 힐이 자신에게 살게 해준 아파트의 냉장고에 파이가 들어 있어서 그것을 먹으려고 했더니 힐이 가로막은 적이 있다고 증언했다. 그리고 욕실에는 박테리아를 배양하기 위한 페트리 접시가 세 개 있었다는 증언도 했다.

앤 커스의 증언은 존 힐을 구했다. 그녀는 힐이 자기를 죽이려고 그의 차로 다리를 치었으나, 이 말은 재판에서 인정할 만한 증언으로 간주되지 않았고, 재판관은 심리 무효를 선언했다.

그후 법률해석을 에워싼 논란이 계속되었으나, 1972년 9월에 휴스턴의 존 힐의 집에 총을 든 남자가 쳐들어가 그를 사살하는 사태가 발생했다.

그 살인자는 범행 후에 총을 버렸으나 텍사스주 경찰의 레인저 부대는 이것을 발견하여 출처를 알아내고 드디어 밴디버라는 달라스의 불량배를 체포했다. 고용된 살인자로 가르베스톤에서 전에 매춘굴의 주인이었던 여자의 부탁을 받아 힐을 사살했던 것이다.

밴디버는 보석중에 도망을 쳐서, 추적한 형사 한 사람과 총을 서로 빼앗으려는 몸싸움 끝에 그 자리에서 사살되었다. 매춘굴의 옛 주인인 여자와 총을 조달한 여자는, 재판에서 존 힐을 사살하도록 계약한 사람이 아슈 로빈슨이라고 증언했다. 이 두 사람은 모두 살인을 공모한 죄로 기소되었으나 79세로 건강에 문제가 있던 아슈 로빈슨은 불기소가 되었다. 거짓말 탐지기 테스트에서도 그는 사면이 되었다. 따라서 이 로빈슨 사건은 정식으로는 '미해결'인 채 오늘에 이르고 있다.

스마트한 사기꾼

— 다섯 건의 살인을 범한 보석 도둑인 사기꾼

• 아티볼드 홀(영국)

아티볼드 홀(별명:로이 폰테느)이 살인을 하게 된 것은, 그의 범죄 경력 중에서는 상당히 후기의 일이며, 그것도 계획된 살인이 아니라 그 당시의 분위기가 그렇게 만들었다. 그는 1924년 6월 17일, 우체국 직원의 아들로 글래스고에서 태어났다. 어린 시절에 홀은 극단적으로 결벽했다. 하루에 다섯 번 내지 여섯 번씩 손을 씻었으며 양녀로 여동생이 된 바이올릿에게 예쁜 옷을 입히며 좋아했다. 그는 16세 때 훨씬 연상의 여성과 첫경험을 했는데 그 여성은 그를 호텔로 초대하여 식사를 즐겼다. 그리하여 호화로운 호텔을 좋아하는 것은 그의 일생의 취미가 되었다. 한 가족이 커다란 낡은 맨션에 살고 있을 무렵에, 홀은 다른 층에 사는 노부인과 사이좋게 지내게 되어, 이 부인의 방에 자주 드나들었다. 그가 갑자기 돈을 잘 쓰게 되자 부모는 이상하게 생각했다. 그 노부인이 죽자, 그녀가 남긴 트렁크에는 수천 파운드의 현금이 가득 있는 것이 발견되었다. 홀은 이것을 알고 있었을 것이며 그는 그 돈을 자기

소유로 만들 수도 있었다. 그러나 그렇게 하지 못했는데 후에 그 일을 크게 원통해한 것은 충분히 상상할 수 있다. 그후에 시작된 사기꾼으로서의 그의 인생의 길은 소년 시절의 이 큰 실패의 만회 수단이라고 보아도 무방할 것이다.

1941년 5월에 홀의 어머니는 아들 도널드를 낳았다. 홀의 동생이었다. 홀은 이 동생의 아버지는 육군 장교라고 믿고 있었다. 도널드도 형인 아티볼드(그는 '로이'라고 불리는 것을 좋아했다)와 마찬가지로 사기꾼이 되었다. 그러나 형의 번드레한 언변과 유들유들한 태도는 따라갈 수 없었다.

그의 공금착복 경력은 10대로 거슬러올라간다. 그는 적십자의 모금에 참가했다. 다행히 두 개의 모금 상자를 손에 넣게 되었는데 하나는 부유층이 사는 거리에서 모금했으며 또 하나는 빈민가에서였다. 그는 잔돈이 가득한 상자를 적십자사에 전하고, 지폐나 은화가 가득찬 상자는 자기 침실에서 몰래 열어 사용하였다.

1941년 8월, 홀은 물건을 훔쳐 처음으로 교도소에 들어갔다. 1943년에는 주거침입으로 다시 체포되었다. 정신과 의사는 그를 정서불안정이라고 진단하여, 홀은 감화원에 들어가게 되었다. 1944년에는 다시 주거침입으로 2년 동안 교도소에 갇히게 되었다. 1947년에 그는 런던에 가 있었는데, 이곳에서 다시 2년형을 선고받았다. 수표위조와 주거침입 때문이었다. 여기에는 다른 51건의 자질구레한 비행도 참작되었다.

1951년에 그는 처음으로 직장을 얻는 데 성공했다. 스탈링셔의 부유한 집 집사가 되었던 것이다. 그는 말주변이 좋았으며 옷차림도 완벽했다. 언뜻 보아 지적인 용모였으므로 마음만 먹으면 집사로서 쾌적한 생활을 할 수 있었을 것이다. 그러나 그의 목표는 부富와 호화로운 생활이었다. 스탈링셔에서 주인 내외가 휴가로 여행을 떠났는데 그 사이에 홀리루드 궁정에서 국왕이 주최하는 가든 파티에 참가하라는 초대장이 배달되었다. 그는 주인의 슈트와 벤트레이를 몸에 걸치고 태연스럽게 이 파티에 참석했다. 그리고 부유한 에스터 헨리 부인이 경영하는 호화로운 앤틱 상점에도 얼굴을 내밀었으며 후에 그는 이 상점에서 물건을 훔쳐냈다.

그동안에 경찰은 홀의 전과에 대해 조사하고, 그의 주인에게 이것을 알려주었다. 그러자 홀은 이 기회에 진실한 인간이 되어 새로운 인생을 시작하겠다고 그럴 듯하게 말하므로 아무튼 해고는 되지 않았다. 그러나 이 고장 사람들의 입에 자주 오르내리게 되자 그는 직장을 그만두기로 했다.

그는 전형적인 공상가로서 월터 미티(J.G. 서버의 단편 주인공으로 터무니없는 성공을 꿈꾸는 평범한 인간)를 그대로 닮고 있었다. 그는 자기를 최고의 사기꾼이라고 자부했다. 확실히 그가 저지른 '일' 중에서 몇몇은 배포가 큰 걸작이었다.

이런 일도 있었다. 그는 얼굴에 호두즙을 발라 거무스름하게 하고, 아랍풍의 옷을 걸친 다음 롤스로이스로 일류 호텔에 나타났다. 넓고 호화로운 스위트룸에서 호텔의 매니저를 불러, 샘플을 갖고 있는 보석상을 보내라고 부탁했다. 그러고는 욕실에 몸을 숨겼다. 보석상이 찾아왔으나 아무도 보이지 않자 보석상은 사방을 두리번거렸다. 그는 욕실문에서 다갈색 손을 뻗어 다이아몬드 반지와 목걸이를 슬쩍 주머니에 넣었다. 얼마 지나 보석상은 욕실문을 노크하고 열어보았다. 그곳에는 아랍풍의 옷이 바닥에 던져져 있고 다른쪽 문이 열려 있었다.

그의 사기는 왕족이나 대부호로 가장하는 것이 특기였다. 호텔에서는 거액 청구서를 미루고 있다가 가짜 수표를 넘겨주고 사라지는 것이 상례였다. 토키시에서는 미국 남부의 백만장자 행세를 했다. 이에 속은 시장은 그를 리셉션에 초대하여 황금으로 된 행운의 열쇠를 그에게 주기도 했다.

1956년 1월, 그는 합쳐서 30년의 예방구금豫防拘禁을 선고받아 파크하스트에 송치되었다. 이곳에서 그는 아버지의 장례식에 참석하기 위해 호위 없이 외출이 허용되자 약속한 시간에 돌아왔다. 그래서 규칙을 잘 지키는 인간이라고 인정을 받게 되어 7년 후에 보석으로 풀려났다. 그는 메이페아의 부유한 저택의 집사가 되어, 그 집 요리사의 우두머리와 친밀한 사이가 되었다. 이 집에서의 사기는 한 건에 그쳤는데 그것은 손님의 보석상자 속의 다이아몬드를 이 방면의 기술자가 커트한 유리구슬과 바꿔치기 했던 것이다. 이 부동산 왕 찰스 크로아경의 집사생활은 5일밖에 하지 못했다. 그의 전과가 크로아경에게 탄로가 났기 때문이었다.

1964년 그는 보석을 훔친 죄로 10년형을 선고받았다. 그런데 이번에는 로스터푸트 근처의 블란데스톤 교도소에서 다른 두 사람의 죄수와 함께 감쪽같이 탈주했다. 그는 완전히 자취를 감추었는데 생활의 기본은 여전히 보석절도였으며 다시 그는 원하던 생활을 하게 되었다. 이윽고 그는 듬직한 미인인 아일랜드 처녀와 친해져서 그녀가 아이를 낳을 무렵에는 그 '보호자'가 되었다(홀은 성적으로는 남녀 모두를 상대했다). 1966년에 다시 얼빠진 짓을 저질러 체포되자, 그때까지 남아 있던 복역 기간

10년에 다시 5년이 가산되었다.

1972년에 그는 보석으로 풀려나 랭카셔의 플레스톤에 있는 호스텔에 송치되었다. 그는 그곳에서 메리 커글이라는 아일랜드 여자를 만나게 되었는데 이 여자는 그의 애인이 되어 나중에는 사기꾼의 조수가 되었다. 동시에 그는 다른 여자와도 사귀었다. 처음에는 미망인, 다음에는 이혼녀였는데, 이 여자와는 결혼했다. 그러나 1973년에는 다시 교도소로 되돌아와서 이번에는 1977년까지 복역했다.

교도소에서 출감한 그는 하원의원의 미망인 허드슨 부인의 집인 담프리셔의 워터백 근처에서 일하게 되었다. 그가 처음으로 살인을 한 것은 이 집에서였다. 그러나 이 경우에는 약간 동정할 여지는 있었던 것 같다. 데이비드 라이트라는 전과자도 이 집에 홀과 함께 있었다. 라이트는 잡일을 하는 사람으로 고용되었다. 그는 "이 집에 있는 보석이나 다른 금붙이를 구경만 할 수야 없지 않나" 하고 홀에게 슬쩍 말하는 것이었다. 그러나 홀은 이 새로운 일자리가 마음에 들었다. 지금까지의 감옥살이가 너무 길었다고 느껴졌고 이제는 조용히 살고 싶었다.

그러나 얼마 후에 은쟁반 하나와 값진 반지 하나가 없어졌는데 라이트는 자기가 한 짓이 아니라고 완강히 우겼다. 홀은 라이트의 여자친구를 만나보았는데 그녀가 그 반지를 갖고 있었다. 홀이 그녀에게 반지를 본래의 자리에 되돌려놓으라고 설득하자 라이트는 이 사실을 알고 화가 치밀었다. 그날 밤 홀은 자다가 큰 소리가 나서 깨어났더니 라이트가 옆에 서서 그에게 라이플총을 들이대고 있었다. 집에 없는 허드슨 부인의 샴페인을 네 병이나 들이켜서 만취되어 있었다. 그는 총으로 홀의 얼굴을 때렸으며 그러자 살이 찢겨 피가 많이 흘러내렸다. 홀은 그와 함께 이 집 물건을 훔치기로 약속하고 라이트를 달래 그의 손에서 총을 내려놓게 했으나 라이트는 크게 울기 시작했다. 홀은 그를 침대에 눕혔다. 침대의 머리 나무의 탄환이 관통한 곳은 갈색으로 가렸고 위장했고 침대의 피는 닦아냈다.

이튿날 홀은 라이트를 토끼 사냥에 데리고 갔다. 그는 라이트가 자신의 탄환을 모두 쏘아버린 것을 확인하자, 그의 머리에 탄환 세 발을 쏘았다. 그러고는 개울가에 구멍을 파고 그곳에 시체를 넣고 그 위에 돌을 쌓아올렸다. 그해 여름에는 시간만 있으면 그곳에 가서 다시 돌을 쌓아올렸다. 누가 개울을 건너갈 때 발견되지 않게 하기 위해서였다. 1977년 9월, 경찰은 허드슨 부인에게 그녀가 고용하고 있는 집사의 전과에 대해 보고했다. 부인도 이것을 어렴풋이나마 알고 있었는데 '사건'이 어떻게 되었다는 이상한 전화를 들은 적도 있었기 때문이다. 홀은 해고당한 후 런던으로 돌아왔다.

런던에서 그는 곧 다시 집사의 일자리를 얻게 되었다. 이번의 고용주는 부유한 전 하원의원으로 82세인 월터 스콧 엘리엇과 그의 아내 드로시였다.

월터 스콧 엘리엇은 새로 들어온 집사가 마음에 들어 매우 믿었다. 홀은 스콧 엘리엇 부부가 굉장히 부자라는 것을 알게 되자 그는 단판 승부를 결심했다. 성공하면 그것으로 사기꾼에서 깨끗이 손을 떼고, 여유 있게 살아갈 작정이었다. 슬론가 리치먼드 코트에 있는 부부의 맨션에는 값을 매길 수 없을 정도의 골동품이 쌓여 있었다. 그리고 몇 군데에 집도 가지고 있으며, 전세계에 걸쳐 은행구좌를 가지고 있었다. 홀은 1977년 11월에 드디어 이 집의 집사가 되었다. 같은 달 어느 날 그는 베이커가의 렌스로트 펍에 들어갔다. 그곳에서 플래스턴 시절의 애인으로 지금은 51세가 된 메리 커글을 만났는데, 그녀는 호주머니가 두둑해 보이는 한 남자와 이야기를 나누고 있었다. 마이켈 키트라는 39세의 이 남자는 아닌게아니라 호주머니가 두둑했다. 오발에서 바텐더 노릇을 하고 있던 펍에서 최근에 1,000파운드를 훔쳐 도망쳤던 것이다. 홀은 키트에게 스콧 엘리엇가의 골동품 이야기를 꺼냈다. 그는 일이 일인 만큼 2인조가 필요하다고 생각했던 것이다. 키트가 절도 역을 맡아 그 집에 들어가 물건을 훔치고, 일반 도둑처럼 가장하며 신용이 있는 집사는 그 집에 남아, 좀더 대규모의 사기를 칠 기회를 기다린다는 수법이었다.

1977년 12월 8일, 홀과 키트는 펍에서 만나 술을 마신 다음, 함께 홀의 방으로 돌아갔다. 스콧 엘리엇 부인은 너싱 홈에 며칠 머물 예정으로 가 있었다. 남편은 여느 때와 마찬가지로 수면제를 먹고 깊이 잠들어 있을 것이다.

홀은 키트를 안내하여 집 안을 돌았다. 그러고 나서 스콧 엘리엇 부인의 침실문을 밀어 열었다. 홀은 깜짝 놀랐다. 너싱 홈에 있어야 할 부인이 그곳에 있었던 것이다. 아마도 그때까지 마신 알코올 때문이었을 것이다. 홀은 평소와는 달리 침착하지 못했다. 자기의 계획이 와르르 무너져내리는 것을 그는 목격했다. 스콧 엘리엇 부인은 홀을 해고한다고 말했을지도 모른다. 어쨌거나 두 남자는 그녀에게 덤벼들었고, 부인은 크게 소리를 질렀다. 두 남자는 그녀의 얼굴에 베개를 대고 꽉 눌렀다. 그녀의 저항이 갑자기 그치자 홀이 부인의 맥을 짚어보았다. 이미 숨이 끊긴 것을 알게 되자 그는 얼굴이 새파랗게 질렸다. 두 남자는 동시에 제정신으로 돌아왔다. 부인을 침대에 반듯하게 눕히고 자고 있는 것처럼 보이게 했다. 이때 잠에서 깨어난 남편이 나타나 무슨 소리냐고 물었다. 두 남자는 부인이 악몽에 시달리고 있었으나 지금은 깊이 잠들어 있다고 대답하고 그 자리를 무사히 빠져나왔다.

이튿날 스콧 엘리엇에게는 부인이 쇼핑을 나갔다고 말했다. 두 남자는 언제나처럼 점심 먹으러 클럽으로 가서 메리 커글을 만나 당면한 일에 대해 설명했다. 노인은 노쇠해 있지만, 조용하게 해야 하므로 수면제를 먹이면 별로 귀찮게 굴지 않을 것이다. 다만 스콧 엘리엇 부인의 역할을 대신해 줄 여자가 필요했다.

메리 커글은 그 집에 가서 스콧 엘리엇 부인의 옷을 몸에 걸친 다음 밍크코트도 입고 가발도 썼다. 그날 밤 수면제의 효과가 나기 시작한 노인은 그의 차 뒷좌석으로 안내되었다. 옆에는 '아내'가 기다리고 있었다. 그는 정신이 몽롱하여 그 여자가 드로시 스콧 엘리엇이 아니라는 것을 알 리가 없었다. 차는 북으로 달렸다. 홀이 예약해 놓은 컴버랜드의 산장에서 하룻밤을 지냈다. 그러고는 파스셔의 쓸쓸한 길가에 드로시 스콧 엘리엇의 시체를 파묻고, 그 위를 나무 잎사귀와 덤불로 감춰 놓았다.

그들이 세운 계획의 다음 단계는, 엘리엇을 죽인 다음 맨션의 재산을 처분하고 부부의 은행예금을 모두 꺼내는 일이었다. 그들은 파스셔의 브레어 애슬 호텔에 투숙하고, 1977년 12월 14일 아침에 노인을 차에 태우고 그곳을 떠났다. 노인은 '대단히 기분 좋은 서비스'에 대해 호텔 종업원들에게 정중히 사례를 했다. 오후에 그랜 애프릭의 쓸쓸한 길로 접어들었을 때, 엘리엇은 차에서 나와 소변을 보고 싶다고 말했다. 그들은 노인을 따라 숲속에 들어가 그의 목을 죄려고 했으나 노인은 뜻밖에도 억세게 대항했다. 키트는 엘리엇 부인을 파묻기 위해 사용한 삽으로 그의 머리를 강하게 후려갈겼다. 이리하여 엘리엇도 얕은 무덤 속에 묻히게 되었다.

에딘버러까지 돌아온 두 남자와 메리 커글 사이에는 드로시 엘리엇의 밍크 코트 때문에 말다툼이 생겼다. 메리는 그 코트를 자기가 갖겠다고 주장했다. 두 남자가 그 코트 때문에 꼬리가 잡히는 것을 두려워하자 그날 밤 메리 커글은 홀을 구슬리려고 무던히 애를 썼다. 난롯불이 벌겋게 타오르는 앞에 코트를 펴놓고, 그 위에 알몸으로 누워 홀을 유인했다. 그러나 이 언쟁은 결말을 보지 못한 채 이튿날인 12월 17일까지 연장되어 홀이 빌린 산장에서 다시 의논한 결과 그 코트는 소각하기로 했다. 메리가 히스테릭하게 고함을 지르자 홀은 커다란 부삽으로 그녀를 때려 쓰러뜨렸다. 그녀는 신음하면서 말했다. "당신네들 이대로 무사할 줄 알아요." 두 남자는 그녀를 소파에 눕히고, 비닐 봉지를 머리에 씌워버렸다. 그날 밤 두 남자는 글래스고와 카알라일 사이를 지나가는 도로의 쓸쓸한 지점까지 차를 달려, 시체를 다리에서 개천 바닥으로 던져버렸다.

크리스마스에서 새해 사이에, 홀과 키트는 스콧 엘리엇의 맨션에 있는 금붙이들을 팔아버렸다. 그러고는 친척집에 잠시 머물면서 선물을 두둑하게 주었다.

바로 그 무렵에 홀의 동생인 도널드가 교도소에서 나왔는데 그는 주거침입으로 3년 동안의 형기를 마쳤던 것이다. 이 동생은 그 전에는 여자 어린이에 대한 성희롱으로 교도소에 들어간 적도 있었다. 홀은 동생을 어정쩡한 취미를 가진 싸구려 사기꾼이라고 경멸하고 있었다. 그러나 도널드는 키트와 형을 따라 컴버랜드의 뉴턴 아로슈에서 빌린 산장으로 왔다. 도중에 주문해 놓은 차의 번호판을 받기 위해 들른 것이다. 후에 알게 된 일이지만, 이것이 그들에게 치명적인 실수였다.

홀은 미처 모르고 있었지만, 동생은 어머니의 핸드백에서 푼돈을 훔쳐내는 좀도둑을 졸업하고, 지금은 주거침입을 할 정도로 성장해 있었다. 도널드를 동료로 삼을 것을 깊이 생각해 보았지만, 그는 고개를 갸우뚱하지 않을 수 없었다. 도널드는 얼빠진 데가 있고, 성격적으로도 약하며 두 사람이 갖고 있는 돈에 대해서도 몹시 알고 싶어하므로 이것이 두 사람의 신경에 거슬렸던 것이다. 여하튼 살인의 동기를 만든 것은 도널드 자신이었다. 그는 15센티미터의 끈만 있으면, 사람을 졸라 죽일 수 있다고 자랑하기 시작했다. 그리고 그것을 실연해 보이겠노라고 말했다. 그는 마룻바닥에 드러누워 양손을 등에 돌리고, 엄지손가락과 검지손가락을 동여매고 양쪽 발을 손 사이에 통하게 하라고 그들에게 말했다. 이런 기회를 홀은 놓칠 수 없었다. 도널드가 마룻바닥에 드러누워 등을 새우처럼 굽히고 있자 홀은 클로로포름(마취제)을 적신 솜을 그의 얼굴에 씌우고 냄새를 맡게 하였다. 도널드는 여기서 벗어나려고 발버둥을 쳤으나 두 사람은 힘으로 꽉 눌렀다. 도널드가 의식을 잃게 되자, 두 사람은 그를 욕실로 끌고 가서, 욕조에 물을 채우고 익사하게 했다.

이튿날 아침에 두 사람은 트렁크에 시체를 넣고, 매장할 장소를 찾으러 스코틀랜드로 향했다. 그런데 눈이 내리기 시작하여, 지면이 얼어붙어 있었다. 1978년 1월 15일 밤, 그들은 노스 바위크의 블렌하임 호텔에 차를 대고, 방 두 개를 신청했다.

그 호텔의 경영자 노만 와이트는 두 남자의 소지품이 적어 수상하게 생각했다. 돈을 내지 않고 꽁무니를 빼는 사기꾼일지도 모른다는 생각이 들었다. 두 사람이 바에서 술값을 외상으로 달아놓았다는 것도 더욱 의심스러웠다. 언뜻 보기에 신용할 만한 자들이지만, 속은 다르지 않을까 생각했다. 두 사람이 식사하러 들어가자 와이트는 그 지역 경찰에 전화로 조회했다.

"수상한 2인조가 투숙하고 있어요. 포드의 그라나다를 타고 있는데요. 어디 짚이는 데가 없나요?"

경찰에서는 그 포드 그라나다의 번호를 컴퓨터로 조사해 본 결과 그것은 그라나다가 아니라 포드 에스코트의 번호라는 것이 판명되었다. 앞유리의 납세필증도 가짜라는 것을 알게 되었다. 홀과 키트는 식사를 마치고 브랜디를 홀짝홀짝 마시고 있었다. 그때 두 사람의 경찰관이 다가와서, 그들의 차에 붙어 있는 번호판이 가짜인데, 이에 대해 묻고 싶다고 동행을 요청했다.

경찰서에서 홀이 화장실에 가고 싶다고 했을 때 경찰은 이 당시까지 그것이 큰 범죄로 연결된다는 것을 꿈에도 생각지 못해 승락했다. 홀은 화장실 창문을 통해 탈출했다. 그는 몇 시간 후에 던바로 향하는 택시에서 다시 체포되었는데 택시 운전사에게는 아내가 교통사고로 던바의 병원에 입원해 있다고 꾸며댔다고 한다. 그 무렵에 경찰에서는 그라나다의 트렁크를 열고 도널드의 시체를 발견하였다.

메리 커글의 시체도 발견되었으나, 그것이 그녀라고 확인할 수는 없었다. 런던 경찰은 또 스콧 엘리엇 부부의 행방불명에 대해서도 조사중이었다. 홀과 키트는 모든 것을 자백했다. 1978년 11월, 카트에게는 15년의 징역이 선고되었고, 홀에게는 종신형이 선고되었으므로 그에게는 보석으로 풀려날 가능성은 거의 없다고 하겠다.

아기가 아빠를 죽였을까

— 남편의 죽음을 아기의 탓으로 돌린 젊은 어머니

• **샤론 킨**(미국)

19세의 샤론 킨은 전기 기술자인 제임스 킨과 결혼한 지 4년이 되었다. 이들 부부는 캔자스시와 인디펜던스 사이에 살고 있었다. 1960년 3월 19일, 그녀는 경찰에 전화를 걸어 미치광이처럼 떠들었다.

"남편이 이상해요. 침대에서 죽은 것 같아요. 머리 뒷부분에 총탄 흔적이 있어요!"

경찰이 현장으로 달려가니 킨 부인은 이렇게 설명했다.

"저는 다른 방에 있었어요. 갑자기 큰소리가 들려 급히 남편의 침실로 달려가 보니 두 살 반짜리 딸애가 권총으로 남편을 쏘았다는 것을 곧 알게 됐어요. 그애는 자주 권총을 가지고 놀았지요. 남편은 그 권총을 선반의 낮은 곳에 놓아두었었구요. 아마도 딸애는 그 권총을 들고, 무슨 놀이라도 하려는 마음에서 침실로 가서……."

형사는 그 아이에게 말을 걸고 가까운 테이블 위에 권총을 놓아 보았다. 그 아이는 익숙한 솜씨로 권총을 잡고, 안전장치를 벗기기도 했다.

제임스 킨은 사고사라고 검시관이 판정하자 젊은 미망인에게는 생명보험이 지불되었다. 그 뒤 그녀는 존스라는 핸섬한 젊은 세일즈맨으로부터 새 차를 구입했는데 샌더버드였다. 이 인연으로 그와 샤론은 급속히 친밀한 사이가 되었다.

그후 2개월도 지나지 않은 5월 27일, 샤론 킨은 경찰에 잭슨군의 숲 속에서 젊은 여자의 시체를 발견했다고 통보했다. 현장에서는 나무 숲이 울창하여 아베크족들이 즐겨 산책하는 사잇길이었다. 시체로 발견된 여성은 패트리시아 존스로서, 그 세일즈맨의 아내였다. 네 발의 총탄을 맞고 쓰러져 있었다. 샤론은 경찰서에서 이렇게 설명했다.

"그날 저녁에 남자친구와 함께 차로 패트리시아를 찾으러 갔어요. 이 세일즈맨의 아내가 다른 남자와 불륜의 관계를 맺고 있다고 생각했기 때문이지요. 많은 술집을 살펴보았어요. 아베크의 사잇길로 차를 몰았는데, 그때 차의 헤드라이트가 시체를 비췄어요……."

경찰에서는 다음과 같은 추리가 유력해졌다. 샤론이 시체를 그곳에서 발견하게 된 것은, 시체가 그곳에 있다는 것을 미리 알고 있었기 때문이 아닌가. 여자는 22구경의 권총으로 살해되었다. 경찰은 샤론 킨의 방에서 22구경 권총이 들어 있는 상자를 발견했다. 이에 대한 그녀의 설명은 워싱턴으로 여행을 떠날 때 권총을 그곳에 두었던 모양인데 어디 있는지 기억이 없었다고 했다. 한편 다음과 같은 사실도 판명되었다. 피살된날 저녁 일찍 패트리시아 존스가 샤론 킨과 함께 있는 것이 목격되었다. 패트리시아는 샤론의 차에 올라타려는 중이었다고 증언했다. 샤론 킨은 이 사실을 인정하고 다음과 같이 덧붙여 말했다. "남편이 다른 여자와 만나고 있나보다고 말하여, 이에 대한 패트리시아의 반응을 보고 싶었어요."

샤론이 근무하고 있는 카메라 상점의 동료가 경찰의 조사에 다음과 같이 말했다.

"저는 그녀를 대신하여 22구경 권총을 구입했어요. 그녀는 그 권총을 자기 이름으로 등록하지 말아달라고 저에게 부탁했지요."

이 증언에 따라 패트리시아 존스를 죽인 용의자로서 그녀를 기소할 수 있는 정확한 증거가 갖춰졌다고 판단했다. 자기와 자동차 세일즈맨 사이에 가로막힌 장애를 제거하려는 동기였을 것이다.

1960년 9월, 그녀는 패트리시아 존스를 죽인 범인으로 기소되었다. 재판에서는 이런 클라이맥스도 있었다. 흉기로 생각되는 아직 발견되지 않은 권총은 중고품을 구입한 것이었다. 그 권총의 그전 임자가 법정에 출두하여, 그 권총으로 나무를 몇 발 쏜 적이 있다고 증언했다. 그 나무를 베어 쓰러뜨리고 탄환이 회수되었다. 문제는 그것이 패트리시아의 목숨을 앗아간 탄환과 일치하는가에 있었다. 그런데 유감스럽게도 일치하지 않았다. 그러자 전의 권총 주인은 이렇게 말했다.

"저는 권총을 몇 자루 갖고 있어요. 그러므로 숲속에서 나무를 쏜 권총을 잘못 알고 있을 가능성도 없지 않지요."

그러나 배심원들이 그녀를 무죄라고 주장하여 석방되려는 차에 그녀는 그 자리에 다시 체포되어, 이번에는 남편을 죽인 용의자로 기소되었다.

경찰측의 전문가는, 2세 반의 어린이에게는 권총의 방아쇠를 잡아당길 힘이 없다는 것을 확인했다. 1962년 1월, 그녀는 살인범으로 유죄판결을 받아 종신형이 선고되었다. 그러나 변호사측은 법적인 절차면에서 이 재판에 도전하여 재심을 신청하였다. 그리하여 다른 법적 절차를 밟게 되었는데 그 결과 재판은 오심誤審을 선언했다. 4회째 재판에서 샤론과 같은 방의 여자 죄수는 다음과 같이 증언했다.

"이혼에 대한 말다툼을 하다가 남편을 쏘았다고 샤론이 저에게 말했어요."

그러나 배심원은 그런 증언은 도저히 채택할 수 없다고 기각했다.

1964년 9월 14일, 샤론 킨은 한 남자와 함께 차를 몰고 멕시코시티에 가서 '진'이라는 호텔에 투숙했다. 4일 후에 그녀는 혼자서 외출하여 중년의 멕시코인과 만났는데 프란시스코 팔레레스 올드네스라는 라디오 아나운서였다. 그녀는 이 남자를 따라 모텔의 방에 들어갔는데 그녀는 이미 모텔의 주인에게 소개가 되었다.

모텔의 주인은 몇 발의 총소리를 듣고 그 방으로 뛰어갔다. 올드네스는 쓰러져 죽어 있었다. 샤론 킨은 권총을 손에 들고 방에서 나오려던 중이었다. 주인이 겁이 나서 도망치려고 하자 그녀는 그의 등을 향해 총을 쏘았다. 엉겁결에 그는 그녀를 붙잡고 서로 맞붙어 싸우는 데 그때 경찰이 들이닥쳤다.

그녀는 경찰의 취조에서 다음과 같이 말했다. "올드네스가 차에 태워주었을 때 저는 기분이 좋지 않았어요. 그를 따라 방에 들어갔는데, 그는 뭔가 오해를 했던 것 같아요. 저는 침대에 누웠어요. 그러자 그가 덤벼들어 성폭행하려고 했어요."

멕시코의 재판관은 이 말을 전혀 믿지 않고, 그녀에게 징역 10년을 선고했다. 캔자스시의 검사가 와서 올드네스를 쏜 22구경의 권총을 검사해 보고 싶다고 요청했다. 그것은 바로 패트리시아 존스를 죽인 권총이었다.

  샤론 킨은 이 형벌에 불복하여 상소했으나, 상소한 법원의 재판관은
이 형벌이 너무 가볍다고 하여 오히려 3년을 추가했다.

《야생의 엘자》 살인사건

— 조이 애덤슨 여사를 살해한 아프리카의 목동

• **포르 와크바로 에카이**(케냐)

1980년 1월 3일, 저명한 자연과학자이며,《야생의 엘자》의 저자인 조이 애덤슨 여사가 나이로비에서 북으로 270킬로미터 떨어진 동물보호 지정지구에서 시체로 발견되었다. 며칠 후면 70회의 생일을 맞게 되어 있는 여사는 표범의 생태연구를 하기 위해서 동물보호 지정지구에서 약 1년 반 동안 머물러 있었다. 그녀는 표범의 암컷을 길들이는 데 성공하고, 이것을 야생의 수컷과 짝짓는 데도 성공했다. 애덤슨 여사는 어둠이 깔리기 전에 캠프의 주위를 산책하다가 BBC의 해외방송 시간에 돌아오는 것이 습관이었다.

그런데 1월 3일에는 오후 7시 반이 되도록 돌아오지 않았다. 조수인 피터 모슨은 걱정이 되어 현지인 요리사를 데리고 찾아나섰는데 두 사람은 그곳에서 100미터도 못 되는 곳에서 여사를 발견했다. 여사는 질 퍽한 길 옆에 쓰러져 있었다. 모슨은 여사의 팔과 어깨에 손톱자국 같은 것을 찾아내어 사자에게 습격을 당한 것으로 추정했다. 밤이면 사자의 울부짖는 소리가 이곳에서도 가끔 들려왔기 때문이었다. 그러나 캠프에 돌아온 두 사람은 그곳을 도적이 휩쓸어 간 것을 발견하자 모슨은 이시오로까지 차로 시체를 운반하고, 사건을 보고했다. 검시한 결과 여사는 양날이 선 칼과 비슷한 농기구에 찔려 죽은 것이 판명되었다.

　수도 나이로비에서는 사건의 내용이 확인되자, 대통령은 즉시 철저한 수색을 명령했다.

　그러자 경찰은 세 사람의 용의자를 체포했는데 모두 짧은 기간 동안 애담슨 여사의 밑에서 일하다가 면직된 자들이었다. 그 중의 한 사람으로 18세쯤 되어 보이는 목동인 포르 와크바로 에카이가 살인혐의로 기소되었다. 1981년 8월 28일, 그는 유죄판결을 받아, 형의 결정은 무한정 '대통령의 의사대로' 일임하게 되었다. 범행할 당시 그가 이미 18세가 된 것이 확실하다면, 교수형을 받게 되었을 것이다. 그러나 이것이 분명치 않았기 때문에, 그는 교수형에서 벗어났으며 경찰의 고문에 의해 자백서에 서명했다는 변호사측의 반론도 기각되었다. 재판장 매슈 무리는 에카이가 애담슨 여사를 살해한 것은 의문의 여지가 없다고 말했다.

여자 살인청부업자

— 미국에서 최초로 고용된 여자 살인자

• 브란슈 라이트(미국)

1980년 1월 21일, 누군가가 뉴욕의 브런크스 지구 베드포드 공원 지역에 있는 페리페 로드리게스의 맨션 방문을 노크하는 소리가 들려왔다. 그는 콜럼비아의 마약 매매인이었다. 노크한 사람은 젊은 흑인 여성으로 마약을 사고 싶다고 말했다. 로드리게스가 문을 열자, 벽에 붙어서 있던 흑인 남자가 쳐들어왔다. 총을 들이대는 바람에 로드리게스는 마루에 엎드린 채 손목을 결박당했다. 그의 내연의 처인 마사 나바스는 남편의 목숨만은 살려달라고 애원했다.

남자는 그녀를 옆방에 끌고 가서 소음기가 달린 총으로 머리를 세 발 쏘았다. 돌아온 남자는 로드리게스의 머리도 쏘았다. 남자와 동행한 여자는 그 방에서 8천 달러 상당의 현금과 마약을 빼앗았다. 그러는 도중에 문에 노크하는 소리가 들려왔는데 주위가 소란스러워 사정을 알아보러 온 이웃의 루이스 마틴이었다. 그도 사살되어 호주머니 속에 들어 있던 돈과 물건을 빼앗겼다. 살인자는 로드리게스의 머리를 다시 한 번 쏘고, 그곳을 떠났다. 그러나 로드리게스는 목숨은 건졌으며 그리하여 습격자의 인상을 기억하고 있었다.

두 주일이 지나, 마셜 하루엘이라는 다른 마약 매매인이 뉴욕주 마운트 키스코의 디프로매트 타워즈에 있는 고급맨션에서 삼 네빈이라는 보디가드와 함께 있었다. 그의 호주머니에는 6,500달러의 돈이 들어 있었는데 아마도 거래 자금인 듯했다. 그때 젊은 흑인 남녀가 그들 앞에 나타났다. 그 두 사람은 서로 눈짓을 교환하고 남자는 여자의 등을 감고 있던 팔을 떼고, 9밀리의 자동권총을 꺼내 마셜 하우엘을 쏘았다. 그러나 다시 한 번 방아쇠를 당겼더니 총이 불발이 되었다. 보디가드가 그것을 뒤돌아보고 자기 총을 빼 남자의 가슴을 쏘았다. 그러자 여자가 총을 꺼내 네빈을 쏘기 시작했다. 네빈은 도망쳤지만 하우엘은 길가에 쓰러져 있었다. 여자는 그에게 다가가서 총구를 그의 머리에 대고 쏘았다.

경찰은 피살된 남자의 고급 맨션의 방에서 약 25만 달러의 현금과 대량의 코카인을 발견했다. 피살된 또 한 남자의 호주머니 속에 들어 있는 종이쪽지 덕에 이 남자의 이름이 조셉 모라레스라는 것을 알게 되었다.

이 남자가 죽은 지 4일 후에, 루프 오케이시오라는 그의 숙모라는 부인이 유품과 유해를 인도해 달라고 요청했다. 그리하여 유품과 유해는 이 부인의 집 근처에 있는 브런크스 시체 안치소로 보내졌다.

한편 시체의 지문에서 이 남자의 원래 이름은 로버트 영이며, 1977년 5월에 환자죄수를 수용한 마테원 주립병원에서 집단 탈출했던 탈주자의 한 사람이라는 것이 판명되었다. 영의 범죄 경력은 대단했다. 살인이 두 건, 성폭행과 호모 행위도 있었다. 1974년, 그는 브런스크의 간호사 방에 몰래 들어갔는데 그 간호사는 이것을 알아차렸다. 그는 여자를 쏘아 죽이고 시체를 성폭행했다. 그는 11세의 소녀를 성폭행한 수배자였으나, 이 사건을 취조하는 과정에서 간호사를 사살한 총이 발견되었다. 그는 18년의 징역을 선고받았으나 교도소가 아니라 정신이상자 시설에 수용되었다. 이곳을 탈주한 후에 세인트루이스에서 잡혔으나 다시 탈주했다.

영의 숙모가 그의 유해를 인도할 것을 요구한 이튿날, 경찰의 담당자가 그녀를 방문했다. 그때 응대한 사람은 매력 있는 젊은 흑인 여성이었다. 이름은 브란슈 라이트로 21세며 같은 건물에 살고 있다고 말했다. 그녀는 고용된 살인자의 인상착의 그대로였다. 그녀의 방에서 경찰은 총을 발견했다. 라이트는 처음에 살인에 대해서는 전혀 알지 못한다고 주장했다.

그러자 형사가 넌지시 넘겨짚었다. 당신의 발포가 늦었기 때문에 동료가 죽은 것이 아니냐고 말했다.

그녀는 "마셜 하우엘을 죽인 건 저예요" 하고 볼멘 소리로 되풀이하여 말했다.

그녀는 애인 로버트와 자기가 전문적인 청부살인을 했던 것을 인정했다. 하우엘의 살해를 계약한 것은 그가 마약 대금을 지불하지 않았기 때문이었다. 로드리게스의 살인미수 및 내연의 처와 이웃 사람의 살해에 대해서도 그녀는 자백을 했다. 계약 살인은 이 밖에도 있었다. 카를로스 메디나는 살해당한 마약 상인인데 1979년 11월에 죽었다. 라이트는 애인 영이 살인에 나설 것을 강요했다고 주장했다. 그녀의 어머니는 알코올중독자였으며 7세경부터 양부養父의 성적인 학대를 받아오다가 그와 성교하는 중에 심장마비로 죽었다. 재판은 그녀가 임신중이었으므로 연기되었다가 해산을 한 후 다시 열렸다. 그녀는 마셜 하우엘을 살해한 죄로 18년형, 마사 나바스와 루이스 마틴의 살해로 15년형을 선고받았다.

완전 범죄를 허문 팬티

— 경찰의 집념으로 완전 범죄의 꿈이 깨진 여행사 대표

• **패트릭 다르시**(미국)

1967년 5월 24일, 아일랜드 서해안에 위치한 크레아군의 두린 해안을 걸어가던 농부가 모아 절벽 아래 바위 사이에 시체가 끼여 있는 것을 발견했다. 조사한 결과 그 시체는 젊은 여성의 것으로 판명되었는데 몸에 걸친 것이라고는 검은 팬티밖에 없었다. 머리에는 심한 상처가 있고, 갈비뼈도 부러져 있었다. 검시한 의사의 의견에 따르면, 약 3일 동안 물에 빠져 있었다고 한다. 팬티의 상표는 그것이 미국산임을 보여주고 있었다. 그러나 이 여성의 신원을 알려주는 것은 아무것도 없었다.

지문을 FBI에 의뢰하여 겨우 신원을 알게 되었다. 1939년 2월 3일, 푸에르토리코에서 태어난 마리아 버지니아 도메넥이라는 여성으로 가족이 찾아달라고 신고를 한 상태였다. 그녀는 어머니와 함께 뉴욕주 워싱턴 하이츠에 살고 있었으며 1967년 5월 16일에 유럽 여행을 떠났었다.

이 여성의 숙부가 되는 사람이 푸에르토리코의 산후안에서 법무부에 근무하고 있는데, 푸에르토리코에서도 마리아의 어머니인 버지니아 도

메닉의 실종을 조사하는 중이라고 아일랜드 경찰에 알려왔다. 어머니 또한 5월 말 이후로 딸의 모습을 보지 못했다는 것이었다. 딸의 시체가 발견된 지 일주일 후의 일이었다.

마리아는 대단한 미인이었다. 28세 사회사업가로 정열적으로 일을 하고 있었지만, 어느 여행사 에이전트와 사랑에 실패하여 실연의 아픔을 잊기 위해서 뉴욕을 떠났던 것이다. 사랑하던 남자에게 아내가 있다는 사실에 크게 놀라 자신의 마음을 추스리기 위해서였다. 그러나 남자는 자기에게 돌아와 달라고 마리아에게 애원하고, 마리아의 어머니에게도 전해 달라고 부탁했다. 그러나 51세로 아직 여자로서 매력을 잃지 않고 있던 마리아의 어머니는 딸의 연인과 사랑을 나누기 시작했던 모양이다.

마리아는 이때 은행에서 6천 달러를 인출하여 유럽 여행을 떠났다. 그녀는 파리에서 세 통의 엽서를 미국의 친지에게 보냈다. 그중 한 통은 어머니 앞으로 보낸 것으로, 나중에 자세한 편지를 쓰겠다고 약속했다. 그러나 그 편지는 뉴욕의 텅빈 아파트에서 끝내 발견되지 않았다. 마리아의 어머니도 어디론가 사라졌다. 5월 30일의 일이었다. 그녀의 어머니도 사회사업가였으며 브룩클린 지구의 '어린이의 집'이 근무처였다. 그녀와 연락이 안 되자 그녀의 상사는 경찰에 실종신고서를 제출했다.

5월 17일, 파리의 오를리 공항에 도착한 후 대체 마리아에게 무슨 일이 일어났을까? 그녀는 파리의 어느 호텔에 숙박하고 있었다. 프랑스 경찰의 조사에 의하면, 어떤 미국 남자가 5월 21일에 이 호텔에 왔으며 마리아는 그와 그날 밤을 함께 보냈다고 했다. 데스크의 사무원에게는 이 호텔에 잠시 머물 예정이라고 말했다. 그러나 그녀는 이튿날 아침에 체크아웃하여 그 미국인 친구와 함께 오를리 공항으로 차를 달렸다. 행선지는 런던. 남자와 동행하고 있었다. 런던에서는 여행자수표를 모두 현찰로 바꾸었다. 이곳에서는 그로브너 하우스 호텔에서 M. 영이라는 이름으로 하룻밤 묵을 예정으로 방 하나를 예약했으나, 생각을 바꾸어 그 남자와 더블린으로 날아갔다. 그 남자는 A. 영이라는 이름을 사용하고 있었다.

더블린에서 두 사람은 차를 타고 서해안을 향해 밤새 달려 모아 절벽에 도착한 것은 새벽 4시경이었다. 그 시각에 절벽 위에서 헤드라이트를 보았다고 이 마을 사람들이 증언하고 있다. 동행한 남자가 둔기 같은 것으로 그녀를 때려 살해한 것은 그 시각으로 생각되었다. 남자는 그녀의 피묻은 옷을 벗겼으나 팬티만은 남겨두었다. 이유는 알 수 없는데 그것이 그의 유일한 실수가 되었다.

그 남자는 시체를 절벽에서 아래로 던졌다. 그리고 그녀의 옷을 한데 뭉쳐서 이것도 아래로 던져버렸다. 그녀가 몸에 지니고 있던 보석류는 빼앗지 않았다. 이런 것을 갖고 있으면 증거가 된다고 판단했을 것이다. 그래서 그것을 절벽 꼭대기에 감췄는데 이것은 그후에 발견되었다. 옷은 후에 시체가 발견된 장소에서 멀지않은 곳에 흩어져 있었다. 그러나 이 무렵에 마리아 도메넉은 이미 이 지역의 묘지에 신원불명자로 매장되어 있었다.

이상이 경찰측이 파리와 런던과 더블린에서 집요하게 조사한 결과 밝혀낸 내용이었다. 조사는 계속되었다. 샤농 공항의 호텔에선 아침 8시에 'A. 영'이 투숙했으나 4시간 후에 체크아웃했다. 그런데 그의 이름은 그날의 어느 항공회사의 승객 명부에도 나타나 있지 않았다. 그는 차로 더블린의 렌터카 자동차회사로 돌아와 저녁 6시경에 차를 반환하고 곧 더블린에서 파리로 날아가고, 이튿날인 금요일에 뉴욕으로 돌아왔다. 마리아의 어머니 모습이 사라진 것은 그 직후였다.

모든 상황의 증거는 'A. 영'이 마리아가 지난날 가슴 저리게 이별했던 여행사 에이전트였다는 것을 보여주고 있다. 뉴욕 경찰은 그의 본명이 패트릭 J. 다르시라는 것을 곧 알아냈다. 본업인 여행사는 난관에 부딪혀 있었으며 그는 기혼자로 1남 1녀를 두고 있었다.

뉴욕 경찰은 그 이전에 이미 다르시에 대해 조사를 마친 상태였는데 이것은 그녀 아버지의 실종신고서에 의한 것으로 '아버지의 날'에는 반드시 편지나 전화를 하던 딸에게서 아무 연락도 없어 이상하게 생각한 아버지가 제출한 것이었다. 다르시는 경찰이 취조한 그녀의 몇몇 남자친구들 중의 한 사람으로, 오래 외국에 머물지 않았다고 주장했다. 경찰은 다르시를 용의자로 지목하고 여권을 제시할 것을 요구했다. 그 여권은 마리아 도메넥의 모습이 사라졌을 때, 그가 외국에 머물러 있는 것을 보여주고 있었으며 그의 필적은 호텔의 레지스터에 남아 있는 'A. 영'의 필적과 같다는 것이 확인되었다. 그러자 패트릭 다르시는 뉴욕에서 갑자기 자취를 감추었다. 자기의 치밀한 살인 계획에 실수가 있었다고 깨달았던 모양이다.

경찰은 그를 마이애미까지 추적했다. 그가 업무관계로 최근까지 가끔 오는 곳이 있었다. 마카리스터 호텔에서 존 J. 쿠인의 이름으로 투숙하고 있는 것까지 알아내었다. 이 며칠 동안은 그가 나타나지 않았다고 하므로 경찰은 보조키로 그의 방문을 열었다. 들어간 경찰은 시체의 썩는 냄새가 코를 찔러 멈칫 뒤로 물러섰다. 그는 치사량을 초과하는 수면제를 위스키에 타서 마셨던 모양이다. 실내에서는 뉴욕의 목사에게 쓴 유서가 발견되었다. 이 목사의 말에 의하면 다르시는 "그 가엾은 여자의 신상에 일어난 일보다 더욱 악독한 짓을 했다"는 것이었다. 마이애미는 마약 밀수입의 중심지며, 자주 그곳에 나타난 것은 이것으로 설명이 될지 모른다. 'A. 영'이라는 이름으로 된 여권도 동시에 발견되었다.

아직 불투명한 점이 몇 가지 있지만 그러나 사건의 큰 줄기는 거의 해명되었다. 다르시의 사업은 순조롭지 못했으며 그로 인하여 돈이 필요했다. 이중결혼이라도 하여 마리아에게서나 마리아 어머니에게서 도움을 받으려 했지만 마리아가 파리로 날아가자 다르시는 곧 따라갔다. 아마도 전화로 주말에 만나자고 간청했던 것 같다. 그도 파리로 가서 두 사람은 화해했다. 다르시의 부모는 아일랜드에서 온 이민으로 골웨이 근처에 살고 있었다. 모아 절벽에서 멀지않은 곳이다. 다르시는 그녀에게 계획을 바꿔 함께 아일랜드로 가자고 설득했다. 그녀는 이 여행 예정에 대해 친구에게 엽서를 써보내고 있다.

그는 런던에서 여행자수표의 나머지를 모두 현금으로 바꾸자고 설득했다. 약 5천 달러였다. 그리고 그로브너 하우스 호텔 예약은 취소하고 함께 아일랜드로 가자고 유혹했다. 파리를 떠난 지 36시간도 못 되어 그는 다시 파리로 돌아왔다. 파리를 떠난 후의 복잡한 행동에 대해서는 절대 누구도 추적할 수 없다고 확신하고 있었다.

그러나 그의 마음에 걸리는 것이 하나 있었다. 마리아가 자신과 함께 아일랜드로 여행하려던 계획을 어머니에게 써보낼 가능성이 그것이었다(그녀가 친구에게 보낸 엽서에는 자기의 이름이 쓰여 있지 않은 것을 확인한 것으로 생각된다). 뉴욕에 돌아오자 그는 버지니아 도메넥의 아파트로 직행하여 그녀의 어머니를 어딘가로 유인해서 살해하였다(어머니의 시체는 그후에도 발견되지 않았다). 그리고 아파트에 돌아와 자기를 살인범으로 단정할 수 있는 마리아가 어머니에게 써보낸 편지 같은 증거물이 없다는 것을 확인했다.

마리아의 시체에 팬티를 남기지 않았더라면, 아마도 이것은 완전 범죄가 되었을 것이다. 그것을 남겨놓았기 때문에 시체의 국적이 미국과 연결되었다. 마리아의 지문은 푸에르토리코계의 시민으로서 워싱턴의 파일에 등록되어 있었다. 완전히 나체였더라면, 벼랑 위의 시체의 신원은 아마도 확인되지 않았을 것이다. 따라서 다르시도 안전했을 것이다.

그러나 해답을 얻을 수 없는 의문은 이 밖에도 있다. 가명을 사용하여 여행하는 이유를 어떻게 그녀에게 납득시켰을까? 그는 '영'이라고 부르고 있는데, 이것을 어떻게 그녀에게 납득시켰을까? 의문 중에서 가장 큰 것은, 그가 어째서 그녀를 죽였는가 하는 것이다. 5천 달러 정도의 돈은 충분한 살인의 동기라고 말하기 어렵다. 그러나 돈에 궁한 자에게 이것은 눈이 뒤집힐 유혹이었을 것이다. 또는 '더욱 지독한 일'에 실패하여 환멸을 느낀 나머지 우선 손에 잡히는 것을 빼앗은 것일까? 이런 의문에 대한 해답을 알듯 싶은 인물이 한 사람 있다. 다르시가 유서를 보낸 목사다. 그러나 이 목사는 이에 대해 말하기를 끝내 거부하고 있다.

저널리즘 살인사건

— 영국에서 처음으로 일어난 납치살인과 몸값 요구

- 아더 호세인 (영국)
- 나자모딘 호세인 (영국)

아더 호세인은 트리니다드의 초라한 오두막에서 태어나 19세 때 양복 재봉사로서 영국으로 이민해 왔다.

1955년의 일로서 그의 꿈은 눈부시게 발전한 이곳에서 성공하여 부자가 되는 것이었다. 1969년에는 7남매 중의 막내인 나자모딘(니잠)도 고향에서 하트포드셔의 그의 집으로 왔다. 이 동생도 형과 마찬가지로 야심에 불타고 있었다. 몸집이 작지만 남에게 지기를 싫어하고 자랑하기를 좋아하는 아더 호 세인이 모든 일을 꾸려나가고 있었다. 키가 큰 니잠에게는 폭력을 휘두르다 경범죄를 범한 전과도 있었다. 그는 주로 힘을 쓰는 일을 맡게 되었다.

그해 10월 3일 밤에, 두 사람은 여느 때와 마찬가지로 큰 돈을 버는 방법에 대해 여러 가지 이야기를 주고받다가 그 해답을 찾았다. 눈앞의 텔레비전 화면에 그 해답이 나와 있었던 것이다. 사회자인 데이비드 프로스트가 루퍼트 머독과 인터뷰를 하는 프로였다. 젊은 신문왕이며, 사회당 의원으로 출판계의 거물인 로버트 맥스웰이 머독과 〈뉴스 오브 더 월드〉를 가지고 한바탕 난리를 치른 지 얼마 되지 않아서였다.

화면에서는 머독의 거액의 자산과 M&A를 위해 마련한 자금이 화제에 올랐다. 계획은 즉석에서 세워졌다. 호세인 형제는 머독의 부인 안나를 유괴하여 몸값을 요구하기로 결심했다. 액수는 100만 파운드였다.

아더 호세인은 스토킹 펠함 일대의 주점에서는 다소 야유의 의미도 곁들여 있기는 하지만 킹 호세인으로 불리는 신분이었다. 하지만 영국에 이주해 온 당시만 해도 주급 7파운드의 사무원 일자리를 얻게 되자 크게 기뻐했었다. 그후 군대에 징집되었으나 탈주하여 군의 교도소에 6개월간 갇혀 있다가, '추방'이라는 불명예제대로 군대와 인연을 끊게 되었다. 사병 시절에 엘제 피셔라는 독일 태생의 이혼녀를 알게 되어 결혼했는데 그보다 8세나 연상이었다. 그가 제대하자 그녀는 미용실을 경영하고, 호세인은 남자 바지를 만드는 일을 했다. 두 사람은 열심히 일하여 1967년에는 10에이커의 땅이 달린 룩스 목장을 손에 넣었다. 구입 금액이 1만 4천 파운드 중에서 5천 파운드는 자기 돈으로 지불하고, 잔금은 땅을 담보로 지불했다. 이 목장에서 몇 마리의 돼지와 소, 닭을 기르면서, 이것을 최종적인 목표의 달성을 위한 첫걸음으로 생각하게 되었다. 그리고 그는 신분의 상징으로서 푸른 색 볼보차도 구입했다. 이 차와 돼지 그리고 농장 자체까지도 후에 맥케이 부인이 행방불명이 된 후에 경찰이 취조할 때 각각 사건해결의 역할을 하게 된다.

호세인 형제는 범죄에는 매우 서툴렀다. 유괴는 비극이라기보다는 희극적으로 진행되었다. 머독 부인을 유괴하려면 먼저 장본인이 어디 사는지 알 필요가 있었다. 그러나 전화번호부에는 머독가의 번호가 나와 있지 않았다. 최초의 장애물이었다. 두 사람은 〈뉴스 오브 더 월드〉의 본부 건물에 가서, 머독 부인이 타고 다니는 푸른 색 롤스로이스를 감시하고 있었다. 그 차의 번호를 알아내자 니잠은 자동차 등록국에 가서 그 차 소유자의 주소를 알려고 했다. 그 롤스로이스가 조그마한 사고를 일으켰다고 구실을 붙였지만 여기서도 그들의 시도는 수포로 돌아갔다. 차는 회사의 소유로 등록되어 있었으므로 어쩔 수가 없었다. 호세인 형제는 프리트가로 되돌아와 롤스로이스가 움직이는 것을 끈덕지게 기다렸다가 뒤를 추적했다. 이 형제들은 알 턱이 없었지만, 얼마 전에 머독 부처는 휴가로 오스트레일리아로 가고 머독의 오른팔 역할을 하는 알릭 맥케이가 롤스로이스를 한동안 타고 다녔으며 맥케이 부부의 집은 윈블던의 아더가에 있었다.

머독의 주소를 알아낸 것으로 믿고 있던 형제는 부인을 유괴할 기회를 기다렸다. 1969년 12월 13일, 이 터무니없는 계획을 털끝만큼도 알지 못하는 나잠의 아내 에르제는 두 아이 루딘과 파리다 그리고 13세 된 아더의 아들 하피자를 데리고, 크리스마스 휴가를 친정에서 보내기 위해 독일로 돌아갔다. 그래서 이듬해 1월 3일까지 룩스 목장에는 호세인 형제밖에 없었으므로 사건을 일으킬 조건이 갖춰졌다.

12월 29일, 호세인 형제는 노리고 있던 윈블던의 집으로 갔다. 저녁 5시 반에서 6시 사이였다(맥케이 부인은 가정부를 5시 반에 돌려보냈다). 이 시간에 지나가던 이웃 사람이 흑색 차가 주차장에 서 있는 것을 목격했다. 이 이웃 사람은 집 밖의 조명이나 1층 방의 전등이 모두 켜져 있었으며 이상한 점은 전혀 찾아볼 수 없었다고 말했다.

맥케이는 운전사가 모는 롤스로이스로 7시 45분에 집으로 돌아왔다.

주차장 근처에는 일요일판 신문 〈피플〉이 한 장 버려져 있었다. 그는 이때까지 무심히 보아넘겼는데 사실은 현관의 체인이 벗겨져 있었다. 이것은 매우 이상한 일이다. 3개월 전에 집에 도둑이 들은 이후로 그들은 매우 조심하고 있었던 것이다. 맥케이 부인은 혼자 있을 때에는 현관을 체인으로 잠그고 있었다. 맥케이는 집에 돌아와 두 사람이 정한 암호대로 도어의 벨을 울렸다. 부인이 집에 없을 때에만 자물쇠를 사용한다는 것이 부부의 약속이었다. 자물쇠를 열고 집에 들어온 그는 곧 뭔가 이상하다는 느낌이 들었다. 아내의 핸드백 속에 들어 있던 물건들이 계단에 흩어져 있었다. 녹슨 작은 낫, 접착 테이프가 벗겨진 깡통, 끈 등이 현관과 거실 사이의 테이블 위에 난잡하게 놓여 있었다. 전화번호부가 보이지 않았다. 그는 아내의 이름을 부르면서 집 안을 뒤져보았으나 아무 데도 보이지 않았다. 다만 텔레비전은 켜져 있었다. 아무도 없는데 벽난로에선 불이 활활 타오르고 있었으며 그의 식사는 데우면 금방 먹을 수 있도록 부엌에 놓여 있었다. 어떤 예상 밖의 일이 돌발하여 허둥지둥 집에서 뛰쳐나간 듯한 느낌이었다. 더욱 이상한 일은, 아무 쪽지도 써놓지 않았으며 아내의 핸드백에선 돈과 보석이 없어졌다. 맥케이는 불길한 예감이 들어 몸을 부르르 떨었다.

다음에 그는 이런 상황에서 대부분의 남편들이 하는 조치를 취했다. 이웃집에 전화를 걸어 혹시 아내가 무슨 말을 전해 달라고 부탁한 적이 없느냐고 물었지만 그런 말은 일절 없었다는 답뿐이었다. 영국의 범죄사상 최초의 납치 몸값 청구사건의 긴 각축전의 서막이 열린 것이다.

호세인 형제의 계획은 처음에는 상당히 희극적으로 진행된 것으로, 경찰측의 초기 수단 단계에서도 나타났다. 주거침입의 증거는 분명했다. 맥케이 부인의 행방불명도 엄연한 사실이었다. 그럼에도 불구하고, 경찰이 그녀의 납치를 믿기 시작한 것은 상당한 시간이 지나서였다. 여기에는 몇 가지 이유가 있었다. 첫째로 맥케이는 감정을 겉으로 드러내지 않는 타입의 사람이었다. 처음의 상황을 설명할 때에도 그는 냉정하기만 했다. 자기의 아내가 유괴되었다고 믿고 있는 남자가 이렇게 냉철할 수 있는가. 경찰은 이 점을 수상하게 생각했다. 다음에 그는 언론계에 종사하는 사람이다. 아내에게 무슨 일이 일어났는가를 가장 알아보기 쉬운 방법은 세상에 크게 보도하는 것이라고 생각하는 것은 너무나도 당연한 일이었다. 그러나 이것은 경찰의 방법은 아니었다. 맥케이 부인을 찾는 가장 좋은 방법에 대해 경찰과 맥케이측은 자주 충돌을 일으켰다. 그러나 경찰이 납치사실을 좀처럼 믿으려고 하지 않는 가장 큰 이유는 다른 데 있었다. 납치사건은 지금까지 영국에서는 없었다는 단순한 이유였다. 유괴라는 형태의 범죄는 미국에서나 일어나는 것, 아니면 영화에서나 나오는 것으로 알고 있었다. 이것이 영국 경찰과 일반 대중의 숨김없는 감각이었다. 이와 같은 사회 통념 풍토 속에서, 문외한인 호세인 형제가 몸값을 요구하는 일이 이 나라에서 일어날 리가 없다고 생각했다. 이러므로 영국 경찰이 이 행방불명을 본격적인 납치로 단정하는 데 시간이 걸린 것은 당연한 일이었다.

현재까지 아무 설명도 주어지지 않지만, 경찰은 맥케이가 집에 돌아왔을 때 현관 체인이 벗겨져 있었다는 사실부터 수사를 시작했다. 그전에 도둑이 들었으므로 맥케이 부인이 주장하여 체인을 장치했던 것이다. 그녀는 도둑과 같은 주거침입자에게 신경과민이 되어 있었으므로 그런 그녀가 체인을 벗기고 이 추운 겨울 저녁에 누구의 집에 갈 수 있다면 그것은 친지의 집일 것이다. 이것이 경찰의 추리였다.

이 추리를 연장시키면, 그녀는 스스로 집을 나갔을지도 모르며 어쩌면 남자가 생겼을 가능성도 있다. 경찰에서는 이 가능성도 진지하게 조사해 보았다. 실제로 아내의 증발에는 이런 경우가 흔한 것이다. 이렇게 생각하면 맥케이 자신이 수상한 경우도 있을 수 있다. 연극을 한 것이 아닐까? 그가 경찰에 아내의 행방불명을 알리고 나서 처음으로 전화를 건 상대는 럴리 람이었다. 그는 〈선〉의 편집장이었다. 그런데 〈선〉은 〈뉴스 오브 더 월드〉의 자매지로, 다른 타블로이드판 석간지와 심한 판매 경쟁을 벌이고 있는 중이었다. 〈선〉은 이튿날 이 행방불명을 1면 톱으로 보도했다.

그러나 어느 쪽의 추리도 잘못되어 있었다는 것이 진상규명이 진전됨에 따라 밝혀졌다. 경찰과 매스컴 사이의 불신이 날로 깊어졌다. 그 결과 맥케이 부인의 구출이 지연된 것은 당연한 일이었다. 양 진영이 모두 상대방에게 그 책임의 있다고 생각하기 시작했다. 이 사건을 총정리한 훌륭한 저술 《저널리즘 살인사건》에서 피터 딜리와 크리스토퍼 워커는 다음과 같이 말하고 있다.

"이 사건이 지체된 데에는 때때로 유괴 자체를 제쳐놓고 경찰과 매스컴이 내부에서 갈등을 되풀이한 것이다. 이 사건은 이 양자의 관계를 재검토할 때가 온 것을 보여주는 계기도 되었다. 경찰은 신문·텔레비전·라디오를 좀더 믿어야 할 필요가 있다. 한편 매스컴은 부수를 확대할 목적으로 이 믿음을 이용해서는 안 된다는 것이다."

납치범으로부터 최초의 연락은 12월 30일 오후 1시 15분에 왔다. 에핑의 공중전화에서였다. 전화를 건 자는 교환수에게 연결을 의뢰할 필요가 있었으므로 그곳은 곧 판명되었다. 교환수는 이 전화의 내용을 일부 들을 수 있었다. '미국이나 유색인종의 목소리'가 틀림없다고 단언했다.

맥케이와 그 가족은 이 메시지가 진짜임을 믿어 의심치 않았다. 부인이 자기 의사로 집을 나갔다는 것을 맥케이측에서는 처음부터 믿지 않았다. 이 전화를 받고 맥케이는 큰 충격과 함께 곤혹스러워했다.

"우리는 마피아 그룹 M3이며 미국에서 왔소. 당신의 부인은 우리 곁에 있소."

"내 아내가 거기 있다구요?"

"수요일까지 당신은 100만 파운드를 준비해야 하오."

"무슨 소리요? 잘 이해하기 어려운데."

"마피아가 뭔지 알고 있소?"

"들은 적은 있소."

"당신의 부인은 우리가 보호하고 있소. 부인을 찾으려면 그 값이 100만 파운드란 말이오."

"그건 당치도 않은 소리요. 나한테 그만한 돈이 어디 있단 말이오?"

"없으면 마련하시오. 당신에게는 돈 많은 친구가 있지 않소. 그 친구가 내게 줄 수도 있고, 우리의 처음 목표는 루퍼트 머독의 부인이었소. 그것이 잘되지 않아 당신의 부인을 데리고 온 거요."

"루퍼트 머독이라구요?"

"수요일 밤까지 100만 파운드를 마련하시오. 그렇지 않으면 당신 부인은 살아남지 못할 것이오. 알겠소?"

"그럼 나는 어떡하면 좋소?"

"다음 연락을 기다리시오. 돈에 대해 이쪽에서 지시할 것이니, 어쨌든 돈을 마련하오. 그렇지 않으면 부인은 돌려보낼 수 없소. 또 연락하겠소."

경찰은 여기에 신중히 대처했다. 가정주부의 몸값으로 100만 파운드를 요구한다는 것은, 그 정도의 금액이 귀에 익은 오늘날에도 상식에서 벗어나는 일이었다. 또 납치범의 거처를 금방 알 수 있는 공중전화에서 교환수에게 연결을 의뢰하여 자기의 요구를 전달하는 것도 믿기 어려운 일이었다. 순찰하는 경관에게 곧 들킬 가능성도 있었다. 그러나 어쨌든 이와 같은 사태는 사건을 새로운 국면으로 접어들게 했으나 전화는 다시는 되풀이되지 않았다. 그후에 전해진 M3의 연락은 모두 자동즉시통화가 사용되었으며 이것은 추적이 불가능한 것이다.

경찰에서는 이 사건에 대해 즉시 범죄 파일을 작성했으나, 극히 초기에 있었던 통보의 중요성에 대해서는 상당히 시일이 지난 후에도 잊고 있었다. 윈블던의 어떤 주민이 사건이 일어난 날 오후 4시 40분에 두 남자가 볼보를 타고 지나가는 것을 보았다. '햇볕에 탄 아랍인의 피부색깔'이었다. 이 사람은 그후에 같은 차가 아더가로 통하는 길로 돌아간 것도 목격했다. 공중전화로 처음에 몸값을 요구한 에핑과 이 볼보가 있는 룩스 목장은 약 50킬로미터 떨어져 있지만, '미국인이나 또는 유색인종 남자 목소리'라는 공중전화 교환수의 인상을 중요시했더라면, 사건은 좀더 빨리 해결되었을지도 모른다.

그러나 그 당시 수사는 맥케이의 집 근처에만 집중되어 있었다.

신년 전야의 저녁에 맥케이는 아내로부터 처음으로 편지를 받았다. 우편 소인은 노스 런던이었다.

몸값의 지불 방법에 대해서는 아무 언급도 없었다. 맥케이 부인은 그들이 시키는 대로 이렇게 쓰고 있었다. "어떻게 해서든지 돈을 마련하여 나를 집에 돌아가게 해주세요. 나는 눈도 가려진 채 추위에 떨고 있습니다. 부디 협력해 주세요. 나는 이 이상 버틸 것 같지 않아요. 당신의 일, 가족의 일, 친구들의 일만 생각하고 있어요. 나는 어째서 이런 변을 당해야 할까요? 사랑해요, 뮤리엘."

이것은 계획적인 일종의 정신학대였다. 그후의 요구에서 'M3'은 맥케이측을 다음과 같이 위협하고 있다.

"알고 있겠지요. 우리는 손님에게 좋은 대우는 하지 못하고 있소. 두려움을 느끼게 하는 것이 해결책이니까요. 당신은 우리의 명령에 따라야 하오."

경찰은 납치범에게 새로운 접촉을 시키기 위해 여러 가지 방법을 강구했다. 맥케이의 딸인 디안느가 텔레비전에 나가 납치범에게 호소했다. 맥케이는 신문에서 호소했다. "아내가 돌아오게 하려면 내가 무엇을 해야 하는지 가르쳐 주십시오. 당신들의 요구가 무엇인지 말해 주시오. 아내가 돌아오기만 한다면 가능한 한 모든 일을 하겠어요. 나에게 지시해 주시오. 그리고 어떻게 하면 아내의 안전을 확인할 수 있는지 알려주시오. 지금은 가짜 정보도 많이 날아들고 있어요. 당신들의 정체를 알고 싶어요. 그 방법을 가르쳐 주시오."

이렇게 해도 범인측으로부터 아무 반응이 없었다. 맥케이측에서는 궁지에 빠졌다. 지푸라기라도 건지고 싶은 심정으로, 영국의 점쟁이와 네덜란드의 유명한 예언자 제럴드 크로세이트에게 미래를 점쳐 달라고 부탁했다. 크로세이트의 환상에 나타난 그림에 의거하여 수사가 진행되었다. 에섹스와 하트포드셔의 경계에서 가까운 빈 농가를 수색했으나 아무것도 발견할 수 없었다. 납치된 날 밤에 현장에 남아 있는 녹슨 낫의 메이커에 대한 셰필드 경찰의 조사에서, 그 낫은 비숍스 스토트포드 근처에서 판매하는 것으로 판명되었다. 그런데 그후 조사에 의하면 숫자가 너무 많아, 그중에서 한 자루를 추적하기란 도저히 불가능하다는 것도 알게 되었다. 이에 대한 수사는 포기하지 않을 수 없었다.

다음에 취한 방법은 맥케이의 공동 기자회견이었다. 경찰이 미리 준비한 공식발표문을 읽고, 맥케이 부인에게는 곧 의학적인 치료가 필요하다고 호소했다. "아내 뮤리엘이 누구한테 가 있는지 알 수 없지만, 즉시 나에게 연락하여 요구조건을 상세히 알려주기를 바라오. 돈이라면 아내와 바꾸어 인도할 장소와 방법을 알려주기를 바라오. 그리고 나는 아내를 숨겨두고 있는 본인과 거래하고 싶소. 그러기 위해서는 아내가 안전하다는 확실한 증거가 필요하오. 다시 한 번 되풀이하오. 아내가 누구에게 가 있는지 알 수 없지만, 당신은 알아야 하오. 아내에게 곧 약을 투여해야 합니다. 그러지 않으면 건강이 위태로워집니다."

당시 맥케이 부인은 관절염으로 코디존을 복용하고 있었으나 납치범 측은 이것을 알 리가 없었다. 그러므로 그들에게는 100만 파운드를 탈취할 가능성에 점차 흐린 그림자가 끼기 시작했다. 이튿날 아침에 〈뉴스 오브 더 월드〉의 편집장에게 범인이 보낸 편지가 날아들었다. 그 내용은, 맥케이의 집에서 경찰을 철수시킨 다음, 그가 혼자인 것을 알게 되면 곧 지시를 내리겠다는 것이었다. 4일 후에 'M3'에게서 편집장에게 전화가 걸려왔다.

"맥케이에게 100만 파운드를 준비하라고 일러주게. 놈의 아내가 살아 있다는 증거를 보여주겠네."

사건이 발생한 지 약 3주일이 지나가고 있었지만 수사는 전혀 진전되지 않았다. 경찰측에서 맥케이 부인의 생존에 관해 우려하는 소리가 나오기 시작하자, 맥케이측에서는 이런 분위기에 반발했다. 이튿날 'M3'에게서 그에게로 직접 전화 연락이 있었다. 맥케이는 아내를 안전하게 돌려주면 2만 파운드를 내겠다고 제의했지만 'M3'는 이 제의를 냉정하게 거절했다.

"그런 푼돈으론 이야기가 되지 않아. 돈을 마련하는 것은 당신의 책임이야. 이건 명령이니, 우선 절반인 50만 파운드를 준비하라."

그리고 맥케이 부인이 쓴 편지도 몇 통 보내왔다. 2월 1일까지 100만 파운드를 지불할 것을 요구하는 몸값 요구서에 아내 옷의 일부가 동봉되어 있었다. 그녀는 이미 살해되었다고 보는 경찰의 우려는 이것으로 더욱 깊어졌다. 그녀는 납치 초기 단계에서 저들의 지시대로 많은 편지를 썼으며 그것을 지금에 와서 잇따라 보내는 것이라고 생각했다. 그중에서 한 통은 3주일 전에 텔레비전에 의한 호소에 대해 언급하고 있었다. 저들은 마지막으로 몸값에 대해서 이렇게 요구해 왔다.

"이것이 마지막 편지임을 알라. 당신의 아내를 살리고 싶으면, 2월 1일 약속 날짜를 어기지 말기 바란다. 어기면 당신의 아내는 1970년 2월 2일에 처형된다. 100만 파운드는 2회에 걸쳐서 받겠다. 먼저 50만 파운드를 인도해 주면, 아내의 목숨을 살려주겠다. 그리고 전화로 당신의 아내와 통화할 수 있게 하겠다."

이 청구서에서 'M3'는 맥케이에게 다음과 같이 명령했다. "런던에서 북쪽으로 향하는 도로를 따라 차를 몰고 와서, 공중전화 박스에 들어가서 다음의 지시를 기다려라."

경찰이 목을 길게 뽑고 기다리게 되었다. 런던 경시청은 회의를 소집하여 대책을 강구했다. 두 사람의 형사가 무장을 하고 롤스로이스에 올라탔다. 한 사람은 맥케이의 역할을 하고 또 한 사람은 운전사의 역할을 했다. 약 200명의 기동대를 경찰표시가 없는 차에 태워 지원을 위해 투입했다. '몸값'도 준비했다. 5파운드짜리 지폐 300파운드 분은 진짜였다. 이 돈은 맥케이에게서 빌린 것이었다. 나머지는 경찰이 특별히 인쇄를 부탁한 위조 지폐였다. 그러나 다급히 세어보면, 범인의 눈을 속일 수 있을 만큼 정교했으며 이것을 담은 슈트케이스에는 전자 추적용 '바이러스'를 설치했다. 범인이 올가미를 교묘히 벗어나도 이것으로 그 거처를 파악할 수 있었다.

이 계획은 이론적으로는 완벽해 보였다. 그러나 현실의 결과는 참담한 것이었다. 문제의 롤스로이스에는 경찰 오토바이가 많이 따랐는데 마치 폭주족처럼 무시무시했다. 올가미에 걸리려는 쪽에서 보면 어딘가 이상했을 것이다. 평소에는 조용하던 전원 지대에 차와 오토바이가 너무 많이 몰려 있었으며 평복 차림의 형사처럼 보이는 자들이 득실거렸던 것이다. 이래 가지고는 호세인 형제가 아무리 멍텅구리라 해도 수상하게 생각할 것이며 당연히 두 사람은 경계심이 발동하여 그 몸값에는 손도 대려 하지 않고 그대로 가버렸다.

어두워 번호를 읽을 수 없었으나 그들이 탄 차는 볼보라는 것을 이제서야 알 수 있었다. 이튿날 보험 세일즈맨으로 가장한 형사가 겨우 정보를 입수했는데, 즉 스토킹 펠함에 호세인 일가가 사는데 볼보를 굴리고 있다는 것이었다.

조사해 보니 호세인 부인의 이름으로 등록되어 있었다. 이 지역의 경찰에 문의해 보았더니 약간의 자동차 사고를 낸 것 이외에는 호세인 일가에 이상한 점은 하나도 없다는 것이었다. 이 사실은 곧 본부에 보고되었으며 이것으로 납치사건을 수사하는 중에 볼보가 등장한 것이 세 번째였다. 처음에는 납치한 날 밤에 맥케이의 집 현장 근처고, 다음은 몸값을 주고 받을 예정 장소 근처며, 그리고 이번에는 그곳에서 몇 킬로미터 떨어지지 않은 마을이었다. 그런데 어째서 즉시 이에 대처하여 행동하지 않았을까? 해답은 이러하다. 지난해 12월 27일 이후로, 수천 대에 이르는 차량의 움직임에 대해 경찰은 탐문해 왔지만 이 특정한 한 대의 자동차의 움직임에 대해 경찰은 그 당시 미처 알지 못했던 것이다.

이리하여 납치범을 체포하는 최초의 기회는 실패로 끝났다. 맥케이 측이나 경찰에서도 범인이 곧 다음 행동을 취하리라고는 꿈에도 생각지 못했다. 그러나 현실의 사건 전개는 신속했다. 그리고 몇 시간 후의 일이다. 'M3'는 2월 2일에 또 전화를 걸어왔다. 전화를 받은 맥케이의 아들 이안에게 대략 다음과 같이 말했다. 롤스로이스에 경찰차가 따라다니는 것을 잘 알고 있다. 그러나 다음에 '놈들의 보스'를 만날 작정이다. 맥케이 부인의 생명은 보장한다. "그 여자, 그러니까 자네의 어머니를 나는 좋아해. 우리 어머니가 생각나거든."

'M3'은 2월 5일에 또 전화로 다음과 같이 지시했다. "맥케이와 딸 디안느가 이튿날 롤스로이스를 타고 지난번과 같은 공중전화 박스로 와서 다음의 지시를 기다려라. 선금 50만 파운드도 반드시 갖고 올 것."

경찰은 지난번의 실패에 놀라 이번에는 곧 눈에 띄는 롤스로이스의 호위는 피했다. 지원하는 인원수도 크게 줄였으며 그 대신 세 명의 무장 형사가 차에 올라탔다. 한 사람은 맥케이의 역할을 하고 또 한 사람은 운전사 역할을, 그리고 나머지는 차의 트렁크에 몸을 숨겼다. 또한 여순경은 디안느로 가장했다. 이들은 범인으로부터 복잡한 명령을 전달받았다. 런던 시내에서 롤스로이스로부터 내려 지하철로 에핑까지 가서 택시를 잡으라. 그리고 비숍스 스토트포드의 자동차 주유소에서 몸값이 들어 있는 슈트케이스를 떨어뜨리라는 것이었다.

모든 일이 순조롭게 진행되었으나 마지막 순간에 일이 틀어졌다. 경찰의 행동을 전혀 알지 못하는 일반인들 때문에 호세인 형제는 슈트케이스에 접근하지 못했던 것이다. 먼저 주유소의 종업원이 나참 호세인이 탄 볼보에다가 그 근처를 어른거리지 말라고 소리쳤다. 다음에 두 사람의 통행인이 길가에 떨어져 있는 슈트케이스를 목격했다. 이곳을 지나가던 자동차에서 떨어진 것이 틀림없다고 생각했으므로 그래서 한 사람이 감시하고, 또 한 사람은 이 지역의 경찰에 가서 알려주었다.

이번에도 호세인 형제는 돈을 만져보지도 못하고 현장을 떠났다. 그러나 근처를 경비하고 있던 경관이 이상한 볼보를 목격하고 그 번호를 런던 경시청에 문의했다. 호세인의 이름이 드러났다. 맥케이 부인이 납치된 지 40일 후의 일이었으며 그제서야 겨우 서광이 비쳤다.

룩스 목장과 그 주변에서 대규모의 수색과 발굴 작업이 진행되었으나 맥케이 부인의 시체는 끝내 발견되지 않았다. 그러나 이 납치에 호세인 형제가 관련된 증거는 분명히 찾아내었다. 아더 호세인의 지문과 사건이 일어난 밤에 맥케이 집의 현관 앞 주차장에 버려진 신문의 지문이 일치되었다. 이 신문으로 그 낫을 감아쥐고 사용했던 것이다. 그리고 나잠은 비숍스 스토트포드에서 볼보를 운전하고 있던 자와 같은 사람이라는 것을 목격한 경관이 확인했다. 맥케이 부인의 편지 용지는, 나잠의 방에서 발견한 노트에서 찢어낸 것이었다. 중앙형사법원의 배심원은 호세인 형제를 살인·납치·공갈죄로 유죄를 인정했다. 다만 나잠에 대해서는 관대한 판결을 선고했다. 재판관은 살인으로 두 사람에게 종신형을 선고하고 그 밖의 죄목에 대해서는 아더에게 25년, 나잠에게 15년 징역을 추가했다. 그런데 시체는 대체 어떻게 된 것일까?

가장 신빙성이 있는 상황은 이러하다. 뮤리엘 맥케이는 새해를 전후해서 룩스 목장에서 사살되었다. 그리고 그 시체를 토막내어 돼지에게 먹이로 주었을 것이다. 이런 견해를 밑받침하는 증거도 몇 가지 있었다. 근처의 어떤 부인이 설날에 목장에서 들려오는 총소리를 들었으며 한편 톱으로 자른 산탄총이 호세인의 집에서 발견되었고 총신은 닦여 있었으나 발사한 흔적이 보였다. 그러나 돼지의 대부분은 시장에 출하하여 도살한 후였으므로 여기서는 흔적을 확인할 수 없는 일이다. 맥케이 부인이 어떻게 되었는지 확실히 알고 있는 것은 호세인 형제뿐이지만, 두 사람 다 이에 대해 입을 굳게 다물고 있다.

진범은 누구인가

— 범행을 자백하여 형이 선고되었으나 오심의 의문이 남는 사기꾼

• 제임스 한레티(영국)

    1961년 8월 22일 밤, 마이켈 존 그렉스텐과 발레리 스트리라는 두 젊은이는 템스강 슬로 근처에 있는 테플러의 펍에서 술을 마신 다음, 그곳에서 3킬로미터쯤 떨어진 도니 리치라는 곳에 주차해 있었다. 그렉스텐은 기혼자였지만, 아내와는 별거중으로 같은 직장의 스트리양과 가까운 사이가 되어 있었다.

    주차하여 30분쯤 지났을 무렵에, 누가 창을 노크했다. 그렉스텐이 창을 아래로 내리자 그 남자는 그에게 총을 들이대고 자동차 키를 내놓으라고 요구했다. 그리고 자기는 교도소에서 탈주했다고 말하며, 뒷좌석에 앉아 두 사람으로부터 손목시계와 돈을 빼앗았다. 그 남자는 두 시간쯤 떠들었다. 자기는 불량소년 감호소를 전전해 왔다는 것이다. 밤이 깊어 자정이 되자, 남자는 그렉스텐의 차에 시동을 켜라고 명령했다. 그러나 스트리양이 그것만은 사양한다고 간청하자, 생각을 바꾸어 그렉스텐에게 런던공항 쪽으로 가라고 지시하며, 도중에 자동판매기에서

담배를 사오라고 시켰다. 아직 날이 밝지 않은 새벽녘에 남자는 고속도로 A6의 데드맨즈 빌딩 근처의 대피소에 들어가 차를 세우라고 그렉스텐에게 말했다. 남자는 두 남녀를 결박할 듯한 말을 중얼거리고 나서 그렉스텐에게 가방을 넘겨달라고 말했다. 그렉스텐이 몸을 앞으로 굽히자 남자는 뒤통수에 몇 발의 총을 쏘았다. 그렉스텐은 그 자리에 쓰러져 즉사했다. 발레리 스트리는 비명을 질렀다.

"당신, 왜 이러는 거예요. 죽일 이유가 없잖아요!"

남자는 그렉스텐이 갑자기 몸을 움직였으므로, 깜짝 놀라 죽였다면서 그녀의 입을 틀어막고, 뒷좌석으로 옮기라고 명령하고 그녀를 성폭행했다. 일이 끝나자 남자는 그녀에게 거들게 하여 그렉스텐의 시체를 차에서 끌어내리고, 그녀에게 차의 기어를 넣는 방법을 물었다. 그녀가 그렉스텐의 시체 쪽으로 오자 그 남자는 그녀에게 몇 발을 쏘았다. 그러고는 그녀의 몸을 걷어찼다. 숨이 끊긴 것을 확인한 모양이었다.

남자는 차를 몰고 그 자리를 떠났으며 날이 밝아 지나가던 사람이 그녀를 발견하여 병원으로 데리고 갔다. 그녀는 살아 있었다. 그러나 총알 한 발이 척추 가까이를 관통하여 허리 아래는 마비상태가 되었다. 그녀는 총을 쏜 남자의 인상착의에 대해 설명할 수 있었는데 그 이유는 지나가는 차의 헤드라이트에서 남자의 얼굴이 비쳐보였던 것이다. 머리칼은 검고 눈은 움푹 패여 갈색을 하고 있다는 것이었다.

그 차는 일포드에서 버려진 채 발견되고 총은 런던의 버스 좌석 밑에서 발견되었다. 범인의 얼굴 몽타주가 각 신문에 공표되었다. 이 사건을 담당한 아콧 형사부장은, '몰래 숨어 있는 느낌'이 드는 숙박인이 있으면 알려달라고 숙박업소 관계자들에게 협력을 요청했다. 그러자 핀즈베리 파크의 하숙집 주인이 통보해 왔다. 살인이 있던 날 듀란이라는 이름을 가진 남자가 투숙하여 그후에는 방에서 한걸음도 밖에 나가지 않는다는 것이었다. 경찰에서 그 남자를 조사했다. 본명은 피터 아르폰으로, 런던 경시청의 기록계 서기의 아들로서 집집마다 돌아다니면서 달력을 팔아 생계를 이어나간다는 것이었다. 아르폰의 말에 의하면, 살인이 있던 날 밤에는 마이다 메일의 비엔나 호텔에 숙박했다고 말했다. 경찰은 그의 진술서를 작성하고 돌려보냈다.

9월 7일, 리치몬드의 다럴 부인의 집 문을 노크하는 사람이 있었는데 갈색머리를 한 남자로 셋방이 있느냐고 물었다. 방으로 안내하자 그 남자는 부인에게 덤벼들어 양손을 묶어 침대 위에 눕혀 놓고 말했다.

"난 고속도로 A6에서 사람을 죽인 놈이야!"

남자는 부인의 스커트를 걷어올리고 성폭행을 하려는데 부인이 크게 소리치자 도망쳐버렸다.

한편 비엔나 호텔에서 여주인이 24호실의 의자를 움직이자 옆의 찢어진 곳에 두 개의 약협(藥莢 : 탄환이 든 놋쇠의 부분)이 떨어져 있었다. 그녀는 아르폰에 대하여 경찰이 물어본 것을 상기하고, 이것을 경찰에 신고했다. 이 약협은 마이켈 그렉스텐을 살해한 총에서 나온 것으로 판명되었다. 살인이 일어나기 전날 밤에 이 방에 투숙한 남자는 숙박부에 'J. 라이언'이라고 서명하고 있었다. 아르폰은 중요한 참고인이 되었으며 신문은 경찰이 쫓고 있는 용의자로서 아르폰을 심문하고 있다고 보도하였다.

이때 나즈라는 사람이 경찰에 출두하여 다음과 같은 내용을 진술했다. 즉 자기는 아르폰이 머물러 있던 날 밤에 비엔나 호텔의 야간 담당

매니저였는데(그러나 그후에 이 호텔에서 해고되었다) 사건이 일어난 날 밤에 아르폰은 상당히 늦게까지 안 돌아왔는데 자기가 취침할 때까지 그는 아직 돌아오지 않았다고 했다. 이튿날 아침에 그의 모습이 보였는데 수염이 덥수룩하고 머리는 부시시하여 침착하지 못한 모습이었다. 아르폰(그때에는 듀란이라고 자칭함)은 자기에게 어젯밤 11시에 호텔로 돌아왔다고 말했지만 이것은 거짓말로서 자기가 침대에 누운 새벽 두 시까지 아르폰은 아직 외출중이었으며, 아르폰은 약협이 발견된 24호실이 아니라 6호실에서 잤다고 증언했다.

경찰은 아르폰이 스트리텀에 살고 있는 어머니에게 갔었다고 말했기 때문에 그녀를 만나 그의 알리바이를 조사했다. 그런데 그의 어머니는 이것을 부인했다. 아르폰은 9월 22일에 자진하여 경찰에 출두하여 여러 증인들 앞에서 인상착의 감정을 받았다.

다럴 부인, 나즈씨, 범인이 차 안에 있을 때 그렉스텐의 차에 기름을 넣은 주유소의 종업원, 이튿날 아침에 차를 운전하고 있는 남자를 목격한 두 사람의 증인 등이었다.

나즈는 아르폰이 그 남자일지도 모른다고 말했으며 다럴 부인은 그를 지적하지는 못했으나, 거의 실신 상태에서 아르폰이 자기를 성폭행하려고 했던 남자라고 말했다. 다른 증인들은 모르겠다고 대답했다. 발레리 스트리가 입원하고 있는 가이즈 병원에서도 인상착의를 감정했다. 그녀는 다른 사람을 가리켰는데 그녀가 가리킨 사람이 아무 관계가 없다는 것이 알려지자 그녀는 "제가 잘못 보았어요" 하고 외쳤다. 나즈도 "그럴지도 모르겠다"는 증언을 취소했다. 아르폰은 석방되었다.

이것으로 수사는 제임즈 라이언으로 압축되었다. 24호실의 숙박인이었다. 경찰은 런던의 뒷골목을 조사한 결과 제임즈 라이언은 제임즈 한레티와 동일인이라는 사실도 알아내었다. 25세의 작은 몸집으로 차를 훔치거나 그 밖의 좀도둑으로 18세 때부터 거의 교도소에서 살게 된 남자였다. 아버지는 이 아들을 '성실한' 인간이 되게 하려고 노력했으나, 유리창 청소를 하는 가업家業에는 어울리지 않아, 이 사건을 저지르기 3개월 전부터 집을 나가 있었다고 하였다. 이 사건을 일으킨 후에도 주거침입이나 좀도둑질로 세상을 살아가고 있었다. 수배령이 내리자 10월 5일에 이 제임즈 한레티가 아코트 형사부장에게 전화를 걸어왔다. "저는 그런 살인을 한 적이 없어요. 게다가 절도혐의도 받고 있으므로 섣불리 경찰에 출두할 수도 없구요. 저는 사건이 일어난 날 밤에 리버풀에서 다른 세 사람과 함께 있었어요"라고 주장하고 전화를 끊었다.

10월 11일 한레티는 블랙풀에서 두 사람의 경관에게 체포되었다. 이번에도 발레리 스트리에 의한 인상감정이 실시되었다. 그녀는 의심스런 전원에게 "조용히 해, 나는 지금 생각을 하고 있어"라고 말하게 했다. 그녀에 의하면 진범은 '싱킹(생각한다)'을 '딩킹'이라고 발음했다고 한다. 그리하여 그녀는 한레티를 진범으로 지목했다. 그는 하이웨이 A6살인 사건의 범인으로 기소되었다.

가장 확고한 증거는 분명히 발레리 스트리에 의한 감정이었다. 그가 유죄를 선고받고 이듬해에 사형이 집행되기에 이른 대전제는 모두가 이 감정에서 비롯되었다. 그러나 이 감정에는 석연치 않은 의문이 남아 있었다. 사건발생 직후 진범의 인상은 다갈색의 머리와 눈이었다. 이것은 발레리 스트리가 구출된 직후에 경찰에서 말한 인상에 의거하고 있다. 그 당시 그녀는 완전히 냉정했다고 보고하고 있다. 그러나 8일이 지나자 진범의 인상이 달라졌다. 첫째번 인상착의는 한레티가 아니라 아르폰과 꼭같았다. 둘째번 인상은 반대로 아르폰이 아니라 한레티와 꼭같았다.

필자(콜린 윌슨)는 한레티의 사형이 집행된 지 얼마가 지나, 이 사건과 간접적으로 관여하게 되었다. 1964년 1월에 존 판사로부터 편지를 받았다. 존 판사는 편지에서 이렇게 말했다.

"귀하의 저서인 《살인백과》(前著)에는 한레티의 경우가 수록되어 있지 않는데, 이것은 귀하가 한레티가 진범인 것을 의심하는 이유입니까?"

나의 《살인백과》는 사건이 발생되기 전에 이미 출판된 것이며, 이것이 수록되지 않은 유일한 이유라고 답신을 했으며, 한편 존 판사가 한레티가 사실 무죄일 가능성이 있다고 생각한다면 이 근거에 대해 흥미가 있다고 말했다. 그리고 얼마 후 나는 친구와 함께 그를 만날 수 있는 기회를 갖게 되었다.

존 판사는 상당한 자산가로 흥미있는 일에 대해서는 시간을 얼마든지 할애할 수 있는 사람이었다. 존 판사의 견해를 정리하면 다음과 같다.

그는 1961년 11월에 안프트힐에서 개최된 재판관의 공청회 석상에서, 한레티를 유죄로 보는 주장은 설득력이 없다고 생각하기 시작했다. 이 사건의 두 유력한 용의자가 사건이 발생한 날 밤에 런던의 같은 호텔에 우연히 투숙하는 일이 가능할까? 최초의 용의자인 아르폰이 한레티의 방에 그 약협을 떨어뜨렸기 때문에 한레티를 진범으로 지목하게 되었다고 추리하는 것이 훨씬 자연스럽지 않은가.

판사는 아르폰을 만나고 싶다는 의사를 전했다. 아르폰은 처음에는 싫어했으나 나중에 호기심이 생겼던지 면회에 동의했다. 두 사람은 마음을 열었다. 이윽고 아르폰은 자기가 하이웨이 A6 살인사건의 진범임을 암시하는 의미심장한 힌트를 주기 시작했다. '피터 맥두갈(아르폰의 별명의 하나)'과 '살인범'이라는 단어를 결합시킨 기묘한 그림을 존 판사에게 보여주기도 했다. 그러나 살인의 경위에 대해 쓴 문서를 아르폰이 판사에게 넘겨준 것은 한레티의 사형이 집행된 후의 일이었다. 그것은 서명한 자술서가 아니라 범죄를 한 그날 밤의 구체적인 기록이었다. 다큐멘터리식으로 된 소설 비슷한 것이었다. 나중에 아르폰은 구두로 그렉스텐의 살해와 발레리 스트리의 성폭행을 판사에게 자백했다.

그후에도 아르폰은 긴 통화의 전화를 판사에게 걸어왔는데, 그 테이프를 우리는 들을 수 있었다. 그 테이프에 대해 우리가 한결같이 갖고 있는 느낌은, 아르폰이 살인범은 아니더라도 판사에게 자기를 살인범으로 믿게 하고 싶어했다는 것이다. 그는 자기가 범인이라는 말을 실제로는 하지 않았다. 그러나 진범만이 알 수 있는 상황, 예컨대 런던으로 돌아오는 낯선 길을 헤매면서 차를 모는 어려움 등이 상세히 구체적으로 기록되어 있다. 그리고 그것에는 사건과 결부될 수 있다는 아슬아슬한 시사점까지도 첨부하고 있었다.

존 판사에 의하면, 이 드라이브도 한레티에게 유리한 또 하나의 증거가 된다는 것이었다. 사건이 일어난 후인 이른 아침에 이 차와 하마터면 충돌할 뻔했던 두 사람의 증인은 참으로 서툰 운전이었다고 증언했다. 진범은 차를 운전하기 전에 차의 기어를 넣는 방법을 발레리 스트리에게 묻고 있었으며 한편 한레티는 경험이 많은 자동차 절도범이었다. 따라서 그런 초보적인 것을 물었을 까닭이 없었으며 반대로 아르폰은 운전 경험이 빈약하고 서툴렀다.

우리는 판사의 말에 의해 많은 의혹을 새로 느끼게 된 것을 서로 확인하고 그의 집에서 나왔다. 아르폰은 사람들이 자기에게 관심을 가져주는 것을 단지 기쁘게 생각하고, 애써 여기에 보답하려고 했다는 인상을 받게 되었다(그는 그 '자백'에다가 이상한 장식까지 더하여 서비스하고 있다. 예컨대 차 안에서 그렉스텐과 발레리 스트리에게 자기가 보는 앞에서 성행위를 강제적으로 하게 했다는 것이었다). 이것은 판사 자신도 인정하고 있는 것이지만, 판사가 작성한 이 '살인사건 조서'는 그에게 살아가는 목적을 제공하는 것으로써 이것이야말로 그가 가장 필요로 하는 것이었다.

그는 할일이 없으면 권태롭고 의기소침해지는 타입의 인간이었던 것 같다. 판사와 아르폰과의 관계의 정서적인 측면은 우리들에게는 이상하게 비치기도 했다. 판사는 아르폰이 보내온 새해 인사카드를 보여주었다. 비단으로 자수한 커다란 하트형의 옆에 '나의 꼬마 달링에게'라고 덧붙여 쓰고 있다. 물론 두 사람은 호모 관계는 아니었지만 판사는 아르폰에게 사실을 말하는 데 필요한 자신과 용기를 주려고 했다. 아르폰은, 판사가 자기를 진범으로 믿고 있다는 것을 알고 있었지만 그래도 아르폰이라는 고독한 개인은, 인간끼리의 이 긴밀한 관계에 마음이 들떠 있었다.

판사는 아르폰에게 자백할 것을 열심히 설득했다. 이렇게 되면 한레티는 구제될 수 있었다. 그러나 아르폰은 판사에 대해 뜨거운 애착을 느끼고 있으면서도 이것을 거절했다. 그러는 동안 1962년 4월 4일, 베르포드에서 한레티는 사형이 집행되었다. 드디어 이 우정이 일방적인 것이었다는 것을 알게 되자, 당연히 아르폰은 배반을 당한 느낌이었다.

그는 여러 차례 판사에게 긴 전화를 걸었는데 판사는 그것을 테이프에 녹음했다.

1963년, 판사는 이 사건에 관한 긴 각서를 작성하여 내무장관에게 제출했다. 그 결과 같은 해 7월에, 사건은 페너 블럭웨이 의원에 의해 국회에서 발의되었다. 블럭웨이 의원은 한레티의 무죄를 전제로 하여 격론을 전개했다. 테이프의 내용도 부분적으로 낭독했지만 내무장관은 이것을 믿지 않고 새로운 조치를 취하기를 거부했다. 내무장관의 견해는 당시 대부분의 사람들이 갖고 있던 견해와 마찬가지로 한레티를 진범으로 단정하고 있었다.

한레티가 불리해지는 증거를 보면 이것도 납득이 가는 견해였다. 아르폰이 수상하다는 증거도 강했으나 한레티에게 불리한 증거가 우세했던 것 같다. 발레리 스트리가 길가에서 애인의 시체 옆에 쓰러져 있는 것을 처음으로 발견한 사람은 존 카라는 학생이었다. 그녀는 이 최초의 발견자에게 범인은 '커다란 데룩거리는 눈'을 가진 남자라고 말했으며 8일 후인 8월 31일까지도 이 말을 되풀이하고 있었는데 이것은 한레티가 용의자로 부상하기 훨씬 전의 일이다. 인상 감정의 행렬 속에서 한레티를 보는 순간부터 발레리 스트리는 그가 자기를 성폭행한 남자라고 주장하고 있으며, 이 감정에 관해 그녀는 한 번도 번복하지 않았다. 사건이 일어난 날 밤의 알리바이에 대해 한레티는 처음에 리버풀에서 세 명의 불량배들과 함께 있었다고 주장하였으며, 나중에는 라일에 있었다고 말했다. 이렇게 변경하기 전에 경찰은 시간을 들여 한레티의 알리바이의 열쇠를 갖고 있는 세 사람을 알아내기에 골몰했으며 다음에는 라일의 여인숙 여주인이 한레티와 비슷한 남자가 사건이 일어난 그날 밤에 분명히 자기 집에 묵고 있었다고 말했다. 그러나 배심원은 이랬다 저랬다 하는 그의 주장을 믿지 않았다.

1965년에 포르 푸트라는 저널리스트가 아르폰의 테이프에 관심을 갖고, 진범은 한레티가 아니고 아르폰이라고 확신하게 되었다. 그는 이 내용의 기사를 1966년 9월에 잡지 〈퀸〉에 발표했다. 여기서도 아르폰은 다시 구체적인 범죄의 동기를 존 판사에게 발설하고 있다. 자기는 그렉스텐과

진범 여부가 미궁인 채 처형된
제임스 한레티

발레리 스트리 사이를 떼어놓으라는 부탁을 받았다는 것이었다.

"저는 그 두 사람 사이를 떼어놓기 위해 그곳에 갔어요……. 차 속에서…… 그것이 동기예요……. 그래서 다섯 시간이나 걸렸어요……. 동기가 없을 리가 없잖아요."

그 대가로 지급받은 돈은 5천 파운드라고 그는 말했다.

"제가 그렉스텐을 죽였어요. 그리고 이 나라의 법률체제가 한레티를 죽였구요."

한레티는 실제로 친구인 찰스 딕시 프랑스라는 남자 때문에 영낙없이 살인범이라는 누명을 쓰게 되었다. 이 남자가 결정적인 단서로 제공했던 약협의 처리는 비엔나 호텔에서 하고, 살인에 사용한 권총은 버스

속에 방치했다고 증언했던 것이다. 그런데 이 프랑스라는 남자는 그후 자살했다.

법원은 아르폰에게 사건의 관계자한테 미심쩍은 이상한 전화를 걸지 말라는 명령을 내렸다. 여기에는 1965년에 《데드맨즈 힐의 수수께끼 - 한레티는 진범인가》라는 저서를 낸 리버풀의 러셀경도 포함되어 있었다. 1967년에 그가 이 명령을 어기자 법원에 출두하라는 소환장이 전달되었다. 체포되어 감옥살이를 하게 될 것을 예감한 그는 파리로 날아가 루브르에서 기자회견을 하고, 자기가 고속도로 A6 살인사건의 진범이라고 발표했다. 그후에 그는 내무장관(당시는 로이 젠킨스)에게도 편지를 보내 이 주장을 되풀이했다. 포르 푸트는 1968년 11월에 브라이튼에서 아르폰을 만났는데 이때에도 아르폰은 '관심을 갖고 있는 인물'에게 고용되어 남녀의 사이를 떼어놓으려고 그랬다고 설명했다. 그는 이 부유한 실업가와 핀스베리 파크의 매너 하우스 클럽에서 만나, 돈은 살해한 후에 받았다고 말했다. 당연히 푸트는 그 저서에서 이 '관심을 갖고 있는 인물'의 이름은 들지 않았다. 명예훼손이 되기 때문이다. 필자의 경우도 그것은 마찬가지다. 푸트는 사건 직후 가을 어느 날 아르폰의 은행구좌의 내용을 볼 기회가 있었는데, 1961년 10월부터 1962년 6월 사이에 7,569파운드가 불입되어 있었다.

1971년에 출판된 포르 푸트의 저서는 아르폰의 적극적인 협력으로 이루어졌으며, 아르폰이야말로 고속도로 A6 살인사건의 진범이며, 한레티는 올가미에 걸려 오판의 결과 사형으로 처형되었다는 내용을 강력히 주장하고 있다. 경찰 간부의 한 사람이 "아르폰이 진범이라는 증거를 갖고 있었다"고 저자 푸트는 단언하고 있다. 그리고 "제임스 한레티는 고속도로 A6의 살인을 하지 않았다고 나는 확신한다"고 쓴 다음에 푸트는 이렇게 계속 주장해다. "피터 아르폰에 대해서는 고속도로 A6의 살인을 자기 손으로 범했거나 또는 우리 모두를, 특히 필자를 괴상한 환상의 회오리에 휩쓸리게 했기 때문이다. 필자는 어느 쪽이냐 하면 전자의 견해를 취하고 싶다."

프랑스 최대 수배자

— 잠복한 경찰에게 사살된 프랑스의 '사회공적 제 1호'

• **자크 메슬리느**(프랑스)

메슬리느는 1937년에 파리의 크리시에서 태어났다. 그의 어머니는 1940년에 남편이 군대에 징집되자, 자기의 친정이 있는 포아체에서 가까운 샤토 메루르로 아이를 데리고 이사했다. 메슬리느는 매력이 있는 아이였다. 그 아이에 대해 회고담을 쓴 칼레이 쇼필드에 의하면, 메슬리느는 어른에게 생글생글 웃기만 해도 대개 원하는 것을 손에 넣을 수 있었다. 그러나 그는 외톨이 어린애기도 했다. 다른 애들과 함께 놀라고 하면, "싫어, 나는 혼자가 좋아" 하고 대답한 적도 있다고 하였다.

전후戰後에 메슬리느는 크리시로 돌아왔다. 후에 그 자신의 말에 의하면, 아버지는 의상 디자인 관계 일에 몰두하여 자식을 거의 돌보지 않았으므로 그의 학교 성적은 하위에 속해 있었다. 그러나 사람의 마음을 끄는 매력이 있고 싸움을 약삭빠르게 잘하고, 토론을 좋아하여 동급생에게 강한 인상을 주었다. 학교를 결석하는 버릇이 붙은 그는 얼마 후 퇴학을 당했다. 그후 다른 10대들과 어울려 차를 훔쳐 타고 돌아다녔다. 18세 때 마르티닉섬 출신의 아름다운 흑인 처녀와 결혼하여 조그마한 아파트에서 살았으나 곧 결혼에 권태를 느끼기 시작했다. 아내가 아이를 낳자 자기 어머니에게 맡겨서 키웠다.

19세 때 메슬리느는 군대에 징집되었는데 그는 자원하여 알제리 전선에 배치되었다. 이 지역은 프랑스군이 회교도의 진압에 열을 올리고 있는 지역이었다. 양측에서 참혹한 전투가 계속되자, 메슬리느는 물을 만난 고기처럼 활동했다. 용감성으로 훈장도 받았지만 웬일인지 종군 중에 그는 아내와 이혼했다.

제대하여 시민생활로 돌아오자 그는 또다시 권태를 느끼기 시작했다. 처음으로 도둑질을 했는데 다른 두 사람의 동료와 함께 부유한 은행가의 맨션에 침입했던 것이다. 금고 자물쇠 속에서 드릴이 정지되자, 근처의 철물상에 몰래 들어가 드릴을 훔쳐 금고를 연 다음 그들은 500만 프랑을 꺼내 도망쳤다.

1958년 드 골 장군이 권력을 잡자, 알제리 문제에 대한 정치적인 해결책을 모색하기 시작했다. 많은 프랑스인과 마찬가지로, 그는 이것을 배신으로 생각했다. 우익의 살랑 장군은 오르가니자시옹 아르메 세크레이트(비밀무장조직)라는 것을 설립했다. 메슬리느도 여기에 참가했다. 이 참가는 법률과 질서에 대한 메슬리느의 견해를 표출하는 것으로서 법률의 준수 여부는 개인의 선택이며, 스스로 생각할 능력이 있는 사람은 스스로 태도를 결정해야 한다는 범죄자의 독특한 생각에서였다.

1962년 봄에 그는 은행을 털러 가는 도중에 체포되어 3년의 징역을 선고받았다. 1년 후에 보석으로 교도소에서 풀려났다. 그는 성실하게 살기로 결심하고 두번째 결혼을 하여 딸을 낳았다. 아버지의 도움으로 건축공부를 시작했는데 그가 건축에 재능이 있었던 것은 사실이었던 것 같다. 그러나 1964년 말 직장에서 감원을 하는 바람에 해고되자, 그는 다시 범죄의 길로 들어섰다. 그의 두드러진 특성은 사태의 움직임에 대한 냉정한 대응이었다.

이런 일도 있었다. 보석상점에 들어가 강탈할 때 경찰대가 몰려왔다. 메슬리느는 뒤뜰로 도망쳐 뒷문 빗장을 벗기고, 그곳을 통해 도망친 것처럼 가장하고, 그 근처의 수사가 끝나 사람들이 없어질 때까지 쓰레기통 속에 숨어 있었다. 그리고 강도질을 하러 들어간 맨션의 화장실 창문으로 도망쳤을 때에도, 지붕을 타고 행길로 뛰어내려 경계망을 펼친 경관에게 무슨 일이 일어났느냐고 뻔뻔스럽게 물었던 것이다. 1967년에는 아들에게 아버지가 자금을 대어 성실한 인생을 보내게 하기 위해 하숙집을 차려주었다. 그러나 이것도 얼가 못 가서 거덜이 났다. 그는 정상적인 생활에는 곧 권태를 느꼈기 때문에 잔느 슈나이더라는 여자와 함께 행방을 감추어, 스위스의 호텔에서 남의 금고를 털기 시작했다. 프랑스에서 최대의 지명 수배자가 된 그는 1968년에는 캐나다로 도망쳤다.

그와 슈나이더는 몬트리올의 백만장자 조르주 데로리에의 집에서 각각 운전사와 가정부의 일자리를 얻게 되었다. 그런데 정원사가 잔느를 싫어했기 때문에 데로리에는 두 사람을 해고했다. 메슬리느는 데로리에를 납치하여 이에 대한 보복으로 몸값 20만 달러를 요구했다. 그러나 데로리에는 몸값을 치르기 전에 자기 힘으로 탈출했다. 메슬리느와 슈나이더는 페르셰라는 작은 마을로 도망쳐서, 이곳에서 이브린 르 브티리에라는 부유한 미망인과 가까이 지내게 되었다. 어느 날 두 사람과 하룻밤을 보낸 브티리에 부인은 이튿날 목졸린 시체로 발견되었는데, 메슬리느는 이 사건에 대해서는 끝까지 자기의 소행이 아니라고 주장했다.

두 사람은 국경을 불법으로 넘어 미국 쪽으로 넘어갔으나, 국경 순찰대에게 붙들려 캐나다로 송환되었다. 캐나다에서 두 사람을 기다리고 있었던 것은 브티리에 부인의 살해혐의였다. 그들은 기소되었다. 메슬리느는 노부인의 살해로 자기가 기소된 데 대해 화를 내면서 이렇게 주장했다. 자기는 분명히 몇 사람의 목숨을 빼앗은 적이 있다. 자기를 모욕한 자에게 합당한 보복을 한 적도 있다. 그러나 이 살해사건은 자기의 소행이 아니다. 페르셰의 교도소에 구류되어 재판을 기다리고 있는 동안에, 그는 간수를 기습하여 열쇠를 빼앗고 잔느를 데리고 도주하는 데 성공했다. 그러나 두 사람은 불과 3킬로미터쯤 도망쳤을 뿐 다시 붙잡혔다. 메슬리느는 데로리에의 납치로 10년 징역을 선고받았다. 슈나이더는 징역 5년이 선고되었다. 그러나 두 사람은 브티리에 부인의 살해로 기소되는 것만은 벗어났다.

1년 후에 그는 많은 죄수들을 지휘하여, 라발의 생 뱅상 포르의 교도소에서 감쪽같이 탈출하는 데 성공했다. 이 교도소는 탈출이 불가능한 것으로 정평이 나 있었으므로 그의 이름은 캐나다 전국에 널리 퍼졌다. 그는 의기양양하여 더욱 악독한 짓을 하려고 결심했다. 몬트리올에서 은행을 무난히 턴 후에, 그는 또 한 사람의 탈주범과 함께 생 뱅상 포르 교도소를 향해 차를 달렸다. 경계가 가장 심한 건물에 갇혀 있는 나머지 죄수들을 탈출시키기 위해서였다. 그러나 도중에 경찰차가 접근해 오자, 메슬리느는 총을 쏘았으며 경찰대의 총탄이 그에게 집중되었다.

그러나 두 사람은 필사적으로 몬트리올까지 도망쳤다.

　한 주일 후에 두 사람의 삼림감독관이 그들을 발견하고 멈춰서라고 명령했다. 감독관의 한 사람이 메슬리느를 알아보았는데 그것이 치명적인 실수였다. 메슬리느의 이름을 입 밖에 내었던 것이다. 두 감독관은 모두 사살되었고 시체는 근처의 도랑에 나뭇가지로 덮여 있었다.

　그들은 다시 은행강도를 시작했으며 같은 은행에 두 번 쳐들어간 적도 있었다. 현금을 갖고 나가는 그를 출납계원이 불쾌한 표정으로 노려보았기 때문에 다시 습격한 것이었다.

　그러던 차에 메슬리느에게 아름다운 애인이 생겼다. 조슬리느 델레이슈라는 19세의 여자였다. 그들은 두 사람의 하수인과 함께 다시 미국 국경을 넘어 남하하여 베네수엘라로 갔다. 이곳에서 그들은 은행을 털어 얻은 돈으로 상당히 호화롭게 살아갈 수 있었다. 미주 지구의 옛 경찰도 이들을 도와주었다. 그러나 경찰의 현직 직원을 통해서 인터폴(국제형사경찰기구)이 그들을 추적하고 있다는 것을 알게 되자 메슬리느와 델레이슈는 마드리드로 날아갔다.

　그는 캐나다에서 떨친 명성을 잊을 수 없었는지 세계에서 가장 유명한 범죄자가 되려고 했다. 그후 7년 동안 야심을 성취하기 위해 온갖 힘을 기울였다.

　그는 프랑스로 돌아오자, 1973년 한 해 동안에만 12건의 무장강도를 하여 수백만 프랑을 손에 넣은 다음 신뢰할 수 있는 갱을 주위에 모았다. 자기에 대한 수사가 강화되자, 그는 콩피에뉴의 법원을 샅샅이 조사하여 앞날에 대비했는데 이 용의주도한 대책은 후에 도움이 되었다. 경찰은 고심한 끝에 3월 8일 그를 체포했다. 그러나 메슬리느는 콩피에

뉴의 법원에서 다시 감쪽 같은 탈주를 연습해 보였다. 하수인 한 사람이 미리 화장실에 총을 감춰놓자 그는 이 총을 들고 법정에 나타나서 "손들어!"라고 명하고 판사 한 사람을 인질로 삼아 탈주했다. 도중에 그는 팔에 경찰의 총탄을 맞았으나 미리 예비해 둔 은신처에 안전하게 도망쳐서 탄환을 빼내었다.

그는 다시 익숙해진 은행이나 공장침입 강도를 시작했다. 한편 그는 신사 강도의 이미지를 조성하는 데 전념하여 현대의 로빈훗으로 자처했다. 은행의 여자 행원이 조심성이 없이 경보기의 단추를 누른 적이 있었는데 그는 돈을 자루에 넣으면서 제법 여유 있게 말했다. "걱정 말아요. 나는 음악에 맞춰서 일하기를 좋아하거든요."

아버지가 병원에 입원했는데 암으로 위독하다는 소식을 듣자 그는 다시 굉장한 연출을 했다. 흰 가운을 걸친 의사로 변장하여 청진기를 목에 걸고 아버지의 침대 옆에 서 있었던 것이다. 그 직후부터 은행털이는 뜻대로 잘되지 않았다. 도주용 차에서 기다리고 있던 하수인이 체포됨으로써 그 결과 경찰은 메슬리느를 베르뇨의 맨션까지 추적하여 체포하는 데 성공했다.

라 상테는 탈옥이 불가능한 교도소였다. 메슬리느는 책을 쓰면서 시간을 보냈는데 내용이 《살인본능》이라는 책이었다. 원고는 교도소에서 몰래 외부로 빼돌려져 1977년 2월에 출판되었다. 이 책에서 메슬리느는 전에 자기가 39명의 목숨을 빼앗았다고 말한 것은 거짓말이라고 하면서도, 시체가 발견되지 않은 다른 살인에 대해 상당히 구체적으로 묘사하고 있다.

3년 반 후인 1977년 2월에 구형이 있었다. 메슬리느는 이 법정에서 또 세상을 깜짝 놀라게 했다. 자기는 어떤 수갑도 벗길 수 있는 열쇠를 간단히 손에 넣을 수 있다고 법정 직원에게 말했다. 그리고 넥타이 매듭에서 성냥갑을 꺼내자 불과 몇 초 동안에 성냥개비로 수갑을 벗겼다. 이 연출은 그가 원하던 명성을 그에게 가져다주었다. 그는 20년의 징역을 선고받았다.

1년 후에 메슬리느는 다시 감쪽 같은 탈옥극을 연출했다. 프랑수아 베스라는 하수인이 간수의 눈에 비눗물을 휙 불었다. 면회실에서 변호사와 함께 있던 메슬리느는 통풍구멍을 통해 총을 받아 두 사람의 간수의 옷을 벗겼다. 죄수가 간수복을 갈아입고 카르만 립스라는 죄수를 독방에서 데리고 나왔다. 세 사람은 교도소의 가운데 뜰로 뛰쳐나왔지만 립스는 사살되었다.

세르주 데보스 경시청장이 메슬리느를 다시 체포하려는 전문반을 지휘했다. 메슬리느는 노르망디 해안의 피서지 도빌로 도피했다. 그는 경찰본부의 도박 담당반에서 파견된 감시형사라고 자칭하고, 그곳 경찰서에 쳐들어가 사건을 일으킬 유혹을 물리칠 수가 없었다. 그래서 계획대로 경찰서에 가서 그는 잠시 담당형사와의 면회를 요청했다. 형사가 외출중이라는 이유 때문에 메슬리느 일행은 밖에서 서성거렸다. 그때 경찰관 한 사람이 말했다.

"저 놈이 메슬리느야."

그러자 또 한 사람의 경관이 "그럴리가 있나"라고 말했다.

여하튼 메슬리느는 그후에 이 도빌의 카지노에서 강도짓을 하여 돈을 빼앗았다. 불행히도 경찰의 추적을 받았으나 간발의 차이로 간신히 체포를 면했다. 다음에 그는 전에 재판에서 자기에게 불리한 증언을 한

은행원 자택에 쳐들어가 근무하는 은행까지 끌고 가서 100만 프랑에 가까운 돈을 꺼내게 했다.

메슬리느의 돈 키호테와 같은 호기 있는 행동이 파리의 백화점을 무대로 전개되었다. 1978년 여름이었다. 어느 백화점에서 매장 감시원이 소매치기를 붙잡는 것이 메슬리느의 눈에 띄었다. 15세의 소년이었다. 메슬리느는 소년비행 담당형사라고 자칭하고, 가짜 증명서를 내보이고 나서 소년의 덜미를 잡아 밖으로 끌어냈다. 그리고 그는 소년을 놓아주었다.

같은 해 8월에는 〈파리 마치〉의 기자와 회견했는데, 이것은 사회에 큰 파문을 일으켰다. 다음에 그는 런던에 와서 경찰의 눈을 피해 몇 주일을 보내면서, 이곳에서 놀라운 범행을 계획했다. 그에게 징역 20년을 선고한 판사의 납치였다. 프랑스로 돌아온 메슬리느와 그의 하수인은 1978년 11월 10일에 그 판사의 집에 쳐들어가 판사의 부인과 딸과 사위에게 손을 들라고 명령한 후 감금했다. 그러나 이번 하수인은 경험이 부족했던지 판사의 아들이 집에 돌아와 현관에 들어서자 딸이 오빠에게 사태를 알려주었다. 메슬리느는 경찰이 달려온 것을 보고 계단에서 뛰어내렸다. 그는 몇 사람의 경관과 대치하게 되자 계단 위를 가리키면서 외쳤다.

"급히 서둘러요, 메슬리느는 위층에 있어요."

이들 경관의 일부는 메슬리느를 그곳에 남겨두고, 2층으로 뛰어올라갔다. 집 밖에서 감시하고 있던 젊은 경관이 도망치려는 남자가 메슬리느라는 것을 알아차리고 그를 배수관에 결박했다.

메슬리느는 프랑스 교도소를 규탄하고, "인권에 중대한 문제가 있는 것을 고발한다"는 공개장을 경찰에 발송한 적도 있다.

만년에 메슬리느는 더욱 타락했다. "메슬리느는 어느 누구보다도 자기의 거짓말을 믿고 있었다"고 그의 전기 작가는 쓰고 있다. "그의 말에 약간 과장되어 있다는 의미의 말을 하면, 설사 그가 가장 가까운 친구라고 하더라도 메슬리느는 화를 내는 경우가 있었다. 그에게는 어렸을 때부터 분노를 폭발시키려는 경향이 있었는데, 그것이 점점 심해졌다. 자기 앞의 방해물은 모조리 때려부셨다. 분노가 폭발할 때 그가 아무도 살해하지 않은 것은 기적적인 일이었다." 그는 인터뷰의 편의를 제공한 저널리스트에게 "나는 사상적으로 극좌요" 하고 말한 적도 있었다.

경찰은 드디어 그의 은신처를 발견했다. 베리야르가에 있는 맨션의 한 방이었다. 그러나 경찰은 신중히 때를 기다렸다. 메슬리느는 평소에 산 채로 체포되는 일은 절대로 없을 것이라고 공언해 왔다.

1979년 11월 2일, 메슬리느는 그 건물에서 여자친구인 실비 장자크와 함께 나와 근처에 세워 둔 BMW를 향해 걸어가고 있었다. 그때 한 대의 청색 트럭이 그의 차 앞을 가로질러 가려고 우회전을 했다. 메슬리느는 손을 흔들어 지나가게 하려고 했다. 그러나 그 트럭은 그의 차 앞에서 정차했다. 뒤에는 어느새 또 한 대의 트럭이 앞을 가로막고 있었다. 앞뒤의 트럭에서 네 명의 경관들이 뛰어내려 메슬리느의 차에 총을 쏘았다. 21발의 탄환이 앞유리를 박살내었다. 메슬리느는 즉사했지만 실비 장자크는 팔에 상처를 입었을 뿐이었다. 그녀의 개에게도 탄환이 명중했다. 경관들은 노상에서 손을 마주잡고 둥실둥실 기쁨의 춤을 추었다.

감사의 말

이 책 《현대살인백과》는 언론에 종사하는 좋은 친구들의 도움으로 이루어졌다. 특히 이 분들에게 아낌없는 도움을 받았다. 감사의 뜻을 표한다.

영국의 범죄사건 기자의 개척자로 〈익스프레스 뉴스페이퍼〉의 범죄부문 주임상담역인 퍼시 호스킨스경, 〈데일리 익스프레스〉의 제임스 니콜 외국담당 편집위원, 〈데일리 익스프레스〉의 워싱턴 특파원인 로스 마크 기자, 영국방송협회 라디오 뉴스의 로이 월터스 차장, 영국방송협회의 북아일랜드 지부 뉴스 부문의 스티븐 크레이포르 편집부장, 영국방송협회의 북아일랜드 지부의 전 정치담당 특파원 W.D. 브랙스 기자, 토머스 제퍼슨 연구재단의 프랑크 고블 박사, 영국방송협회의 뉴스 정보부문의 K. L. 군더슨 부장과 웬디 허니세트양, 작가며 저널리스트인 브라이언 마콘넬씨.

그리고 다음 분들에게도 감사의 뜻을 표하고 싶다. A. E. 반 복트씨, 다 맥두갈트씨, 제임즈 렌투르 박사, 존 다닝씨, 알프레드 레이놀즈씨, 루드빅 케네디씨, 스티븐 스피카드씨, 데니스 스테이시씨, A. L. 라우즈 박사, 테드 해리슨씨, 케네스 모이어씨, 리처드 네빌씨, 그레이테 노드헬씨.

한편 마샤 페위크 여사는 이 책의 구성과 편집을 담당해 주셨다. 여사에게 경의를 표한다.

옮긴이 | 최 현

시인, 번역문학가. 고려대학교 철학과 졸업.
저서로는 <문>(시집), <현대시 10강>,
<한국 현대시 해부> 등이 있으며, 역서로는 <쇼펜하우어 인생론>,
<마하트마 간디>, <빙점>, <명상록>, <소크라테스의 변명(외)>,
<팡세>, <프로타고라스>, <그리스 로마 희곡선> 등이 있음.

현대 살인백과

발행일   초 판 1쇄 발행 | 1990년 5월 30일
　　　　　개정판 1쇄 발행 | 2011년 2월 10일
　　　　　개장판 2쇄 발행 | 2014년 9월 30일

지은이 | 콜린 월슨(외)　　　　**옮긴이** | 최 현
펴낸이 | 윤형두　　　　　　　**펴낸곳** | 종합출판 범우(주)
편 집 | 윤아트　　　　　　　**인쇄처** | 상지사
등록번호 | 제406-2004-000012호 (2004년 1월 6일)
　　　　　(413-756) 경기도 파주시 광인사길 9-13 (문발동 525-2)
대표전화 | 031-955-6900　　　**팩 스** | 031-955-6905
홈페이지 | www.bumwoosa.co.kr　　**이메일** | bumwoosa@chol.com

ISBN 978-89-6365-042-5　03000

* 책값은 뒤표지에 있습니다.
* 잘못된 책은 바꾸어드립니다.

* 이 도서의 국립중앙도서관 출판시 도서목록(CIP)은 e-CIP홈페이지
(http://www.nl.go.kr/cip.php)에서 이용하실 수 있습니다.
(CIP제어번호 : CIP 2011000248)